HISTOIRE

DE

LA TERREUR

HISTOIRE

DE

LA TERREUR

1792-1794

D'APRÈS DES DOCUMENTS AUTHENTIQUES

ET INÉDITS

PAR

MORTIMER-TERNAUX

MEMBRE DE L'INSTITUT

3ᵉ ÉDITION

—

TOME PREMIER

PARIS

MICHEL LÉVY FRÈRES, LIBRAIRES ÉDITEURS

RUE VIVIENNE, 2 BIS, ET BOULEVARD DES ITALIENS, 15

A LA LIBRAIRIE NOUVELLE

—

1868

Tous droits réservés

La plupart des historiens qui ont écrit sur la Révolution française ont puisé les principaux éléments de leurs récits dans les *Mémoires* particuliers, dans les pamphlets et les journaux du temps, surtout dans le *Moniteur*.

Sans doute, ces documents ont leur importance, mais ils doivent être consultés avec une extrême circonspection. La vérité y est trop souvent faussée, et faussée sciemment.

Les Mémoires particuliers sont écrits au point de vue spécial de celui qui tient la plume, et parfois dans l'unique but de donner le change à la postérité. Il faut surtout tenir en très-grande suspicion les notes et les Mémoires laissés par certains personnages qui ont pris une part active aux événements de la période terroriste. Rassurés par la disparition des témoins de ce drame sanglant, s'imaginant que les pièces probantes de leurs crimes passés et de leurs mensonges posthumes étaient anéanties, ils ont travesti l'histoire à leur guise et pour leur seule réhabilitation personnelle.

Les pamphlets et les journaux du temps sont rédigés avec une telle passion qu'ils dénaturent à plaisir les événements et leurs causes, les actes et leurs mobiles ; ils contiennent à chaque page d'impudents mensonges qu'ils ne prennent jamais la peine de rectifier, et ne peuvent être cités que comme donnant un spécimen irrécusable et incessant des préjugés, des folies et des fureurs de l'époque.

On a si souvent vanté l'impartialité du *Moniteur*, que l'immense majorité des lecteurs y croit encore avec la plus aveugle confiance ; et cependant, que de séances tronquées, que de discours omis, que d'actes révoltants de partialité n'a-t-on pas à reprocher à cette feuille, qui n'est devenue que plus tard officiellement véridique! Nous ne voulons pour preuve de ce que nous avançons que l'aveu consigné dans une lettre trouvée parmi les papiers de Robespierre, et qui a été écrite au tout-puissant démagogue par le citoyen Grandville, rédacteur en chef de l'article CONVENTION NATIONALE du *Moniteur*. Nous en avons tenu l'original dans nos mains. Cette lettre porte la date du 18 juin 1793 ; par conséquent, elle est de quinze jours postérieure à la proscription des Girondins. Nous n'en donnons que les passages les plus saillants, de peur de fatiguer le lecteur par le spectacle trop prolongé de la lâcheté humaine portée à sa dernière limite.

« Citoyen,

« Je vous prie de me communiquer fraternellement les reproches que vous pourriez avoir à nous faire. Souvent on attribue à l'intention ce qui n'appartient qu'à l'erreur ; l'écrivain le plus dévoué à la cause du patriotisme est sujet à être accusé. Souvent on le soupçonne pour la plus légère omission.

« ...Il n'y a que deux mois qu'on avait l'opinion qu'un journal devait également publier tout ce qui se dit pour ou contre ; en sorte que nous étions forcés, sous peine d'être dénoncés, sous peine de perdre la confiance de nos abonnés, de publier les diatribes les plus absurdes des imbéciles ou des intrigants du côté droit. Cependant vous devez avoir remarqué que toujours le *Moniteur* a rapporté avec beaucoup plus d'étendue les discours de la Montagne que les autres. Je n'ai donné qu'un court extrait de la première accusation qui fut faite contre vous par Louvet, et j'ai inséré en entier votre réponse. J'ai rapporté presque en entier tous les discours qui ont été prononcés pour la mort du roi, et je ne citais quelques extraits des autres qu'autant que j'y étais indispensablement obligé pour conserver quelque caractère d'impartialité. Je puis dire avec assurance que la publicité que j'ai donnée à vos deux discours et à celui de Barrère en entier n'a pas peu contribué à déterminer l'opinion de l'Assemblée et celle des départements.

« Personne ne contestera non plus que le *Moniteur* n'ait rendu les plus grands services à la révolution du 10 août. Au reste, il suffit de jeter un coup d'œil sur nos feuilles depuis un mois pour voir qu'il n'est aucun journal qui ait plus contribué à culbuter dans l'opinion publique les intrigants dont le peuple va faire justice. D'après cela nous croyons avoir quelque droit à l'indulgence et même à la protection des patriotes... »

Ce document historique, où le vil adulateur de Robespierre appelle la mort sur la tête des malheureux Girondins, caractérise à lui seul toute une époque et n'a pas besoin de commentaire.

Afin d'éviter les fautes que nous croyons pouvoir reprocher à certains de nos devanciers, nous avons mis le plus grand soin à collationner, séance par séance, les comptes rendus du *Moniteur* avec ceux du *Logographe* et du *Journal des Débats et Décrets*, recueils très-rares et souvent plus exacts et plus complets que le premier. C'est ainsi que nous avons pu rétablir la physionomie vraie de plus d'une séance importante de la Législative et de la Convention.

Nous n'avons pas négligé les documents imprimés, surtout ceux qui, publiés au jour le jour en feuilles isolées, se trouvent à grand'peine dans le fond des bibliothèques et des collections particulières. Mais nous avons eu principalement recours aux *Documents originaux et authentiques.* Les neuf dixièmes des pièces que nous donnons, soit dans le texte, soit dans les notes placées au bas des pages, soit dans les éclaircissements rejetés à la fin du volume, sont complétement inédites. Nous n'avons reculé devant aucun sacrifice de peine, de soin, de temps et d'argent; nous avons fouillé les dépôts, les archives, les greffes existant à Paris et dans beaucoup de départements. Nos lecteurs jugeront si notre moisson a été fructueuse, et si, en venant après tant d'écrivains qui ont traité, avec un incontestable talent, le sujet que nous abordons, notre témérité a son excuse, notre œuvre a sa raison d'être.

Mais, nous avons hâte de le dire, ce qui, dans le cours de ces travaux si longs et si pénibles, nous a soutenu et encouragé, c'est que partout nous avons recueilli des marques de sympathie bien précieuses; c'est que nous avons trouvé chez tous les dépositaires ou possesseurs de ces richesses historiques un concours empressé et efficace. Qu'ils nous permettent de leur en exprimer ici notre gratitude bien sincère et bien profonde.

HISTOIRE

DE

LA TERREUR

INTRODUCTION

I

Depuis le commencement des sociétés, deux principes se disputent l'empire du monde, la liberté et le despotisme.

Le despotisme peut avoir son trône dans la rue comme dans le palais des rois, s'appuyer sur la multitude comme sur des prétoriens, être exercé par un comité de salut public comme par un Tibère ou un Néron. La démagogie n'est, à vrai dire, qu'une des incarnations du despotisme.

Les amis de la liberté sont souvent séparés par des nuances et des malentendus, mais ils peuvent se donner la main sans honte et sans péril. Les démagogues et les despotes s'entendent à merveille, lors même qu'ils se combattent en apparence ; ils savent bien qu'ils sont les successeurs désignés, les héritiers naturels les uns des autres. Ils se ménagent comme des gens qui sentent qu'une même haine les réunit, celle qu'ils portent à la liberté. Ils sont prêts à s'embrasser, dès que, dans leur étreinte, ils espèrent étouffer leur commune ennemie.

Combattre et flétrir la démagogie, c'est encore combattre et flétrir le despotisme.

Que l'on ne se méprenne donc pas sur l'esprit qui a inspiré cet ouvrage ; que l'on n'y voie pas un hommage même indirect aux idées qui paraissent triompher à l'heure contemporaine, un abandon même déguisé des principes qui ont guidé l'auteur dans toute sa carrière politique, quelque obscure qu'elle ait été.

Pour nous élever contre les crimes qui ont failli déshonorer la plus belle des causes, nous n'avons pas attendu que la liberté fût reléguée au rang des utopies qu'un siècle soi-disant éclairé doit se hâter de répudier. Au milieu de l'Assemblée des représentants du peuple français, à l'époque où la tribune nationale avait retenti plus d'une fois des éloges donnés aux doctrines de Robespierre et de ses adeptes, le 23 mars 1850, nous prononcions ces paroles :

« L'histoire est là pour nous apprendre que la tyrannie collective est cent fois plus dure, cent fois plus cruelle, cent fois plus insupportable que la tyrannie individuelle ; car le tyran collectif n'a ni cœur, ni entrailles, ni oreilles : il n'entend même pas les plaintes de ses victimes. Nous l'avons bien vu dans ces temps de hideuse mémoire, dans cette année 1793, dont on rappelle aujourd'hui si complaisamment le souvenir. »

Depuis onze ans, notre horreur pour les excès démagogiques n'a pas diminué ; elle se serait même accrue, si cela eût été possible. L'évocation du spectre de la Terreur par la voix de quelques insensés n'a-t-elle pas suffi naguère pour rejeter la France hors des voies du progrès et de la liberté, et la faire tomber, tremblante et éplorée, aux pieds de la dictature ?

Les crimes de 1793 furent commis au nom de la liberté; mais la liberté n'en fut pas complice, elle n'en doit pas rester solidaire.

Les terroristes n'étaient que les imitateurs serviles, les plagiaires maladroits des plus effroyables tyrans de l'antiquité. Les uns agissaient au nom de la souveraineté du peuple, les autres avaient agi au nom du droit de leur naissance ou de leur adoption. Mais quels que soient les principes qu'elles invoquent pour légitimer leurs attentats au droit, toutes les tyrannies, dans le fond, se ressemblent et se valent ; elles portent toutes les mêmes fruits. Le cynisme des mœurs, le mépris de la dignité humaine, l'ardeur des déprédations, le culte de la violence, l'adoration de la force brutale mûrissent vite et prennent de monstrueux développements dans une atmosphère imprégnée des énervantes exhalaisons du despotisme.

Les antécédents d'un peuple, le climat sous lequel il vit, la place qu'il occupe dans le cours des siècles, n'apportent que des modifications insignifiantes à cette histoire toujours la même. Le tableau de la tyrannie des décemvirs de 1793 était tracé ; trait pour trait, dans Tacite ; et Camille Desmoulins n'eut qu'à traduire l'historien de Rome impériale pour mettre sous les yeux de ses contemporains le spectacle de leur propre servitude.

II

Il faut flétrir les crimes ; mais il faut aussi, et surtout, flétrir les doctrines et les systèmes qui tendent à les justifier.

Combien d'écrivains, sans oser prendre ouvertement la défense des bourreaux, n'ont-ils pas balbutié en leur faveur les mots vagues de *raison d'État*, de *nécessité fatale*, de *salut public*, prétextes commodes, qu'ont invoqués tous les ambitieux, princes ou démagogues !

La France, a-t-on dit souvent, a été sauvée par la Terreur. C'est le contraire qui est vrai. La France avait en elle une telle force de vitalité qu'elle fut sauvée malgré la Terreur. Quand une grande nation, quand surtout la nation française est saisie d'un généreux et irrésistible enthousiasme, elle ne regarde plus qui la mène, elle ne voit que le drapeau de la patrie, et par un élan sublime lui assure la victoire.

Les hommes à courte vue attribuent la gloire du succès à ceux qui ont mis leurs noms au bas du bulletin de la bataille, ou qui viennent la raconter à la tribune dans le style des *carmagnoles* de Barrère. Les intelligences plus élevées ne s'y trompent pas ; c'est à la France seule, à son héroïsme et à son génie, qu'elles rapportent l'honneur du triomphe.

En 1792, la nation est soumise à l'action constante de deux courants contraires : l'un, né de l'amour de la patrie et de l'enthousiasme de la liberté, fait voler aux armes toute la jeunesse de nos villes et de nos campagnes, la précipite vers nos frontières menacées ou déjà envahies, enfante ces héros qui étonnèrent l'Europe par vingt-cinq ans de victoires ; l'autre, qui procède de la bassesse, de la haine et de la vengeance, accumulées dans des âmes avilies, met en fermentation les passions mauvaises, surexcite les imaginations faibles et pusillanimes, éveille les appétits les plus féroces, engendre les assassins de septembre, les tricoteuses des Jacobins et les furies de la guillotine.

Dans un intérêt de parti facile à comprendre, certains écrivains n'ont pas voulu distinguer l'action de ces deux courants, si différents dans leurs origines et dans leurs effets. Ils ont prétendu qu'une pensée identique avait poussé les mêmes hommes aux bureaux d'enrôlement et au guichet de l'Abbaye, et que les égorgements en masse, qui ensanglantèrent les pavés de la capitale, avaient été exécutés par ceux-là mêmes qui coururent l'instant d'après arrêter les progrès des Prussiens aux défilés de l'Argonne.

Non, pour l'honneur du nom français, les hommes qui, au glas funèbre du tocsin de septembre et à la voix des décemvirs de la Commune, se précipitèrent vers les prisons, ne furent pas ceux qui sauvèrent la France quinze jours plus tard sur le plateau de Valmy ; les bourreaux ne se firent point soldats. Si quelques-uns de ces misérables essayèrent un instant de cacher leur honte dans les rangs des volontaires parisiens, ils furent bientôt reconnus, signalés, et les vrais soldats de la liberté les chassèrent de leurs rangs, comme indignes d'affronter à leurs côtés la mort des braves.

Sous la plume de certains historiens, « tantôt, comme l'a dit Chateaubriand, les égorgements de 1793 sont des conceptions de génie, tantôt des drames terribles, dont la grandeur couvre la sanglante turpitude. »

Il n'y eut ni grandeur ni génie dans la plupart de ceux qui, à cette époque funeste, s'emparèrent de vive force du pouvoir souverain. Nous les verrons à l'œuvre, ces prétendus grands hommes, nous chercherons à surprendre leurs pensées intimes, lorsque, du fond de leur cabinet, ils écrivaient aux exécuteurs de leurs ordres sanguinaires. Ces personnages, auxquels on a tenté de faire un piédestal de leur scélératesse même, n'eurent d'autre mérite que de représenter les passions, les préjugés, les haines et les colères de la tourbe révolutionnaire ; elle les reconnut pour ses chefs et ses héros, parce qu'ils étaient faits à son image et à sa ressemblance. On a voulu faire d'eux des fanatiques ; la plupart n'étaient que des histrions, sans conviction comme sans enthousiasme.

Suivez dans l'histoire les fougueux montagnards qui survécurent à la tourmente révolutionnaire : la plupart d'entre eux ne pensent plus à la liberté dont ils s'étaient faits les apôtres sanglants, ils n'agitent plus les poignards dont ils avaient, dans leurs discours, menacé tous ceux qui aspireraient à la tyrannie ! Ces ci-devant séides du Comité de salut public, ces ci-devant adorateurs du dieu Marat vont se précipiter dans les antichambres du soldat heureux qui trône aux Tuileries ; sans hésiter, ils se dépouillent de la défroque usée de représentant du peuple avec sabre et panache, ou de membre des conseils avec toge et laticlave, pour revêtir la livrée toute neuve de sénateur, de préfet ou de conseiller d'Etat ! Ces ignobles personnages ne méritent aucune pitié, et ceux de leurs chefs ou de leurs acolytes que la guillotine vint arrêter au milieu de leur carrière ne sont pas plus dignes de ménagements. Aussi sommes-nous résolu, dans le cours de ce récit, à ne pallier aucun tort, aucune faute, aucun crime, à flétrir comme elles le méritent la faiblesse pusillanime des uns, la froide cruauté des autres. Après tant d'apologies plus ou moins déguisées, il faut enfin que la voix de la morale éternelle se fasse entendre. La postérité a commencé pour tous les acteurs du drame de 1793 : elle doit être sans miséricorde. Puisse un tableau fidèle des fureurs de la démagogie faire reculer d'effroi ceux de nos contemporains qui, entraînés par leur imagination, abusés par de vains sophismes, égarés par les doctrines fatalistes, corrompus par l'exemple de violences trop heureuses, rêveraient le retour du règne de la force brutale !

Peut-être nos récits convertiront-ils à des sentiments plus humains les aveugles admirateurs de Danton et de Robespierre, ceux du moins qui, dans leurs délirantes utopies, peuvent être de bonne foi. Nous n'osons pas nous flatter du même succès auprès des ambitieux sans pudeur, qui se déclarent tout disposés à user bel et bien de la guillotine ou de la fusillade pour dernière raison contre leurs adversaires. Ces sectateurs de l'*ultima ratio* sont radicalement incorrigibles; mais qu'ils sachent que l'histoire vengeresse est là qui les attend pour les attacher au pilori du mépris universel !

III

La première question que nous nous sommes posée, lorsque nous avons pris la résolution d'écrire l'histoire de la Terreur, a été celle-ci : A quelle date, à quel événement en fixer le commencement? Quel est le point de départ que l'on doit assigner à la tyrannie de la rue, au despotisme de l'émeute?

Nous avons longtemps hésité; car de combien de signes précurseurs fut précédée l'horrible tempête qui couvrit de deuil la France entière!

Après mûre réflexion, nous nous sommes décidé pour la date du 20 juin 1792, c'est-à-dire pour le jour où l'anarchie, après avoir fait pour ainsi dire sanctionner son avénement dans le sanctuaire des lois, en y défilant avec son cortége obligé d'hommes avinés et de femmes en délire, osa envahir l'asile inviolable de Louis XVI, et coiffer du bonnet rouge la tête de l'infortuné monarque, en attendant qu'elle l'abattît sous le couperet révolutionnaire.

Les constitutionnels de l'Assemblée et des départements protestèrent énergiquement contre cette tentative audacieuse; mais leur voix se perdit dans les clameurs de la place publique, et un découragement mortel s'empara d'eux.

A dater de ce jour, la garde nationale parisienne donna sa démission morale. Après quelques tentatives courageuses, mais isolées, le faisceau fut rompu. Chacun suivit le conseil de son égoïsme; chacun, glacé de crainte, rentra chez soi, espérant qu'il pourrait se faire oublier et que la tempête passerait au-dessus de lui sans l'atteindre. Le règne de la Terreur fut inauguré ; l'anarchie domina sans partage, et ne fut plus troublée dans son œuvre de destruction, même par les cris de ses victimes. Comme le Polyphème de la fable, elle put les choisir à ses jours et à ses heures, les immoler à sa guise et à son loisir, remettant au lendemain le sacrifice d'une partie de ses prisonniers, sans que personne songeât à apporter la moindre résistance à ses arrêts de mort.

Cependant, avant d'entamer le premier chapitre de l'histoire de la Terreur, il nous semble indispensable de constater l'état des partis qui divisaient alors la France. Nous raconterons aussi avec quelques détails deux événements qui précédèrent le 20 juin, l'un de quelques mois, l'autre de quelques jours, et qui en sont, à notre sens, la préface obligée. Nous y verrons les acteurs principaux préluder à leurs rôles, les tendances, les caractères, les espérances se dessiner, les partis se préparer à la lutte suprême en passant la revue de leurs forces.

IV

Au commencement de 1792, la France se trouvait dans cette période d'affaissement qui, chez une nation comme chez un individu, suit tout grand effort physique ou moral. Le parti constitutionnel avait perdu ses illusions ; le parti royaliste avait recouvré ses espérances ; le parti démagogique, croyant toucher au but de ses désirs, redoublait d'ardeur et d'audace. Chacun pressentait qu'on était à la veille de voir s'opérer de nouveaux déchirements. Mais au profit de quel parti ces déchirements devaient-ils tourner? Là était toute la question!

La constitution de 1791, mise en pratique depuis quelques mois, était jugée tellement défectueuse que ses auteurs mêmes reconnaissaient l'indispensable nécessité de la modifier [1]. Il fallait revenir en arrière ou marcher en avant. Mais dans le premier cas, à quelle limite s'arrêterait-on? Faudrait-il remonter au point de départ, à cet ancien régime que l'on avait détruit aux applaudissements presque unanimes de la nation? Adopterait-on le système des deux chambres que l'on avait rejeté comme trop aristocratique? Ou n'y avait-il qu'à conserver la constitution en donnant plus de force et d'autorité au pouvoir exécutif complétement désarmé? Ceux qui voulaient revenir en arrière étaient divisés entre eux par mille nuances diverses; ceux qui voulaient marcher en avant étaient au contraire tous d'accord sur le premier article de leur programme : renverser la monarchie, sauf à s'entre-déchirer dès qu'il s'agirait de s'en partager les dépouilles.

Malgré les espérances que le parti de l'ancien régime puisait dans les échecs successifs que venaient d'éprouver les constitutionnels, il fallait qu'il fût bien aveugle pour croire que la monarchie de Louis XIV pût être restaurée

---

[1]. Lire, dans l'ouvrage de M. Duvergier de Hauranne, *Histoire du Gouvernement parlementaire*, t. I, ce qui concerne la constitution de 1791 ; nous n'avons rien à ajouter à cette magnifique étude.

en 1792. Où étaient les éléments constitutifs de l'état de choses que la Révolution avait renversé? Qu'étaient devenues les trois colonnes fondamentales de l'ancien édifice monarchique : les parlements, la noblesse, le clergé? Abattues, brisées, elles gisaient sur le sol, et nulle puissance humaine n'aurait pu les relever.

Les parlements, le clergé et la noblesse, pendant tout le xviiie siècle, s'étaient combattus et entre-détruits. Les ruines qui s'étaient faites autour d'eux devaient en majeure partie n'être attribuées qu'à eux-mêmes. Les parlements s'étaient déclarés grands partisans de la liberté en général; mais, dans l'application, ils s'étaient montrés peu soucieux d'être conséquents avec leurs déclarations. A diverses reprises ils avaient, les premiers, demandé des réformes, proposé des innovations. Presque chaque fois que l'on avait essayé de mettre en pratique quelques-unes des idées nouvelles, ils avaient jeté les hauts cris et entravé les efforts du pouvoir; car, à leur sens, c'était toujours l'innovation tentée qu'il ne fallait pas adopter, et l'innovation rejetée qu'il eût été bon d'essayer. Brisés par l'Assemblée constituante comme ils l'avaient été par Louis XV, sous Maupeou, et par Louis XVI, sous Brienne, ils crurent devoir protester contre le décret de dissolution ; mais leurs protestations, dont les unes furent publiques et les autres secrètes [1],

---

1. Nous donnons, à la fin de ce volume (note I), les protestations du parlement de Paris, et les pièces qui apprennent comment, demeurées secrètes, elles furent découvertes et amenèrent la mort de ceux qui les avaient signées. Parmi ces pièces se trouve une lettre touchante de Lamoignon de Malesherbes adressée à Fouquier-Tinville

ne produisirent aucun effet sur l'opinion. Elle s'était retirée d'eux aussitôt qu'ils avaient voulu résister à une assemblée représentant vraiment la nation au nom de laquelle ils avaient eu si longtemps la prétention de parler.

V

Comme les parlements, la cour, autre puissance de l'ancien régime, avait manifesté plus d'une fois le désir de voir réformer les abus. Il était de bon ton à Versailles de prêcher les économies, de s'élever contre les dépenses exagérées qu'entraînaient la maison civile et militaire du souverain et des princes, les pensions et les dons de toute nature que le roi, la reine, les favoris et les favorites faisaient pleuvoir autour d'eux. Mais un malencontreux ministre voulait-il porter quelques palliatifs à ces dilapidations, aussitôt chacun de s'écrier : « On veut diminuer l'éclat de la couronne, on veut tarir les bienfaits du roi ! » Et toutes les coteries qui divisaient l'entourage de Louis XVI et de Marie-Antoinette se trouvaient à l'instant réunies contre le ministre qui essayait de sauver l'État d'une banqueroute imminente. Le ministre tombait ; on ne parlait plus, pendant quelque temps, de réformer la maison du roi, de régler les bienfaits souverains ; le désordre et le gaspillage recommençaient de plus belle,

pour l'intéresser en faveur de son gendre, M. Lepelletier de Rosanbo, président de la chambre des vacations, qui était resté dépositaire des protestations.

et les coteries princières profitaient de leur victoire pour se disputer avec plus d'ardeur que jamais les dernières dépouilles de la monarchie. On sait jusqu'où furent poussées les guerres intestines dont la cour de France était alors le triste théâtre. Dans des pamphlets anonymes, inspirés, dictés, écrits par les plus grands seigneurs de la cour, d'odieuses et infâmes calomnies furent entassées contre des personnes qui eussent dû rester sacrées et inviolables.

On l'a dit avant nous, et rien n'est plus vrai : quand les assassins de 1793 voulurent jeter l'injure à une tête couronnée, avant de la couper, ils trouvèrent la boue dont ils se servirent dans les libelles immondes que les aristocratiques ennemis de la reine avaient publiés, plusieurs années avant la révolution, contre elle et son entourage. Ce ne furent point les Fouquier-Tinville et les Hébert qui, les premiers, accolèrent l'épithète de *nouvelle Messaline* au nom de Marie-Antoinette ; cette horrible désignation avait cours depuis longtemps dans certains salons du faubourg Saint-Germain, et jusque dans les cabinets de Versailles. Les grands seigneurs qui l'avaient trouvée ou qui la répétaient en souriant allaient, aux jours marqués sur l'*Almanach royal*, s'agenouiller aux pieds du trône, quand ceux qui, plus tard, au tribunal révolutionnaire, s'en servirent pour insulter une mère, une veuve, une accusée, vendaient encore des contre-marques à la porte des théâtres, ou expédiaient obscurément des rôles dans quelque étude de procureur, et ne prévoyaient guère qu'ils deviendraient un jour juges, accusateurs, insulteurs publics et bourreaux de leur reine !

On peut, on doit le dire, c'est la noblesse française qui, de ses propres mains, s'est donné la mort. Elle se suicida en répandant, en popularisant les agréables plaisanteries que ses anciens commensaux, les philosophes, inventaient contre elle-même ; elle se suicida en se refusant à abandonner de bonne grâce, et quand il n'était pas trop tard, le moindre de ses priviléges surannés, en persistant à rester une caste dans la nation ; elle se suicida enfin, en courant faire retentir les échos de Turin et de Coblentz de ses plaintes et de ses récriminations, en allant chercher à l'étranger les vengeurs de ses querelles, au lieu de se serrer autour du trône et d'entourer la famille royale d'un rempart inexpugnable [1].

VI

Le clergé catholique, pendant le siècle qui allait finir, avait compté dans son sein des prélats qui s'étaient déshonorés par d'éclatants scandales. Quelques-uns de ses membres avaient étrangement abusé des richesses dont la piété des fidèles avait confié le dépôt à leurs prédécesseurs. Les Rohan, les Jarente, les Loménie de Brienne

---

[1]. « Lorsqu'au 10 août, M. d'Hervilly, l'épée nue à la main, ordonna à l'huissier d'ouvrir à la noblesse française, deux cents personnes entrèrent. Il y avait là quelques gens de la cour, beaucoup de figures inconnues, quelques personnes qui figuraient ridiculement parmi ce qu'on appelait la noblesse, mais que leur dévouement anoblissait à cet instant. » (*Mémoires de Madame Campan*, t. II, p. 242, édit. de 1822.)

avaient continué les exemples d'effroyable immoralité affichés naguère par le cardinal Dubois. Pendant ce temps, il est vrai, les rangs les plus élevés aussi bien que les plus humbles de la hiérarchie ecclésiastique offraient d'admirables modèles de toutes les vertus chrétiennes. Mais ces vertus du plus grand nombre étaient ignorées de la foule, et les vices de quelques-uns frappaient tous les yeux.

Le clergé n'avait été, dès l'abord, nullement hostile aux idées d'égalité et de liberté qui, en 1789, animaient la nation presque tout entière ; on ne doit jamais oublier que la majorité de cet ordre s'était réunie au Tiers-État dès avant la séance du Jeu de Paume, et avait ainsi donné un témoignage irrécusable de l'esprit de conciliation dont il était pénétré [1]. Les choses changèrent de face lorsque l'Assemblée constituante, dans son ardeur de bouleverser tout ce qui rappelait l'ancien régime, se mit à discuter et à voter cette impolitique constitution du clergé, née des rancunes jansénistes et des haines voltairiennes. Beaucoup de membres de l'Assemblée voulaient seulement diminuer l'influence de la partie du clergé opposée à la révolution, et croyaient ne réglementer que quelques points de discipline qu'ils considéraient comme étant exclusivement de la compétence de l'autorité séculière. Mais la Constituante, se laissant emporter par l'ardeur de quelques-uns des membres influents du comité ecclé-

---

1. Chose remarquable : les trois membres de l'ordre du clergé qui, les premiers, le 13 juin 1789, se réunirent à l'assemblée du Tiers-État, étaient trois curés du Poitou, de cette province qui devait, quatre ans plus tard, sous le nom de Vendée, résister aux armées de la Convention plutôt que de renoncer au culte de ses pères.

siastique, alla beaucoup plus loin qu'elle ne l'avait voulu d'abord, et adopta des mesures dont elle ne comprit que trop tard la portée : sans le savoir, elle avait alarmé les consciences et semé, parmi les populations des campagnes, des ferments de haine et de discorde, d'où devait naître le plus épouvantable des fléaux, la guerre civile.

Lorsque, six mois après l'adoption de la constitution du clergé, l'Assemblée constituante prescrivit à tous les ecclésiastiques remplissant des fonctions publiques d'avoir à prêter le serment constitutionnel, sous peine de se voir destitués et enlevés violemment à leur diocèse ou à leur paroisse, une scission bien plus profonde se manifesta dans le clergé : tous les évêques qui faisaient partie de l'Assemblée, hors deux, refusèrent le serment ; tous les évêques de France, hors trois, imitèrent leur exemple.

Le serment constitutionnel fut, il est vrai, prêté d'abord par un certain nombre de prêtres instruits et honorables. Les uns, imbus des idées jansénistes poussées à l'extrême, croyaient revenir au temps de la primitive Église ; les autres, comprenant mal les doctrines de l'Église gallicane, ne voyaient dans cette constitution que la traduction et le commentaire des idées qui avaient présidé à la déclaration de 1682. Le gros de l'armée des assermentés se composait : de curés timides et naïfs, qui ne voulurent pas, pour une question qu'ils regardaient comme assez indifférente, se séparer du troupeau qu'ils étaient habitués à conduire ; d'ecclésiastiques qui convoitaient les places les plus élevées de la hiérarchie sacerdotale que le suffrage populaire, si étrangement appliqué en pareille matière, allait distribuer désormais ; d'anciens moines défroqués, qui ne sortirent de leurs cloîtres que pour se jeter sur les biens terrestres avec d'autant plus d'avidité qu'ils avaient fait jadis profession de les mépriser ; et enfin de prêtres interdits, qui vinrent de toutes les parties de l'Europe catholique s'abattre sur la France.

Ainsi le clergé ancien, naguère si puissant, se trouvait dispersé, proscrit, et allait bientôt être appelé à la gloire du martyre. Le clergé nouveau n'inspirait aucun respect, aucune sympathie, et, à voir un grand nombre de ses nouveaux adeptes se mêler à toutes les conspirations, à toutes les fureurs, à tous les dévergondages du parti démagogique, on pouvait pressentir qu'ils ne s'arrêteraient pas dans la carrière si étendue des apostasies, et qu'ils iraient bientôt jusqu'à la négation de toute religion et à l'abdication de toute pudeur [1].

VII

On a essayé cent fois de définir le caractère de Louis XVI, et cent fois on a échoué ; il est aussi impossible de définir l'incertitude que de fixer sur la planche photographique l'image de ce qui change à chaque instant.

Le jour même de son avénement au trône, Louis XVI commença cette longue série de tergiversations qui, après

---

[1]. La constitution civile du clergé et le serment constitutionnel ont joué un rôle très-important dans les faits que nous aurons à raconter. Nous avons cru devoir y consacrer une note spéciale et détaillée dans laquelle nous nous sommes efforcé d'indiquer succinctement toutes les phases qu'a subies cette question depuis 1790 jusqu'au 20 juin 1792. (Voir note II, à la fin de ce volume.)

tant de projets tour à tour adoptés, rejetés, repris, modifiés, après tant de consentements donnés, interprétés, rétractés, amena la chute de la monarchie et conduisit le monarque au Temple, où il n'eut plus qu'une pensée, celle de mourir en chrétien.

Louis XVI fut toujours de bonne foi dans les résolutions si diverses qu'il prit durant les dix-huit années de son règne ; mais son peu de persévérance dans ses desseins fut, pour lui et pour ses amis, plus funeste cent fois que la plus machiavélique duplicité.

Pendant les quinze années que Louis XVI exerce le pouvoir absolu, pendant les trois ans qu'il règne comme roi constitutionnel, la même cause amène le même résultat, celui de frapper d'impuissance tous les dévouements, d'user en un instant tous les hommes et tous les systèmes. Calonne tombe deux jours après avoir fait destituer son adversaire, le garde des sceaux Miromesnil (avril 1787) ; Dumouriez se voit refuser l'accomplissement des promesses qu'on lui avait faites quarante-huit heures auparavant, pour le déterminer à renvoyer avec éclat Roland, Servan et Clavières (juin 1792). Louis XVI se détache aussi facilement à quinze ans d'intervalle de Turgot que de Narbonne, les deux seuls hommes peut-être qui eussent pu conjurer la tempête.

A cette perpétuelle incertitude, l'infortuné monarque joignait une timidité insurmontable qui était bien de nature à glacer, dans le cœur de ses plus fidèles serviteurs, le dévouement le plus chaleureux [1]. Aussi ses intentions,

---

[1]. Voir ce que raconte à ce sujet M{mc} Campan dans le deuxième

ses démarches étaient-elles facilement calomniées ; sa bonté naturelle, son amour sincère pour le peuple étaient-ils niés et tournés en ridicule par des écrivains qui, plus tard, donnèrent le nom de *tyran* au meilleur des hommes et au plus humain des rois.

La reine Marie-Antoinette ne ressemblait en rien à son époux ; mais on a voulu trop souvent lui attribuer, dans le grand drame de la Révolution française, le rôle qu'avait joué quarante ans auparavant, auprès de la diète de Hongrie, l'héroïque Marie-Thérèse, sa mère. Elle l'aurait voulu, qu'il n'aurait pas été en son pouvoir de s'en saisir. Marie-Thérèse tenait ses droits d'elle-même, et pouvait elle-même les revendiquer. Marie-Antoinette était étrangère, Autrichienne, suspecte dès lors par son origine à une partie de la cour et de la nation. Cette princesse, qui devait épuiser jusqu'à la lie toutes les amertumes et toutes les douleurs, qui, après avoir été la plus adulée des reines, devait être la plus infortunée des épouses et des mères, n'était pas la femme forte que l'imagination des poëtes et des historiens a rêvée. Douée d'une âme sensible et tendre, elle avait besoin des épanchements de l'amitié, elle se laissait aller trop facilement aux confidences les plus intimes et souvent les plus compromettantes. Dévouée à ses amis, elle ne connaissait aucun obstacle pour les servir, et elle ignorait tous les dangers des coteries princières, les pires de toutes, parce qu'elles sont les plus exclusives. Conseillée par des

---

volume de ses *Mémoires*. Voir aussi ce que le comte de Lamarck écrit au comte de Mercy-d'Argenteau, le 10 octobre 1791. (*Correspondance de Lamarck et de Mirabeau.*)

amis imprudents qui ne comprenaient ni les hommes ni les événements de leur époque, elle s'abandonnait sans mesure et sans prudence aux regrets que lui inspiraient la chute du pouvoir absolu et l'éloignement de ses amis les plus intimes. Elle était, comme le roi, en proie aux plus cruelles incertitudes, mais ces incertitudes ne portaient pas sur le même objet : Louis XVI ne savait pas s'il devait ou non être roi constitutionnel ; Marie-Antoinette savait qu'elle ne voulait pas qu'il le fût. Hésitant sur les moyens, jamais sur le fond des choses, elle n'avait aucun système arrêté ; elle ne fut ferme que dans ses répugnances et dans ses ressentiments. Elle ne pouvait surtout pardonner aux grands seigneurs qui avaient embrassé le parti populaire, et, à son sens, trahi leur caste : crime irrémissible à ses yeux. Elle usa de toute l'influence que la cour pouvait avoir encore dans Paris pour faire élever Pétion à la place de maire, lorsque Bailly donna sa démission et que les constitutionnels voulurent le remplacer par La Fayette. Nous verrons bientôt comment Pétion la récompensa du concours qu'elle lui avait prêté dans cette circonstance, où royalistes et jacobins votèrent avec les mêmes bulletins. Elle donna un instant à Barnave, et encore peut-être parce qu'il était né plébéien, une confiance qu'elle avait refusée à Mirabeau, et qu'au dernier moment elle refusa à Dumouriez. Elle rejeta les offres du duc de Liancourt qui lui promettait, à Rouen, un asile assuré, et cela parce qu'il avait été de la minorité de la noblesse en 1789. Car, il faut le reconnaître, les dernières mains qui furent tendues à la reine avant la crise fatale qui emporta le trône furent des mains con-

INTRODUCTION.

stitutionnelles [1]; à cause de cela même elle les dédaigna. Elle craignait tous les secours venant de l'intérieur, parce qu'il aurait fallu compter plus tard avec ceux qui les auraient donnés; elle tournait les yeux vers les armées de la coalition, sans se rendre un compte bien exact de ce qu'elle voulait, de ce qu'elle désirait.

Dans le dénombrement des forces du parti royaliste, nous ne comptons pour rien les conseillers officiels et officieux du roi. Louis XVI, depuis longtemps, ne voyait dans ses ministres que de simples commis qu'il n'admit jamais dans sa confiance intime; aussi les changeait-il à chaque instant. Des intrigues pareilles à celles qui faisaient et défaisaient jadis les ministres à la cour de Versailles s'agitaient encore dans l'intérieur des petits cabinets des Tuileries, et l'on se disputait les lambeaux d'une autorité éphémère et décriée, comme on s'était disputé autrefois le brillant héritage des Louvois et des Choiseul.

Quant aux conseillers intimes, ils étaient peu nombreux [2], et d'ailleurs aucun ne jouissait d'une influence prépondérante. Le roi et la reine prenaient de toutes mains des plans, des projets, y donnaient suite un instant et les rejetaient peu après, sans s'inquiéter si déjà un commencement d'exécution n'avait pas éveillé de nouveaux soupçons et resserré encore le cercle étroit de

---

1. Voir les *Mémoires de Madame Campan,* t. II, p. 192 à 228.

2. Le comte de Lamarck écrit au comte de Mercy-d'Argenteau, le 30 octobre 1791 : « Le roi et la reine sont bien isolés et plus dénués que jamais de gens fidèles en état de veiller sur eux. »

police municipale, jacobine et populaire, dont le château était entouré [1].

VIII

Par le choix de notre sujet, nous n'avons pas à parler des bienfaits de l'Assemblée constituante, mais seulement de ses fautes. Ses bienfaits sont immenses, mais le temps seul a pu consacrer la reconnaissance que nous lui devons pour avoir fait sortir nos lois civiles et criminelles de l'effroyable chaos dans lequel elles étaient plongées, parachevé l'unité de la France, proclamé la tolérance religieuse, l'égalité de tous les Français devant la loi et devant l'impôt, enfin posé les principes d'ordre et de liberté, seuls et légitimes fondements des sociétés modernes.

Les principes de 1789, si souvent méconnus par les hommes qui les invoquaient jadis, et par les hommes qui les invoquent aujourd'hui, résisteront à l'action simultanée de ceux qui les nient et de ceux qui les faussent. Les monuments de Rome ont résisté aux atteintes du temps et même aux coups des Barbares, qui s'efforcèrent d'en détacher quelques pierres pour servir de bases à leurs masures de sable et de boue : les masures se sont

---

[1]. Le gouverneur Morris, dans sa correspondance, dit en parlant de l'entourage de Louis XVI : « Chacun avait son complot, et chaque petit complot avait ses affiliés. De sages et vigoureux conseils effrayaient les faibles, alarmaient les turbulents, blessaient les esprits énervés et les âmes molles... » (T. II, p. 224.)

affaissées sur elles-mêmes ; les monuments antiques qu'elles cachaient ont reparu sur leurs fondements éternels. Il en est, il en sera de même de l'œuvre de 1789.

Quant à nous qui, plein de foi dans l'avenir de la liberté et dans le bon sens de notre pays, attendons avec calme et sérénité le véritable et définitif couronnement de l'édifice élevé par la Constituante, nous, enfant de la Révolution française, nous ne blasphémerons jamais contre notre mère. Ce n'est donc pas sans douleur que nous nous trouvons contraint, par notre devoir d'historien, à reconnaître que la grande Assemblée, quand elle vint à mettre en pratique les principes par elle proclamés, commit des fautes énormes. Elle aurait pu en éviter beaucoup, si elle avait eu le temps de se reconnaître, si chaque jour il n'avait pas fallu faire face aux embarras du moment. Irritée par les résistances intempestives de la cour, par les bravades des premiers émigrés, elle perdit son sang-froid et se lança fiévreusement dans le domaine des utopies. La folle présomption est la conséquence presque forcée de l'inexpérience : aussi voyons-nous, dès le début de sa mission, l'Assemblée constituante repousser systématiquement tout ce qui, de près ou de loin, peut ressembler aux institutions anglaises et américaines. Si quelque homme sensé demande que ces institutions servent de base et de modèle à l'œuvre que les représentants de la France sont appelés à édifier, aussitôt à la tribune, dans la presse et bientôt dans les clubs, on entend les ignorants, les présomptueux et les utopistes (Dieu sait si ces trois races abondent dans notre malheureux pays !) s'écrier que la nation française vaut bien la peine que l'on fasse du nouveau pour elle, et que les vieilleries importées des contrées voisines ne sauraient lui convenir.

Ainsi l'on se paye de belles paroles, on se complaît dans de magnifiques proclamations, on recommande la concorde aux autorités nouvellement créées, mais on ne songe pas le moins du monde aux moyens pratiques de rétablir l'union entre elles, si elle vient un instant à être troublée.

Par contre, l'Assemblée qui semble croire si complaisamment à la vertu universelle, à l'harmonie permanente, réserve toutes ses méfiances pour le pouvoir exécutif. Elle le place au sommet de la hiérarchie administrative et en fait ainsi le but de toutes les attaques, mais elle ne lui laisse la nomination d'aucun des agents qu'il est censé diriger, et le condamne d'avance à une ridicule et complète impuissance.

La machine administrative, telle qu'elle sortit des mains de l'Assemblée constituante, présentait peut-être au premier coup d'œil un ensemble de nature à satisfaire les mécaniciens novices qui l'avaient construite ; mais quand on l'examinait de près, on pouvait s'apercevoir que ses rouages, qui, sur le papier, s'ajustaient merveilleusement les uns dans les autres, devaient s'arrêter au moindre frottement, se briser au moindre choc. La force d'action y avait d'autant plus d'intensité que l'on descendait plus bas dans l'échelle hiérarchique. Si les ministres, les administrateurs des départements et même des districts en avaient été très-médiocrement pourvus, les administrations municipales en avaient été surabondamment dotées ; l'initiative de toutes les mesures importantes, et notamment de toutes celles qui concernaient le maintien de la tranquillité publique, avait été confiée exclusivement à celles-ci ; à peine avait-on laissé aux pouvoirs supérieurs un droit de contrôle, lequel ne pouvait s'exercer que *lorsqu'il n'était plus temps de réparer les fautes* dues à l'ineptie ou à la malveillance d'autorités subalternes abandonnées à elles-mêmes, sans règle, sans guide et sans frein.

Enfin ce pouvoir municipal si exorbitant n'était pas remis entre les mains de magistrats uniques dont la responsabilité personnelle aurait été du moins engagée ; on en avait investi des administrations collectives. Grâce à une si déplorable combinaison, les meneurs irresponsables avaient toute facilité pour se tenir dans l'ombre et faire manœuvrer au gré de leurs caprices ou de leurs intérêts les individus qu'ils avaient placés au premier plan.

Tout le monde délibérait, personne n'avait mission d'agir. Seulement, quand les circonstances commandaient une résolution prompte et décisive, le moindre des officiers municipaux s'arrogeait le droit de ceindre l'écharpe officielle, et, sans délégation comme sans mandat, prenait de sa propre autorité les décisions les plus importantes et souvent les plus irréparables.

On aurait voulu de propos délibéré organiser l'anarchie que l'on n'aurait pu s'y prendre mieux.

Mais c'était surtout dans les institutions spéciales à la ville de Paris que l'Assemblée constituante, il faut bien le reconnaître, s'était surpassée en imprévoyance. On avait hérissé de rouages de toute sorte l'administration de cette ville immense, foyer permanent d'agitation dans les temps d'effervescence populaire ; ces rouages, s'enchevêtrant les uns dans les autres, nuisaient à l'action générale et quelquefois même la paralysaient complétement.

Le conseil de la Commune se composait de cent quarante-quatre membres, dont on choisissait quarante-huit, qui eux-mêmes élisaient seize d'entre eux pour former cinq bureaux d'administration, à peu près souverains chacun dans sa partie. A la tête du conseil était un maire qui pouvait tout pour le mal et peu pour le bien, libre de sanctionner le désordre par sa présence, mais presque impuissant à l'arrêter. De ce maire on avait fait une idole semblable à ces dieux de l'Inde, que l'on fait mouvoir et parler à volonté, que l'on porte les jours de fête en grande pompe à travers les rues, mais qu'aux moments de crise on relègue au fond du temple en les environnant d'un nuage d'encens.

Toutes les complications de la loi organique de la municipalité parisienne ne servaient qu'à entraver le jeu régulier des élections, à fatiguer les électeurs paisibles ou occupés, et à leur faire déserter la salle du scrutin. Nous le verrons bientôt, le jour où certaines sections ultra-révolutionnaires résolurent de renverser le trône de Louis XVI, rien ne fut plus facile que de mettre à néant toutes les vaines précautions que le législateur avait étagées à grand'peine pour bâtir le château de cartes qui s'écroula dans la nuit du 9 août 1792, sous le souffle de l'insurrection démagogique.

Grâce à une phrase incidente reléguée dans un article

auquel, en le votant, l'Assemblée constituante avait fait peu d'attention, les séances du corps municipal et du conseil général avaient été déclarées publiques et ainsi livrées à la pression incessante et furibonde des tribunes. D'autre part, la loi avait déclaré en principe que les quarante-huit sections entre lesquelles on avait divisé la capitale ne pourraient, après les élections faites, ni rester assemblées ni s'assembler de nouveau sans une convocation spéciale ordonnée par le corps municipal ; mais, par une exception qui venait à l'instant même infirmer une règle si sage, un autre article de la même loi voulait que la convocation des quarante-huit sections eût lieu aussitôt qu'elle serait demandée par huit d'entre elles. Pour l'exercice de ce droit, il avait été institué dans chaque section un comité civil permanent de seize membres. Comme les fonctions de ce comité n'avaient pas été bien déterminées, les membres qui le composaient devaient naturellement s'agiter dans le vide et chercher par tous les moyens à augmenter leur importance. Ainsi, par une impéritie incroyable, l'Assemblée constituante avait créé dans Paris quarante-huit foyers d'agitation perpétuelle, et donné pour ainsi dire d'avance à l'émeute sa loi organique, ses priviléges et ses immunités. Il s'était formé dans chaque section un noyau de meneurs qui, à tout instant, exigeaient des réunions et y faisaient adopter les motions les plus incendiaires et les plus inconstitutionnelles ; ces motions étaient transmises par les soins de leurs auteurs de section en section, et avaient au bout de quelques heures parcouru tout Paris.

De là à des correspondances officielles, à des communications journalières, il n'y avait qu'un pas ; il fut bientôt franchi. Les sections devinrent par le fait à peu près permanentes, avant que la loi, comme nous le verrons plus tard, régularisât cette permanence [1].

IX

L'Assemblée constituante recula devant la difficulté de réglementer la liberté de la presse et le droit de réunion ; elle donna ainsi à la démagogie les moyens de renverser l'édifice qui venait d'être construit avec tant de soin et de peine.

Elle avait, il est vrai, à plusieurs reprises, fait éclater son indignation contre la licence de certains écrits, déclaré que les auteurs en seraient poursuivis comme criminels de lèse-nation et perturbateurs du repos public, chargé enfin son comité de constitution de lui présenter

---

[1]. Pour bien comprendre les événements qui vont se dérouler sous les yeux de nos lecteurs, il importe que l'on se fasse une idée nette et précise de l'organisation de la municipalité parisienne. La note III, que l'on trouvera à la fin de ce volume, donne à cet égard des détails qui nous paraissent indispensables à connaître.

Le 12 novembre 1791, Bailly, dans son discours d'adieu au conseil général de la Commune, avait signalé tous les vices de cette organisation ; mais sa voix ne fut pas écoutée, et, après avoir ainsi prononcé son testament politique, ce digne et malheureux magistrat se retira, la mort dans l'âme, désespérant du salut de son pays. Son nom ne reparaîtra plus dans l'histoire de la Révolution que lorsque nous aurons à raconter sa mort héroïque dans les fossés du Champ-de-Mars.

une loi sur la matière. Mais on ne donna pas suite au projet rédigé par Sieyès, et la presse, inviolable en fait si ce n'est en droit, continua à tout attaquer, à *tout calomnier*, à tout bouleverser. Les partis ne se firent pas faute de profiter de cette extrême licence jusqu'au moment où les ultra-révolutionnaires, s'emparant violemment du pouvoir, mirent ordre aux débauches de la publicité. Ceux-ci avaient préconisé la liberté de la presse tant qu'il s'était agi pour eux de combattre leurs adversaires; mais, le lendemain du jour où ils furent les maîtres, ils supprimèrent les journaux qui leur déplaisaient, brisèrent les presses de leurs contradicteurs et en distribuèrent les caractères à leurs amis. Ils devaient un peu plus tard envoyer à l'échafaud les écrivains qui se permettaient de les combattre. Sous leur règne, la censure royale fut remplacée par la guillotine.

Le droit de réunion n'avait pas été proclamé; il s'était affirmé lui-même. Dans le sein même de l'Assemblée s'était formé le Club breton, premier noyau des Jacobins. Ce club avait bientôt pris les plus redoutables accroissements; plus de quatre cents sociétés lui étaient affiliées, et, en 1792, couvraient la France d'un vaste réseau de police, de surveillance et de délation. Il portait encore le titre de *Société des Amis de la Constitution*, titre certes bien mensonger, puisque dans le fond de leur cœur ses membres, en grande majorité, avaient juré la ruine de l'œuvre que tout haut ils s'engageaient à défendre.

D'autres clubs s'étaient fondés dans Paris, les uns plus violents, comme celui des Cordeliers, les autres plus modérés, comme celui des Feuillants; mais aucun ne jouissait d'une influence comparable à celle de la formidable association des Jacobins. L'Assemblée constituante avait fini par comprendre tout ce que recélait de dangers l'organisation d'un État dans l'État; mais elle manqua de courage, et n'osa, d'une main vigoureuse, porter la cognée sur l'arbre qu'elle avait elle-même planté. Dans les derniers moments de son existence, elle eut la pensée de revenir sur l'entraînement funeste avec lequel elle avait permis, autorisé, favorisé même l'établissement des sociétés populaires; elle demanda à son comité de constitution un projet de loi destiné à réprimer les excès du droit de réunion; mais, après de longs débats et sur l'insistance de Robespierre, qui savait bien ce qu'il faisait en se portant le défenseur à outrance des clubs, on retrancha des propositions du comité tout ce qui pouvait être efficace; et le décret, tronqué, mutilé, ne fut qu'une lettre morte, dont personne ne sembla tenir compte, dès le lendemain de sa promulgation.

Pendant que l'Assemblée constituante n'osait s'attaquer aux deux nouveaux souverains : la presse et les Jacobins, elle désorganisait, sans le vouloir, la dernière force qui pouvait résister à l'envahissement progressif de la démagogie.

La garde nationale avait été vigoureusement constituée par La Fayette; elle avait acquis sous lui une unité qui faisait sa force et son prestige. Les royalistes purs et les démagogues s'en effrayèrent pour des motifs différents ; ils ne cessèrent de déclamer contre la concentration en une seule main d'un pouvoir militaire, selon eux trop considérable. Abandonné de la cour et insulté par la Révolution, le général constitutionnel donna sa démission ; l'Assemblée, profitant de sa retraite, décréta que le commandement de la garde nationale passerait à tour de rôle et par mois à chacun des chefs des six légions. C'était mettre à la merci du hasard la tranquillité de la capitale ; c'était laisser flotter les rênes d'un commandement qui, pour être obéi et respecté, devait rester dans une seule et même main.

X

De toutes ces fautes, il serait souverainement injuste d'accuser les vastes intelligences que l'on suppose très à tort avoir constamment dirigé les délibérations de notre première assemblée nationale. Chaque jour les projets les mieux élaborés étaient changés, bouleversés, détruits par un vote enlevé à l'inexpérience d'une majorité trop disparate et trop flottante.

A mesure que la Constituante avançait dans ses travaux, les chefs du parti constitutionnel s'étaient sentis de plus en plus débordés par le parti de l'extrême gauche, d'abord si peu considérable, que Mirabeau avait pu s'écrier : « Silence aux trente voix ! » Ce dernier parti s'était successivement grossi de la masse des chercheurs de popularité facile ; et ils sont nombreux dans tout corps délibérant, ceux qui ne savent se faire un nom qu'en flattant les passions, en subissant les préjugés des masses ! Grâce à ces hommes ambitieux, vaniteux et indécis, grâce aussi à l'abstention et quelquefois même au concours patent de la droite, l'extrême gauche put faire successivement repousser les deux chambres, prononcer l'incompatibilité des fonctions de ministre et de député, interdire aux membres de l'Assemblée d'être réélus à la Législative, et rejeter toute tentative de révision de la constitution.

Les royalistes purs ne demandaient pas mieux que de voir pousser les choses à l'extrême, espérant que de l'excès du mal naîtrait ce qu'ils regardaient comme le bien suprême : la restauration de l'ancien régime avec une force et une vitalité nouvelles. Ils jouèrent ainsi quitte ou double dans cette partie funeste, où l'enjeu était la vie de la famille royale, le salut de la monarchie et le bonheur de la nation [1].

Ah ! s'ils avaient fait taire des ressentiments qu'ils croyaient fondés, mais qu'il eût été généreux et habile de savoir fouler aux pieds, ils auraient pu, se réunissant aux constitutionnels, imposer silence aux tribuns de la démagogie, consolider le trône pour lequel ils se déclaraient prêts à faire tous les sacrifices, et épargner à la France vingt-cinq années de luttes intestines et de guerres étrangères.

1. Le gouverneur Morris, dont la correspondance reflète si bien, jour par jour, les idées des royalistes, écrit le 1er août 1792 : « Dans l'état actuel des choses, il est évident que, si le roi n'est pas renversé, il faut qu'il devienne absolu. » On peut lire dans les *Mémoires de Ferrières*, qui n'est pas suspect, puisque lui-même siégeait à droite à la Constituante, les détails qu'il donne sur la manière dont les membres de la minorité royaliste témoignaient leur dédain pour toutes les délibérations de l'Assemblée.

Ils ne comprirent leurs intérêts et leurs devoirs, ni au début de la Constituante, lorsque les passions populaires n'étaient pas encore déchaînées, ni à la fin d'une session laborieuse et agitée, lorsque la fuite du roi et son arrestation à Varennes vinrent faire à leurs adversaires une position toute nouvelle. A ce moment l'alliance entre les deux partis qui regardaient le principe monarchique comme l'ancre de salut de la France était facile. Les constitutionnels, plutôt que de sacrifier ce principe, étaient résolus à perdre la popularité qui les entourait encore ; ils ne demandaient pas mieux que de revenir sur beaucoup de mesures qui avaient été adoptées par entraînement plutôt que par conviction [1]. Mais ils virent leurs avances repoussées, et ils se trouvèrent seuls pour soutenir la lutte incessante et acharnée qu'allait leur livrer le parti démagogique.

Ce dernier parti avait jusqu'alors gardé un silence prudent sur ses desseins ; mais, à partir de ce moment, il arbora hautement le drapeau de la République, à laquelle, sauf peut-être quelques utopistes, personne n'avait encore pensé. Durant les quelques jours d'interrègne qui s'écoulèrent entre la fuite et le retour de

---

[1]. Malheureusement, il y avait une mesure sur laquelle il était beaucoup moins aisé de revenir que sur d'autres, c'était la constitution civile du clergé. Depuis le commencement de l'année 1791, pour chaque diocèse, et souvent, dans les diocèses, pour chaque paroisse, il y avait deux titulaires : que serait devenu l'intrus si l'on s'était décidé à défaire ce qui avait été fait ? La constitution civile fut donc la pierre d'achoppement contre laquelle vinrent se briser toutes les tentatives secrètes de conciliation ; ce fut la faute capitale qui pesa sur l'œuvre entière de l'Assemblée constituante et la frappa de mort.

Varennes, l'Assemblée avait été seule, et sans conteste, souveraine de la France. Aussi les prôneurs du système républicain s'écriaient-ils sur tous les tons : « Vous le voyez, la tranquillité publique a été maintenue à Paris et dans les départements ; les affaires se sont expédiées comme à l'ordinaire ; le président de l'Assemblée a parfaitement rempli dans les cérémonies publiques la place qu'occupait autrefois le roi [1]. Pourquoi donc restaurer un pouvoir que les faits ont démontré complétement inutile, et faire reprendre à Louis XVI la place qu'il a volontairement quittée ? Le roi de la Constitution n'est qu'un roi de parade, son rôle peut être joué par le premier venu ; ou plutôt, pourquoi un chef du pouvoir exécutif, puisque tous les pouvoirs doivent être concentrés dans le sein de l'Assemblée nationale ? »

C'était, on le voit, la théorie du gouvernement révolutionnaire tel qu'il fut inauguré plus tard, théorie qui devait conduire au despotisme du Comité de salut public.

---

[1]. Par une bizarrerie du sort que l'on n'a peut-être pas assez remarquée, le président de l'Assemblée nationale était alors le marquis Alexandre de Beauharnais. Pendant ces jours d'interrègne, la procession de la Fête-Dieu eut lieu comme à l'ordinaire, et M. de Beauharnais fut appelé, le jeudi 23 juin 1791, à occuper, dans la cérémonie, la place que Louis XVI et ses prédécesseurs y occupaient chaque année. Qui eût dit à ce simple membre de l'Assemblée constituante, séparé de ses collègues par un intervalle de quelques pas, mais que cet intervalle faisait roi de France pour un jour, que, soixante ans plus tard, son petit-fils serait revêtu de la pourpre impériale et posséderait le pouvoir suprême pour lui et ses héritiers, en vertu d'une constitution qui serait la neuvième en date après celle que l'on achevait dans ce moment ?

Les constitutionnels, pour sauver le principe monarchique, furent obligés de recourir à une fiction légale dont la fausseté éclata à tous les yeux [1] ; il leur fallut admettre que le roi, nuitamment enlevé de son palais par des malintentionnés, avait été contre son gré conduit à Varennes et qu'on ne devait avoir aucun égard à l'imprudent manifeste qu'il avait chargé son fidèle confident Laporte de déposer sur le bureau de l'Assemblée le lendemain de son départ. Par cette déclaration célèbre, le roi avait abdiqué de fait ; il eût mieux valu cent fois pour son salut, pour celui de sa famille, pour celui de la royauté, qu'il persistât dans son abdication. Une situation étant donnée, il faut l'accepter résolûment et y persister jusqu'au bout. C'est ce que ne comprirent ni Louis XVI ni Marie-Antoinette. Une régence leur paraissant plus redoutable que toute autre solution, parce qu'elle eût été infailliblement donnée au duc d'Orléans ou à La Fayette, ils n'hésitèrent pas à reprendre le sceptre qu'ils avaient déposé sur le bureau de l'Assemblée nationale. Ils le conservèrent une année encore au milieu de continuelles angoisses, au prix d'incessantes tortures morales, pour le laisser tomber, le 10 août, dans la loge du Logographe.

[1]. « La royauté se trouve de plus en plus avilie par les moyens que l'on emploie pour sauver le monarque. » (Lettre du comte de Lamarck à M. de Mercy-d'Argenteau, 13 août 1791.)

XI

Le parti démagogique vient de faire son apparition, nous allons le voir à l'œuvre.

Après le retour de Varennes, une pétition est proposée aux Jacobins, où se tient le quartier général de l'armée du désordre ; on y demande la déchéance du roi ; on décide qu'elle sera portée en grande pompe sur l'autel de la Patrie au Champ-de-Mars ; tous les coryphées du parti doivent venir solennellement y apposer leurs signatures. Cette annonce fait affluer, le 17 juillet 1791, vers le champ de la Fédération, les curieux et les désœuvrés de la capitale. Mais, au dernier moment, les organisateurs de la démonstration ne paraissent pas et laissent jouer leurs rôles par des comparses.

Des misérables sont apostés pour insulter la garde nationale. Le signal de la rébellion est donné par un coup de pistolet tiré sur La Fayette lui-même ; des pierres sont lancées contre la troupe ; puis, comme cela est arrivé si souvent, les émeutiers s'esquivent, et les désastres de la lutte tombent sur quelques vieillards et quelques enfants.

Après la journée du 17 juillet, le parti républicain paraît abattu. Mais bientôt ses chefs dispersés reforment leurs rangs ; ses écrivains, un instant terrifiés, reprennent leurs plumes ; ses orateurs, qui s'étaient cachés, retournent pérorer à la tribune des Jacobins et des Cordeliers.

Tous ces chefs, tous ces écrivains, tous ces orateurs

paraissent unis dans les mêmes pensées ; mais déjà secrètement ils se jalousent, ils se détestent ; les gens clairvoyants peuvent déjà apercevoir les nuances qui vont bientôt séparer tous ces hommes et en faire des ennemis irréconciliables. Plusieurs sont sincères dans leurs illusions ; ils rêvent la république de Sparte avec les mœurs d'Athènes ; ils croient qu'ils pourront renverser un trône, se donner des magistrats vertueux, incorruptibles, exempts de toute ambition, puis aller dans un festin se couronner de roses et s'endormir dans les loisirs d'une élégante volupté. Infortunés ! qui ne furent que des artistes politiques, qu'on appellera plus tard Girondins, et que Marat désignera par ironie sous le nom d'hommes d'État ! Ils ne se réveillèrent qu'au pied de la guillotine.

Parmi les chefs qui marchent déjà sous une autre bannière, les uns, comme Danton et ses amis, cherchent la satisfaction de leurs appétits brutaux ; ils veulent à tout prix acquérir ces honneurs et ces richesses qui doivent être pour eux la source de toutes les jouissances. Les autres, comme Robespierre et Marat, sacrifiant à des dieux différents, ne voient, dans le cataclysme qui se prépare, que le triomphe de leur orgueil. Ils aspirent à la toute-puissance, afin d'écraser leurs ennemis sous leurs pieds et de goûter le suprême plaisir de la vengeance. Plus ils ont été jusqu'ici bafoués, honnis, ridiculisés, plus ils veulent faire repentir l'humanité du crime impardonnable dont elle s'est rendue coupable en les méconnaissant.

Au-dessous de ces chefs, se cachent des hommes que la peur seule fait agir. Ils se sont réfugiés dans les rangs du parti jacobin pour que l'on ne songe pas à leur reprocher leurs défaillances passées, leurs antécédents suspects, les souvenirs des castes nobiliaires ou sacerdotales auxquelles ils ont appartenu. Ils veulent donner des gages irrécusables de leur dévouement à la démagogie, et croient qu'ils ne peuvent effacer le péché originel dont ils sont entachés que par un baptême de sang.

Plus bas encore, s'agite cette masse flottante d'individus qui, n'ayant pu trouver place ni parmi les réactionnaires ni parmi les constitutionnels, veulent à toute force jouer un rôle. Ces hommes-là n'ont ni but politique, ni principe déterminé; ils ne forment pas une faction, pas même une conspiration nettement définie, franchement organisée. C'est une tourbe, montant résolûment à l'assaut du pouvoir parce qu'elle espère, une fois maîtresse de la place, s'y livrer impunément au vol et au pillage [1].

XII

La France n'avait pas en 1791, elle n'a pas encore aujourd'hui, après soixante-dix ans de révolutions, des législateurs et des hommes d'État de rechange. Elle avait envoyé siéger aux États-généraux tous les hommes

---

[1]. « Beaucoup de gens, avides des faveurs de la fortune et cherchant à les extorquer à tout prix, s'étaient jetés dans le parti populaire contre la cour, prêts à servir celle-ci pour son argent, prêts à la trahir si elle devenait la plus faible. » (*Mémoires de Madame Roland*, p. 56 de la Ire partie, 1re édition.)

distingués qu'elle possédait dans les lettres, les sciences et la politique, tous ceux que de longues années d'études approfondies et d'estime méritée avaient dû désigner au choix des trois ordres ; elle se trouva épuisée après ce premier enfantement. L'Assemblée législative, à bien peu d'exceptions près, était composée d'individus sans idées et sans précédents politiques, rassemblés de tous les coins de la France, jetés tout à coup dans la fournaise ardente de Paris. Aussi, dès le premier jour, donna-t-elle des preuves de cette incohérence d'idées et de volontés qui devait être le caractère distinctif de son passage sur la scène du monde.

Dès le début de sa session, cette assemblée professe un respect profond pour la Constitution et les pouvoirs constitués, et elle entre en lutte avec la royauté sur de puériles questions d'étiquette; elle proclame les principes les plus purs sur la liberté individuelle, la liberté de conscience, la liberté de discussion, le respect de la propriété, et elle les viole à chaque instant avec une incroyable facilité; elle veut tenir sa balance égale entre les deux partis qui la divisent elle-même, Paris et la France, et elle leur donne tour à tour la victoire, de façon qu'on ne peut jamais être certain qu'elle ne rapportera pas, au début d'une séance, les décrets qu'elle a rendus à la fin de la séance précédente. Prenant la faiblesse pour la magnanimité, elle écoute patiemment et fait imprimer, aux frais de la nation, les adresses insolentes que des sociétés populaires sans mandat viennent lui débiter; elle se déclare chaque jour prête à réprimer les clameurs des tribunes, et elle en subit de plus en plus la pression, remettant toujours au lendemain les mesures propres à la débarrasser de cette tyrannie, la plus odieuse de toutes, celle de la force brutale et de la foule irresponsable.

Elle tonne contre les despotes, contre les persécutions, contre les mesures inquisitoriales de l'ancien régime, contre les délations, les lettres de cachet et les dragonnades de Louis XIV, et elle s'empresse de les imiter.

Par son Comité de surveillance, elle établit un vaste système d'espionnage dans toutes les parties du royaume et jusque dans le palais même de l'infortuné Louis XVI[1]. Elle fait appuyer par la force armée les prêtres constitutionnels, qui disent leur messe entourés de soldats pour enfants de chœur[2]. Elle poursuit à outrance les ecclésiastiques qui ont refusé de prêter le serment constitutionnel et refusent, par voie de conséquence, de prêter le serment civique.

L'Assemblée constituante avait destitué de toute fonction publique les prêtres insermentés, mais au moins

---

[1]. Voici ce que disait un membre du Comité de surveillance, l'évêque constitutionnel du Calvados, Fauchet, dans la séance du 18 mai 1792 (*Moniteur*, p. 579) :

« La plupart des dénonciations faites au Comité ont été apportées par des personnes qui ont un très-grand intérêt à rester inconnues. Ce sont des gens qui sont attachés au service du roi, qui perdraient leurs places, dont la vie serait même exposée, si l'on divulguait les renseignements qu'ils ont fournis. » Ces paroles étranges ayant fait naître quelques murmures, Fauchet, qui avait lui-même honte de pareilles turpitudes, ajouta : « Il ne s'agit pas ici de discuter la moralité de ces dénonciations, mais leur utilité à la chose publique. »

[2]. *Mémoires de Dumouriez*, t. II, p. 125.

elle leur avait assuré une pension modique pour qu'ils pussent terminer en paix leur existence au sein de leur famille; l'Assemblée législative va plus loin, elle les prive de tout traitement, de toute indemnité; elle les déclare suspects de révolte contre la loi et de mauvaises intentions contre la patrie; quelques mois plus tard elle prononce contre eux la déportation, non comme une peine, mais comme une mesure de sûreté générale, et donne aux directoires de départements le pouvoir exorbitant de mettre hors la loi commune un certain nombre de Français; quelques jours après, se défiant de la mansuétude des autorités départementales, elle décrète que la dénonciation de vingt citoyens actifs suffira pour obliger ces autorités à faire usage de ce droit vraiment draconien.

C'était, on le voit, la délation, la persécution et l'intolérance organisées sur la plus vaste échelle. Louis XVI refusa, il est vrai, de sanctionner ces deux décrets; mais que dire d'une assemblée qui se laisse aller à de pareils entraînements, qui applaudit un orateur (Isnard) lorsqu'il s'écrie : « Contre les prêtres insermentés, il n'y a pas besoin de preuves[1] ! » et accueille avec des bravos enthousiastes les prêtres mariés qui viennent à sa barre faire parade de leur apostasie[2] ?

---

1. *Moniteur* du 15 novembre 1791.
2. On croit généralement que le mariage des prêtres est contemporain du culte de la déesse Raison, ou que du moins, jusqu'aux plus mauvais jours de la Révolution, les pouvoirs constitués eurent la pudeur de ne pas s'associer à ces bacchanales qui ont donné aux noms des Gobel et des Chaumette une si triste célébrité. Il n'en est rien;

XIII

La seule question sur laquelle toutes les fractions de l'Assemblée législative se trouvèrent d'accord, et qui fut résolue sur la proposition du roi lui-même, fut celle de la guerre à déclarer à l'empereur d'Allemagne et à la

dès 1792, pendant que la royauté siégeait encore aux Tuileries, lorsque le sanctuaire des lois n'avait pas encore été envahi par une populace en délire, on voit l'Assemblée législative battre des mains à la harangue que vient lui débiter un vicaire de Sainte-Marguerite, à Paris, en lui présentant son épouse et sa nouvelle famille.

Le *Moniteur* du 12 mai 1792 (p. 555), le *Journal des Débats* du même jour (p. 210), nous donnent en termes presque identiques le récit de la réception brillante faite à cet indigne prêtre qui venait de recevoir la bénédiction nuptiale des mains d'un autre prêtre plus indigne encore. Voici le discours que l'Assemblée législative couvrit de ses chaleureuses acclamations :

« Législateurs, je viens avec confiance annoncer, dans le sanctuaire auguste de la Liberté, que j'ai usé du droit imprescriptible qu'a rendu à tous les Français notre immortelle Constitution. Il est temps que les ministres du culte romain se rapprochent de leur sainte origine; il est temps enfin qu'ils rentrent dans la classe des citoyens; il est temps enfin qu'ils réparent par l'exemple des vertus chrétiennes et sociales tous les scandales, tous les crimes, tous les maux que le célibat des prêtres a causés; et c'est pour y parvenir que je me suis associé une compagne honnête et vertueuse. Déjà la calomnie, le fanatisme, l'hypocrisie ont tenté de soulever le peuple contre cette union sainte, jurée au pied des autels et consacrée par la religion. Mais les citoyens du faubourg Saint-Antoine n'ont plus de préjugés, et, loin de se laisser entraîner par les perfidies, ce bon peuple, qui m'a appelé au conseil général de la commune de Paris, est venu en foule me féliciter et me conseiller de rester à mon poste en me pro-

diète germanique. Par une incroyable aberration, par un vertige inexplicable, au commencement de 1792, tous les partis en France désiraient la guerre, tous la voulaient, tous accueillirent avec joie le décret solennel en vertu duquel elle fut déclarée (20 avril 1792). C'est que la guerre était l'inconnu, et qu'au milieu du malaise général chacun s'imaginait que de l'inconnu sortirait la réalisation de ses espérances. Les uns croyaient, en précipitant les Français aux frontières, faire diversion

testant que jamais je ne fus plus digne de sa confiance. Législateurs, mon épouse, son respectable père et toute sa famille se joignent à moi pour vous présenter leurs respectueux hommages et pour vous prier d'agréer l'offrande que nous déposons sur l'autel de la Patrie pour l'entretien de ses généreux défenseurs. »

Le *Moniteur* ajoute que l'orateur est invité aux honneurs de la séance avec son épouse et les parents qui l'accompagnent, et qu'ils sont introduits dans la salle au milieu d'applaudissements presque unanimes.

Ni le *Moniteur* ni le *Journal des Débats* ne donnent le nom de ce prêtre apostat; mais nos recherches nous ont fait retrouver son nom et sa destinée. Nous venons de le voir déclarer lui-même qu'il était membre du conseil général de la commune et qu'il habitait le faubourg Saint-Antoine; c'est donc évidemment Jean-Claude Bernard, qui fut l'un des deux municipaux chargés de conduire à l'échafaud le malheureux Louis XVI, et qui y monta lui-même, dix-huit mois après, avec Robespierre.

Le doute sur l'identité de l'orateur du 12 mai 1792 ne peut être permis si l'on rapproche, comme nous l'avons fait, les almanachs nationaux de 1793 et de l'an II et la liste générale des guillotinés, où Jean-Claude Bernard figure sous le numéro 2,645, en qualité d'ex-prêtre et d'ex-membre de la commune. Il était âgé de trente-deux ans et était né à Paris. On trouve, dans l'*Histoire de Louis XVII* de M. de Beauchesne, p. 44 du deuxième volume, une anecdote qui prouve toute la grossièreté de ce personnage.

aux agitations intérieures ; les autres pensaient que de cette guerre surgirait un général victorieux qui imposerait silence aux factions et viendrait restaurer l'autorité royale ; d'autres enfin voulaient pousser les choses à l'extrême et bouleverser l'Europe en proclamant l'émancipation universelle des peuples [1].

Les anciens constituants, qui occupaient dans l'armée des grades élevés, s'empressèrent de demander des ordres de service. Le parti modéré pensait se créer ainsi de nouveaux points d'appui ; mais, par cela même, il se dispersait au lieu de se former en faisceau, et disséminait ses forces au lieu de les concentrer ; il ne voyait pas qu'avant tout il fallait résister, dans Paris, au géant révolutionnaire qui allait, comme l'Horace romain, saisir successivement chacun de ses adversaires pour engager avec lui un combat singulier et l'égorger à son aise avant de fondre sur un autre.

Déjà, depuis un an, le parti démagogique, grâce à l'apathie et à l'indifférence qui s'étaient emparées de la masse de la population parisienne, montait silencieusement à l'assaut du pouvoir, et débusquait successivement ses adversaires de toutes les positions qu'ils avaient d'abord occupées sans conteste.

Au commencement de novembre 1791, Bailly avait

---

[1]. Dès le 29 novembre 1791, Isnard, dans son prophétique enthousiasme, s'était écrié : « Si le peuple français tire l'épée, il en jettera loin de lui le fourreau ; embrasé du feu de la liberté, armé du glaive, de la plume, de la raison, de l'éloquence, il peut à lui seul, si on l'irrite, changer la face du monde et faire trembler tous les tyrans sur leur trône d'argile. »

donné sa démission de la place de maire de Paris, qu'il occupait depuis deux ans et demi, et sur 80,000[1] citoyens appelés à voter, 10,300 seulement avaient pris part au scrutin ouvert pour son remplacement.

Pétion avait été élu par 6,600 voix contre 3,000 donnees à La Fayette.

A la même époque, Manuel, homme de lettres plus que médiocre, avait été élu procureur-syndic de la Commune ; près de lui était venu siéger Danton qui, appelé, quelques mois auparavant, au conseil général du département, préféra la place plus lucrative et plus influente de substitut du procureur-syndic de la commune[2]. La

---

1. M. Granier de Cassagnac, dans son ouvrage sur les Girondins, où il se pique de la plus scrupuleuse exactitude, commet à cette occasion une erreur importante. Il parle de 200,000 électeurs primaires pouvant, en novembre 1791, concourir à l'élection du maire de Paris; ces électeurs étaient seulement au nombre de 81,000. Ce nombre se déduit forcément de celui de 812 électeurs du deuxième degré, dont les noms sont inscrits dans l'*Almanach royal* de 1792. Il y avait un électeur du deuxième degré par 100 électeurs présents ou absents inscrits sur les listes des assemblées primaires. En 1791 et jusqu'après le 10 août 1792 étaient électeurs les seuls citoyens actifs, c'est-à-dire ceux qui payaient une contribution équivalente à trois journées de travail. (Voir, à la fin de ce volume, la note III relative à l'organisation de la municipalité parisienne.)

2. Danton avait été élu au commencement de septembre 1790, par la section du Théâtre-Français, membre du conseil général de la Commune. Sur les 144 membres élus à cette époque, il fut le seul écarté par la majorité des sections, en vertu d'un droit d'ostracisme que la loi leur conférait sur leurs choix réciproques ; trois sections se déclarèrent pour lui : celles du Théâtre-Français, du Luxembourg et de Mauconseil. Ce furent, pendant tout le temps de la Révolution, ces sections qui professèrent les principes et soutinrent les

loi avait fixé aux derniers jours de 1791 le renouvellement de la moitié de la municipalité parisienne, et ce renouvellement y avait amené des individus pris dans d'autres classes, dans d'autres conditions sociales, et imbus naturellement d'autres idées que ceux qui composaient le corps municipal au moment de sa première formation en 1790. Le niveau de l'intelligence et du savoir s'était abaissé dans ce conseil, que la force des circonstances allait appeler à jouer un si grand rôle

---

hommes les plus exagérés. Danton prit bientôt sa revanche et, par un revirement singulier d'opinion, celui dont la majorité des électeurs primaires n'avait pas voulu comme simple membre du conseil général de la Commune fut élu cinq mois plus tard, par les électeurs du deuxième dégré, au conseil général du département (février 1791.). Il y formait à peu près à lui seul la minorité. L'année suivante (janvier 1792), il fut présenté en concurrence avec Manuel pour être procureur-syndic de la commune. Manuel ayant été élu, il se contenta de la place de substitut. Il y fut nommé au deuxième tour de scrutin par 4,162 voix sur 80,000 électeurs inscrits ! nouvelle preuve du funeste système d'abstention que les modérés pratiquaient à cette époque, au grand détriment de la chose publique. Au début de sa carrière politique, ce tribun célèbre avait, semble-t-il, des velléités aristocratiques assez prononcées. Nous avons entre les mains un recueil de pièces imprimées par ordre du district des Cordeliers, au sujet du décret de prise de corps lancé contre Marat par le Châtelet, le 8 novembre 1789 ; le nom et la signature de Danton reviennent à chaque instant dans ces pièces et sont toujours écrits avec une apostrophe qui sépare la première de la seconde lettre de ce nom fameux dans les fastes démagogiques. L'écrit sort des presses de Momoro, qui s'intitulait premier imprimeur de la Liberté nationale et qui était alors l'ami intime de Danton ; il est imprimé par ordre du district des Cordeliers où déjà dans ce moment Danton régnait presque en maître ; le consentement du tribun à cette manière d'orthographier son nom n'est donc pas douteux.

dans les événements qui se préparaient. A la tête de la police, les élections faites dans le sein du corps municipal avaient placé deux hommes nouveaux, Panis et Sergent, l'un avocat sans causes, l'autre artiste sans talent. Leurs noms, aujourd'hui entourés d'une effroyable célébrité, étaient alors inconnus et n'excitaient aucun ombrage. Ces deux hommes ne tardèrent pas à s'emparer de l'immense influence que donne le maniement de la police dans une ville comme Paris, et tinrent à l'écart leurs deux collègues plus anciens, Vigner et Perron, en attendant qu'ils fissent destituer l'un et égorger l'autre [1].

De toutes les autorités qui siégeaient dans la capitale, une seule était franchement constitutionnelle ; c'était le conseil général du département, que l'on appelait alors le département de Paris.

---

[1]. Perron, qui siégeait au département de police depuis 1790, et qui n'avait pas su toujours résister, dans les derniers temps, aux exigences de ses collègues Panis et Sergent, fut sacrifié par eux aussitôt qu'il marqua quelque hésitation à les suivre dans la route qu'ils s'étaient tracée. Conservé dans sa place d'administrateur le 10 août, jour où on avait encore besoin de sa signature pour l'expédition de certains ordres et surtout pour la délivrance des poudres, il fut arrêté le 21 par les ordres du nouveau Comité de surveillance et de salut public, conduit à l'Abbaye et égorgé le 4 septembre. Voici le texte de l'écrou et de l'arrêt de mort du malheureux Perron.

Extrait du registre d'écrous de la prison de l'Abbaye.

Du 21 août 1792.	Du 4 au 5 septembre 1792
Le sieur Perron a été écroué par ordre des membres du Comité de surveillance et de salut.	Mort. Le sieur Perron a été jugé par le peuple et exécuté sur-le-champ [1].

[1]. Cette mention est entièrement de la main de Maillard.

Le département avait déjà, dans plusieurs circonstances mémorables, résisté à l'entraînement de la municipalité parisienne. Il avait notamment élevé la voix en faveur de la liberté religieuse et contre la surveillance inquisitoriale exercée sur la famille royale. Le directoire, pris dans le conseil et saisi de toutes les mesures d'administration, était présidé par le vénérable duc de La Rochefoucauld-d'Amville, et comptait dans ses rangs Anson, Talleyrand, Desmeuniers, Beaumetz, quatre anciens constituants. Le procureur-général syndic était Rœderer. Celui-ci prêchait la tolérance, la conciliation même, lorsque déjà elles n'étaient plus possibles.

Quant au ministère, il venait d'être désorganisé de nouveau après cinq ou six combinaisons avortées. Le ministre des affaires étrangères, Delessart, avait été décrété d'accusation devant la haute cour nationale d'Orléans ; le ministre de la guerre, Narbonne, renversé par une intrigue de palais, avait été renvoyé comme un laquais. Ce fut à ce moment que, dans le désir de tenter une expérience nouvelle, l'infortuné Louis XVI s'avisa de prendre des mains des chefs de la gauche un ministère tout fait, dont il ne connaissait aucun membre, pas même de figure. On peut juger par là du degré de confiance qu'il devait accorder à ces conseillers d'occasion.

Les deux personnages principaux de ce cabinet étaient Dumouriez et Roland.

Le premier, intrigant habile, roué émérite, aventurier infatigable, avait été employé dans la diplomatie occulte de Louis XV. Il brûlait du désir de se faire une place et un nom dans l'histoire de son pays ; mais ce nom, cette place, peu lui importait de quelle manière il les obtiendrait. Le jour de sa nomination au ministère, il accourut au club des Jacobins, voulant que le véritable souverain du jour sanctionnât le choix que le roi nominal avait fait de sa personne; il alla jusqu'à se coiffer du bonnet rouge, pour faire acte complet d'adhésion aux mœurs et aux idées du lieu; mais, secrètement, il ne demandait pas mieux que de se prêter aux menées les plus contre-révolutionnaires, pourvu qu'elles eussent des chances de réussite, et que, dans le plan de restauration de la monarchie plus ou moins absolue, il pût jouer le rôle de Monk. Pas plus que Mirabeau, il n'avait une conscience bien délicate, ni une vertu bien ferme; mais, comme le grand orateur, il possédait l'instinct véritable des nécessités du gouvernement dans le temps où il vivait; il avait l'audace et la promptitude du coup d'œil qui permettent de faire tourner les événements au gré de ses desseins. Il avait, de plus que Mirabeau, le génie de la guerre, et, dans son apparition sur le premier plan,—apparition qui ne fut qu'un instant dans cette vie si longue dont le commencement avait été absorbé par d'obscures intrigues et dont la fin s'écoula dans l'exil et la proscription, — il eut la gloire immortelle de sauver son pays de l'invasion étrangère.

Roland présentait le contraste le plus frappant de toutes les qualités, comme de tous les défauts du brillant Dumouriez. Ils avaient à peu près le même âge[1]; mais cette

---

[1]. Roland, né en 1734, avait cinquante-huit ans; Dumouriez, né en 1739, en avait cinquante-trois.

vie, que l'un avait dépensée à visiter les divers pays de l'Europe, à nouer des intrigues, à former des projets chimériques, à courir après la fortune, l'autre l'avait passée au fond de son cabinet à écrire des mémoires sur des sujets de philosophie et d'économie politique, à s'admirer dans ses œuvres, à s'enivrer de son propre mérite. Ses liaisons avec la gauche de l'Assemblée législative le firent sortir tout d'un coup de l'obscurité et le transplantèrent, d'un petit appartement de la rue de la Harpe, dans les salons du ministère de l'intérieur, le plus important et le plus difficile de tous les ministères, aux temps de troubles et d'agitations. Il s'y montra rogue, hautain, d'un esprit sans portée et sans initiative, croyant avoir tout fait lorsqu'il avait, comme à l'époque où il était à Amiens ou à Lyon inspecteur des manufactures, écrit un rapport ou élaboré une circulaire ; il se drapa continuellement dans sa vertu, mais il ne sut pas s'exposer au danger lorsque son devoir le lui commandait, lorsque son honneur l'exigeait [1].

---

[1]. Voici le portrait qu'a tracé de Roland le girondin Daunou dans un fragment de ses Mémoires, en date d'août 1794 :

« Roland, magistrat probe, instruit, courageux, mais auquel on reprochait le pédantisme de toutes les vertus qu'il avait, ferme et vigilant, mais aigre et maladroit, trop épineux dans les détails de son administration pour conserver longtemps un assez grand nombre d'amis. » Nous verrons que Roland méritait tous les reproches, mais non certes tous les éloges que nous trouvons sous la plume de Daunou, car il ne fut souvent ni ferme, ni vigilant, ni courageux, si le courage consiste, comme nous le croyons, à se précipiter au milieu du danger plutôt qu'à écrire du fond de son cabinet des phrases plus ou moins pompeuses.

Telles étaient les autorités auxquelles se trouvait confié le soin d'assurer la tranquillité publique dans Paris; telle était la position des partis, des hommes et des choses, au moment où s'ouvre le drame immense et terrible que, pour l'édification de notre pays, nous avons entrepris de raconter.

LIVRE I

LA FÊTE DE LA LIBERTÉ ET LA FÊTE DE LA LOI.

I

La première tentative faite par les démagogues pour proclamer la souveraineté de la rue, inaugurer le règne de l'émeute et ébranler les derniers fondements du vieil édifice monarchique, fut très-habilement conduite.

La discipline de l'armée était déjà fortement ébranlée; mais, au moment extrême du danger, elle pouvait reprendre quelque force à la voix des chefs aimés et énergiques. C'était contre elle que devaient se diriger les premiers efforts des Jacobins. Pour réaliser le programme secret de leur politique désorganisatrice, il fallait que l'alliance de la soldatesque et de la populace fût cimentée à la face du pays par une grande démonstration, que les pouvoirs constitués parussent y donner leur assentiment, que la nation tout entière eût l'air d'en être la complice ; il fallait habituer aux fêtes patriotiques et aux processions séditieuses les masses qui adorent tout ce qui est théâtral et emphatique, les y faire intervenir juste assez pour les mettre en goût d'émeute et d'agitation, et de manière cependant à ne pas trop effrayer les gens à courte vue qui ne croient au danger que lorsqu'il n'est plus temps de le conjurer.

On inventa donc, comme machine de guerre, la grande infortune des Suisses de Châteauvieux, et l'on fit passer pour des héros quarante malheureux soldats, qui avaient été envoyés aux galères pour des faits patents de révolte, de meurtre et de pillage.

Afin de mettre nos lecteurs à même de juger si ces héros méritaient l'admiration publique, nous rappellerons en peu de mots leur histoire.

Sous l'ancien régime, les régiments français et étrangers se recrutaient à prix d'argent dans les tavernes et les bouges des grandes villes. Cet ignoble trafic se faisait non-seulement par des sous-officiers qui, pour arriver à leurs fins, employaient souvent la fraude et la violence, mais encore par les officiers eux-mêmes, qui ne pouvaient obtenir de congés de semestre que sous la condition de ramener au moins deux hommes de recrue avec eux. Les officiers avaient acheté leurs brevets à prix d'argent, et parfois, il faut le reconnaître, ils spéculaient sur la paye et les menues dépenses de leurs subordonnés. Dans une pareille organisation, que de motifs de récriminations, que de causes de conflits !

Le mouvement qui agitait tous les esprits en 1789 devait avoir et eut, en effet, un contre-coup inévitable dans les régiments de l'armée; des symptômes effrayants d'insubordination se manifestèrent parmi un grand nombre d'entre eux. Les gardes françaises donnèrent l'exemple à Paris; il fut suivi par d'autres corps à Marseille, à Grenoble, à Metz. Bientôt, dans la plupart des régiments, se formèrent des comités composés de sous-officiers et de soldats qui, après avoir discuté sur leurs droits, mirent bientôt en question ceux de leurs supérieurs.

Peut-être serait-on parvenu à couper par la racine toutes les causes sans cesse renaissantes de récriminations, à éteindre d'un seul coup tous les ressentiments, toutes les rancunes, si l'on avait suivi le conseil donné par Mirabeau, lorsqu'il proposait d'opérer une refonte générale de tous les régiments. Mais le ministre de la guerre, obéissant à des arrière-pensées, ne voulut point entendre parler de ce projet, et les événements se chargèrent de démontrer combien était profond le mal auquel on avait hésité à apporter un remède héroïque.

Ce fut à Nancy, dans les premiers jours d'août 1790, qu'éclatèrent les désordres dont tous les actes d'indiscipline antérieurs n'avaient été que le prélude. La garnison de l'ancienne capitale de la Lorraine se composait d'un régiment de cavalerie (mestre de camp), de deux régiments d'infanterie, l'un français (le régiment du roi), l'autre suisse (celui de Châteauvieux). Le 2 août, le régiment du roi se soulève en prenant fait et cause pour un soldat que l'on veut envoyer en prison. A la prière de la municipalité, le commandant militaire révoque les ordres sévères qu'il a donnés. Mais la faiblesse encourage l'indiscipline [1] ;· quelques jours après, le régiment formule de nouvelles exigences, et l'insubordination reste impunie. Pendant ce temps, l'Assemblée constituante, avertie par le ministre des tristes faits d'indiscipline qui éclataient de toutes parts, s'empresse, sur la proposition d'Emmery, rapporteur ordinaire du comité de la guerre, de décréter que toute association établie dans les régiments devra cesser à l'instant même; que le roi sera supplié de nommer des officiers généraux pour apurer, en présence des officiers responsables et d'un certain nombre de soldats, les comptes des régiments depuis six années; qu'il est libre à tout officier, sous-officier et soldat de faire parvenir directement ses plaintes aux officiers supérieurs, au ministre et à l'Assemblée nationale; mais que toute nouvelle sédition, tout mouvement concerté entre les divers régiments au préjudice de la discipline militaire, sera poursuivi avec la dernière sévérité.

Ce décret, rendu le 6 août, fut bientôt connu en substance à Nancy, mais fut loin de satisfaire les soldats indisciplinés de cette garnison. Le 10, le régiment du roi réclame ses comptes, et parvient à arracher un premier payement de 150,000 livres. Le 11, Châteauvieux délègue deux soldats vers le major pour exiger l'argent qu'il prétend lui être dû. Les deux pétitionnaires sont emprisonnés et passés par les courroies. Ce que voyant, les

---

[1] « Faiblesse imprudente, dit lui-même, à cette occasion. M. Louis Blanc (*Histoire de la Révolution*), premier ébranlement donné à la discipline, qui meurt si elle cesse un instant d'être écrasante et inexorable. »

régiments du roi et mestre de camp prennent les armes, délivrent les prisonniers, et, l'épée au poing, obligent le colonel à les réhabiliter. Le lendemain, devait être solennellement proclamé le décret de l'Assemblée nationale ; mais, en raison des événements intervenus, le commandant de place remet la cérémonie et consigne les régiments dans leurs casernes. Les deux régiments ne tiennent compte de cet ordre, et viennent se ranger en bataille sur la place Royale, ayant chacun dans les rangs un des deux prisonniers suisses. Le commandant a la faiblesse de céder aux vœux des rebelles, il consent à proclamer le décret du 6 août, à la face de la révolte[1], et à faire accorder cent louis de dédommagement à chacun des deux soldats qui avaient été passés par les courroies; bien plus, 27,000 livres sont payées au régiment de Châteauvieux et dépensées le soir même dans un grand banquet offert par lui aux deux autres régiments, qui l'avaient soutenu fraternellement contre ses chefs.

En apprenant ces faits déplorables, l'Assemblée nationale comprend les conséquences terribles qu'ils peuvent entraîner. Sur la proposition d'Emmery, parlant au nom des comités de la guerre, des recherches et des rapports, elle décrète unanimement (16 août) : que la violation à main armée des décrets de l'Assemblée, sanctionnés par le roi, est un crime de lèse-nation au premier chef; que ceux qui ont pris part à la révolte devront, dans les vingt-quatre heures, confesser, même par écrit si leurs

---

1. « Le décret du 6 fut proclamé, dit M. Louis Blanc, mais la discipline était irrévocablement anéantie. »

chefs l'exigent, leur erreur et leur repentir, sinon être punis avec toute la rigueur des lois militaires.

Au mépris de ce décret, la rebellion continue. On poursuit, on menace de mort le commandant Denoue et l'officier général de Malseigne, envoyé pour examiner les réclamations des soldats et rétablir l'ordre. Les scènes de violence se succèdent à Nancy et à Lunéville.

Cependant Bouillé avait été chargé d'exécuter le décret du 16 août, en sa qualité de commandant de toute la frontière de l'Est. Il prend avec lui des gardes nationaux de Metz et de Toul et plusieurs régiments sur lesquels il croit pouvoir compter. Il arrive aux portes de Nancy dans la matinée du 31 et reçoit une députation des révoltés qu'il renvoie aussitôt avec une sommation de reconnaître immédiatement et sans condition l'autorité légitime.

Les deux régiments français, celui du roi et mestre de camp obéissent, quittent la ville et se retirent dans une plaine située près de Nancy, où ils se rangent, armes au repos. Les deux officiers généraux Denoue et Malseigne, retenus prisonniers depuis quelques jours et accablés de mauvais traitements, sont délivrés. On pouvait espérer que la rébellion s'éteindrait sans effusion de sang. Mais les Suisses de Châteauvieux gardent encore celle des portes de la ville par laquelle doivent entrer les troupes de Bouillé, et braquent contre son avant-garde un canon chargé à mitraille. Un jeune officier du régiment du roi, Desilles, se précipite à la gueule de la pièce et crie aux Suisses : « Non, vous ne tirerez pas! » On se jette sur lui, on parvient à l'arracher de ce poste où il veut mourir. Mais bientôt il revient, se jette à genoux entre ceux qui vont combattre, supplie les soldats révoltés d'obéir à la loi; tout à coup le canon tonne, la fusillade retentit, et l'héroïque officier tombe avec trente-cinq gardes nationaux de Metz et de Toul. Les troupes de Bouillé se précipitent sur les défenseurs de la porte, pénètrent dans la ville et sont accueillis par des coups de fusil qui partent des toits, des fenêtres et des caves; car aux Suisses de Châteauvieux s'étaient joints un grand nombre d'émeutiers et quelques soldats des autres régiments. Cependant, après une très-vive résistance, force reste à la loi; mais, dans l'armée de Bouillé, quarante officiers et quatre cents soldats avaient été tués ou blessés. Les insurgés avaient fait des pertes encore plus considérables; les rues de Nancy étaient inondées de sang.

Un conseil de guerre est immédiatement formé pour juger les rebelles : conformément aux capitulations suisses, il était composé entièrement d'officiers et de soldats de leur nation. Neuf soldats sont condamnés à mort, quarante à trente ans de galères. L'exécution des premiers eut lieu dans les vingt-quatre heures, les seconds furent dirigés sur le bagne de Brest. La punition fut sévère peut-être, mais ceux qui l'avaient attirée sur leurs têtes n'étaient certes pas des innocents, ils étaient encore moins des héros[1].

---

[1]. Le rapport fait par Mailhe, le 22 décembre 1791, à l'Assemblée législative, dix-huit mois après les événements de Nancy, reconnaît que les Suisses de Châteauvieux étaient rebelles à la loi, qu'ils étaient coupables, mais qu'ils avaient été entraînés, et conclut à ce que l'Assemblée sollicite leur grâce auprès des officiers des régiments de

Des fêtes funèbres en l'honneur des gardes nationaux et des soldats qui avaient péri à Nancy pour le maintien de l'ordre et l'exécution des lois furent célébrées dans toute la France. Celle de Paris eut lieu le 20 septembre 1790, au Champ-de-Mars, et la garde nationale porta le deuil pendant huit jours.

II

Le lendemain de l'acceptation de la Constitution par le roi (14 septembre 1791), une amnistie générale avait été accordée pour tous les faits relatifs à la révolution. La question s'éleva de savoir si les Suisses de Châteauvieux étaient ou non compris dans cette amnistie. D'une part, on alléguait que ces soldats avaient été condamnés comme rebelles à la discipline française et qu'ils subissaient leur peine sur le territoire français. D'autre part, on répondait qu'ils avaient été condamnés en vertu d'une capitulation étrangère par des juges étrangers, et que les cantons suisses pouvaient seuls prononcer sur leur sort. Or, les Cantons, par l'organe du grand conseil, deman-

---

Castella et de Vigier qui les avaient condamnés (*Moniteur* de 1791, p. 1505). Mailhe ne peut être suspect en cette occasion, puisqu'il était membre de la société des Jacobins, siégeait à l'extrême gauche de l'Assemblée législative et fut plus tard conventionnel et régicide.

Le langage des démagogues avait changé complétement. En décembre 1791, les Suisses de Châteauvieux étaient des coupables égarés ; en mars 1792 ils étaient des héros et des martyrs. Mais, le lendemain de leur triomphe, on ne s'occupa plus d'eux. La comédie était jouée !

daient formellement le maintien aux galères des Suisses de Châteauvieux [1]. Cette discussion pour ou contre leur mise en liberté dura avec des phases diverses pendant la plus grande partie de l'hiver de 1791 à 1792. Le parti jacobin employa, pour intéresser les Parisiens en faveur de ses protégés, une tactique que nous avons vue plus d'une fois réussir entre les mains d'habiles chercheurs d'une popularité factice : des écrivains affidés firent représenter sur les théâtres populaires plusieurs pièces dont ces soldats, encore aux galères, étaient les héros et dans lesquelles on les offrait à l'admiration des spectateurs comme les victimes de la tyrannie et les martyrs de la liberté [2].

Dans les bas-fonds de la société des Jacobins s'agitait un homme qui, à tout prix, voulait jouer un rôle, et qui bientôt après devait s'acquérir une éclatante et effroyable renommée. Collot-d'Herbois, histrion sifflé, écrivain médiocre, déclamateur furibond, se déclara le défenseur officieux des Suisses de Châteauvieux ; il fut appuyé par les Frères et Amis qui trouvaient ainsi les moyens de raviver la haine que Bouillé et La Fayette leur inspiraient, l'un depuis la fuite de Varennes, l'autre depuis l'affaire du Champ-de-Mars. A force d'écrits, de discours, de pétitions, Collot-d'Herbois finit par obtenir de l'Assemblée législative un décret en vertu duquel, malgré l'opposition des cantons suisses, le bénéfice de

---

1. *Moniteur* de 1791, p. 1504.
2. *Le Suisse de Châteauvieux*, pièce en deux actes, par Dorvigny, représentée sur le théâtre Molière; *le Mariage de Rosette ou la Suite du Suisse de Châteauvieux*, etc.

l'amnistie était étendu aux soldats de Châteauvieux.

« Avant-hier soir, dit-il, annonçant lui-même la grande nouvelle aux Jacobins, le pouvoir exécutif a sanctionné le décret qui rend la liberté aux malheureuses victimes de Nancy ; il ne manque à mon bonheur que de vous les présenter, et ce bonheur n'est pas éloigné. » On applaudit beaucoup et on décida qu'une réception brillante serait faite aux clients de l'orateur ; mais on se garda bien d'annoncer quels en seraient le caractère et le but. Tout d'abord une souscription fut ouverte, afin de subvenir aux premiers besoins des Suisses qui allaient quitter Brest sans ressources. Cette œuvre de bienfaisance devait recevoir un bon accueil ; parmi ceux qui y prirent part on remarqua la famille royale elle-même, dont le bataillon des Feuillants (section des Tuileries) transmit l'offrande aux Jacobins le 4 mars. Danton eût voulu que l'argent du *tyran* fût refusé, mais Robespierre s'écria : « Ce que la famille royale fait comme individu ne nous regarde pas, » et les fonds royaux furent acceptés.

Si la souscription en faveur des malheureux prisonniers put réunir un moment les esprits les plus opposés, une véritable tempête éclata dans la presse, dès que fut publié le programme de la fête préparée par les Jacobins. Ce programme était intitulé : « Ordre et marche de l'entrée triomphale des martyrs de la liberté du régiment de Châteauvieux dans la ville de Paris ; » il était signé par Tallien, président de la commission. Ce n'était, à première vue, que l'ordre et la marche d'une burlesque mascarade ; mais, en réfléchissant un instant sur la signification des symboles et des emblèmes qui allaient être promenés à travers les rues de la capitale, on s'apercevait bien vite de toute la portée politique que les organisateurs de cette fête avaient voulu lui donner.

Ce programme contient la pensée-mère de toutes les les fêtes soi-disant patriotiques, qui, pendant plusieurs années, allaient être étalées successivement aux yeux des Parisiens, par ordre de la Commune ou du Comité de salut public, de ces fêtes où de misérables prostituées, offertes aux hommages et au respect de la foule, jouaient le rôle de la Renommée, de la Raison ou de la Liberté. Cette fois, c'était la ville de Paris qui devait recevoir la ville de Brest ; elles étaient personnifiées par deux femmes revêtues de costumes antiques. La première, montée sur un char, irait à la barrière du Trône, à la rencontre de sa sœur. Le char de triomphe de cette déité nouvelle serait suivi par les officiers municipaux, dont on disposait sans leur assentiment, et qui devaient donner ainsi un caractère officiel à cette singulière exhibition. Dans le cortége figuraient, pour qu'il n'y eût aucune équivoque sur le sens de la manifestation jacobine, « des bas-reliefs analogues à l'affaire de Nancy et aux crimes de Bouillé, des inscriptions où seraient rappelés les événements où le sang des patriotes avait coulé, Nancy, Vincennes, La Chapelle et le Champ-de-Mars[1]. »

Le cortége de la ville de Brest se composerait de Collot-d'Herbois et des quarante soldats de Châteauvieux,

---

[1]. Par exactitude d'historien nous sommes obligé d'emprunter les expressions mêmes de Tallien, quoiqu'elles soient d'un français plus qu'équivoque.

« revêtus de l'uniforme de leur régiment ; quarante hommes les accompagneraient portant les chaînes et la dépouille de galérien de chacun de ces martyrs de la liberté. »

Les deux femmes s'étant embrassées et félicitées, Paris inviterait Brest à monter sur le char, ainsi que les quarante soldats et leur inévitable défenseur. Le cortége se remettrait en marche, les municipaux toujours suivant à pied, Collot et ses clients se pavanant sur le char. On visiterait ainsi les ruines de la Bastille, on parcourerait les boulevards, et l'on se rendrait au Corps législatif. Là, Collot, les délégués de Brest et les quarante soldats descendraient du char et iraient présenter leurs hommages aux législateurs de la France. Le programme épargnait du moins à l'Assemblée la vue des deux déités et leur apparition scandaleuse dans le sanctuaire des lois.

Après cette visite que les organisateurs de la fête imposaient, de leur pleine autorité et sans les avoir consultés, aux représentants du peuple français, le cortége devait se diriger, par les places Vendôme et Louis XV, « où l'effigie des despotes serait voilée [1], » vers le Champ-de-Mars où des cantates en l'honneur des Suisses monteraient au ciel parmi des flots d'encens. Après cette cérémonie, destinée, disait le programme, à purifier le champ de la Fédération, on déchirerait le crêpe qui jusqu'alors aurait couvert le drapeau national, et on se livrerait à des festins civiques et à des danses qui devaient

---

[1]. La statue de Louis XIV existait alors sur la place Vendôme, et celle de Louis XV sur la place de ce nom.

durer, suivant l'expression du poétique programme, autant que le jour, trop prompt à fuir, le permettrait[1].

Toutes les sections de Paris avaient été invitées à nommer des commissaires pour assister à la fête. La section Sainte-Geneviève élut Roucher, le poëte des *Mois*, qui soutenait avec courage, dans le *Journal de Paris*, les principes constitutionnels. « J'accepte, écrivit Roucher (31 mars), mais à la condition que le buste du généreux Desilles sera sur le char de triomphe, afin que le peuple contemple l'assassiné au milieu des assassins! » Cette lettre souleva des transports de colère parmi les Jacobins. Un certain Mehée de La Touche, lui-même commissaire de la fête et que nous retrouverons quelques mois plus tard lorsque nous raconterons les massacres de septembre, y répondit, dans les *Annales patriotiques*, en insultant grossièrement Roucher et en lui jetant à la face, dans un post-scriptum, une accusation de vol formulée en ces termes : « Nous savons qu'il y a de par le monde une certaine caisse financière qui de pleine se trouva vide. » Roucher, montrant dans cette circonstance une énergie et une résolution qui doivent être données comme exemple, annonça qu'il allait porter plainte contre l'auteur de cette ignoble calomnie. « Il est temps, s'écriait-il à la fin de sa vive réplique, qu'un homme probe obtienne une réparation qui, par un juste effroi, purge enfin la société de ce qu'elle a de plus impur, des libellistes, de leurs fauteurs, complices et adhérents. »

---

1. Nous donnons, à la fin de ce volume, note IV, le texte entier de ce curieux programme, qui porte la date du 23 mars 1792.

Sur la menace d'un procès en diffamation, les *Annales patriotiques* reculèrent lâchement. Elles s'y reprirent à deux fois pour déclarer que l'insertion de la note dont Roucher se plaignait avait été faite par suite d'une faute d'impression ; elles ajoutèrent même à cette excuse, aussi plate que mensongère, cette rétractation formelle : « Nous ne nous consolerions pas d'avoir pu fournir une occasion à la moindre interprétation qui fût injurieuse à M. Roucher, si nous n'étions bien sûrs que son excellente réputation éloignera toujours de lui, aux yeux de tous les gens de bien, l'ombre même du soupçon. » On ne pouvait s'humilier davantage. Roucher se hâta de faire réimprimer les deux rétractations des *Annales* dans le *Journal de Paris* en les accompagnant de ces réflexions, qui sont de tous les temps : « Je demande aux bons citoyens d'avoir le courage de leur vertu ; ces factieux, ces calomniateurs, ces brigands qui nous agitent, nous diffament et nous égorgent, ne sont forts que de notre faiblesse. Essayons de leur faire tête, et l'audace à l'instant ne sera plus que de la lâcheté [1]. »

Les démagogues tentèrent de prendre leur revanche de cette déconvenue, et Collot-d'Herbois vint lire aux Jacobins un écrit intitulé : *La vérité sur les soldats de Châteauvieux*. Ce dithyrambe en faveur de l'insubordination fut imprimé, distribué aux sociétés affiliées, et placardé sur les murs de la capitale par ordre du club. Le *Journal de Paris* (4 avril) y répondit par une réfu-

---

[1]. Voir toutes les pièces de cette polémique dans l'*Histoire parlementaire*, t. XIV, p. 62 à 65.

tation pleine de force, de verve et d'ironie. Cette réfutation est signée d'un nom glorieux entre tous, celui d'André Chénier.

Les poëtes anciens avaient, dit-on, le don de la divination ; André Chénier, qui savait si bien les imiter, semble avoir eu le même privilége. Sous l'air paterne que prenait l'auteur de l'*Almanach du père Gérard,* il pressentit le proconsul qui devait épouvanter Lyon de ses fureurs [1]. Mais l'admirable philippique n'était pas seulement dirigée contre l'indigne Collot ; le poëte-journaliste y dénonçait à l'indignation de tous les gens de bien la scandaleuse bacchanale qui se préparait, les invitant à la laisser passer dans les rues désertes et devant les fenêtres fermées. A cette vive attaque, Collot-d'Herbois [2] répliqua par des injures et des banalités, accusant les constitutionnels d'avoir « organisé l'horrible affaire de Nancy, » et d'en vouloir une seconde. Après avoir essayé de laver ses clients de toute espèce de crime, même du meurtre de Desilles, il terminait sa nouvelle harangue en s'écriant : « Dites-moi si ces soldats ne sont pas au contraire les plus sûrs vengeurs de la liberté ! »

A cette étrange interrogation, feuillants et royalistes

---

[1]. Les niais se laissaient au contraire prendre aux tendresses bucoliques que débitait le sentimental comédien ; c'est ainsi que Lecointe-Puyraveau s'écriait le 10 juillet à la tribune de l'Assemblée nationale :

« Quel est le département, la ville, le canton où le nom de M. Collot-d'Herbois ne soit connu et chéri ? »

Les Brotteaux surent bientôt qui avait deviné juste d'André Chénier ou de Lecointe-Puyraveau.

[2]. Voir le *Moniteur* du 10 avril.

opposèrent un formidable éclat de rire ; Roucher continua d'accabler de sarcasmes « ce héros de roman comique qui, habitué à manier le bâton de polichinelle, le menaçait aujourd'hui de la rame que les Suisses lui avaient rapportée des galères. » Il lui demanda la permission de lui rappeler une certaine production littéraire qui datait d'une vingtaine d'années et dans laquelle, ne prévoyant pas les hautes destinées qui l'attendaient, Collot « se prosternait en esclave aux pieds de Monsieur, frère du roi [1]. »

L'ami des Suisses de Châteauvieux fut subitement apaisé par cette révélation et se garda bien de citer Roucher devant les tribunaux, comme il l'en avait menacé; seulement, en sa qualité d'histrion consommé, il reprit le cours de ses tirades patriotiques, et devint de plus en plus sentimental.

Mais il était un histrion d'un autre genre, plus vil et plus cynique encore, Marat. Celui-ci ne pouvait souffrir qu'un nouveau venu lui dérobât son rôle de seul et unique ami du peuple. Il fit semblant d'être indigné de cette sensiblerie de commande, de cette plaidoirie sur circonstances atténuantes, et accusa Collot d'avoir voulu déguiser les titres que les soldats de Châteauvieux avaient à la faveur de ce qu'il appelait les patriotes. L'écrit de son rival en popularité n'était, selon lui, que le « verbiage d'un rhéteur pusillanime, » et se hâtant d'y substituer « les aveux ingénus d'un citoyen éclairé et les vérités lumineuses d'un politique hardi et profond »

[1]. *Histoire parlementaire*, t. XIV, p. 72.

(c'est ainsi que ce misérable parlait de lui-même), il dévoilait aux yeux des moins clairvoyants toute la portée de la fête qui se préparait.

« Oui, s'écriait-il avec son impudence ordinaire, oui, les soldats de Châteauvieux étaient insubordonnés à des officiers fripons qui les opprimaient... Oui, les soldats de Châteauvieux ont résisté à un décret barbare qui allait les livrer au fer d'une armée d'assassins... Oui, les soldats de Châteauvieux se sont mis en défense contre les aveugles satellites qui s'avançaient sous les ordres d'un conspirateur sanguinaire, pour les asservir ou les massacrer... Oui, les soldats de Châteauvieux ont fait mordre la poussière à quinze cents féroces satellites soudoyés et volontaires nationaux qui accouraient pour les égorger! Que leur reproche-t-on? D'avoir violé quelques décrets iniques d'un législateur corrompu? Mais c'était pour obéir aux plus saintes lois de la nature et de la société, devant lesquelles toute autorité doit fléchir. Loin de leur faire un crime de leur courageuse résistance à leurs oppresseurs, à leurs assassins, on doit leur en faire un mérite... La sainte doctrine de la résistance aux mauvais décrets peut seule sauver l'État; *l'Ami du peuple* la prêchera-t-il donc à des sourds[1]? »

III

La question étant ainsi posée, quiconque respectait la loi et aimait l'ordre ne pouvait voir de sang-froid les

---

[1]. L'*Ami du peuple*, n° 637.

préparatifs de l'ignoble parade. La polémique des journaux s'envenima de plus en plus ; les murailles se couvrirent de placards de toutes couleurs, où la fête projetée était attaquée et défendue sur tous les tons et sous toutes les formes.

La municipalité envoya aux quarante-huit sections et aux soixante bataillons, avec prière de l'afficher, une lettre dans laquelle Pétion expliquait ce que devait être cette fête qui excitait tant de rumeurs. « De quoi s'agit-il? disait le maire avec sa bonhomie de convention. Des soldats qui, les premiers avec les gardes-françaises, ont brisé nos fers[1], qui ensuite en ont été surchargés, arrivent dans nos murs. Des citoyens projettent d'aller à leur rencontre, de les recevoir avec fraternité. Ces citoyens suivent un mouvement naturel, ils usent d'un droit qui appartient à tous. Ils invitent leurs concitoyens, ils invitent leurs magistrats à s'y trouver. Les magistrats ne voient rien là que de simple, que d'innocent. Ils voient des citoyens qui s'abandonnent à la joie, à l'allégresse ; chacun est libre de participer ou de ne pas participer à cette fête ; ce n'est pas l'autorité qui la provoque, c'est le vœu des citoyens qui la donne. Si personne n'eût vu que ce qui est, tout se serait passé sans bruit,

---

1. Les partisans de la fête prétendaient que les Suisses de Châteauvieux avaient refusé, en juillet 1789, de tirer sur le peuple. Ce régiment, ainsi que plusieurs autres, était campé au Champ-de-Mars et n'avait pas eu l'occasion d'opposer un refus à des ordres qu'on ne lui avait pas donnés; mais peu importait, en 1792, aux Jacobins; les besoins de la circonstance exigeaient que les Suisses de Châteauvieux fussent représentés comme des victimes de leur dévouement à la cause du peuple.

tout se serait fait à Paris comme dans les villes que les soldats de Châteauvieux ont traversées et où ils ont été bien accueillis. »

Cela dit sur le ton le plus naïf, le maire regrettait le bruit inutile et dangereux fait par les malintentionnés :

« C'est mensongèrement, affirmait-il, que l'on a insinué que des inscriptions injurieuses pour la garde nationale seraient portées dans le cortége, que le drapeau tricolore serait couvert d'un voile funèbre et que l'on procéderait à la purification solennelle du Champ-de-Mars. Dans le plan communiqué à la municipalité, rien de tout cela n'existe ! »

Cette affirmation roulait sur une misérable équivoque. Toutes ces énormités se trouvaient, comme nous l'avons vu, dans le plan primitif. Mais quinze jours s'étaient écoulés ; les ordonnateurs de la fête, qui tenaient beaucoup à traîner la municipalité parisienne, ou au moins une grande partie de ses membres, à la suite du cortége, avaient eux-mêmes compris qu'ils devaient modifier leur programme. C'est ce qu'ils avaient fait, et c'est ce qui permettait au maire de Paris d'opposer un démenti aux réclamations qu'Acloque, commandant général de la garde nationale pour le mois d'avril, avait adressées au procureur-général-syndic Rœderer, au nom de tous ses camarades.

Quelques jours après, le maire écrivit une nouvelle lettre, cette fois adressée au directoire du département, et dans laquelle il cherchait à excuser la municipalité de la part qu'elle avait cru devoir prendre indirectement à la fête projetée.

« Lorsque des pétitionnaires se sont présentés au conseil général pour le prier d'assister à cette cérémonie, lorsque les sections ont fait le même vœu, on ne pouvait pas s'attendre qu'un esprit de vertige s'emparerait d'un grand nombre de têtes, que des intrigants travailleraient les esprits et que cette fête deviendrait une affaire de parti et un sujet de réclamations...

« Le conseil général ne vit rien que de très-simple et de très-licite dans une semblable fête. Il promit de s'y trouver, et il crut même que sa présence était un acte de prudence et de sagesse ; qu'elle serait propre à contenir les citoyens dans les justes bornes des convenances et à maintenir entre eux la paix et la fraternité.

« Bien plus, ajoutait le maire, afin d'enlever tout prétexte aux intrigants, il avait été décidé depuis que la municipalité n'assisterait pas à la cérémonie en corps, et que même ses membres y paraîtraient sans écharpe et comme de simples citoyens. A cette résolution, le département n'avait trouvé aucun inconvénient ; une seule chose l'offusquait encore : le dessein annoncé de voiler les statues qui ornaient les places Vendôme et Louis XV ; mais les ordonnateurs de la fête avaient renoncé à cette partie du programme. »

Ici, Pétion, plus véridique que dans sa lettre aux sections, avouait que l'on avait imprimé et placardé un projet de fête qui avait froissé beaucoup de citoyens, et qui contenait en effet des choses propres à les irriter ; mais ce projet ne devait pas être suivi et il fallait revenir à la question qui se posait ainsi :

« Des citoyens peuvent-ils aller au-devant des soldats

de Châteauvieux, les accueillir, leur donner des repas, se livrer à toutes sortes d'amusements, de témoignages de joie et d'allégresse ? Je pense que oui, à moins qu'un décret n'ordonne qu'aucun citoyen ne puisse, le jour de leur arrivée et pendant le temps de leur séjour, sortir de chez lui. Je ne vois pas comment il serait possible d'empêcher cent, deux cent mille citoyens de se porter au-devant d'eux, et de leur faire toute sorte d'accueil. La fête en question n'est point une fête publique ; le nombre des citoyens n'y fait rien. Il n'y a de fêtes publiques que celles qui sont données par les autorités constituées, et, ici, aucune autorité ne s'en mêle. »

Ainsi ce n'étaient plus de simples particuliers qui préconisaient cette fête ; le premier magistrat de la première ville de France se mettait de la partie ; dans des lettres explicatives qui n'expliquaient rien, il développait la singulière théorie si souvent mise en pratique, de régulariser et d'autoriser ce que l'on ne peut empêcher. Ces lettres méritaient de vigoureuses réponses ; elles ne leur manquèrent pas. André Chénier releva dans le *Journal de Paris* l'épithète d'*intrigants* appliquée par Pétion aux contempteurs des Suisses de Châteauvieux et de leurs amis.

« Monsieur Pétion, dit-il, les intrigants sont ceux qui se dévouent aux intérêts d'un parti pour obtenir des applaudissements ou des dignités. Les intrigants sont ceux qui font plier ou qui laissent plier les lois sous la volonté des gens à qui ils se croient redevables. Les intrigants sont ceux qui, étant magistrats publics, flattent lâchement les passions de la multitude qui règne et les fait régner, etc., voilà quels sont les intrigants. »

Pendant ce temps, des pétitions se couvraient de signatures dans tous les quartiers de la capitale contre la fête *particulière* donnée *publiquement* aux Suisses de Châteauvieux.

En présence de pareilles démonstrations, en présence des hésitations de la municipalité et de l'opposition presque formelle du directoire du département, les meneurs virent qu'il fallait modifier encore une fois leur projet.

Voici comment ils s'y prirent :

Le 6 avril, Tallien annonce au club des Jacobins que la fête ne pourra pas avoir lieu pour le jour de l'arrivée des Suisses (9 ou 10 avril), ainsi qu'on l'avait annoncé ; il fait en même temps remarquer que la fête n'est pas à proprement parler celle des Suisses de Châteauvieux, mais une *fête de la liberté*, à l'occasion de leur délivrance. — Aussitôt Collot-d'Herbois, d'après un mot d'ordre convenu, propose, pour que toutes les opinions soient conciliées, que la cérémonie soit définitivement dédiée à la liberté.

Ici, dès le début de cette histoire, nous voyons apparaître la livide et effrayante figure qui la dominera presque jusqu'à la fin. Robespierre remplace à la tribune des Jacobins les deux hommes qui devaient, deux années plus tard, — rapprochement bizarre et digne de remarque ! — être les principaux conjurés du 9 thermidor ; mais, pour l'heure, les deux tribuns subalternes ne jurent que par celui qui est et sera longtemps encore leur ami, leur inspirateur, leur dieu.

Dès cette première apparition, on peut juger Robespierre; c'est bien là le type de la médiocrité envieuse qui s'attache à déchirer toutes les réputations, à renverser toutes les idoles, jusqu'à ce que son propre culte ait pu s'introniser aux acclamations de la foule imbécile. Il s'occupe peu de la fête, ce n'est pas pour lui qu'elle se donne, il n'en est pas même l'ordonnateur; en revanche il s'occupe beaucoup de La Fayette, qu'il accuse, dans le fond de son cœur, de lui avoir dérobé un instant ce qu'il croit ne devoir appartenir qu'à lui seul, l'admiration de la multitude. Dans ce style filandreux et emphatique qui lui est propre, le futur dictateur dénonce, comme le grand agent de l'opposition que rencontre la fête, l'état-major de la garde nationale : « Le génie de La Fayette conspire contre la liberté et les soldats de Châteauvieux, il ne faut pas s'y tromper, car c'est La Fayette qui égare dans la capitale et dans les départements beaucoup de citoyens ; c'est La Fayette qui a été le plus grand ennemi de la liberté durant la Constituante ; c'est La Fayette qui a obtenu les décrets au nom desquels furent immolés les plus chers amis du peuple. » C'est donc lui qu'il faut combattre; et, à cette occasion, Robespierre rappelle que la société a déjà demandé que les bustes de La Fayette et de Bailly disparussent de la maison commune, et que ce vœu paraît avoir été oublié. Il ne dit qu'un mot de la fête projetée, pour s'en féliciter, « puisqu'elle doit devenir le triomphe du peuple longtemps outragé, terrasser les oppresseurs de la vertu et faire luire le jour de la vérité sur les attentats des tyrans [1]. »

---

1. *Journal du Club des Jacobins,* n° 173.

IV

Pendant que l'on discutait ainsi à Paris sur le programme, les triomphateurs futurs quittaient le bagne de Brest, et, à petites journées, s'avançaient, fêtés par les sociétés jacobines, couronnés de fleurs, proclamés « victimes de la liberté [1]. » Arrivés à Versailles, ils sont entourés par les jacobins de cette ville et conduits le soir même au théâtre, où l'on représentait la tragédie de *Brutus*. Le lendemain on les mène dans la salle du Jeu de Paume, ce berceau de la liberté française; comme si ces quarante soldats avaient pu avoir quelque chose de commun avec les hommes qui, le 20 juin 1789, rendirent ce lieu à jamais célèbre !

Un banquet avait été préparé dans un bâtiment voisin de la salle; Gonchon, l'orateur ordinaire du faubourg Saint-Antoine, était accouru de Paris avec une bande de sans-culottes, pour féliciter les héros de la fête de leur délivrance, et leur libérateur, Collot-d'Herbois, de son patriotisme.

Après le banquet, les Sûisses prennent la route de la capitale, où ils arrivent suivis d'une foule nombreuse, qui force les particuliers qu'elle rencontre à descendre de voiture et à se découvrir pour honorer les ennemis du despotisme. Les Suisses sont conduits immédiatement à l'Assemblée nationale, et leur défenseur demande au président l'autorisation de paraître avec eux à la barre.

---

1. Pétion, Lettre à Dupont de Nemours.

Cette demande soulève, comme on devait s'y attendre, l'opposition de la droite. « Si les Suisses de Châteauvieux ne se présentent que pour témoigner à l'Assemblée leur reconnaissance, qu'ils soient reçus à la barre et entendus, s'écrie Jaucourt ; mais qu'ils ne soient pas admis à la séance ! ils doivent être exclus de cet honneur. »

Les tribunes avaient été soigneusement remplies d'amis de Collot et des Jacobins : à cette proposition, elles répondent par des cris redoublés : « A bas ! à bas ! »

Jaucourt, sans s'effrayer des interruptions, pose très-nettement la question : « Une amnistie n'est ni un triomphe ni une couronne civique ; je veux croire que les soldats de Châteauvieux ont été égarés ; mais la garde nationale, mais les soldats de la troupe de ligne, qu'ils ont combattus aux portes de Nancy, se sont dévoués à la défense de la loi et eux seulement sont morts pour la patrie ; lorsqu'on a honoré leur mort d'un deuil public, lorsque ce deuil a été porté par toutes les gardes nationales de France, était-ce pour qu'on décernât, un an après, les mêmes honneurs à ceux sous les coups desquels sont tombées tant d'infortunées victimes de la loi? »

Ces paroles soulèvent des applaudissements à droite, mais les murmures redoublent à gauche et dans les tribunes.

« Qu'il soit permis, reprend Jaucourt, qu'il soit permis à un militaire qui fut, avec son régiment, commandé pour cette expédition, de vous représenter que votre décision peut faire une grande impression sur l'armée ; les honneurs que vous rendez aux soldats de Châteauvieux les feront considérer, non pas comme des hommes qui ont été trop punis, mais comme des victimes innocentes... »

« Oui, oui, » crient la gauche et les tribunes. Pendant que Jaucourt retourne à son banc, son collègue et son ami, Gouvion, monte à la tribune, et dit d'une voix émue :

« J'avais un frère, bon patriote... toujours prêt à se sacrifier pour la loi ; c'est au nom de la loi qu'il a été requis de marcher sur Nancy avec les braves gardes nationales. Là il est tombé percé de cinq coups de fusil. Je demande si je puis voir tranquillement les assassins de mon frère... »

« *Eh bien ! monsieur, sortez !* » lui crie-t-on insolemment des bancs de la gauche. A ces mots, quelques spectateurs applaudissent ; mais l'Assemblée, presque tout entière, manifeste la plus vive indignation. Un grand nombre de députés réclament la censure contre l'interrupteur, quelques-uns même demandent qu'il soit envoyé à l'Abbaye.

« Je traite, s'écrie Gouvion, je traite avec tout le mépris qu'il mérite le lâche qui a été assez bas... »

« A la question ! » hurlent les amis des Jacobins.

Choudieu a l'impudence de se lever et de déclarer que c'est lui qui a interrompu Gouvion.

Cette brutalité lui mérite naturellement les applaudissements des tribunes.

« Le malheureux ! reprend froidement Gouvion, il n'a donc jamais eu de frère ! » Et il quitte l'Assemblée pour n'y plus reparaître [1].

---

1. « En quittant la tribune, le général Gouvion sortit de la salle par le côté d'où le mot injurieux était parti ; je me hâtai de l'accompagner;

Le paralytique Couthon lui succède à la tribune et prend la défense des Suisses de Châteauvieux. Il demande que l'Assemblée « leur fasse oublier les maux qu'ils ont soufferts, et honore en eux le triomphe de la liberté ; » il appuie son raisonnement d'un aveu précieux à recueillir, car il montre bien que les Jacobins eux-mêmes étaient loin de voir des héros dans les révoltés de Nancy, et qu'ils ne les exaltaient que pour les besoins de leur politique.

« *Quand même on aurait quelques reproches à leur faire, quand même ils auraient été égarés*, il faudrait être bien esclave des vieux préjugés, pour vouloir déshonorer des hommes que la loi a innocentés. Les soldats amnistiés sont rentrés dans le droit commun ; par conséquent l'Assemblée doit leur accorder, comme à tous, les honneurs de la séance. »

« Eh bien ! alors, s'écrie un membre de la droite (de Haussy), je demande que le buste de Desilles soit placé sur le bureau[1]. »

Dans le peu d'instants que nous restâmes ensemble sur la terrasse des Feuillants, Gouvion me dit : « Je ne remettrai jamais les pieds dans « cette salle. » Il rentra chez lui, et, lorsque j'allai le retrouver après la séance, il avait déjà adressé sa démission au président. « J'attendrai « pendant vingt-quatre heures, me dit-il, celui que j'ai traité de lâche, « et demain au soir je partirai pour l'armée. Là sans doute je trouverai « une glorieuse fin à tout ceci. » Je ne pus le persuader de renoncer à son dessein ; et peu de jours après, aux avant-postes de l'avant-garde du général La Fayette, le brave Gouvion était tombé frappé du premier boulet ennemi. (*Souvenirs de Matthieu Dumas*, t. II, p. 130.)

1. *Journal des Débats et Décrets*, page 102.

Après un violent tumulte, excité par ces paroles, on passe au vote sur ces deux questions : Faut-il admettre les Suisses à la barre? Faut-il leur accorder les honneurs de la séance ? La première est adoptée à l'unanimité. Quant à la seconde, le président, sur l'avis des secrétaires, la déclare résolue affirmativement par la majorité. Mais, pendant que les tribunes applaudissent, un grand nombre de membres de la droite descendent de leurs bancs et réclament l'appel nominal. Le plus grand désordre règne dans l'Assemblée : les députés échangent, d'un bout à l'autre de la salle, des paroles insultantes et des menaces. Enfin le président, sommé par Lacombe de faire immédiatement procéder à l'appel nominal, s'y décide. La plupart des députés répondent de leur banc par un oui ou par un non. Gouvion appelé ne répond pas. « Il pleure son frère, » s'écrie Chéron. — « A l'ordre ! à l'ordre ! » répond la gauche [1].

L'appel nominal donne le résultat suivant :

Votants : 546 ; oui, 281 ; non, 265 voix.

A une majorité de 8 voix, les amis de Collot-d'Herbois l'avaient emporté. En conséquence, le président déclare que les soldats de Châteauvieux, qui ont été autorisés à se présenter à l'Assemblée, seront admis aux honneurs de la séance.

Les tribunes saluent leur victoire par de triples acclamations.

Aussitôt les quarante Suisses paraissent à la barre, sous la conduite de leur défenseur officieux, Collot-d'Herbois.

---

[1]. *Journal des Débats et Décrets*, p. 102.

Celui-ci remercie l'Assemblée de les avoir amnistiés et rend compte du vif intérêt qu'ils ont rencontré. « Intérêt accordé pour leur patriotisme, s'écrie-t-il, et, si j'ose dire, pour leur innocence... Puissent leurs fers que vous avez brisés, législateurs, être les derniers dont le despotisme enchaîne jamais les ardents amis, les défenseurs déterminés de la liberté ! »

La gauche et les spectateurs applaudissent, le président Dorizy répond sèchement :

« L'Assemblée a prononcé en votre faveur une amnistie ; elle a ajouté à ce premier bienfait la permission de vous présenter à la barre, pour recevoir les témoignages de votre reconnaissance. Elle s'est empressée de briser vos fers, jouissez de sa bienfaisance, et qu'elle soit pour vous un motif puissant d'amour pour vos devoirs et d'obéissance aux lois. L'Assemblée nationale vous accorde les honneurs de la séance. »

Les amis des Jacobins, contents de leur triomphe, ne relèvent pas ce que contient d'amère ironie cette dernière phrase, où le président parlait de devoir et de respect des lois à des individus qui les avaient si ouvertement méconnus ; on se contente d'applaudir avec frénésie les quarante Suisses, au moment où, avec leur défenseur, ils prennent place dans l'intérieur de la salle. Aussitôt commence le défilé de l'escorte qui les accompagnait depuis Versailles ; car, par une suite de concessions arrachées à sa faiblesse, l'Assemblée admettait à défiler devant elle des gardes nationaux, des bataillons de volontaires, et jusqu'à des députations de sociétés populaires. Elle perdait ainsi une partie de ses séances à entendre des harangues où la raison, le bon sens et la langue française étaient violemment outragés, où des menaces et des insultes lui étaient souvent prodiguées ; elle n'avait pas même le courage de faire respecter sa propre dignité, en imposant silence aux manifestations intempestives et aux vociférations tumultueuses de ces singuliers visiteurs.

Des détachements de la garde nationale de Versailles ouvrent la marche avec leurs tambours battant aux champs ; puis viennent des gardes nationaux et d'anciens gardes-françaises sans armes et criant à tue-tête : « Vive la nation ! » Ils sont suivis d'un nombreux cortége de citoyens et de citoyennes, armés de piques, coiffés du bonnet rouge, et de représentants des diverses sociétés populaires de Paris et de Versailles.

Gonchon paraît à la barre, tenant à la main une pique surmontée d'un bonnet phrygien. Après avoir juré de défendre l'Assemblée, la liberté et la Constitution, il termine sa harangue en s'écriant : « Nous vous en dirions bien davantage, mais nous avons déjà tant crié : vive la liberté, vive la Constitution, vive l'Assemblée nationale, que nous en sommes enroués [1]. »

Ainsi se termina le premier acte de la comédie préparée par les Jacobins. La séance de l'Assemblée fut levée aussitôt après le défilé. Dans la soirée, les Suisses furent promenés dans tout Paris par Collot-d'Herbois, leur inséparable patron, et présentés particulièrement aux citoyens du faubourg Saint-Antoine. Une centaine d'hommes les

---

[1]. *Moniteur* et *Journal des Débats et Décrets,* séance du 9 avril 1792.

suivaient, dont une partie vêtus en gardes nationaux, criant sans cesse : « Vive Châteauvieux ! Pendez La Fayette et Bailly ! [1] »

1. Lettre de Dupont de Nemours à Pétion. — Il faut lire dans l'*Histoire parlementaire* de Buchez et Roux cette lettre si remarquable où l'on trouve cette belle définition du peuple :

« Vous dites, monsieur, que cette fête est donnée par le peuple. Qu'appelez-vous le peuple ? Avez-vous recréé par votre autorité les ordres que la Constitution a détruits pour jamais ? Y a-t-il en France un autre peuple que la collection des bons citoyens ? A-t-il une autre manière d'exprimer sa volonté que par l'organe de ses représentants ? Peut-il, dans un gouvernement représentatif, retenir l'autorité qu'il leur a confiée ? Hors de l'Assemblée nationale, il n'y a que des individus qui n'ont le droit de s'exprimer que par des pétitions. Le peuple est souverain quand il élit ; il jouit de sa souveraineté quand ses représentants décrètent. »

Il y eut cependant des royalistes assez insensés pour chercher dans cette courageuse philippique de Dupont de Nemours le prétexte de lui reprocher d'être, lui et ses amis, les auteurs indirects de tous les désordres de 1792, et cela parce qu'ils avaient approuvé la révolution de 1789. Ainsi, lorsque les constitutionnels prenaient la défense de l'ordre et de la loi, ils se trouvaient en butte aux attaques et aux rancunes des écrivains qui se prétendaient les seuls et exclusifs amis du roi et de la royauté. C'est par de si ridicules et si intempestives récriminations que l'on perd les causes que l'on veut défendre.

Il faut aussi lire à la suite de cette lettre de Dupont de Nemours la réponse que Pétion publia après l'événement (*Histoire parlementaire,* t. XIV, p. 90 à 102). Ce morceau donne une idée parfaite de ce personnage, qui s'encensait lui-même avec une fatuité ingénue, qui se déclarait à chacune de ses phrases un magistrat modèle, un administrateur habile, prévoyant et disert. On ne saurait trop étudier ce type de l'avocat de province, enivré de ses succès au présidial de Chartres, de ses triomphes dans les salons et dans les boudoirs de sa petite ville, et qui, transplanté tout d'un coup sur un plus grand théâtre, se croit destiné à jouer tout à la fois le rôle de Lauzun, de Sully et de Guise. Mais, ce qui peut le mieux donner une exacte idée

V

L'arrivée des Suisses à Paris détermina la municipalité à faire de nouvelles démarches auprès du département, qui ne lui avait point encore permis de publier son arrêté relatif à la fête. Pour vaincre les dernières résistances de l'autorité départementale, les meneurs adoptèrent la motion incidemment faite au club des Jacobins par Tallien, et reprise par Collot-d'Herbois. En fixant la date de la cérémonie au dimanche 15 avril, on déclara qu'elle aurait pour objet principal la liberté, et non plus les Suisses libérés des galères. D'autre part, afin de contre-balancer l'influence des protestations qui arrivaient de toutes parts, Pétion écrivit de nouveau au directoire « qu'il y aurait mille fois plus de danger à empêcher la fête qu'on préparait qu'à la laisser aller à son cours naturel et paisible. »

Le département céda de guerre lasse, mais en indiquant, point par point, pourquoi et comment il cédait. Dans son arrêté du 12 avril, il déclarait avoir communiqué à la municipalité les pétitions qui lui avaient été

---

de son incroyable outrecuidance, c'est le récit qu'il a laissé du retour de Varennes, l'une des pièces les plus curieuses que nos recherches nous aient fait rencontrer; nous la donnons à la fin de ce volume, note V. Le vaniteux et ridicule officier municipal insinue que cette sainte, que l'on appelait madame Élisabeth, a voulu le séduire et jouer avec lui le rôle de Circé; il parle de cette femme si pure et si chaste en des termes que l'on croirait empruntés aux passages les plus érotiques de *la Nouvelle Héloïse*.

adressées et l'avoir avertie des craintes exprimées par un grand nombre de citoyens. Il rappelait que sur cet avertissement le maire et ses officiers municipaux lui avaient donné « des renseignements propres à satisfaire les bons citoyens, » lui avaient démontré que la fête, consacrée directement à la liberté, n'aurait point le caractère d'une solennité publique, « aucune autorité constituée, aucun corps de troupes, aucune partie de la force armée n'y devant assister collectivement; » que ces magistrats avaient promis, en outre, que « rien n'y blesserait ni la décence publique, ni la dignité des citoyens d'une nation libre, ni le respect dû aux lois; » et que le rassemblement auquel elle donnerait lieu serait paisible et sans armes. En conséquence, le directoire permettait l'affichage de la lettre du 11 et de l'arrêté du même jour qui lui avaient été envoyés par le maire ; il chargeait la municipalité de Paris de continuer à veiller avec la plus grande attention à ce que, à l'occasion du rassemblement projeté pour le 15 de ce mois, il ne se passât rien qui pût blesser le respect dû aux lois, aux autorités constituées, à la dignité et à la sûreté des citoyens [1].

Sans plus tarder, la municipalité envoya aux soixante bataillons et aux quarante-huit sections un arrêté signé *Pétion*, maire, et *Dejoly*, secrétaire-greffier, par lequel étaient réglées les mesures d'ordre nécessitées par la fête. « Le corps municipal, y était-il dit, instruit qu'un grand nombre de citoyens, satisfaits de posséder les soldats de

---

1. Arrêté signé : La Rochefoucauld, président ; Blondel, secrétaire.—Cité *in extenso* dans l'*Histoire parlementaire*, t. XIV, p. 108-110.

Châteauvieux dans les murs de Paris, doit se réunir dimanche prochain pour se livrer aux sentiments purs de la joie et de l'allégresse ; convaincu que nul signe de contrainte ne doit comprimer ces épanchements généreux ; persuadé qu'il est aussi sage que moral d'abandonner le peuple au sentiment de sa dignité ; considérant, en outre, que les amusements civiques qui se préparent ne sont commandés par aucune autorité constituée, et que les citoyens qui se rassemblent ne peuvent, suivant les lois, que le faire paisiblement et sans armes, — arrête :
— Art. 1ᵉʳ. Aucun citoyen, s'il n'est de service, ne pourra, sans réquisition légale, paraître en armes dimanche prochain, 15 du présent mois ; toute espèce d'armes est comprise dans la présente prohibition. — Art. 2. Les voitures, à l'exception de celles destinées à l'approvisionnement et au nettoiement de Paris, ne pourront rouler le même jour, depuis dix heures du matin jusqu'à huit heures du soir[1]. »

Les journaux anarchistes en étaient donc arrivés à leurs fins ; ils devaient naturellement célébrer leur victoire par un redoublement de violence. Il s'agissait pour eux de servir aux passions populaires, fortement excitées par l'ardente polémique des dernières semaines, un breuvage d'une plus âcre saveur que de coutume. Ils ne s'en firent faute. Voici quelques-unes des pages que l'auteur du *Père Duchesne* consacra à célébrer le triomphe des Suisses de Châteauvieux. Par cette seule citation, on pourra juger à quel paroxysme de fureur et de dévergon-

---

1. Arrêté cité p. 102-104 du tome XIV de l'*Histoire parlementaire*.

dage en étaient déjà arrivés à cette époque les gazetiers ultra-révolutionnaires.

« Malgré Mme Veto, nous avons brisé leurs fers ; à sa barbe et à son nez, les soldats de Châteauvieux vont être conduits en triomphe. Je crois l'apercevoir à travers sa jalousie comme le jour de la fête de Voltaire ; c'est alors qu'elle rugira comme un tigre enchaîné, de ne pouvoir s'abreuver de notre sang.

« Les voilà, s'écriera-t-elle, ces victimes échappées à ma rage. En vain mon fidèle Blondinet [1], d'accord avec son cousin Bouillé, aura-t-il manigancé le massacre de Nancy, en vain m'aura-t-il promis de faire expirer sur la roue tous ces Suisses rebelles à mes volontés, et qui refusèrent de massacrer le peuple de Paris, ce peuple que j'abhorre et dont j'ai tant de fois juré inutilement la perte.

« Voilà, f..., n'en doutez pas, les gentillesses qui sortiront de la g..... de Mme Veto quand elle contemplera la fête que nous préparons aux Suisses de Châteauvieux ; mais pour la faire crever de dépit, il faut nous surpasser dans cette journée, f... ! Dans l'ancien régime, quand il naissait un petit louveteau, c'était un remue-ménage de b... dans Paris. Ce n'étaient que fontaines de vinaigre, que cervelas de cheval. La famille Veto, qui faisait alors son jouet du peuple, quoiqu'il fût son maître, son souverain, l'humiliait tant qu'elle pouvait ; mais, f..., le

---

[1]. Blondinet veut dire La Fayette. L'ignoble folliculaire tronque et torture à plaisir les faits les plus patents ; il suppose ici que la reine et La Fayette marchaient d'accord lorsqu'au contraire, jusqu'au dernier jour, la reine repoussa l'appui que lui offrait le général et fit elle-même échouer les projets qu'il forma pour la sauver.

peuple a repris sa revanche, c'est à nous maintenant à faire danser les rois.

« Si ces braves soldats, ainsi que les gardes-françaises, n'avaient pas refusé de faire feu sur le peuple, c'était f... de nous ; Paris aurait été saccagé et Mme Veto serait dans la jubilation ; elle marcherait sur la cendre avec le héros de Bagatelle[1] et la... Polignac et se croirait au comble du bonheur en s'écriant : Ici fut Paris ! là était le faubourg Saint-Antoine ! Aux piques ! f..., braves sans-culottes, aiguisez-les pour exterminer les aristocrates qui osent broncher ; que ce beau jour soit le dernier de leur règne ; nous n'aurons de repos que quand la dernière tête d'aristocrate sera tombée.

« Quant à ce Desilles, dont l'aristocratie a voulu faire un héros, il est faux, f..., que ce soient des Suisses de Châteauvieux qui l'aient envoyé voir Henri IV. Ce sont les soldats qu'il commandait ; il n'y a pas gros f... à parier qu'il se serait mis à la gueule d'un canon, s'il avait prévu qu'on y f... la mèche ; d'ailleurs, f..., en supposant que ce b...-là ait eu le courage de braver la mort, est-ce pour la cause du peuple ? Non, f..., c'était au contraire pour le mannequin que les aristocrates appellent leur auguste maître[2]. »

---

1. Hébert se plaisait à donner ce sobriquet au comte d'Artois.
2. Voir les numéros 120 et 122 du *Père Duchesne*. M. Louis Blanc donne dans son *Histoire de la Révolution* (t. VI, p. 314) un extrait de ces mêmes articles, et flétrit à cette occasion « l'ignoble Hébert et son journal ordurier, qu'il faut bien citer quelquefois, dit-il, pour être juste et malgré le dégoût qu'on éprouve. »

VI

A propos de cette fête on avait, depuis un mois, tant parlé dans les clubs et sur les places publiques, on avait couvert les murailles de tant de placards, on avait sur tous les tons, dans les vingt journaux jacobins qui se partageaient la faveur des ultra-révolutionnaires, si bien chanté les louanges des Suisses de Châteauvieux, que tout le monde voulait voir ce qui avait été l'objet d'un si formidable tapage.

Les ordonnateurs de la fête avaient naturellement choisi un dimanche; ce jour-là, et surtout dans les premiers beaux jours du printemps, les masses désœuvrées sont toujours très-avides d'un spectacle qui ne doit leur rien coûter, et dont le récit et les incidents feront le sujet de toutes les conversations pendant la semaine. Le programme, tel que nous l'avons donné plus haut, était complétement changé. Il n'y avait plus ces tableaux vivants qui d'avance avaient si fort scandalisé les amis de la décence publique; ils ne furent écartés cette fois que pour reparaître plus brillants et plus nombreux, lorsque le triomphe de l'anarchie fut complétement assuré. En revanche, et pour que le public n'y perdît rien, les quarante hommes qui devaient porter les chaînes des galériens étaient remplacés par quarante vierges, disait le nouveau programme.

Au jour indiqué, amis et ennemis des Jacobins, oisifs et curieux, observateurs silencieux et désolés, démagogues avinés, braillards et turbulents de toute espèce, s'étaient donné rendez-vous dans les rues que devaient parcourir ces triomphateurs destinés à retomber le lendemain dans la plus complète obscurité.

Le cortége se trouva réuni vers midi à la Bastille. Ses stations principales furent : l'Hôtel-de-Ville, où il recueillit le maire et un grand nombre d'officiers municipaux ; l'Opéra, qui occupait alors la salle de la Porte-Saint-Martin, et dont l'orchestre, placé sur une estrade, exécuta le chœur de la Liberté et la ronde nationale ; la place Louis XV, où quelques députés se mirent dans les rangs, et enfin le Champ-de-Mars, terrain choisi pour la cérémonie principale et les réjouissances populaires.

La marche était ouverte par un groupe portant les bustes de Voltaire, de Rousseau, de Franklin et de Sidney. Il était formé, prétendait-on, d'Américains et d'Anglais, sans doute les mêmes qui avaient servi de comparses à Anacharsis Clootz dans la ridicule exhibition qu'il avait faite à la barre de l'Assemblée constituante [1].

---

[1]. Il paraît que Clootz voulut renouveler cette même parade devant l'Assemblée législative. Nous avons trouvé la lettre suivante, qui peint admirablement le personnage et démontre sa folie. Cet homme fut cependant pris au sérieux par la France d'alors, puisque deux départements (Saône-et-Loire et Oise) le nommèrent, quelques mois plus tard, leur représentant à la Convention nationale.

« AU CHEF-LIEU DU GLOBE, LE 24 AVRIL DE L'AN IV.

« Législateurs,

« Il s'agit de la liberté du genre humain, permettez à son orateur
« de se présenter devant vous : je serai *laconique*, car le temps est
« venu de *parler*.

« ANACHARSIS CLOOTZ, orateur du genre humain. »

Ensuite paraissaient deux sarcophages réunis l'un à l'autre au moyen d'une banderole sur laquelle étaient inscrits ces mots : « *Bouillé et ses complices sont seuls coupables!* » Sur ces sarcophages on lisait les noms des gardes nationaux ou Suisses qui avaient péri à l'affaire de Nancy... « Idée magnanime, » dit M. Louis Blanc[1]. — « Noble réconciliation, » s'écrie M. Michelet[2]. Quant à nous, il faut l'avouer, nous admirons beaucoup moins cet épisode évidemment introduit dans le programme par Tallien et Collot, à la requête de Pétion, afin de généraliser l'enthousiasme et de priver les opposants du principal argument qu'ils avaient présenté contre le triomphe des soldats rebelles.

Une bande de quatre-vingt-trois sans-culottes suivait, faisant flotter des bannières, sur chacune desquelles on lisait le nom de l'un des départements qui, de la sorte représentés, donnaient à la cérémonie jacobine le caractère d'une fête nationale. Derrière ces sans-culottes se pressait une multitude de citoyens et de citoyennes des diverses sections[3], encadrés dans deux files de gardes nationaux sans armes, mais qui, conformément au programme, tenaient à la main un épi de blé[4]. Ces épis n'étaient pas plus mûrs pour la moisson que ceux qui les portaient n'étaient mûrs pour la véritable liberté. La fête dont ils étaient les acteurs n'était en effet que le prologue de l'anarchie. Les hommes de bon sens s'en

---

1. Tome VI, p. 316.
2. Tome III, p. 417.
3. *Journal universel*, n° 178.
4. *Révolutions de Paris*, n° 144.

aperçurent tout de suite ; trop tard le reconnurent bon nombre de ceux qui battaient des mains au défilé de toutes ces idylles en action, inventées et préconisées par les Hébert, les Collot et les Robespierre.

Puis venaient le *Livre de la Constitution*, la *Table de la déclaration des droits*, portés entre deux rangées de soldats-citoyens. Par cet étalage de la légalité matérielle, on mettait à couvert la responsabilité des magistrats municipaux qui suivaient l'image du pacte fondamental sous la conduite du maire de Paris. Sans doute, ces magistrats, auxquels s'étaient mêlés quelques députés, n'étaient point revêtus de leurs insignes, mais leur présence seule montrait en quel mépris la loi, qu'on proclamait inviolable, était déjà tombée. Les représentants des sociétés patriotiques, des Jacobins, des Cordeliers, les précédaient, les entouraient et paraissaient les absorber, ce qui n'était pas encore absolument vrai, mais ce qui allait bientôt l'être.

Cette longue file d'autorités légales et illégales était suivie de l'objet principalement offert à l'admiration du peuple : une *galère*. Car, dans cette fureur d'abattre tout ce qui avait été honoré jusque-là et de réhabiliter tout ce qui avait été méprisé, on avait résolu de donner la place d'honneur au signe de l'infamie.

Autour de cette galère s'enroulaient, comme une couronne de fleurs, suivant les expressions du poétique Tallien, les quarante vierges qu'il avait choisies. Les soldats de Châteauvieux les suivaient. Ils étaient mêlés à dessein avec des ci-devant gardes-françaises qui, pour exciter de plus chaleureuses démonstrations, avaient

//LIVRE I.// 93

endossé leur ancien uniforme, et portaient le drapeau, les clefs et des pierres de la Bastille.

La marche était fermée par un char que traînaient vingt-quatre chevaux blancs et qui se terminait en forme de proue (toujours pour rappeler la galère). Une statue colossale de la Liberté y était assise sur une chaise curule. Devant elle, comme devant les idoles antiques, l'encens fumait. De la main droite elle montrait au peuple le bonnet rouge ; de l'autre, que tenait-elle ? un bouquet d'épis de blé ? l'épée de la loi ? non ; une *massue*[1] ! N'était-ce point assez significatif ? Sous ses pieds, selon la coutume, un joug était brisé. Au-dessus d'elle planait la Renommée annonçant au monde : *La France est libre !*

Le cortége s'arrêta au Champ-de-Mars ; la foule des spectateurs qui s'y était accumulée ne manqua pas d'exprimer, par de chaleureux applaudissements, combien sa curiosité s'estimait satisfaite. La *Table de la déclaration* fut posée sur l'autel de la Patrie ; auprès d'elle on rangea les divers drapeaux et emblèmes ; le char de la Liberté fut traîné au son de la musique autour de l'autel. Enfin, l'ordre de la marche fut rompu, et les citoyens et citoyennes exécutèrent les danses et les farandoles les plus patriotiques[2].

---

1. *Journal universel.*
2. Comparer les Relations du *Journal universel,* du *Patriote français,* n° 984, et des *Révolutions de Paris.*

« Les danses joyeuses, dit M. Michelet, à l'occasion de cette fête, participaient de l'ardeur des fêtes antiques où l'esclave, pour la première fois, s'enivrait de la liberté ; les frères embrassaient les frères et, selon l'humeur française, la fraternité pour les sœurs *était encore*

VII

Marie-Joseph Chénier était l'auteur des devises, des inscriptions offertes aux regards de la foule; il avait versifié les chœurs patriotiques qui avaient été chantés aux diverses stations de cette procession d'un nouveau genre, destinée à inaugurer un nouveau culte, celui de la licence. Au même moment, son frère, André Chénier, vengeait la loi outragée dans des ïambes où l'ironie la plus sanglante se mêle à la poésie la plus sublime. La fête soi-disant patriotique ne dura que quelques heures, les ïambes sont restés immortels et vengeront amplement, dans les siècles futurs, la morale, la raison et la justice si indignement outragées ce jour-là par Collot-d'Herbois et ses acolytes. Aux yeux des littérateurs et des poëtes, ils rappellent les chefs-d'œuvre qu'Archiloque et Juvénal ont laissés à l'antiquité; aux yeux de l'historien, ils sont un admirable résumé de la situation que subissaient, en 1792, les vrais amis de la liberté. C'est le dernier cri de douleur d'une âme libre qui voit s'évanouir ses illusions, à la lueur de l'incendie allumé par l'égale fureur des deux partis extrêmes qu'elle s'est épuisée à combattre.

Hélas! pourquoi faut-il se rappeler que ces vers magnifiques coûtèrent la vie à leur auteur, et que les mo-

---

bien plus tendre. » Nous laissons à M. Michelet la responsabilité de cette dernière appréciation.

dernes tyrans se vengèrent, comme les tyrans de l'antiquité, en envoyant à la mort le poëte qui les avait bafoués!

> Salut, divin triomphe! entre dans nos murailles,
> Rends-nous ces guerriers illustrés
> Par le sang de Desille et par les funérailles
> De tant de Français massacrés.
> Jamais rien de si grand n'embellit ton entrée :
> Ni quand l'ombre de Mirabeau
> S'achemina jadis vers la voûte sacrée
> Où la gloire donne un tombeau ;
> Ni quand Voltaire mort et sa cendre bannie
> Rentrèrent aux murs de Paris,
> Vainqueurs du fanatisme et de la calomnie
> Prosternés devant ses écrits.
> Un seul jour peut atteindre à tant de renommée,
> Et ce beau jour luira bientôt :
> C'est quand tu conduiras Jourdan à notre armée[1],
> Et La Fayette à l'échafaud.
> Quelle rage à Coblentz, quel deuil pour tous ces princes,
> Qui, partout diffamant nos lois,

---

1. Il s'agit ici de Jourdan Coupe-tête, le chef des assassins de la glacière d'Avignon. Nous avons réuni à la fin de ce volume, note VI, divers documents qui concernent ce personnage fameux, que, non moins que ses crimes, les vers de Chénier ont voué à une éternelle infamie. On y verra que Jourdan reçut son juste châtiment des mains mêmes de ceux qui avaient partagé ou imité ses crimes et qui trouvèrent mauvais que, plus tard, il fût devenu voleur et concussionnaire après avoir été assassin et bourreau. C'était, à ce qu'il paraît, déroger aux yeux du tribunal révolutionnaire, qui s'empressa de condamner à mort cet ex-commandant de gendarmerie; car les démagogues n'avaient pas rougi de confier à ce misérable d'aussi redoutables fonctions. Son brevet, que nous avons retrouvé, est du 9 février 1793.

Excitent contre nous et contre nos provinces
   Et les esclaves et les rois !
Ils voulaient nous voir tous à la folie en proie ;
   Que leur front doit être abattu,
Tandis que, parmi nous, quel orgueil, quelle joie,
   Pour les amis de la vertu,
Pour vous tous, ô mortels qui rougissez encore
   Et qui savez baisser les yeux,
De voir des échevins que la Râpée honore [1],
   Asseoir sur un char radieux
Ces héros que, jadis, sur un banc des galères
   Assit un arrêt outrageant,
Et qui n'ont égorgé que très-peu de nos frères
   Et volé que très-peu d'argent !
Eh bien ! que tardez-vous, harmonieux Orphées ?
   Si, sur la tombe des Persans,
Jadis Pindare, Eschyle, ont dressé des trophées,
   Il faut de plus nobles accents.
Quarante meurtriers, chéris de Robespierre,
   Vont s'élever sur nos autels.
Beaux-arts, qui faites vivre et la toile et la pierre,
   Hâtez-vous, rendez immortels
Le grand Collot-d'Herbois, ses clients helvétiques,
   Ce front que donne à des héros
La vertu, la taverne et le secours des piques ;
   Peuplez le ciel d'astres nouveaux.
O vous, enfants d'Eudoxe et d'Hipparque et d'Euclide,
   C'est par vous que les blonds cheveux,
Qui tombèrent du front d'une reine timide,
   Sont tressés en célestes feux ;

---

[1]. L'un des jours qui avaient précédé la fête de Châteauvieux, Pétion avait dîné à la Râpée, avec des officiers municipaux seulement, disait-il ; — avec les meneurs jacobins, affirmaient Dupont de Nemours et André Chénier.

Par vous l'heureux vaisseau des premiers Argonautes
    Flotte encor dans l'azur des airs;
Faites gémir Atlas sous de plus nobles hôtes,
    Comme eux dominateurs des mers;
Que la nuit de leurs noms embellisse ses voiles,
    Et que le nocher aux abois
Invoque en leur galère, ornement des étoiles,
    Les Suisses de Collot d'Herbois.

VIII

La fête des Suisses de Châteauvieux avait prouvé à tous les amis de l'ordre et de la Constitution combien peu leur voix était écoutée, lorsqu'ils prêchaient le respect des lois, et combien était déjà profond l'abîme creusé sous leurs pas par les Jacobins et leurs séides : ils voulurent cependant essayer de ramener à eux cette versatile population parisienne qui, pensaient-ils, n'avait suivi leurs adversaires que par curiosité. Ils cherchèrent une occasion et la trouvèrent dans la célébration d'une fête funèbre en l'honneur de Simoneau, maire d'Étampes, mort victime de son dévouement à la loi.

Dans les premiers mois de 1792, des troubles nés de la cherté des grains avaient éclaté dans plusieurs localités des environs de Paris. A Étampes, ils avaient été beaucoup plus graves que partout ailleurs. Le 3 mars, des hommes armés parcouraient dès le matin les villages environnants et, suivis d'une foule trompée par de faux bruits, envahissaient au son de la générale et du tocsin la place du Marché, demandant avec violence que le blé fût taxé au-dessous du cours. Le maire, Jacques-Guillaume Simoneau, essaye en vain de tenir tête à ces forcenés et de les ramener à l'ordre : ses paroles calmes et bienveillantes sont couvertes de huées ; on ne lui répond que par un seul cri : « La taxe ! la taxe ! »

Après sept heures de pourparlers inutiles, Simoneau se décide à requérir la force armée. Il revient sur la place accompagné de quatre-vingts soldats du 18e régiment de cavalerie.

— « Voulez-vous taxer le blé ? s'écrie la populace.

— « Je ne le puis, réplique le magistrat, la loi ne m'y autorise pas. »

Des fusils sont dirigés sur sa poitrine, par derrière on lui lance des coups de bâton. Il se retourne, les soldats de son escorte l'abandonnent.

« A moi, mes amis ! » crie-t-il en vain ; en vain saisit-il par la bride les chevaux de deux cavaliers : ceux-ci se dégagent de ses étreintes à coups de sabre et courent rejoindre leurs camarades. L'infortuné Simoneau tombe sous les bâtons ferrés, sous les balles des assassins.

Les principaux auteurs de l'émeute déchargent leurs fusils sur le cadavre inanimé de l'héroïque magistrat, défilent autour de lui, ou plutôt sur lui, et sortent d'Étampes, tambour battant, en criant : « Vive la nation [1] ! »

Dès que ce triste événement fut connu à Paris, les constitutionnels, et plus encore peut-être les Jacobins,

1. *Moniteur* du 9 mars 1792.

éclatèrent en témoignages de sympathie pour la conduite courageuse du magistrat qui venait de périr victime de son devoir.

Simoneau était un ami sincère de la révolution ; il avait été inscrit sur la liste des *Amis de la Constitution* à l'origine de la société. Les Jacobins, comme tous les sectateurs d'une religion nouvelle, étaient en quête de martyrs ; ils devaient donc se féliciter de ce qu'un magistrat, qu'ils pouvaient considérer comme leur appartenant, fût mort en voulant faire respecter cette même loi que leurs adversaires leur reprochaient si souvent de fouler aux pieds. Aussi s'empressèrent-ils d'écrire au fils de Simoneau une lettre officielle de condoléance :

« Les *Amis de la Constitution*, y lisait-on, partagent vivement votre juste douleur ; ils n'y trouvent d'adoucissement que dans la pensée qu'il est honorable pour eux d'avoir pu compter votre père au nombre des membres qui composent leur association patriotique. Puissions-nous faire entrer la consolation dans votre âme, en vous présentant la vertu héroïque de l'auteur de vos jours comme le modèle de tous ceux qui marcheront après lui dans la carrière des emplois publics et comme le fondement d'une gloire impérissable pour son nom, qui laissera dans votre mémoire un souvenir propre, dans tous les temps, à adoucir l'amertume de vos regrets [1] ! »

Simoneau méritait ces éloges : non-seulement il avait bravement affronté la mort en requérant obéissance à la

---

1. *Moniteur* du 16 mars.

loi, mais encore, pour n'employer qu'une force armée légale, il avait négligé de s'entourer d'amis sûrs et dévoués, comme il l'aurait pu, si le magistrat n'avait complétement oublié l'homme. Il occupait en effet, dans ses ateliers de tannerie, plus de soixante ouvriers dont il était chéri comme un père, et, dès le premier moment de l'émeute, il leur avait arraché la promesse qu'aucun d'eux ne paraîtrait de tout le jour sur la place du Marché [1].

Il avait préféré ne requérir que des militaires appartenant aux anciens corps de l'armée; mais, nous l'avons déjà fait observer, ces militaires n'étaient bien souvent que de misérables soudards, pour lesquels les mots de *loi* et de *légalité* n'avaient pas de sens. Aussi, comme nous l'avons vu, abandonnèrent-ils lâchement le maire et, sans brûler une cartouche, le laissèrent-ils périr sous les coups des assassins!

L'Assemblée nationale voulut aussi offrir son tribut d'hommages à la mémoire du magistrat mort pour la défense de la loi: le 18 mars, sur le rapport de Jean Debry, lu au nom du Comité d'instruction publique, elle décréta que des honneurs funèbres seraient décernés à Simoneau. En vertu de cette loi, une pyramide devait être élevée sur le marché d'Étampes, portant trois inscriptions : sur la première face: *Guillaume Simoneau, maire d'Étampes, mort le 3 mars 1792*; sur la seconde : *La nation française à la mémoire d'un magistrat qui mourut pour la loi, décret du 18 mars 1792*; sur la troisième : *Vous pouvez me tuer, mais je mourrai à mon poste,* der-

---

[1]. *Moniteur* du 9 mars.

nières paroles prononcées par le malheureux magistrat[1].

Le Comité d'instruction publique avait proposé qu'une indemnité pécuniaire fût allouée à titre de don national aux enfants de Simoneau. Mais sa veuve, qui déploya dans toutes ces circonstances les vertus d'une matrone romaine, écrivit au président de l'Assemblée une lettre dans laquelle, tout en remerciant les représentants de la nation de leur bienveillance à l'égard de sa famille, elle refusait d'accepter la somme qui lui était offerte. « La fortune publique doit être réservée, disait-elle, à ceux qui sont sans ressources. Mes enfants croiraient offenser la mémoire de leur vertueux père s'ils ne se contentaient pas du monument qui va lui être érigé. » Cette lettre provoqua les plus chaleureux applaudissements, et il fut décidé qu'elle serait ajoutée aux inscriptions qui devaient être placées sur la colonne du marché d'Étampes [2].

1. *Moniteur* du 19 mars.
Ce monument, qui devait consacrer une mort si digne de mémoire, n'a jamais été érigé. C'est un oubli qui depuis longtemps aurait dû être réparé. Cependant, depuis quelques années, on a donné le nom de Simoneau à la rue près de laquelle le courageux magistrat était tombé sous les coups de ses assassins.
Voici la copie de l'acte de décès de Simoneau, que nous avons fait relever sur les registres de l'état civil d'Étampes :
« L'an 1792, le 4 mars, a été inhumé, dans le cimetière de cette paroisse, par moi curé soussigné, le corps du sieur Jacques-Guillaume Simoneau, négociant et maire de cette ville, âgé de cinquante et un ans environ, décédé la veille, pendant la tenue du marché au blé de cette ville, au lit d'honneur, à la tête d'un détachement du 18e régiment, ci-devant Berry, en station en cette ville, et de la brigade de la gendarmerie nationale de ladite ville, dans un moment critique et en voulant faire exécuter la loi.
2. *Moniteur* du 1er avril.

IX

Le bruit causé par les préparatifs de la fête de Château-vieux avait fait un moment oublier le maire d'Étampes ; mais, aussitôt après le triomphe des rebelles de Nancy, les constitutionnels s'occupèrent d'organiser une cérémonie en l'honneur du martyr de la loi.

Le dimanche 6 mai, une députation de la garde nationale parisienne se présente à la barre de l'Assemblée ; l'orateur, Georges d'Épinay, dépose sur le bureau une pétition revêtue de 836 signatures, dans laquelle il est demandé que des honneurs publics soient rendus à la mémoire de Simoneau. Son discours, appel incessant au respect de la loi, contient des allusions assez transparentes au triomphe récent de la démagogie et de l'indiscipline. La gauche n'ose pas les relever, et déjà l'un de ses organes habituels, Lacroix, propose lui-même que la pétition de la garde nationale soit sur-le-champ convertie en motion, mise aux voix et adoptée. Thuriot, que nous verrons jusqu'à la fin de l'Assemblée législative jouer le rôle de porte-parole de la municipalité parisienne[1], insiste que pour les honneurs à accorder aux mânes du maire d'Étampes ne soient pas décrétés sur la pétition de quelques particuliers, mais bien sur la demande

---

[1]. Thuriot avait été l'un des électeurs de 1789 ; il avait joué un rôle important, le jour de la prise de la Bastille, et avait toujours conservé depuis cette époque des relations intimes avec l'Hôtel de Ville.

collective des autorités communales qui, ce jour-là même, doivent venir la présenter à la barre de l'Assemblée. Celle-ci refuse de retarder sa décision, et Thuriot, voyant qu'il ne peut faire adopter sa motion primitive, la réduit à ceci : 1° la fête en l'honneur de Simoneau sera rendue générale pour tous les citoyens morts en défendant la loi ; 2° elle sera célébrée au nom de la nation française. Cette dernière partie de la motion de Thuriot est seule appuyée ; l'Assemblée décrète que la fête en l'honneur du maire d'Étampes deviendra une fête nationale et que son Comité d'instruction publique en dressera le programme au plus tôt.

Le comité ne perdit pas de temps. Dans la séance du 12 mai, Quatremère vint en son nom exposer avec beaucoup de netteté le caractère moral de la cérémonie projetée.

« Le vif et profond sentiment avec lequel l'Assemblée nationale, dit-il, a accueilli la pétition des citoyens de Paris, a dû prouver que dans cette cérémonie civique elle voyait quelque chose de plus qu'une fête à diriger, et au delà même d'une réparation due à la mémoire d'un citoyen vertueux. Tous les amis de l'ordre ont ressenti le contre-coup de cet élan de l'Assemblée nationale ; et telle est, messieurs, la nature de votre position, la grandeur du pouvoir qu'une assemblée généreuse exerce sur tous les mouvements d'un vaste empire,... que votre décret est un rappel à l'ordre plus puissant, j'ose le dire, que les lois les plus menaçantes. Votre voix a retenti jusqu'au fond de tous les cœurs. Tous les bons citoyens vous ont entendus. Comprenant la haute importance qu'ont les fêtes publiques dans une démocratie, et croyant que si les *fêtes de la liberté* sont utiles, celles *de la loi* ne le sont pas moins, le comité a pensé que la loi, dont la magistrature municipale est le plus respectable appui, ayant été si outrageusement violée par le meurtre d'un de ses agents, *la loi* devait seule partager le triomphe du malheureux maire d'Étampes[1]. »

Ces idées furent vivement applaudies par la majeure partie de l'Assemblée. Il était en effet impossible d'attaquer les principes au nom desquels Quatremère avait parlé. Mais depuis deux mois les Jacobins et leurs amis avaient bien changé de sentiment à l'égard du malheureux Simoneau ; ils ne se souciaient plus d'honorer ce martyr de la loi, depuis qu'on leur avait disputé le monopole de son culte. Nous les avons vus tout à l'heure chercher à s'attribuer la gloire qui s'attachait à la mémoire du courageux magistrat, puis s'efforcer de rendre la fête, proposée en son souvenir, commune à tous les citoyens morts depuis trois ans pour la défense de la loi. Nous allons les entendre discuter avec une incroyable mesquinerie sur ce que pourra coûter la cérémonie. Nous les verrons bientôt insulter le cercueil de l'homme dont ils avaient encensé la mémoire, et, peu de temps après, faire rendre des honneurs solennels à ses assassins.

Revenons à la séance du 12 mai, car nous ne sommes encore qu'au début de cette audacieuse palinodie.

Le décret présenté par Quatremère semblait devoir

---

1. Le rapport de Quatremère se trouve tout entier dans le *Journal des Débats et Décrets*, p. 206-208, n° 229.

passer à l'unanimité. Cependant il suscite d'étranges observations, qui témoignent suffisamment de tout le mauvais vouloir de la gauche.

« Les fêtes les plus simples, dit Lasource, sont celles qui conviennent le mieux à une nation libre ; je demande donc qu'il ne soit pas employé aux frais de cette fête plus de six mille livres. »

Chabot va plus loin, il réclame l'ajournement de toute discussion et l'impression du rapport, afin que chacun des députés ait le temps de l'examiner et de le discuter mûrement. Cette proposition excite des murmures, est écartée par la question préalable, et les quatre premiers articles du décret sont adoptés. Mais après la lecture du cinquième, où il était dit que la garde nationale formerait le cortége avec les autorités constituées, Albitte s'écrie : « Le cortége doit être composé du peuple ; admettre seulement la garde nationale, ce serait donner à la cérémonie l'air de la fête du drapeau rouge. »

Quatremère réplique : « L'objet de la fête est de rappeler le respect dû à la loi ; le comité a donc pensé qu'il convenait de former le cortége de citoyens chargés de maintenir et de faire exécuter les lois. »

L'amendement d'Albitte est écarté comme celui de Chabot, et enfin le décret est voté en ces termes :

« ... Considérant que la nation entière est outragée lorsque la loi est outragée dans la personne d'un magistrat du peuple ;

« Considérant de plus que le Champ de la Fédération, qui a reçu de tous les Français le serment à la loi et qui, par sa destination, appartient à tout l'empire, est le lieu le plus propre à rendre vraiment national l'hommage que les représentants du peuple ont résolu de décerner à la loi.....

« Art. 1. Une cérémonie nationale, consacrée au respect de la loi, honorera la mémoire de Jacques-Guillaume Simoneau, mort, le 3 mars 1792, victime de son dévouement à la patrie.

« Art. 2. Les dépenses de cette cérémonie seront acquittées par le trésor public ; la somme ne pourra excéder six mille livres.

« Art. 3. Le pouvoir exécutif fera ouvrir et disposer le Champ de la Fédération pour la pompe qui doit y avoir lieu le premier dimanche de juin.

« Art. 4. L'Assemblée nationale y assistera par une députation de soixante-douze de ses membres.

« Art. 5. Le cortége sera composé des magistrats nommés par le peuple, des différents fonctionnaires publics et de la garde nationale.

« Art. 6. L'écharpe du maire d'Étampes sera suspendue aux voûtes du Panthéon français.

« Art. 7. Le procureur de la commune d'Étampes, le sieur Blanchet, citoyen de cette ville, qui a été blessé en défendant la loi, et la famille de Jacques-Guillaume Simoneau seront invités à cette cérémonie. »

X

Les démagogues étaient furieux. Pour satisfaire leur haine contre les promoteurs de la fête de la Loi, ils n'hésitèrent pas à essayer de flétrir la mémoire du courageux magistrat qu'ils avaient naguère exalté, et à insinuer avec une odieuse impudence que le maire d'Étampes avait été *coupable avant d'être victime*[1].

Ils suscitèrent une pétition signée par une quarantaine de citoyens de Mauchamps et autres communes des environs d'Étampes, dans laquelle on demandait à l'Assemblée nationale d'arrêter les poursuites dirigées contre les assassins de Simoneau, et de rendre à la patrie *des citoyens utiles*[2]. Cette pétition parut si peu digne d'attention et même si honteuse pour ceux qui l'avaient signée, que l'Assemblée ne daigna pas la mentionner dans le procès-verbal de sa séance, et que ni le *Moniteur* ni le *Journal des Débats et Décrets* ne la reproduisirent. Mais Robespierre lui donna asile dans son nouveau journal, qu'il appelait, probablement par dérision, *le Défenseur de la Constitution*; elle n'y tient pas moins de six colonnes. Du reste, cette pièce n'émanait point de témoins oculaires des faits que l'on prétendait rectifier, puisque les pétitionnaires commençaient par dire qu'ils n'avaient pris aucune part à la malheureuse affaire d'Étampes. Ils s'appuyaient de l'autorité d'un certain Pierre Dolivier, curé assermenté et électeur, qu'évidemment les Jacobins avaient choisi pour rédacteur et commentateur du plus mensonger des récits. On reconnaissait, il est vrai, que la loi avait été violée et qu'un crime avait été commis; seulement on cherchait à expliquer ce crime par le désespoir d'une

---

[1]. Robespierre, *Défenseur de la Constitution*, n° 4.
[2]. Expressions mêmes de la pétition.

population aux prises avec la famine, et par l'intempestive sévérité du maire, qui était directement intéressé, comme accapareur, au maintien du prix élevé du blé[1].

Le prétexte pour décrier la fête de la Loi était trouvé, il ne s'agissait plus que de l'exploiter; Robespierre et ses amis n'y manquèrent point. Le futur promoteur des lois draconiennes, par lesquelles la Convention punissait de mort les moindres infractions à ses décrets, la plus légère attaque à son autorité, entasse dans son journal sophisme sur sophisme, mensonge sur mensonge, calomnie sur calomnie, et assaisonne ses filandreux arguments contre la célébration de la fête de la Loi de basses flatteries à l'adresse de ce qu'il appelait le peuple.

« Les événements arrivés à Étampes n'eussent-ils pas été dénaturés, écrivait-il, il faut convenir que le sujet de la fête dont nous parlons n'en aurait pas été plus heureusement choisi. Le but des fêtes publiques n'est pas de flétrir le peuple en perpétuant le souvenir de ses erreurs, de fournir des aliments aux perfides déclamations des ennemis de la liberté... Un maire déployant l'étendard de la mort contre les citoyens qui l'ont choisi, dans l'un des mouvements dont l'inquiétude du peuple pour sa subsistance est la cause, est un citoyen estimable tout au plus peut-être; mais quelque douleur que puisse inspirer une infraction à la loi, il sera toujours difficile d'en faire un héros intéressant. »

---

[1]. Cette pétition et l'article dont Robespierre l'avait fait précéder sont donnés *in extenso* au tome XIV de l'*Histoire parlementaire*, p. 270-277.

Robespierre, qui devait un jour inventer la fête de l'Être suprême, s'élève ensuite contre la cérémonie qui se prépare, et, dans ce style ampoulé que certains historiens se sont plu à exalter on ne sait trop pourquoi, il émet ce principe : que les fêtes nationales sont généralement *antipopulaires*, que du moment où l'autorité légale prend l'initiative d'une cérémonie publique, cette cérémonie est, par cela même, un attentat à la souveraineté du peuple.

Nous le laisserons lui-même développer cette étrange théorie :

« Les fêtes nationales et les honneurs publics portent l'empreinte du gouvernement qui les ordonne... Dans les États libres, où le peuple est souverain, leur unique objet doit être de l'honorer, de former les âmes des citoyens à la vertu, c'est-à-dire à l'amour de la patrie et de la liberté. Les honneurs publics ne peuvent être décernés avec gravité que par le peuple lui-même... Si l'on conçoit que, dans un vaste empire, le pouvoir de faire les lois au nom du peuple doit être confié à des représentants, on ne conçoit pas sans doute que personne puisse estimer et blâmer, aimer ou haïr, se réjouir ou s'affliger pour le peuple. Les honneurs publics, ainsi que les fêtes nationales, sont le luxe de la liberté; rien n'oblige le peuple à déléguer le soin de les décerner;... il y a plus : entre les mains des magistrats, cette institution ne peut que dégénérer. La Constituante a eu raison de décréter que des honneurs ne pourraient être décernés aux grands hommes que deux ans après leur mort, mais elle eût mieux fait encore si elle avait refusé au

Corps législatif, à toute autorité constituée de les accorder; car, en matière de génie et de civisme, LE PEUPLE EST INFAILLIBLE, tandis que *tout autre que lui est sujet à de grandes erreurs* [1]. »

En dépit de Robespierre et de ses fanatiques, la fête eut lieu au jour indiqué, le premier dimanche de juin. L'Assemblée nationale y assista [2]. Toutes les autorités parisiennes, le département, la municipalité y parurent, ainsi que la garde nationale. Quant aux masses populaires, profondément travaillées par les Jacobins, elles regardèrent passer le cortége, mais elles ne s'y mêlèrent point. Les inscriptions légales, qui avaient remplacé sur les bannières les devises à double entente de la fête de Châteauvieux, ne suscitèrent aucun enthousiasme. Les journaux jacobins cherchèrent à faire considérer comme une menace l'apparition de la Loi tenant une épée nue à la main, comme si la Liberté portant une massue n'était pas autrement insultante pour ceux que les futurs terroristes faisaient passer pour ses ennemis. On remarqua, ou plutôt on fit remarquer un tableau représentant Simoneau tué avec des piques, tandis qu'il avait été assassiné à coups de fusils, de baïonnettes, de bâtons ferrés [3]. Les mots *liberté, égalité, propriété,* remplaçant les mots *liberté, égalité, fraternité,* qui avaient brillé sur le socle des statues promenées à la fête de Châteauvieux,

---

1. *Défenseur de la Constitution*, n° 4.
2. Voir le *Moniteur*, le *Journal des Débats et Décrets*.
3. Voir la description de la fête dans les *Révolutions de Paris*, n° 152. Le *Moniteur* dit qu'elle a eu lieu, mais ne lui accorde pas une plus ample mention.

furent, par les mêmes journaux, déclarés réactionnaires[1].
Voici, du reste, en quels termes Robespierre rendit compte de cette cérémonie dans son *Défenseur de la Constitution;* on a si souvent représenté ce triste rhéteur comme l'inflexible ami de la loi, qu'il est utile de montrer qu'il n'a jamais respecté que les décrets rendus sous sa propre inspiration, et qu'il n'a professé un culte ardent pour la légalité que lorsqu'il pouvait l'invoquer pour écraser ses ennemis :

« Les juges, les administrateurs, les maires, les

---

[1]. L'histoire s'est tue jusqu'à présent sur la suite qui fut donnée à la procédure dirigée contre les assassins de Simoneau et sur l'incroyable indulgence, nous pourrions dire sur l'audacieuse apothéose dont ces assassins furent l'objet quelques mois plus tard. Nous avons retrouvé le dossier complet de cette procédure. Nous en donnons l'analyse à la fin de ce volume, note VII. On y verra que, malgré les assertions des défenseurs officieux que les assassins du maire d'Étampes avaient trouvés dans Robespierre et dans le curé-jureur et électeur de Mauchamps, le jury de Seine-et-Oise reconnut des coupables parmi les individus qui lui furent déférés à l'occasion de ce crime (juillet 1792). Sur son verdict, deux condamnations à mort et huit condamnations à des peines correctionnelles furent prononcées. Mais deux mois plus tard, comme le prouvent d'autres pièces que nous avons également retrouvées, les condamnés furent délivrés et présentés à l'Assemblée législative comme deux malheureux patriotes persécutés ; l'arrêt qui les condamnait fut foulé aux pieds et livré à la risée publique. La veuve de Simoneau resta seule à demander que les mânes de son époux fussent vengés, mais la voix qu'elle eut le courage d'élever, peu de jours après que le trône de Louis XVI se fut écroulé au bruit du canon du 10 août, ne fut pas écoutée, et, dans le sanctuaire des lois, personne n'osa réclamer contre l'impunité que les assassins de septembre assurèrent, de leur autorité privée, à ceux qui les avaient précédés de quelques mois dans la carrière du meurtre et du pillage.

municipaux, les autorités constituées figuraient presque seuls à cette cérémonie; ce n'était donc point une fête nationale, c'était la fête des fonctionnaires publics. Le peuple n'était pour rien dans tout cela. Comme cette procession de corps municipaux, de corps administratifs et de corps judiciaires retrace l'image de l'ancien régime! Des baïonnettes, des glaives, des uniformes : quels ornements pour la fête d'une nation libre! Que dirons-nous de ces devises menaçantes qui présentaient partout la Loi en colère; où les mots de liberté, de propriété paraissent une fois seulement pour qu'on ne puisse pas dire qu'ils avaient été formellement proscrits, mais seulement après le nom de la loi, comme si la loi était quelque chose sans la liberté, sans la propriété, pour qui elle est établie? Que dirons-nous de ce glaive qui, pour la cause du maire d'Étampes, semblait menacer un grand peuple qui, dans toutes les crises de la Révolution, déploya une modération égale à sa force et à son courage?

« Comme ce charlatanisme paraissait digne de pitié aux véritables amis de la loi, lorsqu'ils réfléchissaient que jusqu'à ce moment ce glaive, terrible seulement pour les faibles, avait toujours épargné la tête des grands coupables! Aussi le silence imperturbable, la profonde indifférence du public annonçaient-ils qu'il se regardait comme absolument étranger à cette fête. Il est vrai que ceux qu'on appelle *assistants*, qui dans toute autre circonstance auraient trouvé le nom de Simoneau *trop roturier* pour recevoir une telle illustration, semblaient applaudir à une apothéose qu'ils regardaient comme une représaille à la fête de la liberté des soldats de Châteauvieux. » *(Défenseur de la Constitution,* n° IV.)

Tout le monde avait effectivement fait dans sa pensée le parallèle des deux fêtes, et bien des réflexions amères avaient dû naître de cette comparaison dans l'âme de quiconque avait conservé le culte de la vraie liberté et le respect des lois. Dans la première de ces fêtes on avait vu les démagogues célébrer le mépris de la Constitution et de la discipline militaire comme des vertus civiques dignes de l'admiration universelle et déifier, aux acclamations d'une foule ignorante, ce que jusqu'alors on avait considéré comme ce qu'il y avait de plus infamant : le bonnet et la rame du galérien ! Dans la seconde, on vit toutes les autorités enfantées par le nouvel état de choses promener, tristes et solitaires, la statue de la Loi au milieu des masses indifférentes qui semblaient assister au convoi funèbre de cette Constitution à laquelle huit mois auparavant on avait donné, hélas ! un brevet d'immortalité.

LIVRE II

LE VINGT JUIN 1792.

I

Depuis trois mois, le ministère girondin était au pouvoir, et grâce à sa connivence au moins tacite l'Assemblée législative continuait à saper les derniers fondements du trône. Le 29 mai, après une discussion animée, elle vota la dissolution de la garde constitutionnelle du roi, et envoya son commandant, le duc de Brissac, rejoindre à Orléans le ministre Delessart[1].

Ce décret produisit une immense joie parmi les Jacobins et leurs adhérents; le soir, ils se portèrent en foule autour de la salle du manége pour présenter, disaient-ils, leurs hommages aux législateurs, mais aussi pour faire retentir les environs des Tuileries de l'air du *Ça ira*, « cet air fameux, disait à cette occasion le maire

---

1. Nous les y retrouverons tous les deux lorsque nous raconterons plus tard l'enlèvement des malheureux prisonniers de la haute cour et leur massacre à Versailles.

de Paris, qui réjouit les patriotes et fait trembler leurs ennemis[1]. »

L'Assemblée avait craint que la cour ne songeât à résister, et, sur la proposition de son comité de surveillance, elle avait décrété, dès le 28, qu'elle resterait en permanence ; mais elle fut bientôt rassurée ; elle apprit presque en même temps que le roi avait sanctionné le décret, que M. de Brissac était arrêté, et que le licenciement s'était effectué paisiblement. Aussi, Pétion ayant annoncé qu'il n'y avait plus rien à craindre, la permanence fut levée le 31 au soir[2].

En sanctionnant le décret du 29, Louis XVI s'était complétement désarmé ; mais ce n'était pas assez pour ceux qui avaient entrepris de le dominer par la crainte des mouvements populaires et de l'asservir aux volontés des Jacobins. Servan, qui avait succédé à Degrave au ministère de la guerre, et qui s'était rangé du parti de Roland contre Dumouriez, vint le 4 juin à l'Assemblée, sans en avoir prévenu ni le roi ni ses collègues, proposer la formation, sous les murs de Paris, d'un camp de vingt mille fédérés.

L'Assemblée accueillit avec faveur cette idée et renvoya la proposition de Servan, transformée en motion par Merlin, au Comité militaire pour lui en faire un rapport immédiat.

Dès le 6, malgré l'opposition de la droite, qui demandait que l'on répondît par la question préalable à

---

1. Lettre de Pétion à l'Assemblée (30 mai 1792, *Moniteur*, p. 632).
2. *Journal des Débats et Décrets*, n° 246, p. 493.

une proposition ministérielle faite d'une manière si insolite, elle vota un décret en sept articles, qui consacrait la formation d'un camp de vingt mille fédérés, recrutés dans toute la France, à raison de cinq hommes par canton, l'envoi immédiat aux frontières de toutes les troupes de ligne qui se trouvaient à ce moment dans la capitale, et la réunion de ces vingt mille volontaires, pour le 14 juillet prochain, à l'effet de former une fédération nouvelle et de resserrer ainsi, disait le décret, les liens de fraternité entre les départements et Paris.

La proposition de Servan et le vote approbatif de l'Assemblée furent, dans le conseil des ministres, le signal des récriminations les plus vives. La querelle s'échauffa tellement entre Dumouriez et Servan, qu'ils mirent tous les deux la main sur la garde de leur épée et que, sans la présence du roi, le sang eût coulé.

L'agitation était aussi très-grande dans le sein de la garde nationale parisienne. Quelques phrases du discours de Servan avaient paru très-malsonnantes aux constitutionnels ; le ministre avait semblé incriminer le zèle de la garde nationale et même se défier d'elle [1].

Aussi, dès les 8 et 9 juin, des députations de divers bataillons viennent, à la barre de l'Assemblée, se plaindre de cette injuste attaque, protester de leur dévouement à la liberté et à la patrie, et demander le retrait du décret. Mais les montagnards [2] changent de batterie et

---

[1]. Le *Moniteur* ne donne le discours de Servan que très-abrégé et supprime les phrases irritantes qui furent relevées dans les pétitions des gardes nationaux, présentées à l'Assemblée les jours suivants.

[2]. On croit généralement que les expressions de *montagne* et de

transportent le terrain de la discussion non plus sur le décret lui-même, mais sur une pétition qu'ils prétendent colportée dans tous les bataillons par les soins de l'état-major de la garde nationale, et revêtue de signatures dont la plupart sont extorquées par la ruse et la violence, souvent même à des femmes et à des enfants.

Pendant plusieurs séances, l'Assemblée n'est occupée qu'à entendre les récriminations que se lancent à la barre les partisans de la pétition et ceux qui viennent la dénoncer. Chaque jour la montagne gagne du terrain; elle parvient, au commencement de la séance du 10 juin, à faire expulser comme calomniateurs des pétitionnaires qui avaient exprimé trop vivement toute l'indignation que leur inspiraient la manière dont le décret relatif au camp avait été enlevé à l'enthousiasme des représentants, et les insinuations peu bienveillantes dont la garde nationale de Paris avait été l'objet de la part du ministre de la guerre. En vain Dumolard s'écrie : « Depuis quand les ministres sont-ils devenus des arches d'alliance auxquelles on ne puisse toucher sans être frappé de mort ? Cette pétition est dans les formes constitutionnelles ; vous avez accordé les honneurs de la séance aux soldats de Châteauvieux ; ne me forcez pas à pousser trop loin le rapprochement. » Il n'est pas écouté, et l'Assemblée

---

montagnards datent de la Convention ; c'est une erreur : elles étaient déjà employées à la fin de l'Assemblée législative. Nous les trouvons notamment dans une lettre du 25 juin 1792, adressée par le journaliste Fréron à Merlin de Thionville (voir la vie et la correspondance de ce représentant du peuple, publiées par M. Jean Reynaud, p. 6 de la correspondance particulière).

déclare, par un décret solennel, que la pétition qu'elle vient d'entendre ne peut être que le résultat de manœuvres coupables et d'intrigues criminelles, à l'aide desquelles on est parvenu à égarer l'opinion de quelques citoyens. La gauche avait adroitement saisi l'occasion que lui offrait la pétition la plus virulente pour envelopper toutes les autres dans une même réprobation, et l'Assemblée avait condamné ainsi d'avance, en termes généraux, toutes les protestations qui se préparaient dans Paris contre le camp des vingt mille hommes.

La droite, tenant à témoigner tout son mécontentement, se retire et laisse le champ libre aux députations des sections ultra-révolutionnaires, qui viennent successivement remercier l'Assemblée d'avoir adopté la création de ce camp, objet d'effroi pour les uns, d'espérance pour les autres[1]. Mais voici qu'enfin l'on apporte la pétition même qui avait fait l'objet de tant de débats anticipés, et qui, en deux ou trois jours, avait été couverte de huit mille signatures[2]. Elle est modérée dans la forme, elle est individuelle, elle ne saurait donc être repoussée par une fin de non-recevoir. La gauche, restée seule, l'écoute avec impatience, et, au moment où le président accorde,

1. De toutes ces pétitions, la plus fougueuse est celle de la section du Théâtre-Français. Parmi les six commissaires qui la signèrent on remarque Lebois, Momoro et Chaumette, qui préludaient ainsi au rôle qu'ils jouèrent un peu plus tard et qui se termina, pour les deux derniers, par leur envoi à la guillotine.

2. Cette pétition est célèbre sous le nom de pétition des huit mille; elle fut plus tard un titre de proscription pour tous ceux qui l'avaient signée; on la trouve deux fois au *Moniteur*, avec un texte identique, aux pages 676 et 682 de l'année 1792.

comme d'usage, aux pétititionnaires les honneurs de la séance, elle se lève en masse et se retire laissant la salle déserte et les gardes nationaux ébahis.

II

L'anarchie était partout. Dans chaque section, les adversaires et les partisans du camp des vingt mille étaient à tout instant sur le point d'en venir aux mains. Des orateurs de carrefour venaient, jusque dans les Tuileries, lire des libelles ultra-révolutionnaires, prêcher l'assassinat du roi, et prédire son prochain renversement[1].

Marat avait récemment été décrété d'accusation, mais plus il se cachait pour écrire, plus il remplissait son journal d'invectives et d'appels à la vengeance contre les députés, les ministres et les généraux, qu'il accusait de s'entendre avec la cour pour égorger les bataillons patriotes. Aux Jacobins, on parlait de l'insolence de l'*Au-*

---

[1]. Dans la séance du 12 juin, un membre de la droite, Delfaux, dénonça un libelle qu'un orateur, monté sur une chaise, déclamait tout haut à la foule rassemblée dans le jardin des Tuileries. On lisait dans ce libelle le passage suivant, où Louis XVI était nominativement désigné : « Ce monstre emploie son pouvoir et ses trésors à s'opposer à la régénération des Français ; nouveau Charles IX, il veut porter dans toute la France la désolation et la mort. Va, cruel, tes forfaits auront un terme ! Damiens fut moins coupable que toi : il fut puni des plus horribles tortures pour avoir voulu délivrer la France d'un monstre ; et toi, dont l'attentat est vingt-cinq millions de fois plus grand, on te laisse l'impunité. Mais, tremblez, tyrans, il est parmi nous des Scævola ! » (*Moniteur*, p. 685.)

trichienne, du renouvellement des corps électoraux, du licenciement de l'état-major de la garde nationale, de l'établissement de l'impôt progressif, de la destitution des généraux suspects[1], etc. Au fond des faubourgs, d'obscurs meneurs tramaient déjà quelque grand coup, et par de persévérantes intrigues préparaient la levée de la populace pour la première occasion favorable. Elle ne tarda pas à se présenter.

Le roi ne voulait sanctionner ni le décret, récemment rendu, qui prononçait la peine de la déportation contre tout prêtre insermenté suspect au directoire de son département, ni celui qui venait d'être voté sur la proposition insolite du ministre de la guerre, pour la formation du camp des vingt mille hommes. A toutes les séances du conseil, des scènes violentes éclataient entre Dumouriez et les trois ministres soutenus par le parti jacobin. Les deux autres, Lacoste et Duranthon, étaient des personnages muets, qui se contentaient d'approuver par des signes de tête les virulentes sorties de Dumouriez contre ses collègues.

Les choses ne pouvaient durer ainsi ; Roland prit l'initiative et écrivit à Louis XVI une lettre restée fameuse dans l'histoire comme l'ultimatum adressé par les Girondins à la royauté [2].

Louis XVI ne put lire sans colère les conseils de son ministre de l'intérieur. Il fit appeler Dumouriez ; la reine

---

1. *Journal du Club*, n°° 207 à 210.
2. Il est dit dans plusieurs mémoires du temps, et notamment ceux de Dumouriez et d'Étienne Dumont, que la lettre d'envoi com-

était présente, et ce fut elle qui entama la conversation :

« Croyez-vous, Monsieur, que le roi doive supporter plus longtemps les menaces et les insolences de Roland, les fourberies de Servan et de Clavières ?

— Non, Madame, répondit le général, j'en suis indigné; j'admire la patience du roi, et j'ose le supplier de changer entièrement son ministère.

mençait ainsi : « Sire, cette lettre restera éternellement ensevelie entre vous et moi. » Il n'en est rien, car en voici le texte même, copié sur l'original, que nous avons eu le bonheur de retrouver :

« Sire,

« Pénétré comme je le suis du danger des circonstances, je crois devoir mettre sous les yeux de Votre Majesté l'opinion que j'avais rédigée hier pour lui être présentée; je sens tout ce qu'il y a de pénible à exprimer certaines vérités, mais le salut même de Votre Majesté autant que celui de l'État exige d'un ministre honnête homme de chercher à vous être utile, bien plus qu'à se rendre agréable. Puisse ce langage d'un cœur franc obtenir quelque attention de Votre Majesté et la porter à prendre les résolutions que sa sagesse et sa générosité reconnaîtront nécessaires à son propre bonheur comme à celui de la France !

« Si cette opinion n'eût pas été rédigée, j'aurais pu lui donner une autre forme, d'après ce qui s'est passé hier au conseil; mais j'ai cru, en y réfléchissant, qu'il convenait de laisser voir à Votre Majesté tout ce que m'avait fait juger l'examen des choses et la disposition des esprits.

« J'ai ouvert mon âme sans réserve et si les maux que je pressens doivent affliger l'empire, je n'aurai point le remords d'avoir tu ce que je crois utile de dire.

« Je suis avec un profont respect,

« Sire,
« De Votre Majesté
« Le très-humble et très-obéissant serviteur,
« Roland. »

— Je veux que vous restiez, reprit le roi, vous, ainsi que Lacoste et le bonhomme Duranthon ; rendez-moi le service de me débarrasser de ces trois factieux insolents, car ma patience est à bout. »

Dumouriez accepta, mais à la condition que le roi sanctionnerait les deux décrets. Le roi consentit, non sans peine, à promettre de lever le *veto* qui pesait sur la formation du camp des vingt mille; il céda même, à ce que prétend Dumouriez, relativement à la déportation des prêtres[1]. Mais il est difficile de le croire.

Quoi qu'il en soit, le message royal qui retirait le ministère de la guerre à Servan lui fut porté, le 12 juin, par le ministre des affaires étrangères, et, le lendemain matin, Roland et Clavières reçurent leurs démissions.

Les trois ministres renvoyés n'imitèrent pas la conduite que Necker avait tenue dans une circonstance à peu près semblable. Ils résolurent d'en appeler à l'Assemblée de la mesure, parfaitement constitutionnelle, que venait de prendre le roi.

Servan avait été le premier renvoyé. Ce fut aussi sa lettre qui parvint la première à la Législative. « Au moment, y était-il dit, où, encouragé par mes concitoyens, je commençais à jouir de la flatteuse espérance de pouvoir être utile à ma patrie, j'ai reçu l'ordre du roi de remettre le portefeuille au ministre des affaires étrangères... Ma conscience me dit que je n'en dois pas moins compter sur les bontés de l'Assemblée pour moi, et j'espère qu'elle voudra bien permettre que j'aille

---

1. *Mémoires de Dumouriez*, t. II, p. 275-280.

m'acquitter de mes devoirs de soldat, dès que j'aurai déposé mes comptes entre ses mains. » La lecture de cette lettre est couverte des applaudissements réitérés des tribunes et d'une grande partie des députés. « Oui, oui, crie-t-on à gauche ; M. Servan emporte nos justes regrets ! »

Dussaulx propose de rendre un décret qui consacre le vœu de la majorité. En vain de Haussi et Vaublanc rappellent-ils qu'à l'occasion de la retraite de M. de Narbonne, l'Assemblée a ajourné l'expression de ses sympathies jusqu'à la reddition des comptes ; Guadet et Vergniaud insistent, et, à la presque unanimité, il est décrété que Servan, ministre de la guerre, emporte l'estime et les regrets de la nation.

Le bruit des applaudissements, par lesquels les tribunes saluent ce décret, retentit encore, lorsque le président annonce qu'il vient de recevoir une lettre du roi qui notifie la nomination des trois nouveaux ministres. A peine y fait-on attention, on se hâte de lire les lettres que le président vient de recevoir de Clavières et de Roland. La lettre de ce dernier renfermait la copie de celle qu'il avait écrite au roi trois jours auparavant[1]. Dans ce programme

---

[1]. Roland, paraît-il, ne se résolut qu'au dernier moment à communiquer à l'Assemblée la lettre qu'il avait écrite au roi, car il en envoya au président la minute même. Nous avons eu cette pièce entre les mains et nous avons constaté qu'elle porte des ratures et des additions, destinées à la rendre en tout semblable au texte même de la lettre qui avait été envoyée à Louis XVI.

La lettre de Roland se trouve *in extenso* au *Moniteur*, p. 693, et dans l'*Histoire parlementaire* de Buchez et Roux, t. XV, page 39.

des volontés de la Gironde, on mettait le marché à la main à Louis XVI ; on lui déclarait qu'en refusant de sanctionner les décrets rendus récemment par l'Assemblée il suscitait contre lui « les implacables défiances d'un peuple *contristé*, qui ne verrait plus dans son roi que l'ami et le complice des conspirateurs. » « Il n'est plus temps de reculer, disait Roland, il n'y a même plus moyen de temporiser ; la révolution est faite dans les esprits ; elle s'achèvera au prix du sang et sera cimentée par le sang, si la sagesse ne prévient pas les malheurs qu'il est encore possible d'éviter. »

La lecture de la lettre de Roland reçoit, à plusieurs reprises, les marques de la plus vive approbation.

Sur ces entrefaites paraît Dumouriez, qui avait échangé son portefeuille des affaires étrangères contre celui de la guerre, plus important dans les circonstances actuelles.

Des murmures et même des huées l'accueillent, le ministre n'y fait pas attention ; il annonce qu'il a une communication à faire à l'Assemblée.

Mais celle-ci tient à le rendre témoin des témoignages de sympathie qu'elle prodigue à ceux qu'il vient de contribuer à faire renvoyer; avant de lui accorder la parole, on vote successivement les décrets qui associent Roland et Clavières aux regrets déjà exprimés à l'occasion de la retraite de Servan, et ordonnent l'impression et l'envoi aux quatre-vingt-trois départements de la lettre de Roland au roi.

Enfin, Dumouriez obtient la parole. Il rend compte d'un engagement d'avant-garde, dans lequel vient de succomber le général Gouvion qui, deux mois auparavant, comme nous l'avons vu, avait quitté l'Assemblée dans l'intention de se faire tuer glorieusement à la première occasion. Il y avait réussi, et plus d'un de ses amis enviait son sort en voyant à quels affreux déchirements la France était en proie. Dumouriez expose ensuite, dans un long mémoire, la situation de l'armée, se plaint de l'état déplorable dans lequel il la trouve en entrant au ministère, et accuse hautement l'impéritie de ses prédécesseurs, Degrave et Servan.

La gauche interrompt souvent cette lecture, accuse le ministre de trahison et menace d'envoyer l'auteur du mémoire par-devant la haute cour d'Orléans. Lacuée, rapporteur du comité militaire, s'inscrit en faux contre les assertions du rapport et demande qu'il soit l'objet de l'examen le plus attentif.

Dumouriez signe froidement le manuscrit, le dépose sur le bureau et sort de la salle.

Son départ est le signal de récriminations nouvelles; le nom de traître et de calomniateur lui est prodigué, et un décret ordonne à Dumouriez de déposer dans les vingt-quatre heures les pièces justificatives des faits contenus dans son rapport.

La colère de l'Assemblée ne fut rien encore auprès de la violence que déployèrent les Jacobins et la presse. Pendant trois jours, le général fut en butte à toutes les injures, à toutes les menaces, à toutes les fureurs du parti ultra-révolutionnaire.

Quelque hauteur qu'il eût mise, s'il faut l'en croire, à affronter les colères de ces mêmes Jacobins, dont il avait naguère recherché si avidement les faveurs, il était loin d'être rassuré. Le roi tiendrait-il la promesse moyennant laquelle il avait accepté la succession de ses anciens amis et l'impopularité qui avait été la suite inévitable de sa conduite? Toute la question était là pour lui.

Aussi s'empressa-t-il de demander au roi de sanctionner les décrets. Le 15, dans la soirée, il envoya son confident Bonnecarrère aux Tuileries, avec une lettre dans laquelle il mandait à Sa Majesté que si elle ne sanctionnait pas les décrets sur les prêtres et le camp des vingt mille hommes, elle courrait risque d'être assassinée.

Le roi ne voulut pas recevoir Bonnecarrère, et répondit à Dumouriez qu'il l'attendrait le lendemain à dix heures; que toutes ses craintes étaient pour l'État; que, quant à lui, il était résigné à tout, et qu'il était inutile de chercher à l'effrayer.

Le ministre vint au rendez-vous et, ne réussissant pas à persuader le roi, il offrit sa démission; peut-être un peu contre son attente le roi l'accepta sur-le-champ. Dumouriez se vit ainsi renvoyé trois jours après ses collègues, au moment où il croyait avoir consolidé pour longtemps sa position par la preuve éclatante de dévouement qu'il venait de donner à Louis XVI [1].

---

[1]. Nous avons puisé ces détails dans une lettre confidentielle adressée à l'un des principaux personnages politiques de cette époque. Ils sont en grande partie conformes à ceux mêmes que Dumouriez donne dans ses *Mémoires*.

III

Cependant l'Assemblée continuait à être dans une agitation perpétuelle, et chaque jour de nouveaux incidents venaient démontrer la gravité de la situation. Le 17, elle vote, sur la proposition de Goupilleau, la création d'une commission extraordinaire de douze membres, chargée de veiller aux dangers de la patrie[1]. Cette commission, modifiée à plusieurs reprises dans le cours des deux mois suivants, jouera le rôle plus tard dévolu au fameux comité de salut public de la Convention ; car celle-ci ne fit qu'imiter sa devancière dans cette création redoutable. Le 18, deux lettres sont lues : la première, du ministre de la justice, qui annonce la nomination d'un nouveau cabinet, composé de noms à peu près inconnus ; l'Assemblée, accoutumée à ces changements à vue, ne prête au nouveau qu'une attention très-médiocre. Il n'en est pas de même de l'autre lettre ; elle est signée La Fayette et datée du camp retranché devant Maubeuge, le 16 juin 1792, l'an IV de la Liberté. C'était le manifeste du parti constitutionnel, comme le message de Roland avait été celui du parti jacobin. Des conseils excellents y étaient

---

[1]. Dans cette première commission extraordinaire, la droite était représentée par Bigot de Préameneu, Lacépède, Pastoret, Muraire, Vaublanc, Lemontey, Tardiveau ; la gauche, par Guadet, Jean Debry, Guyton-Morveau, Rhul, Lacuée, et s'y trouvait ainsi en minorité comme elle l'était réellement dans l'Assemblée. La composition de la commission est donnée par le *Journal des Débats et Décrets*, p. 255 du n° 267.

donnés au pouvoir législatif; mais était-ce à un général, placé à la tête d'une des armées qui protégeaient la capitale à les émettre dans cette forme? et s'il croyait devoir les donner, quels moyens avait-il préparés pour les faire adopter? Il faut le dire, toute la conduite du général La Fayette, dans cette circonstance, fut imprudemment chevaleresque; elle n'eut d'autre résultat que de précipiter les événements, sans qu'on pût espérer un instant qu'elle les conjurerait. Dans les temps de crise on ne fait ni semonces ni menaces, on agit. Le manifeste du 16 juin eut des résultats aussi désastreux pour les constitutionnels que la déclaration de Pilnitz et le manifeste de Brunswick en eurent pour les royalistes.

Dans sa lettre, La Fayette accusait, devant l'Assemblée nationale, devant la France entière, les Jacobins d'être les auteurs de tous les désordres. Il représentait leur société comme un empire qui avait sa métropole et ses affiliations, comme une corporation distincte au milieu du peuple français dont elle usurpait les pouvoirs et subjuguait les représentants. D'autre part, il dénonçait le ministère qui venait de tomber, et spécialement Dumouriez et Servan : « Dumouriez, le moins excusable d'entre eux, qui semblait vouloir, en sacrifiant trois de ses collègues, cimenter dans le conseil du roi son équivoque et scandaleuse existence ; Servan, dont la correspondance, digne produit du club qui l'inspirait, ne présentait que faux calculs, promesses vaines, renseignements trompeurs ou frivoles, conseils perfides et contradictoires [1]. »

1. Cette lettre se trouve dans le *Moniteur* de 1792, p. 742; elle a

Les applaudissements avaient interrompu plusieurs fois la lecture de cette lettre. L'impression est aussitôt ordonnée à une grande majorité [1]; bien plus on demande l'envoi aux quatre-vingt-trois départements. C'était approuver d'une manière éclatante, absolue, et les opinions et la conduite du général. Vergniaud s'élance à la tribune : « Lorsqu'un simple citoyen, dit-il, vous adresse une pétition et vous offre un conseil, vous devez l'entendre; mais lorsqu'un général d'armée veut vous donner des avis, il ne peut le faire que par l'organe des ministres; s'il en était autrement, ce serait fait de la liberté. Que sont les conseils d'un chef d'armée, sinon des ordres? Les intentions du général La Fayette peuvent être pures, mais il faut obéir aux principes, et ce serait les violer que de sembler approuver la conduite du général en envoyant officiellement sa lettre aux quatre-vingt-trois départements. Je demande l'ordre du jour. » La proposition de Vergniaud est mise aux voix et n'est pas adoptée. La gauche redouble alors ses cris, ses interpellations, prétend que la lettre du général La Fayette ne doit pas émaner de lui, puisqu'il y parle, à la date du 16 juin, d'événements qu'il ne pouvait pas connaître encore; que si elle est revêtue de sa signature, c'est que cette signature a été donnée en blanc sur une lettre fabriquée à Paris. Mais toutes ces objections dilatoires n'empêchent pas la droite d'insister pour l'envoi aux dé-

---

été reproduite dans l'*Histoire parlementaire* de Buchez et Roux, t. XV, p. 67-74.

1. Cet accueil favorable est constaté par le *Moniteur* comme par le *Journal des Débats et Décrets*.

partements. Les interpellations les plus violentes s'entre-croisent, le tumulte arrive à son comble, lorsque Guadet, qui a réussi à s'emparer de la tribune, s'écrie : « Si un général peut nous dicter des lois, nous n'avons plus de Constitution : lorsque Cromwell tenait un pareil langage, la liberté était perdue en Angleterre. Je demande que la lettre du général soit renvoyée à la commission des Douze. — M. de La Fayette ne demande que cela, » lui répond-on à droite.

Le renvoi est ordonné à l'unanimité, et la commission est chargée d'en rendre compte dans quatre jours au plus tard, c'est-à-dire le vendredi 22 juin. Puis l'Assemblée, qui un instant auparavant avait repoussé la proposition de Vergniaud, se donne à elle-même un démenti en votant la question préalable sur la proposition d'envoyer la lettre du général aux départements.

L'émotion des représentants se communiqua à l'instant dans Paris. Elle eut naturellement son retentissement le soir même au club des Jacobins, qui, directement attaqué dans la lettre du général, sentit que c'était entre eux un duel à mort qui commençait. Tous les coryphées du parti, Robespierre, Camille Desmoulins, Collot-d'Herbois, Danton, Fabre d'Églantine, Chabot, Bazire, s'étaient donné rendez-vous dans la salle de la rue Saint-Honoré pour dénoncer le nouveau Monk. « Il a levé le masque, s'écriait-on de toutes parts ; il faut l'appeler à la barre de l'Assemblée et l'envoyer à la haute cour d'Orléans. Ce n'était pas assez d'adresser à la Législature cette lettre insolente, où il lui intime l'ordre de nous disperser, il a mis le comble à ses forfaits en adressant au roi[1] une autre lettre, dans laquelle il lui demande de persister dans le refus de sanction des décrets que vient d'adopter l'Assemblée. L'effet de ces encouragements, si on les laisse impunis, ne tardera pas à se faire sentir. »

L'événement vint réaliser les craintes des Jacobins ; dès le lendemain 19, le ministre de la justice, Duranton, annonça officiellement à l'Assemblée nationale que le roi apposait son veto : 1° au décret du 27 mai, qui déterminait les cas et les formes de la déportation des prêtres perturbateurs ; 2° à celui du 8 juin, portant que la force armée sera augmentée de vingt mille hommes, qui se réuniraient près de Paris, le 14 juillet.

IV

Les historiens, nos devanciers, ont cru, pour la plupart, que la journée du 20 juin avait été la réponse instantanée des masses populaires au refus du roi de sanctionner les deux décrets et au renvoi des trois ministres girondins : c'est une erreur complète. La journée du 20 juin était préparée de longue main par les agitateurs des fau-

---

[1]. Cette lettre de La Fayette au roi se trouve reproduite dans l'*Histoire parlementaire*, t. XV, p. 100-101. Le général y disait : « Persistez, Sire, fort de l'autorité que l'Assemblée nationale vous a déléguée, dans la généreuse résolution de défendre les principes constitutionnels envers et contre tous. Vous trouverez les amis de la liberté, tous les bons Français rangés autour de votre trône, pour le défendre contre les complots des rebelles et les entreprises des factieux. »

bourgs; la date était prise (c'était celle du Serment du Jeu de Paume), les rôles distribués, les complicités convenues et acceptées. Le résultat seul restait incertain : il dépendait du degré d'entraînement et d'exaspération auquel on pourrait amener les masses. Les derniers incidents que nous venons de raconter ne firent que confirmer les résolutions déjà prises entre les conjurés, tout en apportant quelques modifications au programme.

Depuis plus d'un mois le faubourg Saint-Antoine était agité par Santerre et ses amis, qui, dès le 2 juin, avaient établi dans l'église des Enfants-Trouvés une chaire permanente de doctrines démagogiques ; cette création avait été favorisée par le maire Pétion [1].

---

1. Voici la lettre même de Pétion :

« *A Monsieur Rœderer.*

« Paris, le 2 juin 1792.

« Plusieurs citoyens *paisibles* du faubourg Saint-Antoine, monsieur, ont présenté au Conseil général de la commune une pétition par laquelle ils demandent la permission de s'assembler, à l'issue des offices, dans l'église des Enfants-Trouvés, pour s'y instruire de leurs droits et de leurs devoirs. Le Conseil a arrêté que cette pétition serait renvoyée au Directoire du département. J'ai en conséquence l'honneur de vous l'adresser avec une expédition de l'arrêté qui ordonne le renvoi.

« Le Directoire ne peut manquer d'accueillir favorablement tout ce qui peut tendre à éclairer le patriotisme des citoyens et leur faire connaître les lois.

« Je vous serai infiniment obligé de mettre cette demande sous ses yeux et de le prier, au nom de la municipalité, qui m'en a chargé, de prendre cette démarche dans la plus haute et dans la plus prompte considération. »

Le mot *paisibles*, que nous avons souligné à dessein, se trouve

Les conspirateurs tenaient leur conciliabule tantôt dans la maison du brasseur Santerre, tantôt dans la salle du comité de la section des Quinze-Vingts. On allait prendre le mot d'ordre chez Danton et chez les principaux meneurs qui, comme toujours, restaient dans l'ombre et laissaient agir les enfants perdus du parti. A la tête de ceux-ci se plaçaient Santerre et Alexandre, commandants des bataillons des Enfants-Trouvés et de Saint-Marcel, qui répondaient, disaient-ils, de leurs deux faubourgs [1].

raturé dans la minute. Pétion n'osait pas garantir les sentiments paisibles des citoyens qui désiraient s'instruire de leurs droits à l'école des meneurs du faubourg.

1. Lorsque les événements eurent porté leurs amis au pouvoir, Santerre et Alexandre ne s'oublièrent point.

Alexandre se fit allouer (septembre 1792) une indemnité de douze mille livres pour les services essentiels qu'il avait rendus à la chose publique avant et après le 10 août. Santerre obtint décharge d'une somme de 49,603 livres qu'il devait à la ferme générale, depuis 1789 et 1790, pour les droits qui auraient dû être perçus sur la bière par lui fabriquée. Le rapport du ministre des finances (17 avril 1793) déclare que cette bière ayant été consommée en très-grande partie dans un but patriotique, il y a lieu de faire au brasseur républicain remise de sa dette.

Ces deux personnages, quoique ayant toujours joué, dans les événements que nous racontons, un rôle subalterne, méritent néanmoins de fixer un instant l'attention de l'histoire. Nous avons recueilli et nous donnons à la fin de ce volume, note VIII, non-seulement les pièces qui constatent les faits que nous venons d'indiquer, mais d'autres encore qui nous initient aux vicissitudes de ces deux existences. Elles nous montrent Santerre implorant tantôt la protection des ministres Necker et Delessart avant le 20 juin, tantôt celle du premier consul Bonaparte après le 18 brumaire. Elles nous font assister à la subite élévation d'Alexandre, qui fut ministre de la guerre pendant cinq minutes (22 juin 1793), et, après être resté

Après eux venaient : l'homme des coups de main et des massacres, Fournier dit l'Américain, quoiqu'il fût Auvergnat, parce qu'il avait longtemps habité Saint-Domingue, où ses instincts féroces avaient pu se développer ; le marquis de Saint-Huruge, perdu de dettes et de débauches, qui, de noble renié par sa caste, s'était fait plébéien furibond ; le futur général Rossignol, alors simple ouvrier bijoutier ; le boucher Legendre, type de beaucoup de révolutionnaires de cette époque, homme à l'éloquence abrupte, qui, s'enivrant de ses propres paroles, se laissait aller aux plus effroyables exagérations de langage, passait du dernier paroxysme de la fureur à une véritable et sincère sensibilité, et qui donna l'exemple, tantôt du courage le plus énergique, tantôt de la plus insigne lâcheté ; enfin le Polonais Lazowsky, ancien protégé de la cour, qui, après avoir échoué dans ses vues ambitieuses en singeant le gentilhomme, avait cherché fortune en exagérant le costume et les mœurs de la plus vile canaille, et s'était ainsi acquis la faveur du faubourg Saint-Marcel, où il était capitaine de canonniers.

Ce dernier fut choisi, avec neuf autres citoyens parfaitement obscurs, pour aller à l'hôtel de ville faire connaître la prétendue intention des faubourgs de se lever en masse, d'aller, armes sur l'épaule, planter l'arbre de la liberté dans le jardin des Tuileries, et déposer une adresse entre les mains du président de l'Assemblée nationale. La requête de ces pétitionnaires sans mandat fut soumise, le

---

commissaire des guerres pendant huit années, devint membre du tribunat, sous la Constitution consulaire.

16 juin, au conseil général, qui, malgré tout le désir qu'il avait de leur être agréable, ne pouvait évidemment pas, sous prétexte de fête ou de pétitionnement, autoriser une pareille démonstration. C'est ce que fit remarquer l'officier municipal Borie[1]; et, sur sa motion, Lazowsky et ses neuf compagnons furent éconduits par un ordre du jour ainsi motivé :

« MUNICIPALITÉ DE PARIS.

« Du 16 juin 1792.

« MM. Lazowsky, capitaine des canonniers du bataillon de Saint-Marcel, Duclos, Pavie, Lebon, Lachapelle, Lejeune, Vasson, citoyens de la section des Quinze-Vingts, Geney, Deliens et Bertrand, citoyens de la section des Gobelins[2], ont annoncé au conseil général que les citoyens

---

1. Déclaration Borie.
2. De tous ces noms obscurs, il n'en est qu'un seul que nous ayons pu retrouver dans les fastes révolutionnaires : c'est celui du tonnelier Geney, qui devint plus tard membre du Conseil général de la commune, fut traduit au tribunal révolutionnaire, en floréal an II, comme accusé de malversations et d'outrage aux mœurs, acquitté, réintégré dans ses fonctions, puis guillotiné avec Robespierre, le 10 thermidor. (Il porte le n° 2646 sur la liste des guillotinés et s'y trouve à côté de l'ex-prêtre Bernard, dont nous avons donné la biographie dans la note placée au bas de la page 41.)

Lazowsky avait été, avant la Révolution, l'ami, le commensal du duc de La Rochefoucauld-Liancourt. Par le crédit de celui-ci il avait été nommé inspecteur des manufactures et était devenu le collègue de Roland. Dans le récit de ses *Voyages en France pendant les années 1787, 1788 et 1789*, le célèbre agronome anglais, Arthur Young, parle de sa liaison intime avec un gentleman accompli, M. de Lazowski. C'est ce même individu qui, trois ans plus tard, était à la tête de la canaille

des faubourgs Saint-Antoine et Saint-Marcel avaient résolu de présenter, mercredi 20 du courant, à l'Assemblée nationale et au roi, des pétitions relatives aux circonstances et de planter ensuite l'arbre de la liberté sur la terrasse des Feuillants, en mémoire de la séance du Jeu de Paume.

« Ils ont demandé que le conseil général les autorisât à se revêtir des habits qu'ils portaient en 1789, en même temps que de leurs armes.

« Le conseil général, après avoir délibéré sur cette pétition verbale et le procureur de la commune entendu :

« Considérant que la loi proscrit tout rassemblement armé, s'il ne fait partie de la force publique légalement requise, a arrêté de passer à l'ordre du jour.

« Le conseil général a ordonné que le présent arrêté serait envoyé au directoire du département et au département de police, et qu'il en serait donné communication au corps municipal.

« *Signé :* Lebreton, doyen d'âge, président ; Royer [1], secrétaire. »

En entendant lire cet arrêté, les prétendus délégués des faubourgs entrèrent dans une violente colère et s'é-

---

du faubourg Saint-Marcel, se faisait le promoteur de la journée du 20 juin et mourait, au commencement de 1793, de débauches et d'excès de tout genre. Il fut presque canonisé comme un saint par ses frères et amis jacobins. (Voir les *Mémoires* de Mme Roland.)

1. Le secrétaire-greffier-adjoint de la commune était un jeune homme courageux et énergique, qui devait plus tard se rendre célèbre sous le nom de Royer-Collard.

crièrent[1], dans la salle même du conseil général, que rien ne les empêcherait d'exécuter leur projet, qu'ils iraient chez le roi et à l'Assemblée en dépit de tous les arrêtés. Retournés dans leurs faubourgs, ils y propagèrent l'agitation. Durant les journées des 17, 18 et 19 juin, chacun put voir grossir un mouvement populaire[2] qu'il eût été facile de prévenir en déployant un peu d'énergie dès le début.

V

« Pétion, dit M. Louis Blanc[3], était très-incertain : comme homme de parti, il inclinait à favoriser le mouvement ; comme maire, il avait à faire respecter la loi. » Nous dirons plus : ami des ministres renversés, partisan des lois auxquelles le roi venait d'apposer son veto, Pétion désirait fort que le peuple exerçât une pression violente et sur l'Assemblée nationale et sur le monarque. Premier magistrat de la ville de Paris, il était obligé de sauver les apparences, tenant à rester populaire si l'affaire réussissait, et, si elle échouait, à ne point perdre la mairie. Il fut incertain, sans doute, mais incertain seulement sur les moyens de mettre sa responsabilité à couvert et de laisser l'événement se produire, sans y prendre aucune part apparente.

1. Déclaration J.-J. Leroux.
2. Rapport du commandant général Ramainvilliers.
3. Tome VI, p. 417.

Ainsi, le 16, lorsque les pétitionnaires des faubourgs se présentèrent à l'hôtel de ville, le maire avait eu soin de se trouver absent et il put avoir l'air d'ignorer l'arrêté du conseil général, qui ne lui fut effectivement adressé en double expédition que le 18, par le secrétaire-greffier de la commune [1].

Outre l'excuse tirée de son ignorance, Pétion en trouvait une autre que ses défenseurs ne manquèrent pas de mettre en avant, lorsque, plus tard, il fut accusé d'avoir failli à ses devoirs; la voici dans toute sa naïveté : « Les pétitionnaires du 16 juin ne paraissaient être que des individus désirant marcher sans être ralliés sous le drapeau de la force armée et sans être dirigés par les chefs reconnus par la loi; à cause de cela le conseil général avait dû leur opposer un ordre du jour, mais ce n'avait été qu'un simple rappel à la loi, qui, dans les circonstances ordinaires, ne méritait pas d'être notifié à l'autorité supérieure et ne nécessitait en lui-même aucune action répressive ; par conséquent, avant de requérir la force contre les citoyens des deux faubourgs, qui donnaient des témoignages de patriotisme pur et vif, il était indispen-

---

[1]. Voici le texte de l'envoi officiel de cet arrêté :

« MUNICIPALITÉ DE PARIS.

« Paris, le 18 juin 1792.

« Monsieur le maire,

« Je vous adresse deux expéditions de l'arrêté pris avant-hier par le conseil général, et dont il a ordonné l'envoi au directoire du département et la communication au corps municipal. J'en adresse directement une troisième au département de police.

« Signé : ROYER. »

sable d'attendre qu'ils eussent laissé voir qu'ils enfreignaient effectivement la loi qui leur avait été rappelée[1]! »

VI

Le maire de Paris n'était pas, on le voit, très-disposé à prendre des mesures pour prévenir l'émeute qui se préparait. Mais le directoire du département était loin de partager la quiétude de Pétion. Ne possédant aucun moyen légal d'agir directement, il n'avait qu'une chose à faire, et il la fit : c'était de rappeler au maire et à la municipalité les devoirs que la loi leur imposait. Lettres, arrêtés, conférences, il n'épargna rien pour assurer le maintien de la tranquillité publique[2]. Le maire et les administrateurs de police furent invités à venir rendre compte de la situation de la capitale et des mesures qu'ils avaient prises ou étaient disposés à prendre. La confé-

---

1. Exposé de la conduite tenue par le maire Pétion. (*Revue rétrospective*, t. Ier, 2e série, p. 221. — *Histoire parlementaire*, t. XV, p. 170-180.)

2. Voici le texte même d'une des lettres que, le 19, le directoire écrivit à Pétion :

« Paris, le 19 juin 1792.

« D'après les rapports inquiétants, monsieur, qui sont faits au directoire par M. le commandant général de la garde nationale sur les dispositions préparées pour demain, nous pensons qu'il serait très-bon que la municipalité fît, dès le matin, une proclamation dans tous les lieux où l'on peut prévoir des rassemblements; que cette proclamation représentât les lois relatives à la tranquillité publique, les précédents arrêtés de la municipalité relativement à la force

rence eut lieu, le 19 juin, entre deux et trois heures de l'après-midi ; elle fut longue, animée, pleine de reproches et de récriminations. Enfin, le directoire insistant, le maire écrivit, sur le bureau même du président, au commandant général de la garde nationale afin qu'il eût à « tenir les postes au complet, doubler ceux des Tuileries et de l'Assemblée nationale, avoir des réserves d'infanterie et de cavalerie, prendre toutes les dispositions analogues aux circonstances et propres au maintien de la tranquillité publique. » La lettre finissait ainsi : « Si vous avez besoin de troupes de ligne, vous pouvez, en vertu de mon autorisation générale, en faire la réquisition [1]. »

Le directoire, en présence de Pétion, prit un arrêté dont il fut tout de suite remis une ampliation à celui-ci, et dont une autre copie fut adressée sans retard au ministre de l'intérieur, pour être transmise à l'Assemblée nationale.

Dans cet arrêté, le directoire déclarait : qu'il était instruit par des rapports multipliés que des malveillants,

armée, et invitât les citoyens à maintenir l'ordre. Vous nous avez rappelé ce matin, monsieur, diverses circonstances où la seule présence des officiers municipaux avait prévenu des désordres ; ce moyen ne saurait être négligé dans les circonstances présentes.

« Les administrateurs composant le directoire du département de Paris :

« *Signé* : La Rochefoucauld, président; Anson, vice-président; Germain Garnier, J.-L. Brousse, Davous, Démeunier. »

[1]. Cette lettre est en partie citée dans le rapport de Ramainvilliers. Nous en avons retrouvé la minute. Elle contient la dernière phrase relative aux troupes de ligne, qui a été omise par Ramainvilliers.

nonobstant l'arrêté du conseil général de la commune, avaient l'intention de former des rassemblements armés, sous prétexte de présenter des pétitions ; qu'il croyait devoir rappeler la loi générale qui interdit aux citoyens de se réunir en armes sans réquisition préalable, la loi municipale qui, tout en leur permettant de se réunir paisiblement et sans armes pour rédiger des pétitions, ne les autorise néanmoins qu'à députer vingt citoyens seulement pour présenter ces pétitions ; qu'afin d'éviter un outrage au conseil général, qui avait rejeté la demande des faubourgs, et aussi afin que la tranquillité de Paris ne fût pas troublée par des rassemblements illégaux, ni la majesté des représentants du peuple outragée, il ordonnait au maire, à la municipalité et au commandant général de prendre sans délai les mesures indispensables pour empêcher tout rassemblement qui pourrait blesser la loi, pour contenir et réprimer les perturbateurs du repos public, etc.

L'Assemblée nationale tenait sa séance du soir, lorsqu'elle reçut l'arrêté du directoire du département de Paris. Une députation de citoyens de Marseille était à la barre et y lisait une pétition des plus violentes :

« Législateurs, la liberté française est en péril, les hommes du Midi se sont tous levés pour la défendre. *Le jour de la colère du peuple est arrivé.* Le peuple, qu'on a toujours voulu égorger et enchaîner, las de parer les coups, à son tour est près d'en porter ; las de déjouer les conspirations, il a jeté *un regard terrible sur les conspirateurs*... Le lion généreux, mais aujourd'hui trop *courroucé, va sortir* de son repos pour s'élancer contre la meute de ses ennemis... Représentants du peuple, la force populaire fait toute votre force. Vous l'avez en main, employez-la... Une lutte entre le despotisme et la liberté ne peut être qu'un combat à mort... Représentants, *le peuple veut absolument finir une révolution, qui est son salut et sa gloire, qui est l'honneur de l'esprit humain ; il veut se sauver et vous sauver. Devez-vous empêcher ce mouvement sublime?* Le pouvez-vous, législateurs[1]?... »

C'était le 10 août annoncé la veille du 20 juin.

Un pareil appel fait à la force brutale soulève naturellement à gauche des transports d'enthousiasme et à droite des transports de colère. « L'impression et l'envoi aux départements ! » crie-t-on d'un côté... » Cette adresse est incendiaire et inconstitutionnelle, » réplique-t-on des bancs opposés. Lecointe-Puiraveaux rejette la violence du style des Marseillais sur « leur ciel brûlant » et n'en demande pas moins l'impression de leur adresse patriotique ; après une épreuve contestée, et sur la vive insistance de la gauche, l'Assemblée décrète l'impression et l'envoi des menaces marseillaises aux quatre-vingt-trois départements [2].

L'émotion soulevée par cette lecture et par ce vote n'était pas encore apaisée quand le président annonce qu'il vient de recevoir l'arrêté départemental. « Qu'on ne le lise pas, s'écrie Saladin, nous n'avons pas de temps à perdre [3]. » Mais la majorité décide que lecture de l'arrêté

---

[1]. *Journal des Débats et Décrets,* n° 267, p. 255.
[2]. Séance du 19 juin ; *Moniteur* et *Journal des Débats et Décrets.*
[3]. *Journal des Débats et Décrets,* n° 267, p. 259.

du directoire sera faite ; elle l'écoute en silence et passe à l'ordre du jour. Était-ce une approbation tacite, une indifférence calculée, un blâme déguisé ? Chacun put interpréter à sa guise cette décision. Les chefs du mouvement projeté y virent la preuve évidente que l'Assemblée n'était pas déterminée à suivre le département dans sa ligne de conduite énergique et courageuse ; ils agirent en conséquence.

VII

Cependant l'agitation augmentait dans les faubourgs.

Les meneurs y représentaient la journée du lendemain comme une fête ; « il n'y a rien à craindre, disaient-ils, en se mêlant aux rassemblements, Pétion sera avec nous ! » Ils excitaient la curiosité populaire, dépeignant d'avance à la foule le plaisir qu'elle éprouverait à visiter les Tuileries, qui lui étaient inconnues, à voir chez eux monsieur et madame Veto. Si quelques individus timorés manifestaient certaines appréhensions, on leur montrait les canons des bataillons révolutionnaires, et Santerre disait tout haut qu'en dépit de l'arrêté départemental la garde nationale n'aurait pas d'ordres.

Les sections des Quinze-Vingts, de Popincourt, des Gobelins et d'autres encore siégèrent toute la nuit, et la fièvre démagogique y fut entretenue par l'envoi et la réception des députations fraternelles, qu'elles échangeaient entre elles à chaque instant[1].

1. Procès-verbal de la séance du 19 juin de la section des Quinze-

Pétion avait cru devoir convoquer à la mairie, à neuf heures du soir, les chefs de la garde nationale des faubourgs agités, pour, disait la lettre de convocation, « traiter avec lui d'un objet important[1]. » Les quatre administrateurs de police, Panis, Sergent, Vigner, Perron, étaient présents à cette conférence[2].

Interrogé sur l'état des esprits dans son quartier, le chef du bataillon des Enfants-Trouvés, Santerre, assure que rien ne pourrait empêcher les citoyens et les gardes nationaux d'exécuter la promenade en armes, décidée pour le lendemain.

Alexandre, chef du bataillon de Saint-Marcel, déclare que les dispositions de son quartier sont les mêmes que celles du faubourg Saint-Antoine; qu'il y aurait peut-être un grand danger à vouloir opposer la force à l'exécution de ce qui est fermement résolu. Quant à lui, ne voulant pas aigrir ses concitoyens, il marchera avec eux, afin de les empêcher de se porter à aucun excès, et aussi afin de « modérer leur courage et leur impatience, si on vient à les provoquer[3]. »

Le chef du bataillon de Sainte-Marguerite, Bonneau, honnête chirurgien de la rue de Montreuil, mais faible et timide, se hasarde bien à présenter quelques observations,

---

Vingts, cité dans le *Journal des Débats et Décrets*, n° 273, p. 359-360. Rapport du commandant Alexandre, parmi nos documents sur la journée du 20 juin, à la fin de ce volume, note IX.

1. Rapport Rœderer. — Texte du billet reproduit dans le rapport de Saint-Prix.
2. Rapports des administrateurs de police.
3. Rapport Alexandre.

mais il finit par reconnaître que les gardes nationaux sont fort divisés et que la fermentation est grande dans son quartier [1].

La conférence allait se dissoudre sans que l'on eût rien résolu, lorsque, un peu après onze heures, arrive le commandant du bataillon du Val-de-Grâce, l'acteur Saint-Prix, qui avait reçu sa lettre de convocation fort tard. « Dites-nous à votre tour, lui demande le maire, quelles sont les dispositions de votre bataillon ? — Les esprits, répond Saint-Prix, étaient paisibles jusqu'à l'ouverture d'un club à la porte Saint-Marcel. Maintenant ils sont tous excités et divisés. Ce club, qui est entré en correspondance avec Santerre, engage les citoyens à se porter demain en armes à l'Assemblée nationale, chez le roi, malgré les arrêtés des autorités constituées [2]. »

Pétion était évidemment embarrassé. Il n'osait se constituer en révolte ouverte contre la loi, il cherchait un biais, un faux-fuyant, et il n'en trouvait pas. La pétition préparée dans la brasserie du faubourg Saint-Antoine et dont on lui avait fait par avance la lecture [3], quelque violente, quelque illégale qu'elle fût, était loin d'exciter sa colère. Au lieu de chercher à ramener les chefs évidents du mouvement, Alexandre et Santerre, il demandait leurs conseils. Il demandait aussi ceux de leurs collègues, qui, eux, n'étant pas dans le secret, parlaient et agissaient avec la plus complète bonne foi.

1. Exposé de la conduite tenue par le maire dans la *Chronique des cinquante jours,* par Rœderer.
2. Rapport Saint-Prix.
3. Id.

Ce fut alors que le chef de bataillon du Val-de-Grâce émit une opinion qui devint un trait de lumière pour Pétion. Saint-Prix était un homme d'ordre, il respectait sincèrement le roi et la constitution [1] ; c'était aussi un artiste éminent, qui jouait admirablement les rois sur la scène du Théâtre-Français, mais ce n'était ni un profond politique, ni un savant jurisconsulte : « Permettez-moi, monsieur le maire, dit-il, un conseil qui me paraît dicté par la prudence ; puisque vous connaissez la pétition et le point de réunion, rendez-vous avec la municipalité au lieu du rassemblement, lisez l'arrêté du département, représentez, par une proclamation, au peuple qu'une pétition ne peut ni ne doit se faire en armes, que la démarche est illégale ; que, sans le respect dû aux autorités constituées, la constitution, pour laquelle il a juré de mourir, n'existe plus. Obtenez des citoyens qu'ils déposent leurs armes, avant d'entrer à l'Assemblée nationale et chez le roi. Offrez au peuple pour garantie de sa sûreté de le précéder avec la municipalité. Ordonnez au commandant général de convoquer un certain nombre de volontaires par bataillon, qui, placés sur le flanc, à gauche et à droite de la municipalité, protégeraient la marche des pétitionnaires et donneraient ainsi un caractère d'autant plus imposant à cette démarche qu'elle serait totalement dans les formes légales [2]. »

Légaliser un mouvement essentiellement révolutionnaire, lui ôter tout péril et doubler sa force : quelle naïve

---

1. Rapport de Rœderer.
2. Rapport Saint-Prix et rapport Rœderer.

idée pour un ami de l'ordre et des lois tel que Saint-Prix ! Elle paraît triomphante à Pétion, qui aussitôt se retire dans une pièce voisine, pour conférer avec les administrateurs de police sur les moyens d'en concilier l'application avec l'arrêté départemental [1]. Quelques minutes après, l'administrateur Vigner sort de la mairie, chargé d'aller s'entendre avec le procureur-général-syndic Rœderer, afin que toutes les autorités constituées de Paris se trouvent d'accord « pour l'adoption d'un même moyen légal appliqué aux circonstances [2]. » Quant au maire, il revient vers les chefs de légion, et, en les invitant à se retirer, leur dit : « Je vous instruirai de la réponse qui me sera faite par le département. Écrivez au commandant général pour le prévenir de ce qui se prépare et le prier de vous donner les instructions qu'il croira convenables. » Il était alors un peu plus d'une heure du matin [3].

Arrivé au département, Vigner y rencontre Rœderer et lui soumet la nouvelle proposition du maire [4]. Rœderer

1. Rapport Alexandre.
2. Expressions mêmes de l'Exposé de la conduite tenue par le maire.
3. Rapports Alexandre et Saint-Prix.
4. Nous donnons ici le texte même de la lettre écrite au directoire le 20 juin, à une heure, par le maire et les administrateurs de police. Cette pièce a été imprimée en 1792; nous en avons retrouvé la minute.

« Le département de police, messieurs, ayant été instruit par différents rapports que les citoyens des faubourgs marchent en armes, ayant été instruit que des sections ont pris des délibérations à ce sujet pour autoriser les commandants de bataillon à les conduire, les juges de paix et les commissaires de police à les accompagner, ayant été instruit enfin que les habitants des environs de Paris venaient se

semble l'approuver, mais ne veut pas y répondre sans l'avis du directoire, qu'il convoque immédiatement. Vigner ne veut pas attendre et retourne à la mairie auprès de Pétion. Celui-ci, persuadé que le directoire ne peut faire autrement que de se rendre aux très-bonnes raisons, suivant lui, exposées dans sa lettre, va se coucher et se contente d'expédier aux membres du corps municipal, ou au moins à ceux sur l'assentiment des-

réunir en armes à ce cortége, a cru devoir réunir les commandants de bataillon pour avoir d'eux des explications claires et précises.

« Ils s'accordent à dire que les citoyens leur paraissent dans les intentions les plus pacifiques, mais qu'ils tiennent avec la plus grande opiniâtreté à aller en armes. Ils s'appuient de ce qu'ils y ont été jusqu'ici et de ce que l'Assemblée nationale les a bien reçus. Ils témoignent des défiances et des craintes de marcher sans armes. Nous avons fortement insisté, particulièrement auprès du commandant du bataillon du faubourg Saint-Marcel et d'un des commandants du faubourg Saint-Antoine. Ils nous ont répondu qu'il leur paraissait impossible de vaincre les esprits à cet égard.

« Cette position, ainsi que vous le voyez, messieurs, est très-délicate; il ne s'agit pas de quelques individus, mais d'un nombre considérable; ne pourrait-on prendre un parti tout à la fois prudent et qui se concilie avec la loi?

« Toutes les armes pourraient se ranger autour de la garde nationale et sous l'autorité de ses chefs. Si les magistrats autorisent légalement les commandants de bataillon à marcher en armes, alors tout rentrerait dans la règle, et les armes fraterniseraient ensemble. Nous n'entendons pas parler que les pétitionnaires puissent se présenter en armes à la barre de l'Assemblée ou chez le roi; ils paraissent convaincus, dès ce moment même, qu'ils ne le doivent pas.

« Nous soumettons ces réflexions à votre prudence. Nous vous prions de nous faire connaître promptement si vous les approuvez.

« Les maire et administrateurs de police,

« *Signé* : PÉTION, SERGENT, PANIS, VIGNER, PERRON. »

quels il croit pouvoir compter, une lettre de convocation pour le lendemain matin.

VIII

Pendant que le maire de Paris sommeillait, les membres du directoire du département avaient répondu à l'appel de Rœderer, et la discussion la plus vive s'était engagée sur la proposition municipale.

Il fut unanimement reconnu que l'on ne devait pas recevoir dans les rangs de la garde nationale des hommes pour la plupart inconnus, sans aveu, déjà en état de rébellion ouverte, munis de toutes sortes d'armes, qui ne pouvaient que semer le désordre au milieu de la force armée, et, en cas de sédition, la mettre dans l'impossibilité d'agir[1].

En conséquence il fut décidé qu'il serait sur-le-champ fait à la municipalité la réponse suivante :

« Paris, ce 20 juin 1791, cinq heures du matin.

« Nous avons reçu, messieurs, votre lettre de cette nuit; nous ne croyons pas pouvoir en aucune circonstance composer avec la loi que nous avons fait le serment de faire exécuter ; elle nous trace nos devoirs d'une manière impérieuse. Nous croyons devoir persister dans notre arrêté d'hier. »

---

1. Ce sont les expressions mêmes de l'arrêté du directoire, en date du 6 juillet, qui suspend Pétion de ses fonctions de maire.

Précisément au moment où cette lettre était écrite, le maire s'éveillait. Inquiet de n'avoir pas encore reçu de réponse du département, il chargeait l'un des administrateurs de police, Sergent, de porter un billet ainsi conçu :

« La mesure indiquée est *la seule praticable*, surtout dans des circonstances où les citoyens n'ont pas eu le temps d'être prévenus et sont peut-être déjà sur pied à se préparer.

« Cinq heures du matin. »

Sergent eut beau répéter au directoire assemblé les raisonnements que Vigner avait déjà faits à Rœderer, les magistrats départementaux s'élevèrent avec vivacité contre toute légalisation d'une illégalité [1]. La réponse fut expédiée, mais avec ce post-scriptum nécessité par l'arrivée de la nouvelle lettre de Pétion :

« *P.-S.* Nous recevons à l'instant votre lettre de cinq heures. Nous ne jugeons pas qu'elle doive nous faire changer de disposition [2]. »

Le département écrivait en même temps au commandant général de la garde nationale qu'il eût à remplir son devoir conformément à l'arrêté de la veille, même à faire battre la générale si le danger devenait pressant ; et au ministre de l'intérieur, pour lui faire part des pro-

---

1. Rapport de Sergent.
2. Ce *post-scriptum* fut écrit de la main de Rœderer. (*Chronique des cinquante jours.*)

positions de la municipalité et du refus péremptoire qui venait d'y être opposé [1].

La résistance du directoire bouleversait toutes les espérances, anéantissait tous les plans de Pétion. Les ordres qu'il venait de recevoir étaient trop formels et trop précis pour qu'il pût affecter de ne pas les comprendre. Il sentit qu'il fallait s'exécuter et écrivit aux quatre chefs de bataillon la lettre suivante :

« Nous vous prévenons de nouveau, messieurs, que vous ne pouvez vous réunir en armes... Voici, à cet égard, la lettre que nous envoient les membres du directoire. D'après cette lettre, nous augurons trop bien de votre civisme pour ne pas espérer que vous vous y conformerez et que vous éclairerez vos concitoyens [2]. »

Les chefs de bataillon des faubourgs se trouvaient donc ballottés entre les instructions les plus contradictoires. Ils étaient en même temps exposés à recevoir les réquisitions extralégales des sections.

La section des Gobelins, avec laquelle Alexandre n'avait pas cessé d'être en rapport direct la veille et

---

1. Ces deux lettres ont été publiées par la *Revue rétrospective*, tome Ier, 2e série, p. 167.

2. Cette lettre forme la pièce justificative, n° 3, du rapport Saint-Prix. Nous avons retrouvé une autre lettre exactement pareille, datée du 20 juin 1792, an IV de la liberté, et adressée à M. Bonneau, commandant du 2e bataillon de la 1re légion, rue de Montreuil. — Saint-Prix déclare qu'il a reçu cette communication à sept heures et demie du matin.

— Nous avons retrouvé également les réponses que firent deux des chefs de bataillon auxquels cette circulaire avait été adressée, Alexandre et Saint-Prix. — Alexandre écrivait : « J'ai reçu la lettre

durant toute la nuit[1], invita Saint-Prix à venir, à la tête de ses troupes, « assister à la cérémonie qui se préparait à l'effet de planter l'arbre de la liberté sur la terrasse des Feuillants[2]. » Saint-Prix répondit qu'il ne pouvait faire marcher son bataillon que sur réquisition légale ; qu'ayant reçu au contraire la réquisition de ne pas bouger, il resterait à son poste. Cependant il ajouta que, comme citoyen, il se rendrait à la section sans armes, et même que, comme chef de bataillon, il s'empresserait de se joindre à elle, « si des ordres ultérieurs l'y autorisaient. »

Le commandant général de la garde nationale (c'était, pour le mois de juin, Ramainvilliers) était tout aussi embarrassé que ses subordonnés. Dès la pointe du jour, il s'était rendu à la mairie, mais il ne put obtenir aucune réponse précise ; on lui dit qu'il fallait attendre la réunion du corps municipal. Tout ce que Pétion osa prendre sur lui, ce fut d'envoyer les administrateurs de police dans les faubourgs agités, pour se conformer aux instructions que la veille il avait reçues du département.

---

de M. le maire. Je tâcherai de faire ce qu'il me prescrit ; mais je ne puis répondre de rien. » Et en *post-scriptum* : « Nous allons nous transporter au rassemblement pour tâcher de le dissiper. » — Saint-Prix de son côté répondait : « J'ai reçu la lettre que vous m'avez fait l'honneur de m'envoyer. Soyez persuadé de son entière exécution. J'ai juré de maintenir la Constitution ; les citoyens dont la confiance m'honore ont fait le même serment ; ils sentent tous que, sans le respect dû aux autorités constituées, il n'y a plus de Constitution, et ils sont prêts à mourir pour la défendre. »

1. Rapport Alexandre.
2. Rapport Saint-Prix.

IX

Lorsque Sergent et Panis arrivèrent au faubourg Saint-Antoine, à huit heures du matin, ils trouvèrent un grand nombre de citoyens, les uns armés, les autres encore sans armes. Des groupes se formaient çà et là devant les affiches apposées durant la nuit, lisaient l'arrêté du directoire et ne manquaient pas de le commenter avec colère [1]. Les deux administrateurs de police engagèrent, mais sans doute très-faiblement, les sans-culottes de leur connaissance à déposer leurs fusils. Ceux-ci leur répondirent que l'on ne voulait attaquer ni l'Assemblée nationale, ni le roi, qu'on désirait seulement faire cortége aux vingt pétitionnaires légaux du peuple, et ensuite célébrer militairement l'anniversaire du Serment du Jeu de Paume. « Du reste, ajoutèrent-ils, nous avons peur qu'on ne nous fusille du côté des Tuileries et nous tenons à avoir nos armes. »

A de pareils raisonnements, Panis et Sergent se gardèrent bien de trouver des objections. Ils se rendirent au comité de la section des Quinze-Vingts. Une partie du bataillon des Enfants-Trouvés était déjà rassemblée autour du peuplier qui devait être planté aux Tuileries ; Santerre haranguait une nombreuse réunion de citoyens avec ou sans uniforme, et soumettait à leur discussion la lettre qu'il avait reçue du maire. Les administrateurs de

[1]. Rapport Sergent.

police firent (disent-ils dans leur rapport, mais c'est peu probable) tous leurs efforts pour déterminer le chef de bataillon et les citoyens à respecter la loi. Santerre leur répliqua qu'il agirait, quant à lui, conformément au désir du peuple. Le peuple, par l'organe des sans-culottes qui remplissaient l'église des Enfants-Trouvés, couvrit la responsabilité du brasseur en répondant tumultueusement : « Déjà plusieurs députations *en armes* ont été reçues par le corps législatif; certains bataillons s'y sont présentés *en armes* sans que le directoire du département s'y soit opposé; la loi étant égale pour tous, nous irons, et nous serons reçus, nous aussi. » Les magistrats municipaux essayèrent encore, s'il faut les en croire, de ramener les égarés à la raison; mais, naturellement, ils n'y réussirent pas. En sortant du comité, ils redescendirent vers la Bastille; voyant, au milieu d'une foule énorme, errer des commissaires de section et même le commissaire de police *revêtu de son chaperon,* ils pensèrent qu'ils n'avaient plus qu'à s'en aller tranquillement déjeuner au coin du faubourg, dans un café, d'où ils pourraient admirer le spectacle de la formation des rassemblements [1].

Si, au lieu de revenir sur leurs pas, les administrateurs de police avaient poussé leurs investigations plus avant dans le faubourg, ils se seraient aperçus que l'élan populaire n'était pas aussi unanime, aussi irrésistible qu'ils le prétendaient; si leur désir d'empêcher le rassemblement illégal avait été réel, ils seraient allés cher-

---

[1]. Rapport Sergent.

cher à la section de Montreuil l'appui qu'ils avaient été heureux de ne point trouver à celle des Quinze-Vingts.

En effet, le 20 juin, à dix heures du matin, les membres du comité de la section de Montreuil et le commissaire de police étaient réunis pour veiller au maintien de l'ordre. Les commandants Bonneau et Savin, à la tête du bataillon de Sainte-Marguerite, résistaient aux invitations itératives que leur envoyait le bataillon des Enfants-Trouvés pour venir le rejoindre; à toutes les suggestions, ils répondaient par le dernier ordre signé Pétion. Mais surviennent de nouveaux émissaires des Quinze-Vingts, soutenant que la consigne est levée. Ce mensonge se propage vite, grâce à l'absence des officiers municipaux, qui déjeunaient. Bonneau ne veut pas y ajouter foi; il reste fidèle à son mandat et invite ses soldats à demeurer immobiles. Cependant un grand nombre de gardes nationaux manifestent la volonté de suivre leurs amis des Quinze-Vingts, et, pour éviter l'effusion du sang, le malheureux commandant se décide à marcher, non sans protester contre la violence qui lui est faite [1].

Des scènes à peu près semblables, mais plus violentes, se passaient vers la même heure au faubourg Saint-Marcel. Le commandant en premier, Saint-Prix, et le commandant en second, Leclerc, dès leur arrivée au

---

[1]. Rien ne peint mieux le trouble, l'hésitation et la faiblesse des honnêtes gens, qui résistent quelque temps à l'entraînement de l'émeute et finissent par céder au torrent, que le procès-verbal dressé à cette occasion par la section de Montreuil. (*Revue rétrospective*, 2ᵉ série, tome Iᵉʳ, p. 176.)

quartier général du bataillon du Val-de-Grâce, se trouvent environnés d'une foule d'hommes armés de piques, qui veulent forcer les gardes nationaux à les suivre. Les commandants rappellent la loi, se retranchent derrière les ordres qu'ils ont reçus; à leurs représentations, à leurs prières, la foule réplique par des injures et essaye d'enlever les canons affectés au bataillon. Déjà Saint-Prix commande aux gardes nationaux de se ranger en bataille, mais les canonniers ont abandonné lâchement leurs pièces, que les hommes à piques entraînent en courant. Saint-Prix et Leclerc se précipitent, tenant d'une main leur ordre, de l'autre leurs épées. A cette vue, les émeutiers s'arrêtent. Les deux commandants se placent devant les canons. Mais bientôt ils y sont seuls, car tous leurs hommes s'éloignent, à l'exception d'un adjudant. Menacés de mort, incapables de résister plus longtemps, ils rappellent les canonniers qui ont fui, leur remettent les bouches à feu, et croient devoir les accompagner, afin d'empêcher que le peuple n'abuse des armes dont il s'est emparé. En marchant avec la foule, ils prennent à témoin tous les citoyens qui restent sur leurs portes et à leurs fenêtres, qu'eux, les commandants de la force armée, ils ont été « contraints de marcher par la violence et l'insubordination [1]. »

Vers la même heure, Perron arrivait avec le chef de bataillon Alexandre et le président de la section des Gobelins sur le boulevard de la Salpêtrière, où déjà étaient réunis beaucoup de gardes nationaux avec leur

---

1. Rapport Saint-Prix.

artillerie, et une foule d'hommes et de femmes, armés de fusils, de piques, de sabres, d'épées, de bâtons. Perron parle de la loi, de l'arrêté du directoire, des lettres de Pétion : personne ne veut l'entendre et on l'invite à se mettre fraternellement à la tête du rassemblement; il refuse et se retire [1]. Le juge de paix de la section des Gobelins, Thorillon, qui était en même temps député, tente une nouvelle démarche, court au chef-lieu de la section pour encourager la résistance aux illégalités flagrantes qui se préparent; mais déjà le bataillon est en marche, et dans son impuissance, le comité civil de la section ne peut que prier le juge-député de faire immédiatement part à l'Assemblée nationale des violences dont il a été témoin [2].

Le maire, presque aussitôt après le départ des administrateurs de police, avait dépêché vers le faubourg Saint-Marcel trois autres officiers municipaux. Ceux-ci, près de la rue Saint-Bernard, rencontrent le rassemblement, précédé de deux canons. Ils déploient leurs écharpes, la foule s'arrête et les entoure; on les écoute un instant, mais on leur répond par le même mot d'ordre : « Nos motifs sont purs, nos desseins pacifiques; nous voulons saluer l'Assemblée nationale, célébrer l'anniversaire du Serment du Jeu de Paume et planter un mai pour fêter ce grand événement. » Les officiers municipaux font timidement observer que, pour tout cela, il

---

[1]. Rapport Perron.

[2]. Compte rendu de la séance du 20 juin. (*Journal des Débats et Décrets,* n° 267, p. 264.)

n'est pas besoin d'armes. « Nous ne nous désarmerons pas, leur répond-on, et si l'on envoie des canons contre nous, eh bien! nous aurons les nôtres. » Les municipaux veulent encore parler, mais l'attroupement les interrompt en criant : « En voilà bien assez ; M. le commandant, en avant! » Et Alexandre de répéter : « En avant! en avant[1] ! »

Au même moment (midi environ), le faubourg Saint-Antoine s'ébranlait aussi. Santerre sortait de sa brasserie et prenait la tête du cortége. Il était suivi par les canons, le drapeau du bataillon et le char qui portait le peuplier. Le brasseur-commandant était le héros et le triomphateur du jour.

X

Pendant que les amis de Pétion, administrateurs de police ou simples officiers municipaux, dépensaient de vaines paroles pour ne rien empêcher, que faisait le maire de Paris lui-même? Il refusait tout ordre écrit au commandant de la garde nationale[2] qui n'osait pas agir sans cela, et, comme nous l'avons déjà dit plus haut, le retenait à l'hôtel de ville depuis huit heures du matin jusqu'à onze heures et demie[3], pour le faire assister à la séance du corps municipal.

---

1. Rapport Alexandre et procès-verbal Mouchet, Guiard et Thomas.
2. Déclaration Desmousseaux.
3. Rapport Ramainvilliers.

Celui-ci se réunissait très-lentement et était loin d'être au complet longtemps après l'heure indiquée dans les billets de convocation. Il est vrai que ces billets n'avaient été portés que très-tard, ou ne l'avaient pas été du tout, aux membres de la part desquels Pétion pouvait craindre quelque opposition [1].

Enfin la séance est ouverte et le maire donne au corps municipal, ou plutôt à ses amis, seuls encore présents, lecture des rapports qu'il vient de recevoir des administrateurs de police. Après cette communication se produisent, d'abord avec timidité, puis avec un peu plus d'audace, les raisonnements usités en pareille circonstance pour entraîner les gens faibles et indécis : « Il est impossible d'arrêter deux faubourgs tout entiers; il faut dès lors rendre régulière la marche du rassemblement, rallier au milieu de la garde nationale et sous le commandement de ses chefs les citoyens de toutes armes [2]. » Au moyen de pareils arguments, la réunion semi-légale qui siége à l'hôtel de ville prend l'arrêté suivant :

« Le corps municipal étant informé qu'un grand nombre de citoyens de tous uniformes et de toutes armes se proposent de se présenter aujourd'hui à l'Assemblée nationale et chez le roi, pour remettre une adresse et

---

1. On voit par les déclarations de Desmousseaux, Jallier, J.-J. Leroux et Borie, que ces quatre officiers municipaux ne reçurent qu'à neuf heures du matin leur lettre de convocation. Un autre officier municipal, Champion, déclare qu'il n'en a reçu aucune.

2. Nous nous servons des expressions de Pétion dans l'Exposé qu'il fit de sa conduite.

célébrer en même temps l'anniversaire du Serment du Jeu de Paume ;

« Le procureur de la commune entendu ;

« Arrête :

« Que le chef de légion, commandant général de la garde nationale donnera à l'instant les ordres nécessaires pour rassembler sous les drapeaux les citoyens de tous uniformes et de toutes armes, lesquels marcheront ainsi réunis sous le commandement des officiers des bataillons.

« *Signé :* Pétion, maire.

Dejoly, secrétaire-greffier. »

Au moment où cet arrêté vient d'être adopté, plusieurs des officiers municipaux avertis tardivement entrent dans la salle ; mais on se contente de leur faire part de la mesure qui vient d'être prise, et on lève la séance. A l'un d'eux, Borie [1], qui témoignait son mécontentement « de voir la loi ainsi violée, » on répond : « Il fallait bien agir de la sorte, puisque les circonstances ne permettaient pas d'agir autrement. » La décision prise, le maire paraît croire la patrie sauvée, ne maintient pas son corps municipal en permanence [2], et se retire dans une salle particulière avec quelques intimes [3], se contentant d'envoyer du côté des Tuileries ses affidés les plus sûrs.

Le commandant général reçoit l'ampliation de l'arrêté qui vient d'être pris et rentre à l'état-major de la garde

---

1. Déclaration Borie.
2. Déclaration J.-J. Leroux.
3. Déclarations Desmousseaux, J.-J. Leroux.

nationale; il y trouve plusieurs ordres émanés du ministre de l'intérieur et du directoire du département qui sont en contradiction formelle avec ceux qu'il tient de la main de Pétion [1]. Naturellement ses hésitations redoublent, son inertie augmente.

Pendant ce temps le directoire du département siégeait

---

1. Nous donnons le texte même de ces ordres. Le premier était adressé au directoire du département :

« 20 juin, 9 heures du matin.

« Messieurs,

« Sans aucun délai donnez ordre aux troupes de marcher pour défendre le château. Je reçois à l'instant des nouvelles qui annoncent des dangers pressants.

« Le ministre de l'intérieur :

« *Signé :* TERRIER. »

Le directoire envoya copie de cette lettre au commandant général et au maire; à la lettre adressée au commandant général était jointe cette petite note, de la main du procureur-général-syndic :

« 20 juin, 9 heures.

« Sans perdre un instant donnez des ordres pour faire marcher des troupes pour défendre le château. Les nouvelles que je reçois à l'instant m'apprennent qu'il y a le danger le plus instant. »

Le commandant général ne répondant pas à cette injonction (il ne le pouvait pas puisqu'il était à l'hôtel de ville), un nouvel ordre encore plus explicite fut adressé à l'état-major :

« Directoire du département de Paris, 20 juin 1792.

« Nous, administrateurs composant le directoire, requérons, en vertu de la loi, M. le commandant général, ou à son défaut le premier officier en grade actuellement de service au château, de prêter le secours de la garde nationale ou de requérir les troupes de ligne pour assurer par tous les moyens possibles, même par la force des armes, la sûreté du roi et de toute la famille royale. »

en permanence rue du Dauphin et restait en communication incessante avec le ministère de l'intérieur, l'Assemblée et le château.

L'Assemblée nationale venait d'ouvrir sa séance ; Rœderer, procureur-général-syndic, s'y rend et lui expose les faits qui sont à sa connaissance.

« Un rassemblement extraordinaire de citoyens armés, dit-il, a lieu en ce moment malgré la loi, malgré deux arrêtés, l'un du conseil général de la commune, l'autre du département, qui rappellent la loi...

« Nous avons lieu de craindre que ce rassemblement ne serve à appuyer par l'appareil de la force une adresse au roi, à qui il ne doit en parvenir que sous la forme paisible d'une pétition.

Les rapports qui nous ont été faits cette nuit et qui l'ont occupée tout entière ont autorisé nos craintes à cet égard.

« Une lettre du ministère de l'intérieur qui nous a été adressée ce matin, à neuf heures, les a confirmées...

« Vous connaissez, messieurs, l'arrêté que le directoire a cru devoir prendre hier pour fortifier celui que le conseil général de la commune a pris le 16 du courant ; aujourd'hui nous n'avons eu qu'à en recommander de nouveau l'exécution à la municipalité et à lui faire connaître l'ordre qui nous a été transmis par le ministre de l'intérieur. Nous avons rempli ce devoir...

« Aujourd'hui, messieurs, un grand nombre de citoyens armés, accompagnant des pétitionnaires, se portent vers l'Assemblée nationale par un mouvement civique, mais demain il peut se rassembler une foule de malintentionnés, d'ennemis secrets de la révolution et de l'Assemblée nationale elle-même.

« Qu'aurions-nous à leur dire, quel obstacle pourrions-nous mettre à leur rassemblement, en un mot, messieurs, comment pourrions-nous répondre de votre sûreté si la loi ne nous en donnait le moyen, et si ce moyen était affaibli dans vos mains par la condescendance de l'Assemblée nationale à recevoir des multitudes armées dans son sein ?

« Nous demandons, messieurs, de rester chargés de tous nos devoirs, de toute notre responsabilité, et que rien ne diminue l'obligation où nous sommes de mourir pour maintenir l'ordre public et le respect dû aux pouvoirs qui forment les bases de la constitution. »

Les dernières paroles du procureur-général-syndic, si nettes, si fermes, auraient dû provoquer des applaudissements unanimes. Une partie seulement de l'Assemblée les salue d'acclamations ; le reste, soutenu des tribunes, fait entendre des murmures désapprobateurs.

Le président (Français de Nantes) se contente de répondre au directoire : « L'Assemblée nationale prendra en considération les observations que vous venez de lui soumettre. »

L'Assemblée nationale étant avertie officiellement de l'arrivée des pétitionnaires armés, il lui était impossible de ne point discuter d'avance la question de savoir si, en admettant dans son sein les violateurs de la loi, elle consentirait, comme dit très-bien M. Louis Blanc[1], « à

---

1. *Histoire de la Révolution*, t. VI, p. 423.

mettre à la merci de toutes les séditions possibles la liberté de ses débats, l'indépendance de ses votes, la dignité de ses membres. » Pour combattre les motions que devait naturellement présenter et soutenir la droite royaliste et constitutionnelle, la gauche envoie à la tribune le plus éloquent de ses orateurs, Vergniaud : « Je le crois, dit-il, et nous avons entendu avec plaisir M. Rœderer nous le confirmer, le civisme seul anime les citoyens qui ont formé le rassemblement dont on vient de vous parler. Mais je crois aussi que vous devez prendre les précautions que les circonstances commandent pour prévenir les événements que la malveillance pourrait occasionner. Parmi ces précautions, faut-il comprendre le refus de recevoir les pétitionnaires armés ? Sans doute le sanctuaire de la loi ne doit être ouvert qu'aux législateurs et aux citoyens paisibles, et l'on peut craindre que, si aujourd'hui le civisme y conduit de bons citoyens, demain l'aristocratie n'y conduise des janissaires. Cependant, comme l'Assemblée constituante et la Législative, hier même, ont eu le tort de ne point refuser le passage à travers leur enceinte à des pétitionnaires armés, l'erreur des citoyens qui veulent, eux aussi, défiler, se trouve en quelque sorte autorisée par les abus antérieurs... » « Si donc, ajoute Vergniaud proposant une transaction entre ce que les faubourgs en marche paraissent vouloir et ce que les magistrats départementaux réclament au nom de la loi, si donc des citoyens sans armes viennent à votre barre vous demander de *défiler en armes,* comme vous n'avez pas refusé cette faveur aux autres, vous ne pouvez pas la refuser à ceux-ci : s'ils veulent présenter une pétition au roi, je pense qu'ils se conformeront aux lois, qu'ils iront à lui sans armes et comme de simples pétitionnaires. Ainsi il y a lieu de croire qu'il n'y a pas de danger pour la personne du roi ; supposé qu'il y en eût, vous devez le partager. Je demande qu'une députation de soixante membres soit envoyée chez le roi pour y rester jusqu'à ce que le rassemblement soit dissipé[1]. »

Mais d'autres députés ne paraissent pas avoir dans les intentions des pétitionnaires la même confiance que Vergniaud. Thorillon rend compte des scènes dont il a été témoin quelques heures auparavant, et demande, au nom du comité de la section des Gobelins, que l'Assemblée maintienne, comme elle le doit, l'exécution de la loi[2]. Dumolard insiste afin que la motion de Vergniaud pour l'envoi d'une députation chez le roi soit adoptée et que les rassemblements illégaux soient dissipés. Mais en ce moment le président annonce qu'il vient de recevoir une lettre de Santerre, commandant de l'un des bataillons du faubourg Saint-Antoine. On entend les premiers grondements de l'orage qui s'approche, d'immenses bruits de voix montent du dehors ; à ces signes précurseurs, chacun comprend que le flot populaire bat déjà les portes de l'Assemblée nationale.

1. *Moniteur* et *Journal des Débats et Décrets*.
2. *Journal des Débats et Décrets*.

XI

Les deux bandes d'émeutiers que nous avons laissées se mettant en marche, l'une de la Salpêtrière, l'autre de la Bastille, n'avaient pas tardé à se réunir. Les dernières hésitations, que les meneurs auraient encore pu rencontrer dans les masses, avaient été dissipées par l'arrêté du corps municipal permettant aux citoyens de tous uniformes et de toutes armes de marcher sous le commandement des officiers de la garde nationale[1].

Le long de la route, le rassemblement s'était grossi de cette foule de badauds et d'oisifs que l'on trouve toujours errants dans les rues de Paris, prêts à se joindre à n'importe quel cortége et même à suivre, par simple curiosité ou amour du tapage, les aventures de n'importe quelle émeute.

Le manége, approprié pour l'Assemblée constituante, lors de sa translation de Versailles à Paris, était un bâtiment d'environ 150 pieds de longueur, qui, adossé à la terrasse des Feuillants, occupait à peu près l'emplacement où se croisent aujourd'hui les rues de Rivoli et de Castiglione. La terrasse existait telle qu'elle est encore maintenant; mais à la place de la grille qui la sépare de la rue de Rivoli, il y avait une haute muraille qui

---

1. « En recevant, dit Alexandre dans son rapport, cet arrêté que je regardai comme un grand bienfait, je me sentis soulagé d'un poids énorme. »

empêchait toute communication entre la terrasse et une longue cour s'étendant entre le bâtiment du manége et les Tuileries. Cette cour était très-étroite et rien n'eût été plus facile que d'y enfermer la tête de la colonne des soi-disant pétitionnaires et de les y désarmer. Aussi les émeutiers du 20 juin se gardèrent-ils de s'engager dans cette espèce de défilé. Comme on pouvait également entrer, à l'Assemblée par l'extrémité opposée du bâtiment qu'elle occupait, les meneurs décidèrent que les pétitionnaires se présenteraient par la porte des Feuillants, et leur firent suivre la rue Saint-Honoré jusqu'à la hauteur de la place Vendôme.

Au moment où ils arrivèrent, précédés de sapeurs, de canons et de la voiture sur laquelle était porté l'arbre de la liberté, deux des officiers municipaux, envoyés par Pétion aux environs des Tuileries, apparurent devant eux, ceints de leur écharpe. C'était Boucher-René et Mouchet. Avec une étonnante gravité, ces magistrats essayèrent de réitérer la comédie déjà jouée dans les faubourgs ; ils firent observer aux citoyens armés et désarmés qu'ils ne pouvaient pas légalement se présenter en aussi grand nombre pour exercer leur imprescriptible droit de pétition. « Mais nous allons précisément en demander la permission à l'Assemblée nationale, » leur répondit-on ; et convaincus par ce magnifique raisonnement, les hommes à écharpe se laissèrent entraîner jusqu'à la porte du manége.

Là, la foule s'arrêta sur l'ordre de son chef, Santerre, qui exigea de ses fidèles sans-culottes un peu de patience, pendant qu'il notifierait leur arrivée aux représentants du peuple et que ceux-ci délibéreraient sur l'admission des pétitionnaires.

La lettre adressée par le tout-puissant brasseur au président de la représentation nationale était conçue en ces termes :

« Monsieur le Président,

« Les habitants du faubourg Saint-Antoine célèbrent aujourd'hui l'anniversaire du Serment du Jeu de Paume ; ils devaient présenter leurs hommages à l'Assemblée nationale. On a calomnié leurs intentions ; ils demandent l'honneur d'être admis aujourd'hui à la barre ; ils confondront une seconde fois leurs lâches détracteurs, ils prouveront toujours qu'ils sont les amis des lois et de la liberté, les hommes du 14 juillet.

« Je suis avec respect, monsieur le Président, votre très-humble et très-obéissant serviteur.

« *Signé :* SANTERRE, commandant de bataillon [1].

« Paris, le 20 juin 1792. »

La lecture de cette lettre provoque les bruyants applaudissements des tribunes [2]. Une partie de l'Assemblée se lève en criant : « Qu'on introduise les pétitionnaires ! — Non ! non ! » crie-t-on à droite. Ramond, l'un des plus courageux orateurs de ce côté, demande la parole ; mais Lasource est déjà à la tribune. « Un des pétitionnaires, dit-il, m'a fait appeler pour m'annoncer que ceux

---

1. Copié sur la minute.
2. *Journal des Débats et Décrets.*

qui attendent aux portes veulent seulement présenter une pétition à l'Assemblée et défiler devant elle; ils sont porteurs d'une adresse au roi, mais leur intention n'est pas de la présenter au roi en personne. Ils la déposeront sur le bureau, afin que l'Assemblée la fasse parvenir au roi ou décide dans sa sagesse ce qu'elle jugera convenable [1]. » Puis, comme nous l'avons vu plus d'une fois dans la longue histoire de nos révolutions, l'orateur, se fiant aux promesses d'une foule irresponsable, ajoute : « Les pétitionnaires *prennent l'engagement formel de ne pas même approcher du domicile du roi.* »

Ces allégations, proférées du ton le plus affirmatif, ne font sans doute pas assez d'effet sur les esprits indécis, car Vergniaud présente aussitôt des arguments d'une tout autre nature : « Si, dit-il, le peuple s'est un peu écarté de la loi[2], c'est que le corps constituant et le corps législatif lui-même ont favorisé de pareils rassemblements. Si vous ordonniez que le département et la municipalité fissent exécuter la loi à la rigueur, si vous adoptiez la proposition de M. Dumolard, vous renouvelleriez infailliblement la scène sanglante du Champ-de-Mars... »

Des tonnerres d'applaudissements retentissent dans les tribunes et à gauche; la droite lance à l'orateur de vives interruptions. « Si l'on pouvait penser qu'il y eût quelque danger à l'admission des pétitionnaires armés, ce que je ne crois pas, reprend Vergniaud, je serais le premier à proposer pour demain un décret contre le renouvelle-

---

1. *Moniteur* et *Journal des Débats et Décrets.*
2. *Journal des Débats et Décrets.*

ment de ce danger. » Et néanmoins il conclut en demandant que l'Assemblée daigne recevoir à l'instant les citoyens de Paris qui sollicitent l'honneur de défiler devant elle.

Ramond veut répondre à Vergniaud, mais il est constamment interrompu par les vociférations de la gauche, qui réclame la clôture de la discussion. Enfin, la parole lui est maintenue par un vote, et déjà il commence à réfuter l'argumentation de ses adversaires[1], lorsque le président dit avec émotion : « Je suis obligé d'interrompre la discussion pour annoncer à l'Assemblée que le commandant de garde vient de m'avertir que les pétitionnaires sont aux portes de cette salle au nombre de huit mille. »

L'Assemblée est en proie à une vive agitation, que cette parole lancée par Calvet augmente encore : « Ils sont huit mille et nous ne sommes que sept cent quarante-cinq; c'est le moment de lever la séance et de nous en aller !

— Délibérons tranquillement, s'écrie un autre député, que M. Ramond continue son discours ! »

L'Assemblée entière applaudit à cette dernière motion ; Hua, Larivière et d'autres membres de la droite demandent eux-mêmes que Calvet, leur ami, soit rappelé à l'ordre; ce rappel est prononcé à l'unanimité[2]. Tant il est vrai que dans toute assemblée, quelque divisée, quelque

---

1. Pour cette partie de la séance, le *Journal des Débats et Décrets* est beaucoup plus complet que le *Moniteur*.
2. *Journal des Débats et Décrets.*

tumultueuse qu'elle soit, il y a des moments où le sentiment de la dignité personnelle fait taire les passions et réunit les opinions les plus divergentes ; par malheur ces moments sont souvent bien courts et les passions reprennent trop vite leur revanche.

Sur la proposition d'un membre de la gauche, Lacroix, la parole est rendue à Ramond. « Si huit mille hommes, reprend-il, sont pressés de paraître devant vous, vingt-cinq millions d'hommes attendent aussi votre délibération. Le corps législatif manquerait à la plus sainte de ses obligations s'il ne faisait pas déposer aux portes de cette salle les armes qui sont entre les mains des pétitionnaires. »

Guadet soutient que le désarmement est complétement impraticable, et il s'embarque dans une longue série de raisonnements pour démontrer qu'on ne peut mieux faire que d'accueillir avec faveur la proposition de Lasource et de Vergniaud. Mais Santerre et ses amis s'impatientaient probablement d'une trop longue attente, car le président interrompt l'orateur de la gauche en annonçant une seconde fois que les pétitionnaires font des instances pour être admis[1]. L'Assemblée, de nouveau, dédaigne d'avoir égard à la sommation que lui adresse l'émeute hurlant à sa porte. Guadet continue à critiquer l'arrêté du directoire qui, à ce qu'il prétend, n'a été connu dans les faubourgs que lorsque déjà le rassemblement était formé et prêt à se mettre en marche ; il conclut en demandant l'admission immédiate des pétitionnaires.

1. *Journal des Débats et Décrets.*

« C'est évident, s'écrie Jaucourt ; ceux qui les ont fait venir ne peuvent pas les renvoyer[1]. »

Plusieurs membres, appartenant aux divers côtés, réclament encore la parole, mais l'Assemblée déclare la discussion close.

Un nouvel incident vient accroître le trouble et la confusion. Les pétitionnaires se croient tellement sûrs qu'on ne peut rien refuser à leur nombre et à leurs armes, que, pour eux, clôture de la discussion est synonyme d'octroi de leur demande. Ils entrent dans la salle et paraissent à la barre avant qu'aucun décret ne les y autorise. Au milieu des protestations qui s'entre-croisent, le président est impuissant à se faire entendre; il se couvre et, durant quelques minutes, la séance est interrompue. Des députés constitutionnels se portent vers la tribune, d'autres, debout à leurs bancs, interpellent le bureau afin qu'il maintienne l'inviolabilité du sanctuaire de la loi ; certains représentants, sans doute les amis des délégués de l'émeute, vont au-devant de ceux-ci, et, après une courte explication[1], obtiennent d'eux qu'ils attendent pour entrer que l'Assemblée nationale le permette.

XII

Pendant que les pétitionnaires trop impatients sont reconduits dans la salle d'attente, disons un mot de ce qui s'était passé au dehors, depuis une heure ou deux

---

[1]. *Journal des Débats et Décrets.*

que le rassemblement avait envahi les abords du manége et que l'Assemblée délibérait avec une fiévreuse anxiété sur la conduite à tenir dans ces graves circonstances.

Retenue au bas de l'escalier qui conduisait à la salle des séances, la foule n'avait pas cessé de s'accroître. Il lui était impossible de reculer, ceux qui arrivaient poussant toujours ceux qui étaient arrêtés. Par bonheur, il y avait, non loin de la cour des Feuillants, un assez vaste jardin dépendant d'un ancien couvent de capucins ; il servit un instant de déversoir ; mais dès qu'il fut rempli, ceux qui y avaient cherché un refuge s'y trouvèrent bloqués ; c'étaient principalement les gardes nationaux et les sans-culottes qui avaient amené le peuplier destiné à orner la terrasse des Feuillants. Ne sachant que faire jusqu'au défilé, ils plantèrent l'arbre de la liberté et fêtèrent le Serment du Jeu de Paume dans le potager des capucins [1].

Cependant le danger d'être étouffé devenait de plus en plus imminent pour les premiers pétitionnaires, qui sentaient monter derrière eux la marée populaire. Placés à la tête du rassemblement, au pied de l'escalier qui conduisait à la salle des séances, Santerre, Saint-Huruge, Alexandre et les autres chefs ne pouvaient rien empêcher, rien diriger. Pendant ce temps, des masses d'hommes, de femmes, d'enfants, armés et sans armes, se pressaient dans l'étroite cour du manége, contre le mur par lequel elle était séparée de la terrasse des Feuillants. Une porte avait été pratiquée dans ce mur pour le service de l'Assemblée ; mais elle avait été fermée dès le matin et se

---

[1]. Rœderer, *Chronique des cinquante jours.*

trouvait gardée par un détachement de la garde nationale, qu'avait fait avancer le chef de la quatrième légion, Mandat[1]. La foule réclame à grands cris l'ouverture de cette porte. Trois officiers municipaux (Boucher-René, Boucher Saint-Sauveur et Mouchet), qui se trouvaient alors sur la terrasse des Feuillants, accourent et annoncent par le guichet aux masses accumulées que, quoiqu'ils n'aient aucune puissance à l'intérieur du château, ils vont rechercher qui a donné la consigne et tâcher de la faire lever. Ils s'adressent d'abord au commandant du détachement placé sur la terrasse ; celui-ci les renvoie au commandant général, lequel doit être auprès du roi. Ils avaient fait quelques pas vers les Tuileries, lorsque, entendant redoubler les hurlements de la populace, ils se retournent et voient que des canons ont été approchés de la porte, et dirigés contre les citoyens qui la menacent[2]. Sur leurs instances les canons sont reculés de quelques pas, et Mouchet adjure la foule de prendre patience jusqu'à ce que lui et ses collègues aient obtenu l'ouverture de la porte qui la sépare de la terrasse et par conséquent du jardin[3].

Les trois municipaux, arrivés dans le château, se mettent à la recherche du commandant général, qu'ils ne trouvent nulle part, et parviennent jusqu'à la chambre à coucher du roi. Louis XVI les reçoit à l'instant même et leur demande quelle est la situation de Paris. Mouchet

1. Rapport Mandat.
2. Procès-verbal Boucher Saint-Sauveur et Mouchet.
3. Ibid.

dépeint les efforts inutilement faits pour arrêter le rassemblement des faubourgs, expose combien il serait dangereux d'irriter la foule en braquant des canons sur elle, et conclut à ce qu'il plaise à Sa Majesté de donner les ordres nécessaires pour que le jardin des Tuileries, ouvert le matin et tout à coup fermé, soit, comme à l'ordinaire, livré au public[1], « car, ajoute-t-il, des citoyens qui marchent *légalement* ne peuvent qu'être offensés de se voir soupçonnés de mauvaises intentions[2].

— Votre devoir, dit le roi, est de faire exécuter la loi. »

Mais, au lieu de se retirer sur cette réponse, les trois officiers municipaux insistent :

« Si l'ordre que nous sollicitons d'ouvrir la porte, dit Mouchet, n'est pas donné, il est à craindre qu'elle ne soit forcée[3].

— Si vous le jugez nécessaire, répond le roi, faites ouvrir la porte des Feuillants et qu'ils défilent le long de la terrasse pour ressortir par la cour des Écuries. D'ailleurs, concertez-vous avec le commandant général de la garde nationale, et faites en sorte que la tranquillité publique ne soit pas troublée. Votre devoir est d'y veiller[4]. »

---

1. Procès-verbal Boucher Saint-Sauveur et Mouchet.
2. Déclaration de Genty, premier valet de garde-robe du roi. (Dans les déclarations reçues par le juge de paix des Tuileries, à la fin de ce volume, note IX.)
3. Procès-verbal Boucher Saint-Sauveur et Mouchet.
4. La fin de la réponse royale est donnée dans trois des déclarations faites au juge de paix des Tuileries; elle est également relatée dans la lettre écrite au directoire par le ministre de l'intérieur, à la date du 26 juin. (*Revue rétrospective,* p. 202.)

Sans plus s'inquiéter de trouver l'introuvable commandant général, les trois municipaux courent porter l'ordre royal au détachement qui arrête le peuple à la porte de la terrasse. Mais l'ordre était déjà inutile ; la porte venait d'être forcée[1]. Avait-elle été enfoncée avec une poutre[2], ou simplement avait-elle cédé à la pression de la foule ? C'est ce qui ne saurait être affirmé avec certitude. Quoi qu'il en soit, le fait qu'une première violence fut commise bien avant la sortie des pétitionnaires de l'Assemblée, fait nié ou passé sous silence par les historiens qui tiennent à faire considérer la journée du 20 juin comme une véritable idylle en action, ce fait est incontestable.

XIII

La majeure partie de la foule, celle qui avait accompagné l'émeute par pure curiosité, désœuvrement ou même entraînement, se répandit dans le jardin, heureuse de pouvoir à son aise se reposer de ses fatigues. Elle ne paraissait plus songer à entrer de gré ou de force soit chez les représentants du peuple, soit chez le roi, et rien n'eût été plus facile que d'empêcher le rassemblement, déjà presque dispersé, de se former de nouveau. Mais cela ne faisait pas le compte des meneurs, et il fallait que la journée fût complète. Aussi lorsque, comme nous

---

[1]. Procès-verbal Boucher Saint-Sauveur et Mouchet.
[2]. Comme on le dit à J.-J. Leroux qui errait dans les environs. (Voir sa déclaration.)

allons le voir, la tête de la colonne, restée dans la cour des Feuillants, reçut la permission de défiler devant l'Assemblée, on fit battre le rappel par les tambours appartenant au bataillon des Quinze-Vingts; toute la foule disséminée dans le jardin des Tuileries s'empressa de se rallier, et le deuxième acte de ce drame, qui pouvait se changer à tous moments en une effroyable tragédie, commença.

L'Assemblée nationale ne savait rien de ce qui se passait au dehors. Elle se croyait toujours sous la pression de dix à quinze mille hommes armés. La brusque apparition des pétitionnaires avait répandu l'effroi parmi un certain nombre de ses membres. Le président s'efforce de l'excuser en disant qu'elle a été la suite d'une erreur bien concevable au milieu d'une si grande agitation [1]. « La députation ne s'est point présentée d'elle-même, ajoute Lacroix; elle a été appelée par quelque huissier étourdi; cela est si vrai que l'on a pu voir les citoyens se retirer aussitôt l'erreur reconnue; l'Assemblée doit donc décider tranquillement si les pétitionnaires seront admis et ensuite si le cortége qui les accompagne sera autorisé à défiler [2]. »

L'Assemblée décrète que la députation sera reçue; les citoyens précédemment éconduits sont ramenés; ils paraissent à la barre, et leur orateur, Huguenin [3], com-

---

[1]. *Moniteur.*
[2]. *Moniteur* et *Journal des Débats et Décrets.*
[3]. Les *Révolutions de Paris*, n° 154, mentionnent seules le nom de l'orateur; ni le *Journal des Débats et Décrets*, ni le *Moniteur* ne le donnent, tant il était alors peu connu.

mence à lire la longue et furibonde harangue qui avait été préparée dans l'officine du faubourg Saint-Antoine. Au milieu d'un océan de phrases ampoulées et de réminiscences classiques, où le nom de Catilina reparaît à chaque instant, surnagent quelques phrases comme celles-ci :

« Pourquoi faut-il que des hommes libres se voient réduits à la cruelle nécessité de tremper leurs mains dans le sang des conspirateurs ? Il n'est plus temps de le dissimuler ; la trame est découverte, l'heure est arrivée, le sang coulera et l'arbre de la liberté que nous venons de planter fleurira en paix ; un roi doit-il avoir d'autre volonté que celle de la loi ? Le peuple veut aussi, et sa tête vaut bien autant que celle des despotes couronnés. Cette tête est l'arbre généalogique de la nation, et devant le chêne robuste le faible roseau doit plier...

« Nous nous plaignons essentiellement de l'inaction de nos armées, nous demandons que vous en pénétriez la cause ; si elle dérive du pouvoir exécutif, qu'il soit anéanti ! Le sang des patriotes ne doit point couler pour satisfaire l'orgueil et l'ambition du château perfide des Tuileries...

« Un seul homme ne doit point influencer la volonté de vingt-cinq millions d'hommes. Si, par égard, nous le maintenons dans son poste, c'est à condition qu'il le remplira constitutionnellement ; s'il s'en écarte, il n'est plus rien pour le peuple français...

« Nous vous avons ouvert nos cœurs ulcérés depuis longtemps ; nous espérons que le dernier cri que nous vous adressons se fera sentir aux vôtres. Le peuple est là, il attend dans le silence une réponse digne de sa souveraineté.

« Cette pétition n'est pas seulement du faubourg Saint-Antoine, mais de toutes les sections de la capitale et des environs de Paris.

« Les pétitionnaires de cette adresse demandent à avoir l'honneur de défiler devant vous [1]. »

XIV

Cette pétition, véritable déclaration de guerre à la royauté, avait été fréquemment interrompue par les applaudissements du côté gauche et des tribunes [2]; mais elle avait naturellement excité l'indignation de tous les hommes d'ordre qui n'avaient pu entendre sans frémir les sinistres prophéties des soi-disant délégués du faubourg Saint-Antoine. Dubayet réclame la parole aussitôt après que l'orateur des pétitionnaires a prononcé sa dernière phrase, lancé sa dernière menace. « Mais, s'écrie-t-on, le président va répondre; vous ne pouvez parler qu'après le président. — Je demande la parole avant, » réplique le hardi député [3]. L'Assemblée la lui refuse, et Français (de Nantes) répond à la députation ces quelques phrases vagues et banales que l'on applaudit de part et

---

1. Nous n'avons pas cru devoir donner *in extenso* cette pétition; elle se trouve au *Moniteur* de 1792, p. 723, et dans le *Journal des Débats et Décrets,* p. 269 du n° 267. Les deux textes sont identiques.
2. *Moniteur.*
3. *Journal des Débats et Décrets.*

d'autre, parce qu'elles n'ont pas de signification bien marquée :

« Citoyens, dit le président, l'Assemblée nationale et le peuple ne font qu'un ; nous voulons votre intérêt, votre bonheur, votre liberté, mais nous voulons aussi la constitution[1]. S'il existe des conspirations, nous les déjouerons par la force de la loi. Nous vous invitons, au nom de la patrie, à l'obéissance de la loi, qui est le signe le plus respecté par tous les peuples dignes de la liberté ; nous vous invitons... .

« Point d'invitation, » crient plusieurs députés[2].

« L'Assemblée nationale verra toujours avec plaisir autour d'elle les citoyens de Paris, puisqu'elle est assurée de leurs sentiments patriotiques et qu'elle sait qu'il n'y a jamais que les dangers de la patrie qui puissent exciter leurs inquiétudes. Elle prendra en considération la pétition que vous venez de lui faire, et elle vous invite à sa séance[3]. »

---

1. La première phrase du discours est la même dans le *Moniteur* et le *Journal des Débats et Décrets*.

2. Ici le compte rendu du *Journal des Débats et Décrets* diffère essentiellement de celui du *Moniteur*. On sent que le discours du président, donné par ce dernier journal, a été arrangé après coup. Nulle mention n'est faite au *Moniteur* de l'interruption si importante que mentionne le *Journal des Débats et Décrets*.

3. Version du *Journal des Débats et Décrets*. Voici celle du *Moniteur* :

« Les représentants de vingt-quatre millions d'hommes vous annoncent par mon organe qu'ils déjoueront les trames des conspirateurs, qu'ils les livreront au glaive des lois, parce que les lois seules ont le droit de venger le peuple, et que ce n'est que par elles et dans elles que vous trouverez cette constitution et cette liberté que vous cher-

Dubayet réclame de nouveau la parole contre la pétition, mais elle lui est refusée. Mathieu Dumas parvient, malgré le tumulte, à faire entendre cette énergique protestation : « Pour l'acquit du serment du législateur et pour l'honneur de l'Assemblée nationale, je demande que la question préalable sur l'admission des citoyens soit mise aux voix. »

Pendant que les pétitionnaires traversent la salle, au milieu des applaudissements des tribunes et de la gauche, le président met aux voix la question préalable. Elle est repoussée par la majorité, et l'Assemblée décrète que les citoyens des faubourgs Saint-Antoine et Saint-Marcel seront admis à défiler devant elle : « Eh bien ! je demande alors la question préalable, s'écrie Girardin, *sur toutes les lois du royaume !*[1] »

Girardin avait bien raison. Jamais la violation des lois, le mépris et la haine de la royauté n'avaient encore été si ouvertement prêchés. L'Assemblée, en admettant dans son sein ces insolents pétitionnaires et leur escorte, ne donnait-elle pas à ces violences de langage, qui devaient bientôt se traduire en des violences de fait, une espèce de consécration légale ? Dès lors les meneurs démagogiques surent à quoi s'en tenir sur la force de résistance que la

---

chez. L'Assemblée nationale vous invite au respect pour les lois et pour les autorités constituées ; elle vous y invite au nom de la patrie et de la liberté, que nous sommes résolus à défendre au péril de notre vie et en mourant, s'il le faut, au poste où le peuple nous a placés, et où nous ne respirons que pour sa félicité et pour le maintien des saintes lois que nous avons juré de faire observer et respecter. »

1. *Journal des Débats et Décrets*, p. 272.

majorité opposerait à l'accomplissement de leurs projets ; ils comprirent parfaitement, par ce premier succès, que la majorité était prête à reconnaître l'autorité du fait accompli, quel qu'il fût, pourvu qu'on ne lui demandât de se prononcer qu'après l'événement.

Mais pendant que le rappel est battu dans la cour du Manége et aux abords de l'Assemblée pour réunir l'armée de l'émeute dispersée dans le jardin des Tuileries, d'autres députations, qui attendaient l'honneur d'être admises, se présentent à la barre. Leur langage fait une singulière diversion aux menaces qui viennent d'être écoutées si patiemment. Elles n'injurient pas le pouvoir exécutif, elles n'importunent point l'Assemblée nationale de déclamations furibondes ; elles se contentent de jurer « l'amour de la patrie et des lois. » — « Ce que nous n'oublierons jamais, disent les délégués des deux premiers bataillons de la Gironde, c'est que les lois doivent toujours être présentes à notre mémoire et chères à nos cœurs ; c'est que la force armée est essentiellement obéissante. Nous n'oublierons jamais que, dans un pays libre, tout citoyen, depuis le soldat jusqu'au général, doit marcher droit à l'ennemi sans retourner la tête en arrière. »

« L'Assemblée a entendu avec plaisir l'expression de vos sentiments, lui répond le président. Elle y a surtout remarqué cette maxime : « La force armée est essentiel- « lement obéissante. » Elle vous témoigne la satisfaction qu'elle a éprouvée en entendant ces saintes paroles. »

Évidemment, cette réponse était à l'adresse des précédents pétitionnaires, mais quelle honte pour la représentation nationale d'en être réduite à envelopper la réprobation de la violence dans un timide éloge donné à la modération !

XV

Silence ! le bruit des tambours et de la musique annonce l'arrivée de l'émeute triomphante ! la voilà qui envahit le sanctuaire de la loi !

A la tête du cortége marchent triomphalement Santerre et Saint-Huruge. L'ex-marquis et le brasseur, une fois entrés, se placent au pied de la tribune pour diriger le défilé.

Derrière eux se presse une foule immense d'hommes, de femmes, et même d'enfants que leurs mères traînent par la main. Les uns sont sans armes, d'autres brandissent des sabres, des piques, des haches, des faux, des besaiguës, des tranchets, des couteaux, des pointes de fer, jusqu'à des scies emmanchées au bout de longs bâtons. Quelques pelotons de garde nationale apparaissent de loin en loin, au milieu de cette multitude confuse, et ont l'air de sanctionner par leur présence cette étrange saturnale.

La foule accompagne de la voix les musiciens qui jouent l'air du *Ça ira;* on entend sans cesse retentir ces cris : Vivent les patriotes ! A bas le *veto !* On voit défiler les emblèmes les plus étranges et parfois les plus menaçants. Deux hommes portent au bout de leur pique, l'un une vieille culotte, avec cette inscription : « Vivent les sans-culottes ! » c'était l'étendard de la misère parisienne ; l'autre un cœur de veau, tout sanglant, avec cette devise : « Cœur d'aristocrate ! » c'était la déclaration brutalement claire des vœux d'un certain nombre d'émeutiers. Mais divers membres de l'Assemblée engagent, dit le *Moniteur*, le particulier qui porte ce dernier trophée à sortir de la salle. On avait, on le voit, de singuliers ménagements pour un misérable qu'on aurait dû chasser avec ignominie.

Le défilé dure plus d'une heure. Des danses patriotiques viennent, par instants, varier le spectacle offert par la populace parisienne aux députés de la France; des orateurs improvisés veulent donner des échantillons de leur éloquence; mais Santerre, le chef de la manifestation, qui sait bien que la visite à l'Assemblée ne doit être que le prélude d'une autre visite, se hâte de mettre fin à ces incidents, en prononçant, d'une voix retentissante : « En avant, marche ! »

Le défilé terminé, le général des émeutiers remercie les représentants du peuple des marques d'amitié qu'ils ont données aux citoyens du faubourg Saint-Antoine, et les prie d'accepter un drapeau en témoignage de leur reconnaissance. Puis il court avec son inséparable acolyte, l'ex-marquis de Saint-Huruge, rejoindre ses hommes sur la place du Carrousel.

L'Assemblée, croyant tout fini, lève sa séance. Il était alors trois heures et demie.

XVI

Entré par la porte des Feuillants, le cortége sortait par la cour du Manége; de cette cour longue et étroite, il pouvait regagner la rue Saint-Honoré, il pouvait aussi, nul obstacle ne lui étant opposé, franchir la porte qui, au bout de cette cour, communiquait avec le jardin des Tuileries, longer la façade du château, sortir par la grille du Pont-Royal et remonter les quais. Ce fut ce dernier itinéraire qu'il suivit.

Qui le lui avait indiqué? Probablement l'infatigable Mouchet, que nous retrouvons encore ici, revêtu de son écharpe, haranguant ses amis les faubouriens, donnant des ordres à la garde nationale, dirigeant la marche de la manifestation, et se multipliant pour se donner une risible importance [1].

Des bataillons de gardes nationaux étaient rangés le long de la façade des Tuileries, et formaient un front

---

[1]. L'officier municipal Mouchet est un type qui mérite de nous arrêter un instant. Au dire de tous les rapports et de toutes les déclarations, il joua dans toute la journée du 20 juin le rôle le plus actif; il y fut la véritable mouche du coche. Après le 10 août, où nous le verrons jouer, à l'Hôtel de Ville, un certain rôle, il disparaît complétement. C'était un petit homme boiteux (bancroche, disent plusieurs déclarations), jeune encore (34 ans), qui était architecte-entrepreneur et capitaine des grenadiers du bataillon de l'Oratoire. (Voir l'*Almanach royal* de 1792.)

« Mouchet, dit Rœderer, représentait exactement l'esprit et le caractère de la grande masse des bourgeois de Paris, qui redoutaient les

de bandière; le cortége défilait devant eux. En passant sous les fenêtres royales, il faisait entendre ses cris ordinaires : « Vive la nation ! Vivent les sans-culottes ! A bas M. et Mme Veto [1] ! » Quant aux gardes nationaux, suivant l'esprit qui régnait dans les divers bataillons, ils donnaient à la manifestation leur adhésion ou leur blâme ; les uns avaient ôté leurs baïonnettes, d'autres s'y étaient refusés, quelques-uns avaient été jusqu'à rendre les honneurs militaires à cette foule désordonnée.

En ce moment, tout paraissait assez calme au dedans comme au dehors du château ; en voyant le cortége se diriger vers les quais, sans chercher à pénétrer dans les Tuileries, on sentait se dissiper les craintes que l'on avait conçues. Le roi, sa famille et tout leur entourage étaient complétement rassurés. Il en était de même des personnes qui, du jardin et des abords de l'Assemblée, observaient la marche du rassemblement [2].

Mais soudain la foule, au lieu de suivre le quai, se présente devant le guichet du Carrousel, gardé par des détachements des bataillons du faubourg Saint-Antoine

---

fureurs populaires et encore plus les trahisons royales, et auraient voulu mesurer assez juste les soulèvements des prolétaires pour obliger la cour à plus de droiture et de fidélité. » (*Chronique des cinquante jours.*)

1. Rapport de J.-J. Leroux.
2. Cette quiétude est constatée par les rapports des officiers municipaux que Pétion avait pris soin d'écarter le matin, et qui, sans mission, s'étaient rendus aux abords des Tuileries. Desmousseaux était près de rentrer à son domicile, Cousin de se rendre à l'Académie des sciences dont il était membre ; Champion emmenait Borie et Leroux dîner chez lui.

et des Petits-Pères. Dès le premier moment du défilé à travers l'Assemblée nationale, le commandant du bataillon du Val-de-Grâce, Saint-Prix, avait envoyé ses deux canons et ses artilleurs sur la place du Carrousel[1], et comme cette place ne faisait point partie de la demeure royale[2], ils y avaient été admis sans opposition. Ce fut peut-être à cause de leur introduction que le cortége, en sortant du jardin, trouva aux guichets cette étrange consigne : « Laisser entrer toutes les personnes armées, de quelque manière qu'elles le soient, et ne pas admettre celles qui n'auraient pas d'armes[3]. » Mais les hommes sans armes suivirent le flot des sans-culottes armés et pénétrèrent avec eux dans le Carrousel, malgré la résistance des gardes nationaux.

Rien n'eût été plus facile cependant que d'empêcher la foule d'entrer au Carrousel, et de là dans le château. Le commandant général avait en ce moment des forces considérables : dix bataillons dans le jardin, deux autres sur la terrasse du bord de l'eau, quatre à la place Louis XV, cinq sur la place du Carrousel, et enfin, à l'intérieur des Tuileries, un bataillon, les deux gardes montante et descendante, et cent gendarmes à cheval[4]. Avec autant de troupes, et en les disposant convenablement, on pouvait sans peine garder toutes les avenues de la demeure royale et tenir fermées toutes les cours et toutes les portes. Mais Ramainvilliers resta, durant tout l'événement, dans l'inac-

---

1. Rapport Saint-Prix.
2. Rapport Rœderer.
3. Rapport Patris.
4. Rapport Ramainvilliers.

tion la plus complète, donnant pour motif que le maire ayant permis, et le roi n'ayant pas refusé l'admission de vingt pétitionnaires, il n'avait pas pu prendre sur lui de proclamer la loi martiale contre leur escorte. De plus, prétendit-il plus tard[1], une dizaine d'officiers municipaux, avec ou sans écharpe, se trouvaient dans le château et donnaient des ordres avec ou sans l'agrément du roi; il ne lui appartenait pas d'élever avec eux un conflit d'attributions.

Quoi qu'il en fût, même après avoir forcé et la grille du jardin et les guichets du Louvre, la masse populaire semblait ne pas avoir conçu le dessein de violer le domicile du roi. Déjà, à travers la place du Carrousel, elle atteignait la rue Saint-Nicaise, comme si elle devait s'y engager et regagner ses quartiers en remontant la rue Saint-Honoré. Le colonel Rulhière, qui était posté avec deux escadrons de la 29e division de gendarmerie devant les Tuileries, faisant face à l'hôtel de Longueville, croyait si bien tout danger passé, qu'il descendit de cheval, permit à une partie de ses hommes d'en faire autant, et s'en alla avec un ami causer dans la cour royale, située à l'intérieur du château[2].

Mais voici que tout à coup le cortége s'arrête. La place du Carrousel, en 1792, était assez petite et fort encombrée de constructions. Elle ne tarde donc pas à se remplir, puisque personne n'en sort, et que toute la foule qui vient de défiler devant l'Assemblée y pénètre

---

1. Rapport Ramainvilliers.
2. Rapport Rulhière.

par les guichets du Carrousel et s'y entasse. Bientôt, sous la pression des agitateurs, la masse populaire s'anime et pousse des cris confus qui ne tardent pas à se traduire par des ordres impérieux, par des sommations furibondes.

Un groupe d'une quarantaine de sans-culottes se présente à la porte de la cour royale : « Nous voulons entrer, disent-ils, et nous entrerons ; nous ne voulons point de mal au roi, et on ne saurait nous empêcher de pénétrer jusqu'à lui [1]. » Fidèles à leur consigne, les deux gendarmes placés en vedette croisent la baïonnette sans répondre. Les émeutiers se retirent, non sans menacer les soldats, qui d'un couperet, qui d'un fusil ou d'une pique [2]. Mais, peu après, les mêmes, ou d'autres à leur place, reviennent, demandant toujours à entrer. En raison même de cette insistance, la porte qui était restée ouverte est fermée, ainsi que le guichet.

L'anxiété est grande parmi les gardes nationaux et les gendarmes chargés de défendre le château. « Nous périrons plutôt que de les laisser entrer, disent les uns. — Mais nous n'avons pas d'ordres, disent les autres, ni d'officiers pour nous commander [3]. » Plusieurs crient *aux armes !* et se rangent en colonne, à côté de la porte [4].

---

1. Rapport de l'adjudant Marotte.

2. Rapports des gendarmes Moiteaux et Foret et de l'adjudant Marotte.

3. Déclaration Guingerlot, lieutenant-colonel de la 30ᵉ division de gendarmerie. (Voir à la fin du volume, note IX, parmi les déclarations reçues par le juge de paix de la section des Tuileries.)

4. Déclaration Guibout.

« Et nous, demande un capitaine de gendarmerie au colonel Rulhière, qu'avons-nous à faire ? — Je n'ai point d'ordres, réplique celui-ci, mais je crois que la troupe est là pour soutenir la garde nationale [1]. » Un lieutenant-colonel de gendarmerie, Carle, apercevant Ramainvilliers, l'interroge sur ce qu'il devra faire des deux cents hommes qu'il commande. « Il faut ôter les baïonnettes ! — Pourquoi, répond Carle, ne m'ordonne-t-on pas tout de suite de rendre mon épée et d'ôter ma culotte ? » A cette réponse, le commandant général tourne le dos et disparaît rapidement [2].

XVII

Cependant la populace s'entassait aux abords de la porte royale, frappait, hurlait : « Nous entrerons quand même ! » Et Mouchet, l'officier municipal que l'on retrouve toujours juste à la porte par où la foule va entrer, disait très-gravement aux soldats et gardes nationaux : « Après tout, le droit de pétition est sacré [3]. »

Le chef de la deuxième légion, Acloque, invite les officiers municipaux présents à aller demander aux citoyens qui remplissent la place du Carrousel, de déléguer une vingtaine de personnes sans armes s'ils ont à présenter une adresse au roi : ces vingt délégués, il promet de les

---

1. Rapport du capitaine Lassus.
2. Rapport Carle.
3. Rapport Mouchet.

conduire lui-même devant Sa Majesté, et déclare d'avance être sûr qu'ils seront bien reçus par Elle[1]. En conséquence on ouvre le guichet. Les municipaux haranguent la foule : « Vous ne devez pas pénétrer en armes chez le roi, la cour du château fait partie de son habitation... Le roi recevra votre pétition, mais dans les formes prescrites par la loi. Où sont vos vingt députés sans armes; qu'ils approchent et qu'ils entrent seuls[2]. » Une trentaine d'individus se présentent; sans les compter, les officiers municipaux les introduisent comme s'ils étaient la députation demandée; et le guichet est aussitôt refermé par la gendarmerie[3].

Depuis le commencement du défilé, les canonniers des quatre bataillons du faubourg Saint-Antoine et du faubourg Saint-Marcel étaient venus se ranger avec leurs pièces au fond du Carrousel devant l'hôtel de Longueville[4]. Saint-Prix, au sortir de l'Assemblée, où le bataillon du Val-de-Grâce l'avait entraîné de force, veut rallier ses hommes et leur fait faire halte sur le quai. Il expédie à ses artilleurs l'ordre de quitter le Carrousel et de lui ramener ses pièces, mais les canonniers refusent d'obéir. Le commandant en second, Leclerc, accourt et réitère la même injonction : nouveau refus. Bien plus, le bataillon

---

1. Rapport Acloque.
2. Rapport Boucher-René.
3. Rapport du capitaine Lassus.
4. D'après le rapport de Saint-Prix on pourrait croire qu'il n'y avait là que le bataillon du Val-de-Grâce; mais le rapport d'Alexandre indique que l'hôtel de Longueville était le rendez-vous général de l'artillerie.

lui-même, chargeant ses armes malgré les ordres contraires, entraîne son chef sur la place du Carrousel et prend position auprès des canons. Saint-Prix essaye encore d'apaiser sa troupe en pleine rébellion ; il ordonne au lieutenant des canonniers de porter les pièces en avant et de marcher dans la direction des Gobelins. « Non ! s'écrie l'officier, nous ne partirons point ; nous ne sommes pas venus ici pour rien ; le Carrousel est forcé, il faut que le château le soit. Voilà la première fois que les canonniers du Val-de-Grâce marchent ; ce ne sont point des j. f. ; et nous allons voir !... Allons ! à moi, canonniers... *droit à l'ennemi*[1] *!* » Et canonniers, gardes nationaux, populace, tout s'ébranle dans la direction des Tuileries.

A l'instant même où les masses vont commencer le siège de la porte Royale, où les canons des faubourgs sont braqués, on entend un cri qui part de l'intérieur de la cour : « Ne tirez pas, on ouvre ! » Aussitôt, en effet, les deux battants de la porte roulent sur leurs gonds et livrent passage à la foule qui se précipite avec furie dans la cour royale[2]. Mais un dernier obstacle peut arrêter le

---

1. Rapport Saint-Prix.
2. Qui avait donné l'ordre d'ouvrir? Personne, après l'événement, ne voulut en assumer sur lui la responsabilité. Qui avait ouvert? Il est certain que ce furent des gardes nationaux se trouvant dans l'intérieur de la cour qui levèrent les bascules des deux battants de la porte; mais quels étaient-ils? le firent-ils de leur chef ou sur un ordre verbal? C'est ce que personne ne put dire. (Voir la déclaration du suisse de la porte Royale, nommé Brou, les rapports des deux gendarmes de garde, les déclarations de Lassus et Rulhière.) L'intendant de la liste civile, Laporte, qui interrogea tous les concierges du

torrent, une grille se trouve à l'extrémité de la cour, sous la voûte qui conduit au grand escalier; les chefs de légion Acloque, Mandat, Pinon, le commandant de bataillon Vanotte, s'efforcent de fermer cette grille, ils appellent à leur aide les canonniers et les chasseurs qui font partie de la garde montante, arrivée depuis quelques heures et répandue dans la cour; mais ceux-ci refusent d'écouter la voix de leurs chefs.

« Êtes-vous sûrs, s'écrie Pinon, qu'il ne se mêlera point, parmi ceux qui se présentent, des hommes capables d'attenter à la vie du roi? — Il vaut mieux, lui répond-on, qu'un seul homme soit tué que nous. — Vous voulez donc nous faire égorger? » crient les canonniers en empêchant leurs officiers d'opposer ce dernier obstacle à la foule.

L'irruption est si violente qu'un des canons du bataillon du Val-de-Grâce est transporté à bras jusque dans la troisième pièce du château, dans la salle des Suisses ; mais là il s'accroche dans la porte et empêche ceux qui suivent de pénétrer plus avant. Cet incident ne fait qu'enflammer la fureur du peuple, parmi lequel le bruit se répand qu'on a trouvé une bouche à feu prête à le mitrailler. Tout s'explique bientôt, grâce aux municipaux Boucher-René et Mouchet, qui adressent des reproches aux canonniers sur leur excès de zèle, font dégager la porte à coups de hache et descendre le canon au pied de

---

château, fait remarquer qu'il n'y eut de forcée que la porte Royale; celles de la cour des Suisses et de la cour des Princes restèrent fermées jusqu'au soir et ne servirent qu'à l'écoulement de la foule.

l'escalier; il y resta jusqu'au moment de l'évacuation du palais[1].

Traitant les Tuileries comme une ville emportée d'assaut, renversant tout ce qui s'oppose à son passage, la tourbe envahissante pénètre jusqu'à la salle de l'OEil-de-Bœuf, dont les portes sont fermées et dont elle réclame l'entrée à grands cris.

XVIII

Dans cette salle se trouvaient le roi, trois de ses ministres, Beaulieu, Lajard et Terrier, le maréchal de Mouchy, deux officiers de gendarmerie, un ou deux chevaliers de Saint-Louis, le chef de légion Lachesnaye, et enfin plusieurs simples volontaires de la garde nationale, Fontaine, Gossé, Bidault, Lecrosnier, Guibout.

Madame Élisabeth, qui n'a point quitté son frère, écoute en frémissant les bruits terribles par lesquels s'annonce l'invasion populaire, et, tout en larmes, adjure les gardes nationaux de défendre le roi.

En ce moment on frappe à une autre porte que celle derrière laquelle hurle la populace. Est-ce encore l'*ennemi?* Non, c'est Acloque et l'adjudant Boivin qui, par les escaliers intérieurs, accourent, avec un renfort de gardes nationaux, protéger le roi ou mourir avec lui. Ils se nomment; on leur ouvre. Acloque se précipite vers le monarque, le saisit à bras-le-corps et, le suppliant de

---

[1]. Rapport Saint-Prix. — Rapport Mouchet.

se montrer au peuple, lui jure de périr plutôt que de lui voir subir la moindre insulte [1].

La porte, qui seule sépare Louis XVI des envahisseurs, est de plus en plus violemment ébranlée par des coups de hache et de crosses de fusil. Un des panneaux tombe. Des piques, des bâtons, des baïonnettes menacent les poitrines des braves grenadiers qui se sont précipités devant le souverain. « Sire, s'écrie l'un d'eux, n'ayez pas peur! — Non, réplique le monarque, héroïque en ce moment [2], non, je n'ai pas peur; mettez la main sur mon cœur, il est pur [3]; » et, saisissant la main du garde national, il l'appuie avec force contre sa poitrine. Puis, décidé à suivre le conseil que lui a donné Acloque, il commande de laisser entrer le peuple. Le chasseur Fontaine tire le verrou d'en bas, un Suisse celui d'en haut [4], et aussitôt la porte ouverte, vingt ou trente individus entrent en courant. « Citoyens, leur crie Acloque, reconnaissez votre roi, respectez-le, la loi vous l'ordonne; je périrai, nous périrons tous, plutôt que de laisser porter la moindre atteinte à son inviolabilité. »

A ces mots prononcés d'une voix ferme, l'invasion populaire s'arrête durant quelques secondes [5]; on profite

1. Rapport Acloque.
2. Ce que reconnaissent MM. Michelet et Louis Blanc, plus justes en ceci que beaucoup des écrivains révolutionnaires qui les ont précédés.
3. Cette parole, répétée plus tard par Louis XVI, dans des termes presque identiques, a été dite en ce moment. (Déclaration Lachesnaye.)
4. Déclarations Fontaine et Lachesnaye.
5. Rapport Acloque.

de cet instant de répit pour conduire le roi dans l'embrasure d'une croisée, sur la banquette de laquelle il monte [1]. La foule avance et bientôt remplit la grande salle de l'Œil-de-Bœuf, qui lui a été presque tout entière abandonnée : « Que voulez-vous, dit Louis XVI, avec un calme admirable? Je suis votre roi. Je ne me suis jamais écarté de la constitution [2]. »

Mais sa voix se perd au milieu des hurlements. De toutes parts éclatent les cris de : « *A bas monsieur Veto!* [3] *au diable le Veto!* » proférés avec d'injurieuses menaces par des individus armés de fusils et de pistolets [4]. A chaque instant, de l'immense cohue s'élèvent de brutales injonctions : « Le rappel des ministres patriotes, il faut qu'il le signe! nous ne sortirons point qu'il ne l'ait fait! »

La grande salle présente le spectacle d'un océan de

[1]. Acloque, dans son rapport, dit qu'il ne fut pas possible de déterminer Mme Élisabeth à quitter son frère et qu'elle se plaça dans l'embrasure d'une autre croisée. Ce fut sans doute à ce moment que cette angélique princesse dit à un serviteur fidèle, en entendant quelques individus qui la prenaient pour la reine, contre laquelle toutes les haines avaient été ameutées depuis si longtemps: « Ah! ne les détrompez pas! » (*Mémoires* de Madame Campan.)

[2]. Déclarations Lachesnaye, Fontaine, etc.

[3]. Déclaration Gossé.

[4]. Déclaration Bidault. — Les gardes nationaux écartèrent à plusieurs reprises de la personne du roi un individu qui, des premiers entrés, était armé d'une lame d'épée rouillée et s'était mis en posture de *foncer* sur Louis XVI; d'autres misérables tenant en main des pistolets, des sabres, trahissaient, par la violence de leurs propos, des intentions perverses. Parmi eux se trouvait un certain Soudin, bien connu pour avoir, en 1789, promené dans Paris les têtes de Foulon et de Berthier à la pointe d'une pique. (Déclarations Lecrosnier et Guibout.)

têtes, de bras, de piques, de sabres, qui semble agité par un flux et un reflux perpétuel et au-dessus duquel surnagent les horribles trophées déjà promenés à travers l'Assemblée nationale [1].

Plusieurs historiens, pour contredire les allégations peut-être exagérées des ultra-royalistes, de Peltier et autres, se sont laissé entraîner eux-mêmes à d'étranges appréciations en sens contraire. En dépit des faits dont sont remplis les procès-verbaux authentiques, ces écrivains ne craignent pas de déclarer que « jamais dispositions plus inoffensives ne se produisirent au sein d'un plus bizarre désordre [2]; » que si quelques individus, par exception, eurent l'air d'en vouloir aux jours du roi, cela seul qu'ils ne le tuèrent pas prouve que personne n'en eut la pensée. « La chose eût été bien facile, dit M. Michelet [3] : le roi avait peu de monde autour de lui, et plusieurs des assaillants, ayant des pistolets, pouvaient l'atteindre à distance. »

Que les masses, entraînées par quelques meneurs dans l'inviolable domicile de Louis XVI, y fussent entrées sans intentions perverses; que nombre de ces femmes, de ces enfants, de ces désœuvrés qui n'étaient venus que par curiosité, ne se doutassent pas qu'ils commettaient un attentat national en outrageant le monarque chez lui : oui, cela nous semble incontestable. Mais ce qui ne l'est

---

1. On revit même, dans la salle de l'Œil-de-Bœuf, le cœur de veau planté sur une fourche avec l'inscription : « Cœur d'aristocrate. » (Déclaration Guibout.)

2. Louis Blanc, t. VI, p. 434.

3. *Histoire de la Révolution,* t. III, p. 485.

pas moins, c'est que certains misérables qui se trouvaient dans la foule n'auraient pas demandé mieux que de devancer l'œuvre à jamais détestable qui s'accomplit le 21 janvier; c'est que le régicide fut rendu impossible uniquement par le courage du roi et de ceux qui l'entouraient [1]. Les assassins ont les mêmes instincts que certaines bêtes féroces; ils n'osent attaquer qui les regarde en face et ne se ruent que sur ceux qui s'abandonnent eux-mêmes.

XIX

La grande salle de l'OEil-de-Bœuf est depuis près d'une heure le théâtre d'un tumulte inexprimable. Personne, ni les officiers supérieurs qui entourent le roi, ni l'officier municipal Mouchet, accouru, dit-il dans son rapport, pour maintenir la décence, personne n'est parvenu à se faire écouter; seul, le boucher Legendre obtient un moment de silence lorsqu'il apostrophe ainsi le roi : « Monsieur!... » Et comme Louis XVI, stupéfait de la manière inusitée dont il est interpellé, fait un geste : « Oui, monsieur, reprend Legendre, écoutez-nous, vous êtes fait pour nous écouter. Vous êtes un perfide; vous nous avez toujours trompés; vous nous trompez encore, mais prenez garde à vous; la mesure est à son comble et le

---

[1]. Les commissaires du département, dans leur rapport sur la suspension de Pétion, constatent que les quatre ou cinq grenadiers qui entouraient le roi furent obligés de faire des efforts continuels pour repousser les scélérats armés qui le menaçaient.

peuple est las d'être votre jouet! » Puis le tribun subalterne se met à lire une espèce de pétition bourrée d'accusations, de mensonges, de menaces, écrite et débitée naturellement au nom du peuple. Le monarque, avec un calme admirable, répond : « Je ferai ce que la constitution et les décrets m'ordonnent de faire [1]. » Cette déclaration ferme et digne excite de nouveaux hurlements : « A bas le roi [2]! le rappel des ministres, la loi contre les prêtres, la loi pour le camp des vingt mille! au diable *le veto!* » Mouchet, l'infatigable et inévitable Mouchet veut parler; il est parvenu jusqu'à l'embrasure de la fenêtre où se trouve Louis XVI; hissé sur les épaules de deux citoyens, il invoque son titre d'officier municipal, mais son écharpe est aussi peu respectée que son éloquence [3].

Un homme portait un bonnet rouge au bout d'une perche, il l'abaisse dans la direction du roi comme pour le lui présenter; Louis XVI fait un signe que Mouchet croit comprendre; celui-ci saisit le bonnet et le passe au malheureux monarque qui s'en coiffe aussitôt [4]. A cet étrange spectacle, la foule éclate en applaudissements; elle crie : « Vive la nation! vive la liberté! » et même : « Vive le roi! » Mais cette dernière acclamation ne sortit pas de toutes les bouches, comme l'affirme Mouchet dans son rapport. Il est vrai que l'officier municipal Patris a

---

1. Rœderer, *Chronique des cinquante jours.*
2. Rapport des commissaires du département.
3. Rapport Mouchet.
4. Rapport Mouchet et rapport Patris, pleinement confirmés par la déclaration de Fontaine et par celle de Guibout.

prétendu plus tard que dans le cas où le roi n'aurait pas avancé la main pour saisir le bonnet rouge, on n'aurait point exigé de lui qu'il le mît sur sa tête. Mais ceci n'est rien moins que certain : car, s'il faut en croire un autre témoin, le brave grenadier Bidault, placé à côté de Sa Majesté durant la scène, on entendait sortir de la foule des paroles qui indiquaient assez jusqu'où la violence aurait pu être poussée : « Il a bien fait, f.....! de le mettre, car nous aurions vu ce qu'il en serait arrivé....; et, f.....! s'il ne sanctionne pas les décrets sur les prêtres réfractaires et sur le camp des vingt mille hommes, nous reviendrons tous les jours, et c'est par là que nous le lasserons et que nous saurons nous faire craindre [1]. »

Une femme attire les regards du roi en agitant une épée entourée de fleurs et surmontée d'une cocarde. Mouchet fait signe à la femme, et l'épée fleurie passe entre les mains du monarque qui la brandit aux cris enthousiastes, poussés par la foule de : « Vive la nation [2] ! » Louis XVI lui-même répète ce cri ; il assure qu'il veut sincèrement le bonheur du peuple et proteste de son attachement inviolable à la constitution [3]. En vain de tous côtés réclame-t-on de nouveau le retrait du **veto**, le rappel des ministres patriotes ; le monarque reste muet sur ces deux points. Si vraiment on voulait, comme dit M. Michelet [4], *l'épouvanter, le convertir* par la terreur, on n'y réussit pas ; ferme dans sa dignité d'homme comme dans sa foi

---

1. Déclaration Bidault.
2. Rapport Mouchet.
3. Rapport Patris.
4. *Histoire de la Révolution*, t. III, p. 485.

de roi, le petit-fils de Henri IV et de Louis XIV, en ne cédant point le 20 juin, s'est acquis à l'admiration de l'histoire un titre qui ne pourra jamais lui être loyalement contesté.

Cependant, le souverain n'accordant pas à la populace ce que les meneurs lui faisaient demander, la situation devenait insoluble ; les cris succédaient aux cris, les menaces aux menaces, la foule à la foule. Mouchet propose au roi de sortir sur la terrasse, afin de parler au peuple et d'être mieux entendu[1] ; un autre municipal, Hu, l'engage à passer dans la pièce voisine; Louis XVI répond : « Je suis bien ici[2], je veux rester. » Sans doute il ne se fiait ni à l'un ni à l'autre de ces municipaux trop suspects de jacobinisme. Malgré l'ouverture de la galerie[1], la chaleur était excessive[3]. Un garde national, auquel une bouteille de vin et un verre avaient été passés de main en main par ses amis, s'aperçoit que le visage du roi est ruisselant de sueur.

« Sire, lui dit-il, vous devez avoir bien soif, car moi je meurs... Si j'osais vous offrir... Ne craignez rien, je suis un honnête homme et, pour que vous buviez sans crainte, je boirai le premier si vous me le permettez.

— Oui, mon ami, je boirai dans votre verre, » répond Louis XVI, et, aux applaudissements de la foule, il s'écrie : « Peuple de Paris, je bois à ta santé et à celle de la nation française[4] ! »

---

1. Rapport Mouchet.
2. Rapport Hu.
3. Rapport J.-J. Leroux.
4. Lettre de Blanc-Gilly au département des Bouches-du-Rhône.

Au même moment plusieurs députés, qui avaient appris la violation du domicile royal, entraient précipitamment aux Tuileries. Ils n'avaient et ne pouvaient avoir aucune mission officielle, puisque l'Assemblée n'avait pas cru utile d'adopter la proposition que Vergniaud lui avait faite quelques heures auparavant d'envoyer auprès du roi une députation permanente de soixante membres. Se jetant à travers la foule dont les escaliers et les appartements débordent, ils ont la peine la plus grande à se faire reconnaître, écouter, respecter. Enfin les voici, après mille efforts, parvenus à la porte de la salle de l'Œil-de-Bœuf. Vergniaud, Isnard, deux des membres les plus populaires du côté gauche, s'y frayent un passage. Daverhoult, Blanc-Gilly, deux membres de la droite, les accompagnent. Daverhoult, ami particulier de Lafayette, écarte les émeutiers les plus rapprochés de Louis XVI en s'écriant : « Vous n'approcherez du roi qu'en passant sur mon cadavre[1] ! » Isnard, soulevé par quelques gardes nationaux de manière à dominer la foule, la conjure de se retirer, mais on l'interrompt ; on veut auparavant obtenir la levée du veto, le rappel des ministres. « Si ce que vous demandez vous était accordé en ce moment, dit-il, ce ne serait plus un acte de liberté... Retirez-vous donc au nom de la loi et de l'Assemblée nationale, sur laquelle vous pouvez vous reposer du soin de faire tout ce qui sera convenable[2]. » Mais le tumulte redou-

[1]. Récit de Daverhoult à l'Assemblée, *Journal des Débats et Décrets*, n° 269, p. 295.

[2]. *Journal des Débats et Décrets*, n° 268, p. 283.

blant : « Citoyens, répète-t-il, je suis Isnard, député à l'Assemblée nationale ; je vous invite à vous retirer et je vous réponds sur ma tête que vous aurez satisfaction[1]. »

XX

Que faisait l'Assemblée au nom de laquelle Isnard venait ainsi de parler ? On se le rappelle, elle avait levé sa séance aussitôt après le défilé populaire ; mais en sortant du manége, bon nombre de députés s'étaient aperçus du trouble qui se produisait autour des Tuileries et étaient successivement rentrés dans la salle des séances. A cinq heures environ, un des anciens présidents, Guyton-Morveau, monte au fauteuil et fait ouvrir les portes des tribunes[2].

Déjà le rapporteur du comité des finances avait entamé la lecture d'un décret, lorsqu'il est brusquement interrompu par Regnault-Beaucaron qui s'écrie :

« J'apprends que les jours du roi sont en danger ; je demande que l'Assemblée se transporte en corps auprès de lui pour sauver sa personne. »

« L'objet est pressant, ajoute Hébert (de Seine-et-Marne), il n'y a pas à délibérer. — Ah bah ! lui réplique-t-on à gauche. — Le roi ne peut être en danger au milieu

---

[1]. Déclaration Fontaine.

[2]. La plupart des historiens se sont abstenus de raconter la séance du 20 juin au soir ; elle est pourtant loin d'être sans importance. Nous la rétablissons en suivant le compte rendu du *Journal des Débats et Décrets*, n° 268, et du *Moniteur*, n° 174.

du peuple, dit Thuriot. — Mais, répond Beugnot, ce n'est pas le peuple qui est chez le roi, ce sont des brigands. — C'est le peuple, c'est le peuple, » maintiennent les députés ultra-révolutionnaires. Au milieu des murmures, Thuriot lance cette parole contre ceux qui défendent la majesté royale outragée : « Le roi n'a qu'à se bien conduire, et le peuple ne se portera pas chez lui ! Je demande le rappel à l'ordre de tous ceux qui se permettraient d'accuser le peuple ! — Motion d'un factieux qui voit le peuple dans des brigands, » s'écrie avec indignation un député de la droite, Brunck.

Le tumulte finit pourtant par s'apaiser, et l'Assemblée, presque unanimement, décrète qu'une députation de vingt-quatre membres sera sur-le-champ envoyée aux Tuileries.

Girardin, qui vient de prendre le fauteuil, provisoirement occupé par Guyton-Morveau, en désigne les membres, et ceux-ci courent remplir leur mission.

A peine sont-ils sortis, que Dumas, qui arrive du château, annonce que le roi court un danger imminent. La gauche interrompt avec violence, s'écriant par l'organe de Charlier : « Le roi ne court aucun danger, il est au milieu du peuple ! » et par la voix du capucin Chabot: « A l'ordre, le député qui a calomnié le peuple ! » Dumas n'en développe pas moins sa pensée. Il lui paraît indispensable que le commandant général de la garde nationale soit mandé à la barre, et que, par son entremise, les ordres nécessaires soient donnés pour la sûreté du roi.
— On murmure. — Dumas s'en irrite à bon droit, et avec une généreuse vivacité il dépeint le triste spectacle

dont il a été témoin : « Le roi assailli, menacé, avili par le signe d'une faction, le roi couvert du bonnet rouge ! » La droite applaudit son courageux représentant, mais la gauche crie : « A bas ! à bas ! » et les tribunes se joignent à elle pour accabler l'orateur de furibondes invectives. Adam, Baert et plusieurs autres interpellent le président, lui dénoncent « à lui, et par lui à la France entière, » les ennemis de la constitution. D'autres membres de la droite s'écrient : « Que diront les départements quand ils sauront que le chef, le souverain investi de la majesté nationale, a été à ce point avili ? — Avili ! répliquent les Montagnards aux applaudissements frénétiques des tribunes, le bonnet de la liberté n'est pas avilissant ! »

Demeuré ferme à la tribune, Dumas achève ainsi son discours : « Mon unique objet était de demander que l'on prît les précautions nécessaires... J'en demande pardon à mes collègues, mais celui que l'Assemblée constituante chargea de répondre à la nation de la sûreté de la famille royale, au 21 juin 1791, lui paraîtra sans doute excusable de se montrer si affecté de ses dangers au mois de juin 1792. »

Thuriot, Lasource et plusieurs autres députés réclament à la fois la parole. Mais elle est accordée à Turgan qui vient rendre compte de l'état déplorable dans lequel il a laissé les Tuileries. Charlier demande que vingt-quatre membres soient ajoutés à la première députation. Lacroix renchérit sur cette motion ; il propose que toutes les demi-heures une nouvelle députation soit envoyée au château, afin que, celle-ci relevant celle-là, l'Assemblée soit sans cesse instruite du véritable état des choses.

Cette proposition est sur-le-champ décrétée et mise à exécution.

XXI

Cependant la foule grossissait à chaque instant dans le château et autour du château.

Paris ne s'était pas beaucoup ému le matin, durant le défilé du cortége ; il était resté généralement tranquille[1]. Mais l'envahissement des Tuileries avait été bientôt connu de proche en proche[2], tout le monde voulait voir, tout le monde accourait. Le Carrousel, les cours, le jardin, les rues adjacentes regorgeaient d'une population immense, qui en était encore à savoir ce qui se passait dans l'intérieur des appartements[3].

Le désordre durait depuis deux heures, lorsque enfin on vit apparaître le maire de Paris. Depuis qu'il avait, à onze heures du matin, fait adopter le fameux arrêté

1. Déclaration J.-J. Leroux.
2. Le rassemblement, grossi d'une foule de citoyens paisibles, de femmes, d'enfants, était, selon Rœderer (*Chronique des cinquante jours*), beaucoup plus nombreux aux Tuileries qu'à l'Assemblée. Isnard, dans son rapport, confirme le fait. (*Journal des Débats et Décrets,* n° 268, p. 283.)
3. Là se trouvait perdu dans la foule un homme qui devait, quelques années plus tard, recevoir, avec une pompe jusqu'alors inconnue, tous les rois de l'Europe dans ce palais en ce moment livré à la plus hideuse populace ; un jeune officier d'artillerie, le capitaine Bonaparte, qui se promenait avec indifférence, bras dessus, bras dessous, avec deux amis, s'indignait de la longanimité du monarque et ne demandait que quelques pièces de canon pour balayer toute cette canaille. (Voir les *Mémoires de Bourrienne* et le *Mémorial de Sainte-Hélène*.)

du corps municipal légalisant le rassemblement, Pétion était devenu invisible. Retiré d'abord avec quelques confidents intimes dans une des salles de l'hôtel de ville et plus tard à l'hôtel de la mairie (aujourd'hui la préfecture de police), il n'avait plus donné aucun ordre.

Vainement le directoire du département lui avait-il écrit pour avoir des nouvelles et réclamer l'envoi dans son sein d'un officier municipal, vainement divers membres du conseil général de la commune s'étaient-ils officieusement réunis à l'hôtel de ville et lui avaient-ils demandé des instructions ; le premier magistrat de Paris n'avait pas pu se décider, avant cinq heures, à sortir de l'immobilité qu'il avait jusqu'alors gardée ; — sorte de complicité nonchalante qui admet les dénégations et permet les mensonges [1].

---

[1]. Deux billets, que nous avons retrouvés, montrent l'inquiétude dont étaient saisis, à l'exception du maire, tous ceux qui à cette heure étaient investis d'une parcelle d'autorité et sentaient qu'ils pouvaient encourir une certaine responsabilité.

Le premier est adressé aux membres de la municipalité :

« Messieurs, nous ne recevons aucune nouvelle de ce qui se passe. Nous avons des inquiétudes bien fondées, envoyez-nous sur-le-champ un officier municipal pour nous en instruire.

« Les administrateurs composant le directoire,

« *Signé :* LAROCHEFOUCAULD, président; ANSON, vice-président; J. BROUSSE, DAVOUS. »

Le second est signé par trois membres du conseil général :

« Le 20 juin, 4 heures 1/2 de relevée.

« Monsieur le maire, nous nous trouvons rassemblés à la maison commune sur une lettre dont copie est ci-jointe :

« *Le péril presse, vite à la maison commune.* »

« Notre attachement à la chose publique ne nous a pas permis indi-

LIVRE II.

Enfin, sur les avis réitérés qu'il reçoit du château, Pétion comprend qu'il ne lui est pas possible de rester plus longtemps sans agir ou avoir l'air d'agir. Il fait donc atteler sa voiture, quitte son dîner inachevé[1], prend avec lui l'administrateur de police, Sergent, et le secrétair de la mairie, Joseau; et arrive aux Tuileries à travers des embarras innombrables. Descendus de voiture dans la cour des Princes, Pétion et Sergent ceignent leurs écharpes et s'avancent à travers la foule qui s'écarte sans trop de difficultés, car les populaires magistrats savent payer leur passage par plus d'une flatteuse harangue. Quand Pétion engage les citoyens à conserver la dignité qui convient aux hommes libres[2], on l'applaudit avec frénésie. Conjure-t-il le peuple de « prendre garde aux malveillants qui *pourraient* se glisser dans son sein et l'exciter à quelque désordre, afin de le calomnier, lui et ses magistrats, » on l'applaudit encore, mais moins généralement; insinue-t-il qu'il serait temps de se retirer avec ordre, on ne l'écoute plus. En marchant, les officiers municipaux ne font qu'accroître l'encombrement contre lequel ils luttent; car ils ouvrent eux-mêmes une voie

---

viduellement, à la réception de cette lettre, de considérer si cette forme de convocation était légale; mais ayant appris à la maison commune qu'il n'y avait point de conseil général, nous vous prions de nous lever cette incertitude, en nous répondant *si* ou *non* cette invitation a été faite par votre ordre, et si oui ou non il y aura ce jour conseil général. Nous attendons votre réponse.

« *Signé* : Aug. de Bourges, notable, J. Hirmet, Mané. »

1. Dit-il dans sa défense.
2. Rapport Mouchet.

nouvelle au torrent, sans cesse grossi par la curiosité. Chacun se dit que le maire est là, se demande ce qu'il va advenir de sa présence, et veut voir [1].

Arrivés enfin dans la salle de l'OEil-de-Bœuf, Pétion et Sergent aperçoivent le roi entouré de plusieurs officiers municipaux en écharpe, Patris, Vigner, Champion ; de représentants du peuple, Vergniaud, Isnard ; d'officiers de la garde nationale et de chefs de légion, Acloque et Lachesnaye. Louis XVI est toujours coiffé du bonnet rouge [2]. A la vue de cet ignoble spectacle, le maire de Paris, loin de s'indigner, admire avec une stupéfiante béatitude le roi des Français « couronné du signe de la liberté [3]. »

Et majestueusement, au milieu des cris enthousiastes de « Vive Pétion ! » il pénètre enfin jusqu'aux côtés du roi.

« Sire, lui dit-il, je viens d'apprendre à l'instant la situation dans laquelle vous étiez...

— Cela est bien étonnant, interrompt brusquement le monarque indigné, car il y a deux heures que cela dure [4].

— Sire, reprend le maire, j'ignorais vraiment qu'il y eût des troubles au château ; dès que j'en ai été instruit, je me suis rendu auprès de votre personne, mais vous n'avez rien à craindre, car le peuple veut la respecter ; nous en répondons [5].

---

1. Rapport Mouchet. Rapport Sergent. Exposé de la conduite tenue par le maire.
2. Rapport Sergent.
3. Exposé de la conduite tenue par le maire.
4. Déclaration Fontaine.
5. Rapport Sergent.

— Je ne crains rien, réplique le souverain outragé, on peut le remarquer ; d'ailleurs je n'ai couru aucun danger, puisque j'étais entouré de la garde nationale. »

Pétion essaye d'engager les citoyens à se retirer, mais il le fait si froidement[1] que nul ne bouge. On crie de nouveau : « Rappelez les ministres, levez le *veto !* » Un grand jeune homme blond parvient près du roi, et lui tient cet étrange discours :

« Sire, vous n'êtes point accoutumé à entendre la vérité ; je vais vous la dire au nom du peuple... Au nom de cent mille âmes qui m'entourent, je vous le dis : si vous ne sanctionnez pas les décrets de l'Assemblée, si vous ne rappelez pas les ministres patriotes que vous avez renvoyés, si vous ne marchez pas la constitution à la main, nous vous ferons descendre du trône ; le règne des tyrans est passé... La sanction des décrets, leur exécution, ou vous périrez[2] ! »

Pétion n'a pas imposé silence au jeune forcené ; il l'a laissé parler sans l'interrompre. Indigné, le municipal Champion se tourne vers le maire et lui crie : « Mais ordonnez donc, au nom de la loi, au peuple de sortir... Un grand danger nous menace, il faut parler ! » Le maire hésite encore, et c'est le roi qui répond pour lui au jeune

---

1. Rapport Champion.
2. Nous donnons la diatribe de cet énergumène d'après les déclarations du grenadier Lecrosnier et du capitaine de gendarmerie Winfray. On peut contrôler cette version par celle, évidemment atténuée, que le *Journal du Club des Jacobins*, n° CCXIX, donne de ce même discours, le jeune homme blond ayant été se vanter de son exploit à la séance du club, le soir même.

homme : « Vous vous écartez de la loi ; adressez-vous aux magistrats du peuple [1]. »

Champion, de plus en plus effrayé des dispositions hostiles de la foule, s'adresse avec colère à Pétion et lui crie : « Monsieur le maire, vous êtes responsable de tout ce qui peut advenir. » Mais les autres municipaux, Sergent, Vigner, Patris [2], reprochent à leur collègue sa trop grande vivacité; et l'acolyte de Pétion, le secrétaire Joseau, lui fait observer qu'il n'est pas à sa place. En effet, Champion n'était pas du nombre des officiers municipaux triés illégalement pour voter l'arrêté municipal du matin, ni du nombre de ceux qui avaient reçu le mandat de maintenir dans cette journée l'ordre et la décence. Il s'était rendu aux Tuileries, de son propre mouvement, uniquement parce qu'il avait pensé que la place des officiers municipaux est partout où il y a tumulte, danger public et violation de la loi [3].

Pétion se décide enfin à haranguer l'émeute. Sergent fait monter le maire sur un fauteuil que l'on vient d'apporter, et lui-même, prenant la sonnette des mains de l'un des huissiers de l'Assemblée nationale, qui avait accompagné Isnard et Vergniaud, l'agite jusqu'à ce qu'il ait obtenu un peu de silence.

« Citoyens, vous tous qui m'entendez, dit le maire, vous venez de présenter légalement votre vœu au représentant héréditaire de la nation ; vous l'avez fait avec la

---

1. Déclaration Lecrosnier.
2. Rapport Patris.
3. Rapport Champion.

dignité, avec la majesté d'un peuple libre ; retournez chacun dans vos foyers, vous ne pouvez exiger davantage. Sans doute votre demande sera réitérée par les quatre-vingt-trois départements, et le roi ne pourra se dispenser d'acquiescer au vœu manifeste du peuple. Retirez-vous, je le répète, et, en restant plus longtemps, ne donnez pas occasion d'incriminer vos intentions respectables[1]. »

Les paroles du maire ayant provoqué quelques applaudissements, le zélé et honnête Champion se jette dans la foule ; il est suivi par un officier de paix, muni de son bâton d'ivoire. Tous deux, ils adjurent les citoyens de se retirer ; on semble vouloir les écouter, mais les plus animés disent encore : « Nous attendons que le roi réponde aux demandes qui lui ont été adressées. » D'autres s'écrient : « Le maire va parler, nous voulons l'entendre[2]. »

En effet, Pétion répète : « Si vous ne voulez pas que vos magistrats soient injustement accusés, retirez-vous[3] ! » Le roi ayant lui-même annoncé qu'il a fait ouvrir les appartements du château[4], la curiosité entraîne quelques individus.

1. Déclaration de Montmorin, maire de Fontainebleau, confirmée par celles de Gossé, Hemery, Lecrosnier, Dorival, Dossonville, Lesieur, député de l'Orne, Becquey, député de la Haute-Marne. (Déclarations reçues par le juge de paix des Tuileries.)
Voir aussi la déclaration Fontaine, le rapport Sergent, et l'Exposé de la conduite tenue par le maire.
2. Rapport Champion.
3. Ibid.
4. Déclaration Fontaine.

Pour généraliser le mouvement, les officiers municipaux présents se dispersent à travers la salle. Sergent, près de la porte de sortie, détache de sa ceinture son écharpe municipale, et, l'agitant au-dessus de sa tête, crie : « Citoyens, voici le signe de la loi ; en son nom, nous vous invitons à vous retirer et à nous suivre[1] ! »

Le défilé commence, mais très-lentement, car les meneurs s'obstinent à rester et à retenir la foule, sous prétexte que le roi n'a encore rien accordé.

XXII

Sous le vestibule et dans les escaliers, des précautions étaient déjà prises pour empêcher d'entrer[2], quand arrive la députation envoyée par l'Assemblée nationale, ouvrant la voie à de nouveaux flots d'hommes armés et de curieux.

« Sire, dit le représentant qui la préside, Brunck, l'Assemblée nationale a envoyé vers vous vingt-quatre de ses membres pour s'informer de l'état de votre personne, maintenir votre liberté constitutionnelle, et partager vos périls, si vous en courez[3]. — Oui, s'écrie un autre député, l'Assemblée vient partager vos dangers ; chacun de ses membres est prêt à couvrir votre corps du sien.

1. Rapport Sergent.
2. Rapport J.-J. Leroux.
3. Rapport de Brunck à l'Assemblée, *Journal des Débats et Décrets*, p. 283.

— Ce sont des citoyens égarés, ajoute un troisième ; sire, ne craignez rien[1]. — L'homme de bien ne craint rien, » réplique le roi.

Et prenant, comme trois heures auparavant, la main d'un garde national, il la porte contre sa poitrine, en répétant : « Voyez si c'est là le mouvement d'un cœur agité de crainte[2]. »

Répondant à la députation entière, il ajoute : « Je suis sensible et reconnaissant de la sollicitude de l'Assemblée nationale[3], ma conscience ne me reproche rien ; je suis tranquille au milieu de mes amis[4], au milieu du peuple français[5]. »

Cet échange de paroles n'a pas arrêté le défilé. Sergent, Patris, Champion sont même parvenus à établir, de la porte d'entrée à celle des grands appartements intérieurs, une haie de gardes nationaux qui font écouler la foule. Toujours monté sur un fauteuil, le maire indique du geste aux émeutiers qu'ils doivent s'éloigner[6].

L'embrasure de la fenêtre, dans laquelle le malheureux roi était retenu captif depuis près de trois heures, est peu à peu rendue plus libre, grâce au zèle déployé par Champion[7] et par deux officiers de paix, Dorival et Dos-

---

1. Déclaration Fontaine.
2. Rapport de Dalloz, *Journal des Débats et Décrets*, p. 284, *Moniteur*, p. 724.
3. Rapport de Brunck.
4. Déclaration Fontaine.
5. *Journal des Débats et Décrets*, p. 285.
6. Exposé de la conduite tenue par le maire.
7. Rapport Champion.

sonville[1]. Acloque propose alors à Sa Majesté de se retirer; le roi accepte, ce qu'il avait par deux fois refusé, quand c'étaient des officiers municipaux suspects qui le lui offraient[2]. A l'appel du chef de légion, la députation de l'Assemblée nationale se range autour du souverain[3], les grenadiers ouvrent la marche, et le cortége passe à travers la foule dans la salle du lit de parade; de là, le roi est conduit devant une porte dérobée qui s'ouvre et se referme sur lui. Son supplice était fini.

XXIII

Le supplice de la reine durait encore. Séparée de son mari, elle avait été obligée de rester dans la salle du Conseil avec le prince royal, sa fille et plusieurs des dames de la cour, entre autres Mmes de Tourzel et de Lamballe. Madame Élisabeth était venue la retrouver. Le lieutenant général de la 17e division, M. de Wittenghoff, et le ministre des affaires étrangères, Chambonnas, étaient, dès le premier moment, accourus auprès d'elle avec quelques grenadiers[4]. Lorsque commença le défilé à travers les appartements, la reine et les personnes qui l'accompa-

---

1. Rapport Sergent.
2. Rapport Acloque.
3. Déclaration Fontaine.
4. Nous avons trouvé dans un opuscule très-rare, imprimé à l'époque même, et intitulé : *Récit exact et circonstancié de ce qui s'est passé au château des Tuileries, le mercredi 20 juin 1792*, des détails très-intéressants sur les circonstances qui empêchèrent la reine d'aller

gnaient furent mises à l'abri dans l'embrasure d'une fenêtre, derrière la grande table du Conseil. Devant cette table s'établirent trois rangées de gardes nationaux du bataillon des Filles-Saint-Thomas, sous les ordres de Mandat. A côté de celui-ci vint bientôt se placer le principal promoteur du tumulte, le commandant des Quinze-Vingts, le brasseur Santerre. En entrant, il dit à la reine :

retrouver Louis XVI, lorsque déjà il était dans la salle de l'Œil-de-Bœuf en butte aux outrages des premiers groupes d'émeutiers.

« La reine accourait en ce moment par la chambre du roi : M. Aubier l'aperçoit de la porte qu'il tenait, essayant de la fermer; il court vers Sa Majesté en refermant la porte; il ose l'arrêter. Elle criait : « Laissez-moi passer, ma place est près du roi, je veux le joindre et périr s'il le faut, en le défendant. » Le courage de la reine doublant ses forces, elle eût renversé M. Aubier, si M. Rougeville, chevalier de Saint-Louis, n'eût joint sa résistance à la sienne et donné le temps de l'atteindre aux personnes de l'intérieur qui couraient à sa suite. M. Aubier court en informer madame Élisabeth, qui l'autorise à résister à la volonté de la reine. Il faut, pour obtenir de la fille des Césars qu'elle semble moins digne d'elle-même, que ce serviteur zélé lui démontre l'impossibilité de traverser un groupe de brigands, lui prouve que si elle n'était pas massacrée, elle serait étouffée avant d'y arriver; que sa tentative serait funeste au roi qui, entouré de quatre grenadiers, se précipiterait au travers des piques pour arriver jusqu'à elle; à ce mot, qui fut appuyé par M. de Chambonnas, la reine s'est laissé entraîner dans la chambre de monseigneur le dauphin. Le sieur Augé, valet de chambre, chevalier de Saint-Louis, avait rallié dix grenadiers de la salle de la reine qui, aidés de MM. de Choiseul, d'Haussonville et de Saint-Priest, protégent sa retraite. Tenant dans ses bras monseigneur le dauphin, appuyée sur Madame, Sa Majesté était entourée de mesdames de Tourzel, de Tarente, de La Roche-Aymon, de Maillé, de la petite orpheline Ernestine. Par le couloir qui conduit de la chambre du dauphin à celle du roi, on fait passer la reine, le dauphin, Madame et leurs dames dans la salle du Conseil; on les place derrière le bureau, au milieu des braves grenadiers de la section de Saint-Thomas. »

« Madame, vous êtes trompée ; le peuple ne vous veut pas de mal. Si vous vouliez, il n'y aurait pas un d'eux qui ne vous aimât autant que cet enfant. » — Et du doigt il désignait le prince royal. — « Sauvez la France ; vos amis vous trompent, il n'y a pas à craindre pour vous ; je vais vous le prouver en vous servant de plastron[1]. » — Et aussitôt, activant le défilé, il montrait à la foule les membres de la famille royale, absolument comme s'il était déjà leur gardien ou leur geôlier. — « Regardez la reine, répétait-il à chaque instant, regardez le prince royal[2] ! »

Un sans-culotte, en passant, voulut que l'enfant fût coiffé du bonnet de la liberté ; et la reine mit un bonnet rouge sur la tête de son fils. Sous cette ignoble coiffure, beaucoup trop grande et trop lourde pour lui, le prince royal étouffait. « Otez le bonnet à cet enfant, dit Santerre, saisi lui-même de pitié, il a trop chaud[3]. »

Certes, parmi la horde qui défilait, il ne manquait pas de misérables incapables de s'apitoyer sur le sort de la malheureuse Marie-Antoinette ; mais, sur les lèvres du plus grand nombre, l'insulte fut arrêtée par l'admirable dignité de la reine ; plus d'un cœur se sentit ému à la vue de l'enfant royal qui jouait innocemment sur la table du Conseil.

---

1. Nous n'avons pour ces paroles que la version de Santerre, nous ne pouvons la contrôler ; nous la donnons donc sous toutes réserves. (Voir l'extrait du rapport de Santerre à la fin de ce volume, note IX.)
2. Rapport Mandat.
3. *Ibid.*

Parmi les femmes les plus violentes, raconte M. Michelet, « une fille s'arrête un moment et vomit mille imprécations. La reine, sans s'étonner, lui demande si elle lui a fait quelque tort personnel. « Aucun, réplique-« t-elle, mais c'est vous qui perdez la nation. — On « vous a trompée, dit la reine, j'ai épousé le roi de « France, je suis la mère du Dauphin, je suis Française, « je ne reverrai jamais mon pays, je ne puis être heu-« reuse ou malheureuse qu'en France : j'étais heureuse « quand vous m'aimiez ! » Voilà la fille qui pleure : « Ah ! « madame, pardonnez-moi, je ne vous connaissais pas, « je vois que vous êtes bonne. »

Mais ce que ne raconte pas M. Michelet, c'est qu'en voyant cette fille sangloter, Santerre s'écria : « Cette femme est *saoule*[1]. »

Le roi délivré, plusieurs officiers municipaux [2] vinrent dans la salle où se trouvait la reine pour la tranquilliser et en même temps hâter l'évacuation de ses appartements. Le chef de légion Lachesnaye avait établi dans cette salle, dans les galeries qui la suivent et dans celle du lit de parade qui la précède, deux haies de gardes nationaux entre lesquelles la foule consentit à s'écouler. Plus d'un[3] criait encore : *A bas le veto !* et *Vive la nation !* Certains se demandaient curieusement les uns aux autres : *Où est-il donc, le gros Veto ? Est-ce là le lit du gros Veto ? Ah ! M. Véto a un plus beau lit que nous*[4] *!*

1. Rapport Mandat.
2. Entre autres Champion et J.-J. Leroux.
3. Rapport Lachesnaye.
4. Déclaration Guibout.

Vers huit heures et demie du soir[1], tous les appartements étaient évacués et la reine pouvait rejoindre le roi.

Dès qu'ils se virent, ils se jetèrent dans les bras l'un de l'autre en versant des torrents de larmes[2]. Les députés présents étaient tous vivement émus. Merlin (de Thionville) lui-même pleurait. Mais tout à coup essuyant ses yeux, il s'écria : « Je pleure, oui, madame, je pleure, sur les malheurs d'un bon père, d'une mère de famille estimable, mais je n'ai pas de larmes pour les rois[3]. »

XXIV

Pétion déploya, pour faire évacuer les Tuileries, toute l'énergie qu'il avait jusque-là tenue en réserve. On le vit, transporté sur les épaules de deux grenadiers, descendre le grand escalier, ordonner aux citoyens de le suivre au nom de la loi, s'établir à la porte principale

---

1. Rapport Mandat, rapport Ramainvilliers.
2. Déclaration Gossé.
3. De ces paroles il existe trois versions : 1° celle de Mme de Campan (*Mémoires sur la vie privée de Marie-Antoinette*) ; 2° celle de Merlin lui-même, adressant à l'éditeur de ces mémoires (5e édition) une lettre rectificative, le 20 août 1823 ; 3° celle de Jean Reynaud, publiant en 1860 la vie du conventionnel célèbre dont il fut le pupille et l'élève.

Nous nous sommes décidé à adopter cette dernière, qui, du reste, ne contredit pas celle de Mme de Campan.

sous le vestibule et y rester jusqu'au complet écoulement du dernier flot populaire[1].

La garde nationale ayant repris possession de tous les postes, le maire parcourut les appartements et les abords du château ; n'y ayant plus trouvé aucun envahisseur, il s'en alla rendre compte à l'Assemblée nationale des événements du jour et de sa conduite.

L'Assemblée avait écouté, non sans quelque impatience, les rapports qui lui avaient été faits, soit par ceux qui s'étaient rendus d'eux-mêmes auprès du roi, soit par ceux qu'elle y avait envoyés. Brunck ayant traduit ainsi les paroles du monarque : « Je suis tranquille, je suis au milieu de mon peuple, » cette expression *mon peuple* souleva de si violents murmures qu'il fallut excuser l'orateur, sur ce qu'en sa qualité d'Alsacien il lui était permis de ne pas parler très-bien le français. Mais un autre député ayant encore prononcé les mots *son peuple*, les interruptions les plus vives s'entre-croisèrent et le calme ne se rétablit que quand enfin Lejosne déclara péremptoirement qu'il avait entendu dire au roi *le peuple français*[2].

Un autre incident fait surgir une nouvelle tempête. Un député du Bas-Rhin, Arbogast, demande qu'une députation spéciale de douze membres soit envoyée auprès du prince royal ; un député de la droite, appuyant sa motion, s'écrie : « Nous sommes responsables envers la nation et envers l'Europe entière de la conservation

---

1. Tous les rapports s'accordent sur ce point.
2. *Journal des Débats et Décrets,* p. 284 et 285.

du roi et du prince royal. — Il semblerait que nous avons quelques craintes sur la sûreté de la personne du roi? réplique vivement Lasource. — Oui, oui, crie-t-on d'un côté. — Vous insultez le peuple français, » répond-on de l'autre. « On ne dira, crie Léopold, que le roi court des dangers que quand il aura été assassiné. La nation a été avilie dans la personne de son représentant héréditaire. » Les murmures continuent jusqu'au moment où, sur la motion de Lasource, l'ordre du jour est mis aux voix. La minorité de l'Assemblée se lève contre, et, en récompense de son énergique attitude, elle recueille les huées des tribunes.

Les débats avaient été repris assez paisiblement sur divers objets inscrits à l'ordre du jour, quand paraissent à la barre le maire de Paris et deux officiers municipaux. Aussitôt le tumulte recommence : applaudissements d'un côté, menaces et cris dédaigneux de l'autre. Pétion reste quelques moments interdit, le rouge lui monte au front, et chacun remarque dans sa placide physionomie « une agitation de muscles qui ne lui est point ordinaire[1]. »

Peu à peu il se remet, et, réclamant l'indulgence de ses auditeurs parce qu'il n'a pas eu le temps de mettre ses idées en ordre, il essaye de commencer un discours, difficile à improviser, car il doit être d'autant plus sonore qu'il sera plus mensonger.

« On a eu des inquiétudes, dit-il, le roi n'en a point eu. Il connaît les Français, il sait que les magistrats du

---

[1]. *Journal des Débats et Décrets*, p. 285.

peuple veillent toujours pour faire observer à son égard le respect qui lui est dû. Les magistrats ont fait aujourd'hui leur devoir et l'ont fait avec le plus grand zèle, et j'avoue que j'ai été douloureusement affecté de voir des membres de cette Assemblée qui aient pu un instant en douter[1]...

— Oui, oui, sans doute, nous en doutons encore, » s'écrient plusieurs membres au paroxysme de l'indignation.

— A l'ordre, à l'ordre! répond-on à gauche, vous insultez un magistrat du peuple!... »

— Pourquoi, dit Boulanger (de la Seine-Inférieure), n'a-t-on pas aussi dénoncé ceux qui ont manqué de respect au roi ? Ils étaient du complot!

— Que M. Boulanger dénonce les complots qu'il vient de faire soupçonner, s'écrie Ducos, ou j'écris sur son front le nom de calomniateur. »

Les tribunes éclatent en applaudissements. Dumolard demande la parole, Boulanger court lui disputer la tribune; mais le président se refuse à les laisser parler, et, après une assez longue agitation, Pétion est invité à continuer. L'émotion du maire est si grande qu'il ne pro-

---

[1]. Comme nous l'avons déjà fait remarquer plus haut, cette séance du 20 juin au soir, et surtout le rapport que Pétion vint faire sur cette journée à l'Assemblée, ne sont mentionnés ni dans M. Louis Blanc, ni dans M. Michelet, ni même dans l'*Histoire parlementaire*. Nous suivons toujours plus spécialement le compte rendu du *Journal des Débats et Décrets;* le récit du *Moniteur* est évidemment refait après coup, la plupart des incidents les plus importants y sont atténués ou passés sous silence.

nonce que des phrases entrecoupées : « Il paraît que quelques personnes ne savent pas assez ce que la municipalité a fait. Elle a rempli son devoir. Elle est à l'abri de tout reproche... Les citoyens se sont soumis à la loi, mais ils ont voulu marcher en armes avec les bataillons. Ils en avaient le droit. Ils n'ont point contrevenu à la loi. La municipalité a senti qu'il était nécessaire de légaliser ce qui se passait. Les magistrats doivent faire en sorte que jamais les citoyens ne manquent à la loi. »

Après ces allégations trop facilement contestables, le maire s'embarrasse dans une démonstration de la complète légalité et de la parfaite innocence des événements qui viennent de se passer[1]. Il glisse fort légèrement sur la violation du domicile royal, sur les insultes qui ont été prodiguées à Louis XVI, et termine en cherchant à changer de rôle, en s'efforçant de se faire accusateur, d'accusé qu'il était auparavant : « Je viens d'entendre dire, et cela se répète souvent, qu'il y avait des complots ; il serait bien nécessaire de les connaître ; je ne crois pas qu'il y ait un bon citoyen qui puisse se refuser à les dévoiler. Il serait bon que les magistrats du peuple les connussent afin de pouvoir les déjouer sur-le-champ. Je vous supplie d'engager tous les membres de cette Assemblée qui peuvent avoir des renseignements à cet égard, à nous les communiquer ; car sûrement les magistrats du peuple feront à l'instant leur devoir ! »

Les tribunes accueillent avec le plus vif enthousiasme la fin du discours de Pétion.

---

[1]. *Journal des Débats et Décrets*, p. 287.

Certains députés demandent qu'il soit fait « *mention honorable* » de la conduite de la municipalité.

« Fi donc! » leur répondent les députés constitutionnels.

« Je m'y oppose formellement, » crie Becquey.

« Que ceux qui ont du mal à dire de la municipalité s'expliquent! » dit le fougueux Albitte.

« Qu'ils se lèvent, s'ils l'osent! » ajoute Brival.

Mais la lecture d'une lettre du maréchal Luckner vient mettre fin à cette discussion, et Pétion sort, applaudi par les tribunes et par ses amis de l'Assemblée.

Après son départ, les constitutionnels demandent que le ministre de l'intérieur soit mandé sur-le-champ; la gauche s'y oppose; et, sur son insistance, on passe à l'ordre du jour. Guyton-Morveau, président de la dernière députation envoyée aux Tuileries, rapporte que tout est tranquille autour du Château, que le roi s'est retiré dans ses appartements, que le prince royal est en très-bonne santé.

Sur ce, la séance est levée, et chacun rentre chez soi avec ses craintes ou ses espérances; mais personne ne se dissimule que le ciel reste chargé d'orages [1].

---

[1]. Nous croyons avoir donné le récit le plus complet et le plus exact qui ait été fait de la fameuse journée du 20 juin 1792. Non-seulement nous avons puisé aux sources les plus authentiques (on en trouvera la nomenclature à la fin de ce volume, note IX), mais nous avons écarté soigneusement tous les faits qui n'étaient établis que par des témoignages uniques, équivoques ou émanant de personnes ne parlant que sur des ouï-dire. Telles sont : 1° la déclaration Lareynie dont les historiens nos devanciers ont fait un très-grand usage: 2° la déposition de Chabot au tribunal révolutionnaire, racontant à sa ma-

A dater de ce jour, les masses populaires savent le chemin de l'Assemblée nationale et des Tuileries ; elles le reprendront bientôt pour aller, à l'instigation de la démagogie, renverser le trône de Louis XVI, et plus tard pour dicter leurs volontés à la Convention et la forcer à se décimer elle-même. Tout se tient, tout s'enchaîne dans les événements d'une révolution, tout s'y meut d'après les règles d'une logique inflexible. Les Girondins qui ont salué de leurs applaudissements la première apparition de ce pouvoir nouveau, celui de la rue et de la foule irresponsable, apprendront bientôt à leurs dépens que, s'il est écrit dans l'évangile du Christ : « Celui qui tirera l'épée périra par l'épée, » l'histoire a traduit les paroles du livre saint par cette immuable loi de la politique humaine : « Celui qui appelle la rue à son aide périra par la rue. »

nière les événements du 20 juin 1792, et la part qu'y auraient prise les Girondins alors accusés et déjà condamnés d'avance. Tels sont encore les épisodes relatifs à la conduite de Santerre sur la place du Carrousel et au bas du grand escalier des Tuileries; et à celle de Manuel, qu'un seul témoin, le sieur Muserey, déclare avoir vu se promener dans le jardin « revêtu de son plus beau costume de ville, frisé, poudré et le visage rayonnant. » Manuel et Santerre ont été bien coupables dans la journée du 20 juin : le premier, en ne paraissant nulle part; le second, en se mettant à la tête du mouvement populaire; mais ce n'est pas une raison pour accepter aveuglément tous les faits que des individus sans mandat et sans consistance ont pu mettre à leur charge.

LIVRE III

LA FAYETTE A PARIS.

I

Le soir même du 20 juin, le ministre de l'intérieur et le département de Paris s'étaient concertés pour adopter les mesures propres à rétablir la tranquillité dans la capitale, se faire rendre un compte détaillé des événements de la journée et de la conduite des différents fonctionnaires publics, enjoindre aux juges de paix, et notamment à celui de la section des Tuileries, de commencer sans retard des informations judiciaires [1].

---

[1]. Voir, dans la *Revue rétrospective*, 2ᵉ série, t. Iᵉʳ, p. 177, 178 et 179, les billets du ministre de l'intérieur et l'arrêté du directoire du département. Voici la lettre que le directoire du département écrivit au ministre de l'intérieur le 20 juin au soir :

« Paris, le 20 juin 1793, an IV de la liberté.

« Nous venons, monsieur, d'envoyer au maire de Paris copie de la lettre que vous nous avez adressée ce soir; nous l'avons prié d'employer tous ses soins pour prévenir que les événements d'aujourd'hui ne se renouvellent. Vous avez été témoin des mesures que nous avons concertées avec le commandant général pour que la garde du Château soit composée de deux mille cinq cents hommes. Nous venons de convenir que M. le procureur-général-syndic, et, lorsqu'il ne pourra pas

Mais c'était sur l'Assemblée nationale que les constitutionnels avaient surtout résolu d'agir. De l'attitude qu'elle allait prendre, après de si effroyables désordres, dépendait, en effet, la chute ou le salut de la monarchie.

A peine la séance du 21 juin est-elle ouverte, que Daverhoult, l'un des membres les plus courageux de la droite, s'élance à la tribune.

« Un grand attentat a été commis hier, s'écrie-t-il ; on a porté atteinte à la liberté du roi... »

De violents murmures s'élèvent ; Thuriot, toujours prêt à se constituer le défenseur de la municipalité parisienne, demande la parole.

« Il faut que M. Daverhoult soit entendu, dit Dalmas d'Aubenas ; un grand attentat a été commis, il vient en demander vengeance. »

Les murmures redoublent, et l'Assemblée ne peut y mettre fin qu'en décrétant, sous prétexte qu'elle n'est pas encore assez nombreuse, que Daverhoult sera entendu à midi.

Mais la question qui agitait secrètement tous les esprits

---

y être, deux membres du directoire, seront constamment aux Tuileries, où ils se rendront demain, au premier instant qu'il paraîtra nécessaire, pour donner les ordres convenables, requérir l'action de la force publique et agir à défaut de la municipalité. Nous vous prions en conséquence, monsieur, de vouloir bien faire avertir M. le procureur-général-syndic et nous, dès que vous croirez qu'il en sera besoin.

« Les administrateurs du département de Paris :

« *Signé :* La Rochefoucauld, président; Anson, vice-président; J.-L. Brousse, Germain-Garnier, Davous, Thion de la Chaume. »

se représente bientôt sous une autre forme. Bigot de Préameneu, autre membre de la droite, déclare qu'il a à faire une proposition qui ne peut rencontrer d'opposants, et qu'il l'énoncera sans préambule : « Rendez à l'instant même un décret qui interdise tout rassemblement d'hommes armés sous prétexte de pétition. — La loi existe, lui crie-t-on. — Sans doute, répliquent d'autres députés, mais c'est comme si elle n'existait pas, puisque l'Assemblée en a autorisé l'inexécution. — Il serait dangereux et inutile de faire une loi nouvelle, objecte Lecointe-Puyraveau ; vous n'avez qu'un parti à prendre, c'est d'exiger que les autorités constituées fassent exécuter celle qui est en vigueur. — Mais, hier, lui répond-on, le département est venu vous faire cette demande, et vous l'avez renvoyé. — Hier, sans doute, reprend l'orateur, la loi a été violée sous certains rapports, mais elle a été suivie sous beaucoup d'autres ; des citoyens de la garde nationale étaient avec ceux armés de piques, et quel homme ne verra pas dans cette mesure un grand acte de prudence de la part de la municipalité ?... »

Cette opinion soulève l'indignation de la droite ; la gauche applaudit avec violence, et lorsque Bigot et ses amis se déclarent prêts à mourir pour maintenir le respect dû à la loi, elle accueille leurs protestations par des rires ironiques. L'Assemblée décide néanmoins que l'on renouvellera les prescriptions de la loi qui ordonne à toute députation de déposer ses armes avant d'entrer dans le sein du Corps législatif ; il en est fait application immédiate à une députation de gardes nationaux de Versailles qui, en retard de vingt-quatre heures, viennent soutenir, de leurs vœux et de leur présence, la manifestation faite la veille par leurs frères de Paris.

II

Les derniers groupes de la députation versaillaise sortaient lentement, lorsqu'un député s'écrie : « Occupons-nous donc de faire des lois ; les départements ne nous ont point envoyés ici pour jouer des parades ! » Et, sans plus tarder, Daverhoult monte à la tribune ; il rappelle qu'il a demandé la parole dès l'ouverture de la séance : l'heure qui lui a été assignée est sonnée, l'Assemblée est en nombre ; il doit donc être entendu sur-le-champ.

« L'ordre du jour ! crie la gauche. — Ceux qui réclament l'ordre du jour sur le crime peuvent y avoir quelque intérêt, réplique Ramond, mais ce n'est pas le nôtre. L'Assemblée commettrait la plus grande lâcheté si elle refusait d'entendre M. Daverhoult. » L'ordre du jour est mis aux voix, mais l'épreuve est douteuse, et Daverhoult reste à la tribune.

« Un grand attentat a été commis, dit-il sans se laisser troubler par les perpétuelles interruptions des Montagnards ; on a porté atteinte à la liberté et à la dignité du roi. La garde du Château a été forcée ; les portes des appartements ont été ouvertes à coups de hache. Je demande que l'Assemblée déploie aujourd'hui toute la grandeur de son caractère ; je demande qu'elle ordonne au ministre de la justice de faire informer contre les auteurs de ces attentats, qu'elle mande le ministre de l'intérieur, le directoire du département et le commandant de la garde nationale parisienne, afin de savoir si les ordres convenables avaient été donnés pour repousser cette agression, ou bien si c'est à la désobéissance de ceux auxquels la garde du roi était confiée qu'il faut attribuer les malheurs dont nous avons été les témoins ; ces renseignements une fois obtenus, l'Assemblée prendra, je l'espère, un parti qui n'expose plus la patrie à de pareils désastres. »

Cette proposition soulève l'agitation la plus vive. Lamarque essaye de réfuter les allégations de Daverhoult; mais une fois sorti des généralités, et en arrivant au fait, il s'embarrasse dans ses réticences. « L'ordre du jour ! crie Couthon. — L'apologie de l'attentat d'hier est bien difficile, dit en souriant Calvet, je demande de l'indulgence pour M. Lamarque. — Tous nos délégués, reprend celui-ci, ont affirmé que le calme régnait aux Tuileries. — Oui, à dix heures du soir, lui réplique-t-on. — L'asile du représentant héréditaire a été violé, ajoute Deusy; je demande si ce n'est pas là un attentat, et si l'on peut passer à l'ordre du jour sans se déshonorer. »

En ce moment paraît le ministre de la justice. « Messieurs, dit-il, je suis chargé de vous remettre une lettre de la part du roi... — Après la délibération, s'écrie Lamarque, nous ne pouvons ainsi interrompre nos travaux. » — Le président consulte l'Assemblée; la majorité décide qu'elle entendra tout de suite la lecture de la lettre royale. Elle était ainsi conçue : .

« Messieurs,

« L'Assemblée nationale a déjà connaissance des événements de la journée d'hier. Paris est sans doute dans la consternation ; la France les apprendra avec un étonnement mêlé de douleur. J'ai été très-sensible au zèle que l'Assemblée nationale m'a témoigné en cette circonstance. Je laisse à sa prudence de rechercher les causes de cet événement, d'en peser les circonstances et de prendre les mesures nécessaires pour maintenir la Constitution, assurer l'inviolabilité, la liberté constitutionnelle du représentant héréditaire de la nation. Pour moi, rien ne peut m'empêcher de faire, en tout temps et en toutes circonstances, ce qu'exigeront les devoirs que m'imposent la Constitution que j'ai acceptée et les vrais intérêts de la nation française.

« *Signé :* Louis. *Contre-signé :* Duranton. »

La lettre royale est renvoyée, avec toutes les pièces concernant le 20 juin, à la commission des douze. De Haussy et Léopold demandent que le maire de Paris soit tenu de remettre par écrit le compte rendu qu'il a fait le soir précédent à la barre de l'Assemblée. Malgré les cris de la Montagne, la motion est adoptée à une grande majorité. Le ministre de l'intérieur, Terrier-Montciel, vient à son tour lire un rapport sur les faits de la veille. Mais, dès l'exorde, il est brutalement interrompu par les dénégations de la gauche. Il continue néanmoins, en exposant les avis qu'il a donnés au département et reçus de lui, avis inutiles et qui n'ont rien empêché. On le laisse parler durant quelques minutes, mais le tumulte recommence quand, dépeignant l'envahissement du château des Tuileries, il insinue qu'il aurait pu, dans la foule, se trouver quelqu'un d'assez malveillant pour faire porter un deuil éternel à la France. « Je respecte trop mon pays, reprend-il vivement, pour ne pas croire que tous les bons citoyens y prendraient le deuil, si un grand crime était commis. »

Au moment où le ministre de l'intérieur descend de la tribune, le président annonce qu'il vient de recevoir une lettre du département :

« Monsieur le Président,

« Le conseil général du département, extraordinairement assemblé, apprend que l'Assemblée vient de rendre un décret qui assurera la tranquillité publique; il ose l'en remercier et lui observer que la prompte publication produirait le meilleur effet.

« *Signé :* La Rochefoucauld, président. »

L'Assemblée, ainsi sommée de se prononcer, adopte la rédaction du décret qu'elle avait rendu quelques heures auparavant, sur la proposition de Bigot de Préameneu. Ce décret est porté sans le moindre retard à la sanction du souverain, expédié par le pouvoir exécutif au département et par celui-ci à la municipalité, pour qu'il soit publié et affiché avec la plus grande promptitude[1].

Voici quel en était le texte :

« L'Assemblée nationale, considérant que tout ce qui

---

[1]. Lettre du ministre de l'intérieur. (*Revue rétrospective*, p. 179.)

a l'appareil de la force, sans réquisition légale, doit être écarté des autorités constituées, et qu'il est instant de rappeler ce principe, essentiellement lié aux bases de la constitution et de l'ordre social, décrète qu'il y a urgence.

« L'Assemblée nationale, après avoir décrété l'urgence, décrète que désormais, sous aucun prétexte que ce puisse être, aucune réunion de citoyens armés ne pourra être admise à sa barre, défiler dans la salle de ses séances, ni se présenter à aucune autorité constituée, sans réquisition légale. »

Durant quelques instants l'Assemblée paraît reprendre le calme dont tant d'émotions l'avaient fait sortir. Mais soudain Merlin (de Thionville) propose de porter de nouveau à la sanction du roi le décret contre les prêtres. La droite éclate en murmures et la majorité repousse avec indignation cette motion intempestive. Couthon insiste. « Les refus de sanction, dit-il, sont contraires au bien public... Je propose que l'Assemblée fixe à un jour très-prochain la discussion de cette question : « Les décrets de circonstance doivent-ils être soumis à la sanction? » Tous les membres du côté droit et même quelques députés des bancs les moins élevés du côté gauche protestent et demandent que l'orateur soit censuré. « Voilà, s'écrie Baert, en désignant du doigt les députés ultra-révolutionnaires, voilà le but du mouvement d'hier et voilà ses auteurs! — L'appel nominal! l'appel nominal! réclame la Montagne avec insistance. — La proposition de M. Couthon, s'écrie Girardin, est une violation manifeste de la Constitution. Toute la question est là, ajoute-t-il; serons-nous, oui ou non, parjures à notre serment?

— Les parjures, répond l'extrême gauche, qu'ils aillent à Coblentz! — Les parjures et les séditieux, réplique Pastoret, ce sont ceux qui osent prétendre que le temps est venu de modifier la Constitution!... La motion qui vous est soumise est contraire à tous les principes constitutionnels... L'appel nominal seul serait un outrage à la Constitution. Je demande la question préalable sur le tout. »

Malgré les protestations de la Montagne, cette dernière proposition de Pastoret est mise aux voix et adoptée. Puis l'Assemblée lève la séance, croyant avoir assez fait pour le salut de la monarchie et le maintien de la Constitution, parce qu'elle vient de revêtir d'une forme nouvelle une loi depuis longtemps en vigueur, mais depuis longtemps méconnue, et parce qu'elle s'est refusée à renouveler, sous la forme d'un message au roi, la demande que les faubourgs avaient faite la veille à main armée.

III

Tous les bons citoyens de Paris avaient été profondément émus des événements du 20 juin. La garde nationale était indignée du rôle auquel on l'avait réduite. Pétion et Sergent, s'étant rendus dans la journée du 21 au Château, y furent accueillis par des huées et s'y trouvèrent même exposés à des voies de fait très-répréhensibles. La Montagne devait naturellement faire grand bruit d'un pareil attentat commis contre « les magistrats du peuple. » Dès la réouverture de la séance, à 6 heures du soir, Brival vient le dénoncer à la tribune; mais l'attention de l'Assemblée est bientôt détournée par un objet plus pressant : on annonce que le faubourg Saint-Antoine arrive.

Le faubourg arrivait-il en effet? Ce qu'il y a de sûr, c'est que l'on était très-inquiet au Château, que l'on y avait appelé le procureur-général-syndic du département, et que le roi avait fait demander si l'Assemblée était en séance[1]. L'alarme était telle que la reine courut chercher le prince royal et que le jeune enfant, voyant sa mère effrayée, s'écria avec une naïveté touchante : « Maman, est-ce qu'hier n'est pas encore fini?[2] »

Acceptant comme réels les bruits répandus, — par bonheur ils étaient faux, — la droite demande qu'une députation soit envoyée aux Tuileries, une autre au-devant du rassemblement pour l'avertir qu'il ne sera pas admis. Déjà l'on affirme que la tête de la colonne populaire est arrivée à la hauteur de la rue de l'Arbre-Sec, dans la rue Saint-Honoré. Cette nouvelle semble être confirmée par ce billet que reçoit le président :

« Monsieur,

« J'ai l'honneur de prévenir l'Assemblée qu'il se porte vers le Château un rassemblement armé.

« Le procureur-général-syndic du département,

« ROEDERER. »

On propose d'envoyer immédiatement au roi une dé-

---

1. Rœderer, *Chronique des cinquante jours.*
2. *Mémoires* de Ferrières, t. III, p. 123.

putation de quarante ou soixante membres. « Non, dit Cambon, l'Assemblée nationale doit rester à son poste. Si le chef du pouvoir exécutif est attaqué dans son domicile, qu'il vienne parmi les représentants du peuple, il sera reçu dans le sanctuaire des lois... Nous le garderons[1]. »

L'on verra bientôt comment les représentants du peuple savaient garder le chef du pouvoir exécutif au moment du péril — en l'envoyant de la loge du Logographe dans la tour du Temple ! — Ce fut peut-être cette parole de Cambon qui donna, six semaines après, à Rœderer l'idée malheureuse qu'il fit accepter à Louis XVI, et qui devait si mal réussir à cet infortuné monarque.

On continuait à discuter sur la nouvelle annoncée par Rœderer, quand des cris d'enthousiasme, poussés par les tribunes, annoncent l'apparition du maire de Paris.

« L'ordre règne partout, dit-il ; les magistrats ont pris toutes les précautions. Ils ont fait leur devoir ; ils l'ont fait toujours, et l'heure viendra qu'il leur sera rendu quelque justice. »

Cela dit, le maire quitte l'Assemblée au milieu des applaudissements, et se rend au Château.

IV

Le matin, Pétion et ses amis avaient reçu dans la cour des Tuileries un accueil plus que brutal ; mais grâce au

---

1. *Journal des Débats et Décrets,* n° 160, p. 307.

bruit qu'avait fait leur malheur au dedans et au dehors de l'Assemblée, il n'était pas à présumer qu'ils y pussent courir encore quelque péril. En effet, le département, auquel seul on avait confiance autour du roi, et qui seul en ce moment gardait quelque autorité sur les défenseurs de la Constitution, s'était montré très-indigné des voies de fait subies par un officier municipal dans l'exercice de ses fonctions ; ordre avait été donné par lui de rechercher et de poursuivre judiciairement le coupable [1].

Le maire était accompagné de Panis et de Sergent. Admis dans la salle du conseil, quoiqu'il ne retrouvât pas là ses tribunes ordinaires pour le soutenir, il voulut payer d'audace et maintenir, vis-à-vis du monarque outragé, la parfaite constitutionnalité des événements de la veille. Ce fut Louis XVI qui commença brusquement l'entretien.

« LE ROI. Eh bien ! monsieur le Maire, le calme est-il rétabli dans Paris?

« LE MAIRE. Sire, le peuple vous a fait des représentations. Il est tranquille et satisfait.

« LE ROI. Avouez, monsieur, que la journée d'hier a été d'un bien grand scandale et que la municipalité

[1]. Nous donnons à la fin de ce volume, note X, le texte de l'arrêté du directoire de Paris prescrivant les poursuites contre les gardes nationaux qui avaient insulté Sergent. Dix-huit mois plus tard, le chef du bataillon Saint-Lazare, Roland de Montjourdain, qui commandait dans ce moment le poste de la garde nationale de service au Château, fut traduit au tribunal révolutionnaire comme responsable de ce fait. On lui reprocha également d'avoir colporté la pétition des huit mille, d'avoir voulu défendre le Château, le 20 juin et le 10 août. Il fut condamné à mort le 16 pluviôse an II.

n'a pas fait, pour le prévenir, tout ce qu'elle aurait pu faire.

« LE MAIRE. Sire, la municipalité a fait tout ce qu'elle a pu et dû faire ; elle mettra sa conduite au grand jour, et l'opinion publique la jugera.

« LE ROI. Dites la nation entière...

« LE MAIRE. Elle ne craint pas plus le jugement de la nation entière.

« LE ROI. Dans quelle situation se trouve en ce moment la capitale ?

« LE MAIRE. Sire, elle est calme.

« LE ROI. Cela n'est pas vrai !

« LE MAIRE. Sire...

« Taisez-vous ! » interrompt Louis XVI d'un ton absolu.

Pétion veut ajouter quelques mots pour la défense de la municipalité ; mais le monarque continue ses reproches ; les deux interlocuteurs parlent quelques instants tous les deux ensemble. Vivement irrité de l'insistance du maire et de son manque de respect, le roi lui tourne le dos. Pétion se voit obligé de se retirer[1].

---

1. Il y a plusieurs versions de la conversation du roi avec Pétion. Nous avons suivi, pour le commencement de cette conversation, le récit que l'on trouve dans le *Moniteur* du 27 juin 1792. Mais nous doutons fort que Pétion ait prononcé toutes les paroles hautaines qu'il se prête à la fin de cette version, évidemment arrangée par lui, selon le témoignage de Rœderer lui-même. Le *Moniteur*, on peut s'en convaincre facilement, recevait souvent les inspirations de la mairie. Voir du reste ce que rapportent de cette conversation Rœderer dans sa *Chronique des cinquante jours*, et. Ferrières dans ses *Mémoires*, t. III, p. 124.

Mais dans la première antichambre, dès qu'il se retrouve seul avec Sergent et Panis, il se félicite d'avoir opposé le calme de la raison à la folie de ces personnes qui se croient encore au temps d'imposer à des hommes libres [1]. »

Au même moment, la reine disait au procureur-général-syndic :

« M. Rœderer, ne trouvez-vous pas que le roi a été bien vif? Croyez-vous que cela ne lui nuise point?

— « Je crois, madame, que personne ne mettra en doute que le roi ne puisse se permettre de dire : *taisez-vous*, à un homme qui parle sans l'écouter [2]. »

V

Le malheureux maire n'en avait pas fini avec ses tribulations de la journée. En rentrant à la mairie, il trouva plusieurs lettres qui durent fort l'embarrasser.

Le secrétaire général de la commune lui annonçait que le conseil s'assemblerait le surlendemain samedi, afin d'entendre le compte-rendu des mesures qu'il avait prises le 20 juin pour assurer la tranquillité publique.

Le ministre de l'intérieur, tout en conservant les formes officielles et en ayant l'air de ne pas douter des excellentes intentions du maire, l'invitait à faire prendre au corps municipal un arrêté qui pût ramener le calme dans Paris.

1. *Mémoires* de Ferrières, t. III, p. 125.
2. *Chronique des cinquante jours*, p. 78.

Rœderer, par une missive officielle, l'avertissait que le commandant général avait le projet de faire battre la générale le 22 juin à 7 heures du matin ; par une autre, toute confidentielle, il insistait sur la nécessité d'adresser aux Parisiens une proclamation pathétique, destinée à leur démontrer combien il importait à tous que le roi parût libre et n'eût aucun prétexte pour chercher un autre asile que son palais[1].

---

1. Nous avons retrouvé la lettre du secrétaire du conseil général, celle du ministre de l'intérieur et le billet confidentiel de Rœderer. Ces pièces sont complétement inédites. La lettre officielle de Rœderer est imprimée dans la *Revue rétrospective*.

« Maison commune, 21 juin, 10 heures du soir.

« Monsieur le Maire,

« J'ai l'honneur de vous prévenir que le conseil général s'est ajourné à samedi prochain, après-demain, pour entendre le compte des mesures qui ont été prises hier, par vous et par le corps municipal, relativement à la tranquillité publique. Il a été observé que le compte ayant dû être rendu par écrit au directoire, votre absence, si elle était forcée par les circonstances, n'empêcherait pas le conseil général d'en entendre la lecture.

« Je m'acquitte, monsieur le Maire, du devoir qui m'a été imposé, et je m'en acquitte sur-le-champ, afin que vous ayez le temps de convoquer. « *Signé :* Royer.

« Je vous observe que l'esprit et l'intention de l'arrêté m'ont paru être que vous donnassiez communication au conseil général du compte que le directoire vous a demandé. »

« Paris, 21 juin, l'an iv de la liberté.

« Parmi les moyens, monsieur, qui pourraient ramener le calme dans Paris, je pense qu'un arrêté du corps municipal pourrait ramener les citoyens à la tranquillité dont nous sommes malheureusement privés depuis plusieurs jours. Cet arrêté pourrait être motivé sur la nécessité de respecter non-seulement la dignité, mais encore la liberté

La lettre du secrétaire du conseil général était assez sèche, et pouvait faire présager que plusieurs des membres de la municipalité étaient résolus à demander à Pétion un compte sévère de la conduite qu'il avait tenue le 20 juin. Heureusement il avait trente-six heures pour se préparer à répondre aux interpellations.

du roi; que les ennemis de la France ne demandent qu'un prétexte qui, jusqu'à présent, leur a manqué; qu'une révocation du *veto* arrachée par la force ne serait, de la part du roi, qu'une protestation de non-liberté; que, dans un moment où les ennemis secrets de la chose publique sont si multipliés, il peut s'en mêler dans les rassemblements des meilleurs citoyens, et qu'ainsi les mieux intentionnés pourraient être déshonorés par des scélérats qui se glisseraient au milieu d'eux. Ces motifs, rédigés avec art et présentés par vous, pourraient avoir une grande influence sur l'esprit du peuple qui ne s'écarte souvent des lois que faute de les connaître. En vous offrant de l'éclairer, je suis assuré d'entrer dans vos vues.

« Le ministre de l'intérieur, Terrier. »

« Mon ami, la chose la plus utile et la plus digne de votre zèle que vous puissiez faire serait une proclamation qui paraîtrait demain matin et dans laquelle vous montreriez au peuple de quelle importance il est que le roi soit libre, que l'on ne lui extorque pas une révocation du *veto*, nulle du fait qu'elle aurait été forcée, qu'il n'ait aucun prétexte de chercher un autre asile que son palais, que ses amis n'aient aucun prétexte de déserter notre cause dans un moment où il s'agit de nous réunir pour la défendre, etc. Vous en savez plus que moi sur cela. Ne pouvez-vous pas intéresser aussi par la considération de la position où vous mettent, vous et tous les magistrats qui ont juré la loi, des rassemblements et des violences qu'elle réprouve? Je vous demande, en grâce, mon ami, cette démarche qui, de votre part, ne peut qu'être utile.

« Bonsoir. « *Signé :* Roederer. »

« 21 juin, 11 heures du soir.

« A Monsieur le Maire de Paris. (Très-pressé.) »

Il se trouvait dans une position plus délicate vis-à-vis de Rœderer. Celui-ci était en même temps son ami et son supérieur administratif. Leur liaison datait de l'Assemblée constituante où ils avaient siégé ensemble sur les bancs de la gauche; maintenant, par le choix des électeurs parisiens, Rœderer était devenu l'intermédiaire obligé de toutes les communications que pouvaient avoir à faire à la municipalité les deux pouvoirs créés par la Constitution, le roi et l'Assemblée. Aussi le procureur général employait-il tour à tour auprès du maire les injonctions du chef hiérarchique et les objurgations encore plus pressantes de l'ami et de l'ancien collègue.

Pour sortir d'embarras, Pétion fit écrire à Rœderer, par son secrétaire Joseau, qu'excédé de fatigues il prenait quelques instants de repos; le subalterne ajoutait, comme de son chef, que l'on ne pouvait, attendu l'heure avancée, songer à une proclamation, mais que dès le matin il entretiendrait le maire de cet objet, afin qu'il convoquât le corps municipal et prît un parti de concert avec les administrateurs de police [1].

Le 22, en effet, Pétion fit adopter par le corps municipal une adresse aux Parisiens, mais si banale qu'elle ne pouvait évidemment remédier à rien. Promulguée en même temps que la loi du 21 juin, elle ne rencontra qu'une très-médiocre faveur dans les faubourgs.

---

[1]. Voir dans la *Revue rétrospective* le texte même de la lettre de Joseau et la note mise au bas, de la main de Rœderer. Cette lettre, que l'auteur de la *Revue* avait retrouvée seule, ne s'expliquait pas d'elle-même; elle se comprend facilement lorsqu'on la rapproche des lettres que nous venons de donner.

Avec sa véracité ordinaire, le *Moniteur* dit bien que partout les municipaux en écharpe trouvèrent les citoyens empressés de se soumettre aux lois et surtout à la voix de la raison et de la justice [1]. Mais ce qui est beaucoup plus vrai, c'est ce que Pétion mandait au directoire du département par sa lettre du 22 juin [2] : il y avouait lui-même que les deux publications n'avaient eu, ni au faubourg Saint-Antoine, ni au faubourg Saint-Marceau, tout le succès que l'on en attendait; bien plus, ajoutait-il, dans le premier de ces faubourgs on parlait de se réunir de nouveau, en armes, le lundi 25.

Les faubourgs, en effet, étaient toujours agités et de moins en moins disposés à tenir compte des proclamations de la municipalité, des lois rendues par l'Assemblée nationale. Dans la section des Quinze-Vingts, il se formait des assemblées où, contrairement à la loi, on admettait à délibérer tous ceux qui se présentaient, sans distinction d'âge, de sexe, de circonscription. On y proclamait hautement l'inutilité du dernier mouvement populaire et la nécessité d'en provoquer un second, auquel seraient associées toutes les sections de Paris [3].

---

1. *Moniteur* du 24 juin 1792, p. 732.
2. Voir cette lettre, p. 186 de la *Revue rétrospective*.
3. Voici à cet égard un très-curieux rapport que nos recherches nous ont fait découvrir :

« 22 juin 1792.

« Au Maire et aux Officiers municipaux de Paris.

« Nous apprenons à l'instant, messieurs, qu'il doit se tenir ce soir, dans l'église des Quinze-Vingts et dans celle des Enfants-Trouvés, au faubourg Saint-Antoine, une assemblée où l'on doit admettre tous ceux

Une convocation, faite conformément à une pétition signée par cinquante citoyens actifs, obligeait toute la section de Montreuil à se rassembler, le 21 juin, à huit heures du soir, au lieu ordinaire de ses séances, sous le charnier de la paroisse Sainte-Marguerite. En y arrivant, les membres du comité civil trouvaient le local envahi par une foule nombreuse, composée en grande partie de femmes, d'enfants et de personnes complétement étrangères au quartier. Le président et le secrétaire ne purent que protester contre une illégalité aussi flagrante; mais cela ne servit de rien, la séance n'en continua pas moins [1]. On y disait tout haut que, le 25 juin, on

qui se présenteront, sans distinction d'âge, de sexe et de section. Déjà, dans une assemblée de ce genre, tenue hier soir, le cri général était que les lois étaient mauvaises, qu'il n'y avait que la force à leur opposer et qu'on l'avait en main; dans celle d'aujourd'hui, on se propose de prendre l'arrêté de se transporter de nouveau en armes au château des Tuileries et d'envoyer demain des émissaires pour proclamer, dans les différents quartiers de Paris, ce prétendu projet. Nous nous empressons, messieurs, de vous communiquer cet avis et de provoquer votre sollicitude sur les moyens que vous croirez convenables pour prévenir le désordre. Peut-être jugerez-vous que l'une des mesures les plus efficaces serait que quelques officiers municipaux se rendissent dans le lieu de l'assemblée et représentassent avec énergie, aux citoyens, combien le but de ces rassemblements serait coupable, combien leur forme même est contraire à la loi. Nous laissons d'ailleurs, messieurs, à votre prudence de faire le choix de tout autre moyen que vous croirez plus propre à prévenir le mal dans son origine. Nous vous prions de nous faire connaître ce soir, pendant votre séance, le résultat des mesures que vous aurez prises. »

1. Voir, dans la *Revue rétrospective*, p. 180-183, le procès-verbal de la section de Montreuil et le rapport du commissaire de police de cette même section. Outre ces deux pièces déjà connues, nous

reviendrait chez le roi pour avoir une réponse décisive ; que le peuple était seul souverain ; que dès lors il devait faire la loi sans souci de la Constitution ni de la sanction royale.

Dans la section de l'Observatoire, un certain Pâris s'écriait :

« Il faut que le peuple se réunisse demain au faubourg Saint-Antoine, que de là il aille sans armes à l'Assemblée nationale et chez le roi. Si le roi refuse de nous recevoir, eh bien ! le lendemain nous reviendrons en armes au château des Tuileries, et nous le traiterons

avons retrouvé une lettre confidentielle de ce même commissaire de police au ministre de l'intérieur ; dans cette lettre se trouvent décrits avec une piquante naïveté les sentiments qui agitaient les masses populaires égarées par quelques meneurs :

« Section de la rue de Montreuil, an IV, le 21 juin 1792.

« Un fonctionnaire public, ami de la Constitution et qui la veut telle qu'elle est, doit vous dire que l'incursion d'hier doit se renouveler demain ou lundi au plus tard, si vous ne prenez les précautions les plus sages et en même temps les plus fermes pour couper dans sa racine le mal que la journée d'hier a fait à notre Constitution. L'opinion des groupes est que la Constitution est inutile et que le peuple seul fait la loi. Les citoyens de Paris se croient, sur la place publique, le *peuple, populus,* ce que nous appelons universalité des citoyens ; et d'ailleurs les citoyens sont endoctrinés par des gens qui voudraient pouvoir *revenir sur ce qui peut arriver encore* (sic). J'écris au directoire et au maire. J'attends de vous, monsieur, une réponse qui atteste aux citoyens, lorsque j'en aurai besoin, que ma sollicitude n'a pas été inactive.

« Le commissaire de police de la section de la rue de Montreuil.

« *Signé :* Dumon.

« Monsieur le ministre de l'intérieur. »

comme une seconde Bastille. Le sang ne doit pas coûter au peuple pour conquérir de nouveau sa liberté[1]. »

VI

Louis XVI avait opposé un front calme et digne aux fureurs de la populace. Il déploya une énergie non moins noble, lorsque, s'adressant le 22 juin à la nation française, il fit éclater, dans une proclamation célèbre, les sentiments dont son âme était pleine[2].

« Les Français, disait-il, n'auront pas appris sans douleur qu'une multitude, égarée par quelques factieux, est venue à main armée dans l'habitation du roi, a traîné un canon jusque dans la salle des gardes, a enfoncé les portes de son appartement à coups de hache, et là, abusant audacieusement du nom de la nation, a tenté d'ob-

---

[1]. Avis du commandant du bataillon du Val-de-Grâce, Saint-Prix. *Revue rétrospective*, p. 196.

[2]. M. Louis Blanc, t. VI, p. 453 ; M. Michelet, t. IV, p. 502, s'élèvent avec la plus incroyable acrimonie contre cette proclamation où, suivant le premier, grondaient toutes les colères du cœur de Louis XVI ; où, suivant le second, le roi parlait sur un ton qu'il eût pu prendre s'il avait eu une armée dans Paris. Nos lecteurs jugeront si c'est la colère où la magnanimité qui présida à la rédaction de cette adresse, et si celui qui la signa devait avoir un ton plus humble, parce qu'il était dénué de tout moyen répressif pour repousser l'envahissement brutal de son palais. Il y a des gens qui mesurent leur langage à la puissance des forces matérielles dont ils disposent ; il y en a d'autres qui le mesurent à la grandeur de leurs droits et de leurs devoirs. Nous avouons hautement notre prédilection pour ces derniers.

tenir par la force la sanction que Sa Majesté a constitutionnellement refusée à deux décrets.

« Le roi n'a opposé aux menaces et aux insultes des factieux que sa conscience et son amour pour le bien public. Le roi ignore quel sera le terme auquel ils voudront s'arrêter ; mais il a besoin de dire à la nation française que la violence, à quelque excès qu'on veuille la porter, ne lui arrachera jamais un consentement à tout ce qu'il croira contraire à l'intérêt public. Il expose sans regret sa tranquillité, sa sûreté ; il sacrifie même sans peine la jouissance des droits qui appartiennent à tous les hommes et que la loi devrait faire respecter chez lui comme chez tous les citoyens. Mais, comme représentant héréditaire de la nation française, il a des devoirs sévères à remplir, et s'il peut faire le sacrifice de son repos, il ne fera pas le sacrifice de ses devoirs.

« Si ceux qui veulent renverser la monarchie ont besoin d'un crime de plus, ils peuvent le commettre ; dans l'état de crise où elle se trouve, le roi donnera à toutes les autorités constituées l'exemple du courage et de la fermeté, qui seuls peuvent sauver l'empire. En conséquence, il ordonne à tous les corps administratifs de veiller à la sûreté des personnes et des propriétés.

« Fait à Paris, le 22 juin 1792, l'an IV de la liberté.

« *Signé :* Louis. *Contre-signé :* Terrier. »

Cette proclamation souleva des transports de rage parmi les ultra-révolutionnaires. Prud'homme, en la reproduisant[1], la fit suivre de ce mot : « Imposture ! »

---

1. Dans le n° 155 des *Révolutions de Paris*, 1792.

Bazire, à l'Assemblée, la dénonça comme étant de nature à provoquer des troubles[1]. Elle fut commentée de la plus violente manière dans les clubs et dans les comités de section.

Le 23 juin au matin, on trouva affiché, entre l'avis du maire et la proclamation du roi, ce placard sans signature :

« Pères de la patrie,

« Nous nous levons une seconde fois pour remplir le plus saint des devoirs. Les habitants des faubourgs de Paris, les hommes du 14 juillet viennent vous dénoncer un roi faussaire, coupable de haute trahison, indigne d'occuper plus longtemps le trône. Nos soupçons sur sa conduite sont enfin vérifiés, et nous demandons que le glaive de la justice frappe sa tête, afin que la punition qu'il mérite serve d'exemple à tous les tyrans. Si vous vous refusez encore à nos vœux, nos bras sont levés, et nous frapperons les traîtres partout où nous les trouverons, même parmi vous. »

Cet affreux placard (ainsi le qualifiait Pétion lui-même) n'était rien moins que la pétition que le nouveau rassemblement devait porter à l'Assemblée le 25 juin. Le maire de Paris promit de faire contre les auteurs de cet écrit les recherches les plus minutieuses ; mais elles furent naturellement sans succès[2].

Le ministre de l'intérieur, qui avait de bonnes raisons

---

1. *Moniteur* du 24 juin.

2. Voir, page 190 de la *Revue rétrospective*, la lettre de Pétion à ce sujet.

pour ne pas se fier aux promesses de Pétion, courut dénoncer l'affiche anarchique à l'Assemblée nationale et lui demander de faire cesser la déplorable situation où se trouvait le pays tout entier. « Ce placard, s'écria Saladin, est peut-être l'œuvre des factieux, et j'appelle factieux ceux qui calomnient le peuple. »

Le placard fut renvoyé à la commission des douze et il n'en fut plus question ; mais les autres faits exposés par le ministre de l'intérieur étaient trop graves pour que l'Assemblée parût ne pas s'en préoccuper. Dès le soir même, sur le rapport de Muraire, elle votait à l'unanimité l'impression immédiate et l'envoi aux départements d'un *Acte du Corps législatif*, que le roi sanctionna sans retard :

« L'Assemblée nationale, y était-il dit, instruite par le ministre de l'intérieur que les ennemis du peuple et de la liberté, usurpant le langage du patriotisme, sont sur le point d'égarer quelques hommes actuellement résidant à Paris ;

« Justement indignée des provocations coupables et des placards criminels qui lui ont été dénoncés ;

« Considérant que le devoir du Corps législatif est de maintenir la Constitution et l'inviolabilité du représentant héréditaire de la nation ; mais que les lois ont remis, entre les mains des autorités constituées, tous les moyens qui leur sont nécessaires pour assurer l'ordre et la tranquillité publique :

« Déclare qu'il n'y a pas lieu à prendre de nouvelles mesures législatives, mais invite au nom de la nation et de la liberté tous les bons citoyens, à la fidélité desquels le dépôt de la Constitution a été remis; à réunir tous leurs efforts à ceux des autorités constituées pour le maintien de la tranquillité publique et pour garantir la sûreté des personnes et des propriétés.

« L'Assemblée nationale décrète que le présent acte du Corps législatif sera envoyé par le pouvoir exécutif au département de Paris pour être publié et affiché, et elle ordonne que le ministre de l'intérieur lui rendra tous les jours un compte exact de l'état de la ville de Paris. »

VII

Cet Acte n'ajoutait rien à la législation en vigueur; à cause de cela même, il avait été adopté unanimement. La droite y avait vu un remède préventif contre le renouvellement des désordres, la gauche une simple proclamation sans conséquence. Mais le département de Paris le prit fort au sérieux; il était résolu à exiger la stricte exécution des lois, dont il était le protecteur constitutionnel, et à sévir contre tout dépositaire d'une parcelle quelconque du pouvoir exécutif du moment qu'il serait reconnu incapable ou infidèle.

Pendant l'inaction du maire, le directoire s'était, comme nous l'avons vu, préoccupé avec un zèle admirable de tout ce qui pouvait assurer la défense du Château; il n'avait pas tardé à perdre confiance, sinon dans le bon vouloir, du moins dans la capacité militaire de Ramainvilliers. Le 22, il le fit venir au siége de ses séances et lui demanda l'explication des dispositions militaires qu'il avait dû prendre.

Cette explication fut loin d'être satisfaisante, et le directoire, de plus en plus édifié sur les dangers que pouvait présenter le maintien de ce commandant de hasard à la tête de la force armée de Paris, se posa cette question : « Y a-t-il quelque disposition légale qui permette au département de destituer un commandant de gardes nationales en cas de négligence ou d'impéritie très-grave? » Comme nous avons déjà eu l'occasion de le faire observer, la loi soumettait bien les autorités administratives les unes aux autres par voie hiérarchique, mais elle ne donnait presque jamais aux supérieures les moyens de se faire obéir des inférieures; elle leur permettait le blâme, presque jamais la destitution; de façon que le pouvoir exécutif était compromis à chaque instant par des agents qu'il n'avait pas nommés, qu'il ne pouvait briser et dont il était cependant forcément obligé de se servir.

Le directoire crut sortir de cette position embarrassante en autorisant le procureur-général-syndic à écrire au maire de Paris deux lettres, l'une officielle, l'autre officieuse, et à continuer ainsi une correspondance en partie double dont nous aurons encore à signaler plusieurs exemples.

Dans la première de ces lettres il était dit : « Il nous a paru désirable que désormais le commandant général consultât des militaires et des personnes exercées au genre de service qu'exige la sûreté de la capitale, sur les moyens de tactique qui peuvent le mieux assurer l'ordre avec le moins de péril pour tout le monde; qu'il arrête un plan, qu'il vous le présente pour recevoir votre approbation, subir votre critique et nous être communiqué [1]. »

La lettre confidentielle était beaucoup plus explicite :

« Mon ami, le conseil du département, en me chargeant de vous écrire officiellement ce qui fait la substance de ma lettre ci-jointe, m'a témoigné qu'il trouve fort bien que je vous engage, entre nous, à prendre tous les moyens qui sont en votre pouvoir pour vous défaire tout de suite de Ramainvilliers. Cet homme ne peut que vous compromettre au premier mouvement : il n'a ni la confiance de la garde, ni, je crois, la vôtre ; il faut qu'il se retire sans délai. Il y a une foule de petites manœuvres, de petites diversions qui suffisent pour prévenir les rassemblements ou les désordres que les rassemblements entraînent. Un homme un peu orateur est aussi nécessaire dans un semblable emploi, mon ami ; cet homme est assez reprochable dans la journée du 20, pour que, s'il ne veut pas se retirer de plein gré, vous le fassiez se retirer par décision de la municipalité. Bonsoir.

« ROEDERER.

« 22 juin [2]. »

A cette double communication, le maire de Paris se hâta de répondre officiellement :

« Votre lettre, monsieur, est dictée par la prudence et par l'humanité. Je crois, comme vous, M. de Ramain-

---

[1]. Cette lettre est publiée *in extenso* dans la *Revue rétrospective*, p. 188-189.

[2]. Copiée sur l'original même.

villiers tout à fait incapable de diriger le genre de résistance qui assure l'exécution de la loi en épargnant le sang. Je crois aussi que, n'ayant pas la confiance, il ne sait pas se faire obéir, et qu'au premier mouvement il pourrait me compromettre de la manière la plus cruelle. Il est bien fâcheux d'avoir à concerter des mesures avec un pareil chef.

« Voyez à quoi il expose les magistrats! Il les met dans la nécessité de se mêler de ce qu'ils ne connaissent pas et de ce qui ne doit pas entrer dans leurs fonctions; car enfin je n'entends rien à la tactique des armes, et si je donne mon approbation à un mauvais plan, on me demandera de quoi je me suis mêlé. Cependant je sens la nécessité de ne pas laisser M. de Ramainvilliers agir tout seul, et on ne pourra que savoir gré au département et à moi d'avoir subordonné ses opérations à des militaires instruits. »

Il est facile de s'apercevoir par cette correspondance que Pétion sacrifiait Ramainvilliers de très-bon cœur. En laissant mettre tout ce qui s'était passé sous la responsabilité de ce chef de légion, il espérait éviter de voir incriminer sa propre inertie. Mais il dut renoncer assez vite à cette illusion; car les lettres incessantes du directoire lui firent comprendre que celui-ci ne perdrait pas un instant pour pousser vigoureusement l'instruction entamée sur la conduite de tous ceux qui, activement ou passivement, avaient joué un rôle lors des événements du 20 juin [1].

1. Voici le texte même des lettres et arrêtés envoyés à Pétion dans

VIII

Lorsque les esprits sont surexcités, il est facile de détourner l'attention publique de l'objet précis qui de-

la seule journée du 23 juin. Ces pièces montrent combien le directoire était résolu à faire bonne justice de toutes les excuses dilatoires que le maire de Paris avait toujours à son service.

« Paris, le 23 juin 1792.

« Monsieur le Maire de Paris,

« Nous avions pris hier, monsieur, un arrêté pour vous inviter à envoyer au conseil du département les procès-verbaux relatifs aux événements du 20 juin. Nous n'avons reçu de vous aujourd'hui que l'assurance que ces procès-verbaux nous seraient remis aussitôt que l'expédition en serait faite ; nous vous prions, monsieur, de vouloir bien vous rendre au conseil ce soir sur les neuf heures, à une conférence que nous devons avoir avec les six chefs de légion et M. de Wittenghoff, pour connaître les dispositions concertées pour demain.

« Les administrateurs composant le conseil du département,
« *Signé* : Larochefoucauld, président ;
« Blondel, secrétaire.

« *P. S.* Ne vous étant pas rendu ce matin au conseil du département, vous voudrez bien ne pas manquer de vous y trouver ce soir ; votre devoir et celui du conseil le nécessitent. »

« Paris, le 23 juin 1792, an iv de la liberté.

« Le conseil du département, monsieur, me charge de vous adresser l'expédition d'un arrêté qu'il vient de prendre pour que les procès-verbaux relatifs aux événements du 20 juin lui soient apportés demain, à neuf heures très-précises du matin.

« *Signé :* Le procureur-général-syndic du département de Paris,
« Roederer. »

« Le conseil du département,

« Considérant que, malgré ses instances réitérées auprès de la mu-
« nicipalité de Paris et les assurances contenues en la lettre du maire

vrait la fixer, et de la diriger sur un incident de minime importance.

Pétion connaissait cette tactique. Il savait aussi que, lorsque l'on est soutenu par la faveur populaire, il vaut mieux devancer l'attaque de ses adversaires, et, d'accusé, devenir accusateur. C'est pourquoi le directoire ayant dit, dans les considérants de son arrêté, destiné à rappeler la loi du 3 août 1791 sur la réquisition de la force publique : « l'événement du 20 juin aurait été prévenu si les lois existantes avaient été mieux connues des citoyens et mieux observées par les fonctionnaires publics chargés de leur exécution immédiate ; » le maire s'empressa de relever cette phrase comme une insulte, et d'écrire une lettre qui finissait par une véritable provocation :

« Je vous interpelle en mon particulier de poursuivre d'une manière franche et directe le maire de Paris, s'il

« du 22 juin, il n'a cependant, jusqu'à ce moment, reçu qu'un seul
« procès-verbal de la matinée du 20 juin, et n'a reçu aucun des pro-
« cès-verbaux de ce qui s'est passé au château des Tuileries depuis
« l'heure de midi, ainsi qu'il avait été ordonné par l'arrêté du direc-
« toire dudit jour, 20 juin, approuvé par le conseil, le 22 ;
« Le procureur-général-syndic entendu,
« ORDONNE que demain 24, à neuf heures très-précises du matin,
« le maire et la municipalité de Paris satisferont à l'arrêté du 21 juin
« et apporteront les expéditions, ou au moins les minutes de tous les
« procès-verbaux, tant du corps municipal que du conseil général de
« la commune, relatifs aux événements du 20 juin.
« Fait en conseil général du département, le 23 juin 1792, an iv de
« la liberté.
                            « LAROCHEFOUCAULD, président;
                            « BLONDEL, secrétaire. »

a manqué à ses devoirs ; c'est une obligation impérieuse pour vous, la loi vous le commande, et sans doute vous aimez trop la loi pour ne pas lui obéir. J'espère que vous trouverez bon que je rende cette lettre publique. »

Ce fut, paraît-il, Rœderer qui reçut la lettre municipale. Fidèle au rôle qu'il avait pris d'intermédiaire officieux entre le directoire du département et le maire de Paris, il retint la lettre sans la communiquer à ses collègues et écrivit confidentiellement à Pétion :

« Il me semble que par l'arrêté de ce matin on n'a entendu ni pu entendre que les fonctionnaires militaires, puisque les articles rappelés de la loi ne sont relatifs qu'à l'usage immédiat et spontané de la force : c'est ainsi du moins que, moi, je l'ai entendu, quand on l'a lu. Revoyez, je vous prie, les articles de la loi, et faites-moi dire tout de suite si vous persistez à vouloir que je remette votre lettre au conseil. J'attendrai une demi-heure votre réponse. »

Moins d'une demi-heure après, Rœderer recevait ce billet :

« Pas de doute que je persiste à ce que ma lettre soit communiquée au conseil, où je vais me rendre d'après l'invitation qui m'a été faite. Il est impossible d'entendre autre chose que ce que j'ai entendu ; et dans tous les cas, le public entendrait nécessairement que le conseil a voulu parler du maire et des officiers municipaux. »

La lettre de Pétion fut donc remise au département, qui répliqua sèchement :

« Nous avons reçu, monsieur, votre lettre du 24 ; l'arrêté dont vous vous plaignez n'inculpe personne individuellement. Quand vous aurez fait parvenir au département les procès-verbaux qu'il vous a demandés plusieurs fois, *il fera ce que la loi lui prescrit* [1]. »

Pétion, de plus en plus embarrassé, écrivit :

« Je réponds, messieurs, en peu de mots à votre lettre très-laconique. Vous observez que votre arrêté n'inculpe personne individuellement, et que vous ferez ce que la loi vous prescrit lorsque les procès-verbaux vous seront parvenus. Vous me permettrez de vous faire deux réflexions très-simples et dont vous sentirez la justesse :

« 1.° Pour n'inculper personne, vous inculpez tout le monde ; vous reprochez aux fonctionnaires publics, sans distinction, de n'avoir pas fait observer la loi. Cet anathème porte sur tous, et il n'est pas de genre d'attaque plus dangereux, puisqu'il met à l'abri celui qui frappe sans laisser une véritable défense à celui qui est frappé ;

« 2° Vous *attendez* les procès-verbaux pour vous instruire, et *à l'avance* vous jugez, vous mettez les fonctionnaires publics sous le poids d'une accusation. Il y a au moins de la précipitation dans cette conduite. »

Le département ne se donna pas la peine de s'excuser de la précipitation que le maire, si lent le 20 juin, se permettait de lui reprocher. Il coupa court à toute nouvelle objection en parlant ainsi, au nom de la loi :

---

[1]. *Moniteur*, p. 747.

« Paris, 24 juin, 11 heures du matin.

« Le conseil, monsieur, avait prévu le retard que pourrait mettre dans l'exécution de son arrêté l'expédition des procès-verbaux ; c'est pour cela qu'il en avait demandé la minute. Il vous prie, monsieur, de lui apporter, d'ici à une heure, les minutes des procès-verbaux, si les expéditions ne peuvent être faites. Faute de quoi il enverra, aux termes de l'article 22 de la loi du 27 mars 1791, des commissaires pour prendre les renseignements et informations dont il a besoin. »

L'enquête et l'instruction, décidées dès le 20 juin au soir, étaient, on le voit, vigoureusement poursuivies. En même temps que des rapports détaillés étaient exigés de tous les officiers municipaux qui avaient assisté, témoins ou acteurs, aux tristes scènes de la trop fameuse journée, les juges de paix des divers quartiers de la capitale étaient chargés de recevoir les dépositions des témoins, et, réunis en comité central, d'exercer les fonctions de juges d'instruction [1].

De plus, trois administrateurs départementaux, Garnier, Leveillard et Demautort, étaient nommés commissaires à l'effet de résumer les rapports obtenus des municipaux et des officiers de garde, ainsi que tous les renseignements recueillis, pour en faire un exposé géné-

---

[1]. Ceux qui préparaient déjà le 10 août disaient que les juges de paix instruisant contre les fauteurs et complices du 20 juin avaient formé *une chambre ardente*. (Voir lettre de Fréron à Merlin de Thionville, 25 juin 1792, p. 7 des pièces justificatives de la *Vie de Merlin*, publiées par Jean Reynaud.)

ral au conseil. Enfin, le ministre de l'intérieur lui-même était invité à coopérer à la recherche de la vérité, à fournir les éclaircissements nécessaires [1], notamment sur l'ouverture de la porte royale qui avait donné passage aux envahisseurs du Château.

L'attitude de plus en plus énergique de l'autorité départementale, celle peu sympathique d'une partie notable du conseil général de la commune, enfin les ordres de l'Assemblée nationale déterminèrent Pétion à s'expliquer dans un mémoire qui fut immédiatement rendu public. Ce mémoire était intitulé : *Conduite tenue par le maire de Paris à l'occasion des événements du 20 juin 1792*[2]; il commençait par ces mots :

« Puisque les soupçons les plus injurieux, les calomnies les plus infâmes m'environnent sans cesse, je dois rendre un compte vrai d'une conduite défigurée par la malveillance et par l'intrigue. Cette conduite est essentiellement liée à celle de la municipalité, puisque je ne me suis pas séparé d'elle, que nous avons marché de concert, et que, pour mieux dire, c'est le corps entier qui a agi. »

Ainsi, pour se décharger de la terrible responsabilité qui pesait sur lui, Pétion voulait en répartir le fardeau sur les épaules de tous ceux dont il était entouré. Cependant, comme nous l'avons démontré, le conseil gé-

---

1. Lettre du département au ministre de l'intérieur; 25 juin.
2. Ce Mémoire, annoncé au *Moniteur* du 24 juin, a été imprimé *in extenso* dans le recueil des actes de la mairie de Pétion et parmi les pièces publiées par ordre du département. Il a été reproduit dans la *Revue rétrospective* et l'*Histoire parlementaire*, t. XV.

néral n'avait été rassemblé ni la veille ni le jour même; et, si le corps municipal avait été réuni au dernier moment dans la matinée du 20 juin, les convocations avaient été faites de telle manière que les amis seuls de Pétion avaient pu assister à la séance.

Il est inutile de suivre point par point l'étrange récit du maire. Celui que nous avons donné s'en trouve être, sous certains rapports, la confirmation, mais, sous beaucoup d'autres, la négation formelle. Qu'il nous suffise de dire ici que, dans cette apologie, tout ce qui paraissait inexplicable s'explique en apparence on ne peut mieux. Si le maire a enfreint les recommandations énergiques de l'autorité départementale, c'est qu'il y a été forcé par les circonstances, et il a su — merveilleuse habileté! — laisser se produire une manifestation interdite sans mettre en contradiction la municipalité, qui autorisait, et le conseil général de la commune, qui avait défendu. C'est uniquement grâce à sa prudente politique que tout a pu se passer paisiblement jusqu'à trois heures et demie; si alors la demeure royale a été envahie, ce n'est nullement de sa faute; il n'a point à supporter les conséquences de l'immobilité du commandant général, chargé de garder le Château et qui a laissé ouvrir les portes. Averti de l'attentat au moment même où, dans sa candeur, il était persuadé que la journée était finie, il s'est précipité vers les Tuileries. Insinuerait-on que le langage qu'il y a tenu n'a pas été toujours très-explicite, qu'il a hésité longtemps à commander à la foule de se retirer; il répondrait que sa manière d'agir et de parler a été la plus digne et la plus *analogue aux circonstances.*

Ce magistrat modèle, perpétuellement satisfait de lui-même, termine son explication apologétique en montant, comme Scipion, au Capitole :

« Pas un citoyen n'a reçu une blessure au milieu de cette grande fermentation. Voilà le plus bel éloge de la municipalité. Rendons grâces à l'Être suprême ! »

IX

Pendant qu'ainsi s'engageait entre la municipalité et le département une lutte qui, avec des alternatives diverses, devait durer jusqu'à l'entier anéantissement d'une de ces deux autorités, l'Assemblée nationale, tiraillée de droite et de gauche, adoptait coup sur coup des mesures d'autant plus périlleuses qu'elles ébranlaient l'autorité qu'il eût fallu raffermir, entretenaient les passions ultra-révolutionnaires qu'il eût fallu étouffer. On doit du reste reconnaître que les ministres d'alors, faibles, indécis, sans autorité morale, sans expérience des affaires, ne déployèrent ni l'énergie, ni l'habileté qui eussent été indispensables pour donner une nouvelle force au parti constitutionnel. Sauf peut-être le ministre de l'intérieur, Terrier-Montciel, toujours d'accord avec le département, ils affectaient d'être encore plus impuissants qu'ils ne l'étaient en réalité ; ils avaient l'air de se croiser les bras devant l'anarchie, attendant que l'excès du mal apportât à la situation son remède fatal.

Dès le lendemain de la séance où elle avait repoussé la

proposition de Merlin (de Thionville), l'Assemblée nationale, sur la motion des douze, adopta (le 22), à *l'unanimité*, un décret ordonnant aux ministres de lui rendre compte de ce qu'ils avaient fait relativement aux deux objets qui étaient sans cesse à l'ordre du jour dans tous les esprits :

1° Nécessité d'arrêter les troubles religieux ;

2° Intérêt pressant de placer une armée de réserve entre les frontières et Paris.

En apparence, cette demande était parfaitement constitutionnelle. Au fond, c'était attaquer les deux *veto* apposés par le souverain sur les lois relatives aux prêtres insermentés et à la formation, sous Paris, d'un camp de fédérés; c'était ratifier jusqu'à un certain point *les vœux* si brutalement exprimés par la populace parisienne aux Tuileries ; c'était revenir par une voie détournée à ce qu'avaient proposé Merlin et Couthon.

Pour battre en brèche la résistance du pouvoir exécutif, la gauche s'appuyait sur des adresses émanées de plusieurs départements, qui, toutes antérieures au 20 juin, arrivaient pleines de récriminations contre le renvoi des ministres patriotes et contre l'usage que, pour la première fois, Louis XVI avait fait de la seule prérogative un peu importante que la Constitution lui eût laissée.

Ces adresses servaient de prétexte aux meneurs de la démagogie parisienne pour en lancer d'autres plus explicites et plus violentes encore. Ils faisaient circuler à travers toutes les sections de Paris et toutes les municipalités du royaume une délibération de la section des Lombards qui, se préoccupant peu du *veto* royal, invitait les départements à envoyer des représentants armés à la fédération du 14 juillet, et donnait à la levée réclamée par Servan le caractère insurrectionnel qu'elle devait avoir effectivement.

« Frères de tous les départements, disait la section des Lombards, il ne nous est plus permis d'espérer que vous viendrez nous prêter, contre nos nombreux ennemis, le secours de vos armes. Mais nul n'a le droit d'empêcher que vous renouveliez avec nous cette fédération du 14 juillet 1790, qui nous a laissé de si doux souvenirs. Eh! dans quel temps fut-il plus nécessaire de nous serrer tous autour de l'autel de la patrie pour y répéter nos serments à la liberté, que dans ces jours de crise, où tant de scélérats pleins d'hypocrisie se réunissent afin que nous n'ayons bientôt plus ni liberté, ni patrie?

« Frères de tous les départements, hâtez-vous; choisissez dans chaque district vingt-cinq de vos concitoyens; qu'ils accourent; et ne doutez pas que les autres sections de Paris, auxquelles nous allons tout à l'heure communiquer cette adresse, ne nous disputent l'avantage de les recevoir, de les accueillir. Venez; peut-être qu'en nous voyant rassemblés les tyrans sentiront quelque crainte ou quelque remords.

« Amis et frères, nous ne vous parlons point des pressants dangers de la fortune publique. Combien les temps sont changés pour nous! La foule de nos ennemis se grossit chaque jour. Chaque jour accroît leur audace et leur nombre; il paraît immense; il nous est inconnu. Encore si cette union qui faisait notre force!... Comptez néanmoins sur notre courage, amis, ne désespérez point des hommes du 14 juillet ; à l'heure où ils ne pourront vaincre, ils sauront mourir[1]. »

Le décret du 22 juin, en obligeant les ministres à s'expliquer sur la formation du camp et sur les troubles religieux, les attirait sur le terrain brûlant que les ultra-révolutionnaires avaient eux-mêmes choisi. Il leur fallait répondre plus ou moins catégoriquement aux demandes de l'Assemblée, il leur fallait surtout opposer un contre-projet à celui que Servan avait fait adopter inconstitutionnellement.

Dès le 22 au soir, le ministre de la guerre, Lajard, proposa donc la formation de quarante-deux nouveaux bataillons de garde nationale volontaire, destinés à remplacer la réserve, déjà réunie à l'armée d'opération. Ces bataillons devaient se concentrer à Soissons.

Les collègues de Lajard expédièrent, le 24, des rapports partiels, et, il est vrai, des plus sommaires, sur ce qui concernait chacun de leurs départements dans les deux questions posées par l'Assemblée.

Le ministre de la justice assurait que les troubles religieux commençaient à devenir moins nombreux et moins violents. Le ministre de l'intérieur se bornait à déclarer que les lois contre les perturbateurs du repos public étaient incomplètes, et qu'il n'appartenait qu'à la législature d'en faire de plus efficaces[2].

Le vague des réponses ne pouvait contenter ceux qui

---

1. Cette adresse, datée du 22 juin 1792, est signée Poullenot, président, et Colmet, secrétaire.

2. Voir le *Moniteur* du 24 juin et le *Journal des Débats et Décrets*, n° 270.

avaient fait poser les demandes. Au reçu des missives ministérielles, le bouillant Guadet s'élance à la tribune.

« On ne s'est jamais joué aussi hardiment de l'Assemblée nationale, dit-il ; ce ne sont point des rapports partiels que vous avez demandés... Vous avez voulu que, comme conseillers du roi, les ministres fussent solidaires des troubles que pourrait exciter la non-sanction de deux décrets sur lesquels le *veto* a été apposé... Des ministres, qui ont consenti à entrer dans le conseil du roi au moment où de grands troubles agitent l'empire et qui assistent à la non-sanction de deux décrets qui peuvent y remédier, ont trahi la chose publique ou ont prévu à l'avance les mesures qu'ils pourraient prendre pour arrêter les troubles... Je demande que le président annonce aux ministres du roi que l'Assemblée nationale attend d'eux un compte général, non pas les lettres circulaires qu'ils ont écrites aux tribunaux et aux corps administratifs, mais des mesures par lesquelles ils peuvent promettre à l'Assemblée d'arrêter les troubles qui agitent la France[1]. »

Ramond répond à Guadet que rendre les ministres responsables d'un acte du roi irresponsable, c'est bouleverser la Constitution. « Le roi, sans doute, est inviolable, réplique Guyton-Morveau, son inviolabilité est écrite dans le cœur de tous les représentants de la nation[2] ; mais gardons-nous, quand le vaisseau de l'État est en

---

[1]. *Journal des Débats et Décrets,* n° 274, p. 339.

[2]. Moins de sept mois après, Guyton-Morveau, qui proclamait l'entière inviolabilité du roi, devait voter la mort sans appel et sans sursis.

péril, de diminuer la responsabilité de ceux qui tiennent le gouvernail. » Muraire fait observer que les allégations de Guadet ne sont pas strictement justes. La commission extraordinaire n'a pas déterminé si elle demandait un compte rendu particulier à chaque ministre ou un compte rendu général au cabinet; elle n'a pas entendu constituer les ministres responsables du défaut de sanction des deux décrets; elle a seulement désiré savoir quelles mesures avaient été prises par les ministres, afin de les approuver ou d'en proposer de nouvelles pour le maintien de la tranquillité publique.

Le décret ayant été relu sur la demande de plusieurs membres, Guadet reprend la parole, et, toujours aux applaudissements enthousiastes des tribunes et de ses amis, il s'écrie : « Si M. Ramond a cru devoir me placer à côté de ces hommes qui ont voulu arracher au roi par la force des armes une rétractation du refus de sanction à deux décrets, il m'autoriserait à le placer, à mon tour, à côté de ces hommes coalisés pour tuer l'esprit public et renverser la Constitution par la Constitution même. »

Ainsi engagée, la discussion ne pouvait être une discussion de principes, mais de tendances. Les ministres ont beau protester de leur dévouement aux lois, se dire prêts à exécuter toutes celles qui existent et affirmer qu'ils ont cru obéir aux décrets dans la mesure de leurs pouvoirs, l'Assemblée déclare, sur la proposition de Lasource, que les ministres n'ont point rempli son vœu, et en même temps, sur la motion de Guadet, elle leur fait par décret une nouvelle injonction ainsi conçue :

« L'Assemblée nationale vous ordonne de vous conformer au décret qu'elle a rendu dans la séance de vendredi dernier et qui vous a été communiqué ; elle vous demande, en conséquence, de lui rendre un compte général par écrit, sous trois jours, des mesures qui ont été prises ou qui doivent l'être pour prévenir ou arrêter les troubles excités par le fanatisme, et garantir Paris en cas d'invasion du territoire français [1]. »

X

La municipalité, gravement compromise dans les événements du 20 juin, avait intérêt à ce que la tranquillité publique ne fût pas troublée, *de quelque temps au moins*. Pétion avait été invité par le ministre de l'intérieur à lui rendre compte tous les jours de la situation de la capitale [2]. Le département d'ailleurs veillait ; et ce fut, il faut le reconnaître à la gloire des anciens constituants qui le composaient, le seul corps politique qui, pendant et après le 20 juin, se montra à la hauteur de sa mission.

Cependant, le lundi 25, jour assigné pour un nouveau mouvement par quelques énergumènes des faubourgs, était arrivé, et les autorités constituées avaient redoublé de précautions pour arrêter le désordre à ses premiers symptômes. Mais les meneurs avaient décommandé

---

[1]. *Journal des Débats et Décrets*, p. 343.
[2]. Voir à la fin du volume, note X, quelques-uns de ces rapports de Pétion.

l'émeute, et, à dix heures du matin, l'Assemblée reçut par l'intermédiaire de son président la lettre suivante :

« Monsieur le président,

« J'ai l'honneur de vous donner avis que la tranquillité est complète au faubourg Saint-Antoine, et que, comme j'apprends que l'on désire à Paris *avoir du mouvement*, d'après les bruits que l'on répand, je m'empresse de prévenir l'Assemblée nationale que le faubourg Saint-Antoine ne marchera jamais que contre les ennemis de l'Assemblée, pour laquelle le peuple versera toujours son sang.

« Je suis avec respect, monsieur le président, votre très-humble citoyen... »

Ce citoyen n'était autre que « Santerre, commandant en chef du bataillon des Enfants-Trouvés (faubourg Saint-Antoine[1]). »

Une aussi étrange communication excita les enthousiastes applaudissements des tribunes et mérita à son auteur la mention honorable au procès-verbal. Mais, avant le vote, Boulanger eut le temps d'exprimer l'indignation de ses collègues constitutionnels : « Cela vous prouve, s'écria-t-il, que M. Santerre dispose comme il veut du faubourg Saint-Antoine[2]. »

L'incident paraissait être vidé et l'on allait revenir à l'ordre du jour, lorsqu'un député de la Dordogne, dont l'histoire ne doit point oublier le nom, Delfau, quoique

---

1. Nous donnons le texte même de la lettre de Santerre, copiée sur la minute; le *Moniteur* se contente de la mentionner.
2. *Journal des Débats et Décrets*, n° 272, p. 243.

membre du club des Jacobins, déclare qu'il s'est convaincu par lui-même des dangers que présente la célèbre société, et qu'il tient à honneur de se séparer hautement de ses anciens coreligionnaires. « Vous avez chargé, dit-il, votre commission des douze de vous présenter les mesures propres à sauver la chose publique, il en est une que je regarde comme la plus importante de toutes. Ce que les municipalités, les corps administratifs, le pouvoir exécutif, n'ont pas osé vous dire, je le dirai, moi, je le dirai hardiment, parce que je remplis un devoir sacré. La Constitution est menacée par une aristocratie insolente et par une démocratie séditieuse ; entre ces deux factions sont placés les bons citoyens... La Constitution est achevée, la révolution doit l'être aussi... Les sociétés populaires ont sans doute rendu des services, mais elles ont aussi entraîné des abus... »

Delfau ne peut continuer ; il n'a pas exprimé sa pensée, mais la gauche et les tribunes ont compris à demi-mot qu'il entend réitérer la dénonciation faite contre la faction jacobine dans la lettre de La Fayette du 16 juin ; c'est à qui criera : « Le renvoi à la commission des douze ! l'ordre du jour ! » La majorité décide que l'orateur achèvera son discours.

« En prononçant un arrêt de mort contre les corporations, dit-il, vous avez oublié la plus dangereuse ; je parle de ces deux cents sociétés patriotiques répandues dans le royaume et dans le centre de Paris ; si elles ne sont point un gouvernement particulier dans l'empire, du moins elles forment une effrayante corporation qui peut perdre l'État...

— « Concluez, concluez ! » dit Lasource. Mais les autres Jacobins, voulant même éviter la dénonciation, réclament à grands cris l'ordre du jour. Delfau se tourne vers les interrupteurs et les réduit au silence par cette apostrophe : « Il y a bien plus de courage, messieurs, à attaquer un parti puissant, qu'il n'y en a à murmurer contre celui qui l'attaque. » Et il continue :

« Les sociétés populaires sont un monstre politique qui ne peut exister dans un bon gouvernement. C'est dans leur sein que quelques séditieux, sous le masque du patriotisme, égarent la multitude. C'est là qu'on entend dire que les succès de nos généraux sont plus à craindre que leurs revers, de peur qu'ils ne reviennent avec leurs légions triomphantes rétablir l'ordre en France. »

Ici Delfau est encore arrêté. Les tribunes et la Montagne ne peuvent souffrir plus longtemps que l'on ose mettre, pour ainsi dire, en accusation devant l'Assemblée la trois fois sainte société des Amis de la Constitution et ses sœurs affiliées.

L'ordre du jour est réclamé avec une telle violence, que le président est obligé de le faire voter. Après deux épreuves douteuses, il est adopté. Delfau descend donc de la tribune, et les spectateurs applaudissent à sa défaite. « Ces applaudissements ironiques, dit à l'orateur un de ses amis, vous honorent autant que leurs huées. — Si le courage de dire la vérité, ajoute Mathieu Dumas, est payé par d'aussi indécents murmures, que faisons-nous ici ?[1] »

---

[1]. Le discours de Delfau se trouve au *Moniteur* et au *Journal des*

Mais à peine le tumulte amené par ces incidents est-il apaisé que se produit une scène d'un autre genre. L'on annonce une députation du faubourg Saint-Antoine, et on lit la lettre que l'orateur de cette députation vient d'écrire au président :

« Monsieur le président,

« La force publique de la capitale est en mouvement, on doit en chercher la cause dans la prétendue agitation des faubourgs. Ceux qui voudraient que la tranquillité fût compromise sont les seuls qui répandent des bruits alarmants ; on a reconnu ce matin dans le faubourg Saint-Marceau de ces hommes qui crient le plus contre les événements du 20, excitant eux-mêmes le peuple ; ils n'ont recueilli que du mépris. La section des Quinze-Vingts, légalement convoquée, a nommé vingt commissaires pour rendre compte des faits à l'Assemblée nationale. Ils attendent, ils sollicitent l'honneur d'être admis. Quand on les aura entendus, les vrais agitateurs se repentiront peut-être d'avoir mis en péril le salut de la patrie.

Débats et Décrets ; mais le premier de ces journaux a, suivant son habitude, passé sous silence tous les incidents de la discussion.
Ce discours souleva naturellement le soir même, aux Jacobins, des transports de colère ; le nom de l'orateur, inscrit sur les registres de la société, fut rayé à l'unanimité ; le puissant club, se voyant de plus en plus menacé, fit expédier aux sociétés affiliées une circulaire proposée la veille par Lavau. Les Jacobins de province étaient engagés par leurs frères et amis de Paris à accabler l'Assemblée nationale de pétitions, pour obtenir enfin, d'une manière ou d'une autre, la sanction des deux décrets. (*Journal du Club,* n°s ccxx, ccxxi.)

« Nous sommes avec respect, monsieur le président, vos très-humbles et très-obéissants serviteurs.

« *Signé :* Gonchon, organe de la députation[1].

« Paris, ce 25 juin 1792, an iv de la liberté. »

Si Santerre était le personnage le plus influent du faubourg Saint-Antoine, Gonchon, le brave Gonchon, comme on le surnommait, en était la voix la plus retentissante[2]. Il était déjà venu plus d'une fois notifier à

---

1. Le *Moniteur* donne de cette lettre une version complétement différente de la nôtre. Nous avons copié sur l'original même le texte que nous lui donnons.

2. Gonchon est encore un de ces types qui méritent de nous arrêter quelques instants. C'était un très-habile ouvrier dessinateur pour les articles de soieries, qui, gagnant largement sa vie, consacrait par semaine deux journées à l'entretien de sa famille, et les autres au service de la Révolution, comme il le disait lui-même, plus tard, dans une de ses lettres au Comité de sûreté générale. Il fut un instant caressé, adulé par les plus hauts personnages du parti girondin. Condorcet lui dédiait un mémoire philosophique sur l'art de rendre les peuples heureux (*Moniteur* du 24 décembre 1792); Rolland lui confiait des missions payées sur les fonds secrets mis à sa disposition : ce fut ainsi que Gonchon parcourut, sous l'habit d'un colporteur, toute la province de Liège, au moment de son annexion éphémère (à la fin de 1792), et qu'il fit plusieurs voyages à Lyon et en Savoie (*Histoire secrète de la Révolution,* par Camille Desmoulins, p. 55).

Après le 34 mai, Gonchon devint suspect aux Jacobins, mais on n'osa pas d'abord l'arrêter, à raison de la popularité dont il jouissait dans le faubourg Saint-Antoine. Pendant quelque temps il fut à moitié libre sous la garde d'un gendarme, qui le suivait comme son ombre à travers Paris; mais, dénoncé nominativement au Club des Jacobins, le 21 septembre 1793, il fut arrêté par ordre de Robespierre; relâché un instant après le 9 thermidor, repris de nouveau sur la dénonciation de Dubois-Crancé, il ne sortit définitivement de

l'Assemblée les volontés menaçantes de la populace parisienne. Le discours que l'on avait confié ce jour-là aux poumons de l'orateur attitré du faubourg n'était qu'une menteuse déclaration de paix, destinée à masquer des préparatifs de guerre.

Défense assez maladroite du 20 juin, amas confus de tirades sonores et boursouflées, paraphrase de la lettre de Santerre, ce discours se terminait par l'assurance que tout était tranquille dans le faubourg, que les ouvriers, occupés dans leurs ateliers, n'étaient affligés que d'une chose : c'était qu'on eût fait prendre les armes contre eux à leurs frères d'armes des autres bataillons, avec lesquels ils désiraient ardemment vivre en bonne intelligence.

Ces renseignements sur la tranquillité de Paris étaient exacts ; ils furent confirmés par des lettres du ministre de l'intérieur, du procureur-général-syndic et du maire. Depuis quarante-huit heures, les auteurs du 20 juin s'étaient aperçus que, pour le moment, leurs adversaires étaient préparés à les repousser ; ils s'étaient en conséquence décidés à jouer le rôle de pacificateurs jusqu'à ce qu'ils eussent l'espoir fondé de soulever la majorité des

---

prison qu'en vendémiaire an III, après une captivité de onze mois. Gonchon rentra dès lors pour toujours dans l'obscurité, d'où son désir de se poser en public comme le modèle des sans-culottes, l'orateur du faubourg Saint-Antoine, le délégué perpétuel des ouvriers parisiens, l'avait fait sortir un instant. Pendant sa captivité, sa femme et ses enfants étaient sans pain, sans ressource, et passaient les nuits à la porte du Comité de sûreté générale à solliciter la mise en liberté de leur soutien. (Tous ces détails sont tirés des lettres de Gonchon lui-même, que nous avons retrouvées.)

sections parisiennes ; mais, pour réussir sûrement dans cette dernière entreprise, il fallait s'y préparer de longue main.

XI

La réaction contre les excès du 20 juin s'accentuait de plus en plus ; beaucoup de députés s'étaient hâtés de faire part à leurs départements des faits odieux dont ils avaient été témoins ; plusieurs eurent le courage de publier leurs lettres [1].

Certaines des sections qui avaient été entraînées à prendre part au rassemblement et à l'invasion des Tui-

[1]. Un député de l'Yonne, Laureau, publia notamment dans le *Journal des Débats et Décrets,* n° 268, p. 303, l'article suivant qui était un rappel à la loi et au bon sens ; malheureusement il ne fut pas entendu :

« Le roi a été forcé hier dans son palais par un attroupement de la capitale. Le pouvoir exécutif n'appartient-il pas à tout le royaume ? Le royaume ne l'a-t-il pas confié à la ville de Paris, à la surveillance de la garde nationale ? On a violé le dépôt remis par les départements, on a donc attaqué leurs droits, la dignité nationale et la loi.

« Honneur et gloire au département de Paris ! Je l'ai vu s'élever dans l'Assemblée nationale à la hauteur de ses fonctions ; je l'ai vu s'exposer pour le salut de la patrie et de la loi. Quel grand exemple il a donné !

« Que Paris sache s'arrêter sur la ligne de démarcation qui sépare la liberté de la licence, qu'il laisse ses clubs et ses émeutiers, qu'il reprenne ses arts et son industrie !

« Cette sollicitude est un devoir, puisque je suis député ; nos départements sont malheureux par les agitations de Paris ; ses mouvements influent sur eux ; ils ne peuvent être heureux que par son bonheur ; qu'il s'applique donc à faire le sien et le nôtre, puisqu'ils sont inséparables ! »

leries cherchaient à excuser la conduite qu'elles avaient tenue à cette occasion [1].

Dans le sein même du conseil général de la commune, un grand nombre de membres faisaient entendre tout haut des plaintes énergiques contre la conduite du maire et contre la violation scandaleuse de la loi. Le résumé de ces plaintes fut formulé dans un discours prononcé par Cahier, l'un des membres les plus courageux de ce conseil.

« La loi, y disait Cahier, a été *violée* avec le plus scandaleux éclat par un commandant de bataillon, Santerre, qui, sans réquisition préalable, a osé marcher à travers les rues de Paris à la tête d'un rassemblement de vingt mille hommes armés ;

« *Violée* par des gardes nationaux qui, sans réquisition préalable, ont paru dans le rassemblement avec leurs armes et traînant après eux leurs canons ;

« *Violée* par une foule d'individus de tout âge, de tout sexe, qui ont pénétré dans la demeure du représentant héréditaire de la nation et l'ont obligé à se couvrir du bonnet rouge, bonnet avili par les factieux ;

« *Violée* par le procureur de la commune, par le maire, qui, au mépris des lois concernant leur ministère, ont négligé de requérir les mesures nécessaires pour dissiper cet attroupement ;

« *Violée* par le commandant général, à qui toutes les

---

[1]. Voir la lettre du président de la section des Gobelins au président de l'Assemblée, en date du 22 juin (*Journal des Débats et Décrets*, n° 270, p. 347).

lois militaires et de police ordonnaient de repousser la force attaquant le poste qui lui était confié ;

« *Violée* enfin par tous les membres du corps municipal, qui ont abandonné le sort de cette périlleuse journée à une distribution de rôles, concertée à l'avance, seulement avec quelques-uns d'entre eux. »

En conséquence, Cahier demandait au conseil général d'arrêter :

« Qu'il improuvait la conduite tenue, depuis son arrêté du 16 jusques et y compris la journée du 20, par le maire, le procureur de la commune et les administrateurs de police ; qu'il improuvait également l'arrêté pris dans la matinée du 20 par le corps municipal ;

« Qu'il dénonçait cet arrêté et la conduite du maire, du procureur de la commune et des administrateurs de la police au directoire du département. »

Cahier[1] terminait son réquisitoire en proposant que l'arrêté, à prendre par le conseil général pour ou contre ses propositions, fût imprimé, affiché, distribué aux quarante-huit sections, aux quatre-vingt-deux départements,

---

1. Louis Gilbert Cahier était avant la Révolution avocat au Parlement. Il fut arrêté le 1er septembre 1792, sur la motion de Robespierre, au moment même où, par suite du décret qui cassait la commune insurrectionnelle, il venait reprendre ses fonctions municipales (*Histoire parlementaire*, t. XVII, p. 356) ; il échappa aux massacres de septembre par suite de la réclamation de sa section (celle de la Grange-Batelière), puis fut incarcéré comme suspect pendant la tourmente révolutionnaire. Cahier entra sous le Consulat dans les rangs de la magistrature et fit partie de la Cour de cassation. Il est mort le 11 avril 1832, âgé de 70 ans. Il ne faut pas le confondre avec Cahier de Gerville qui fut ministre de Louis XVI, et dont il n'était même pas parent.

au directoire du département de Paris, au ministre de l'intérieur et à l'Assemblée nationale. Le conseil général de la commune était ainsi mis en demeure de se prononcer d'une manière catégorique, mais il hésita à suivre le courageux orateur jusqu'au bout de sa motion et se contenta d'en ordonner l'impression et la mise à l'ordre du jour des quarante-huit sections. C'était condamner moralement les auteurs et complices du 20 juin[1].

Pendant ce temps, deux anciens constituants, Dupont (de Nemours) et Guillaume, rédigeaient, faisaient imprimer dans le *Journal de Paris*, déposaient chez tous les notaires de la capitale et expédiaient à tous leurs anciens collègues une pétition des plus énergiques contre les excès du 20 juin[2]. Elle fut en quelques jours couverte de signatures.

Les départements envoyèrent aussi de nombreuses

---

[1]. La motion de Cahier fut présentée au conseil général le 23 juin. On en ordonna l'impression, et on ne reprit la discussion que le 6 juillet. Les débats furent ce jour-là longs et animés. Les constitutionnels l'emportèrent, et firent renvoyer la motion de Cahier au corps municipal pour appliquer la loi du 9 octobre 1791 sur les Clubs. C'était tout ce que pouvait faire le conseil général de la commune, mais c'était évidemment une fois de plus condamner les événements du 20 juin, dont le conseil général rendait ainsi solidaires les Jacobins et les autres sociétés populaires de la capitale.

[2]. Dès le 24 juin, la pétition que l'on appela plus tard la pétition des vingt mille, quoiqu'elle eût été loin de réunir ce nombre de signatures, circulait dans Paris de maison en maison. Sur cent treize notaires, quatorze seulement refusèrent de recevoir les signatures, de peur de se compromettre. Pendant toute la terreur, ce fut un crime presque irrémissible que d'avoir signé ou fait signer la pétition des vingt mille.

adresses ; elles exprimaient toutes la même horreur pour les événements qui venaient de se passer aux Tuileries, le même désir de s'unir avec la partie saine de Paris pour réduire à l'impuissance la faction jacobine. Afin de ne pas nous exposer à des redites continuelles, nous nous contenterons de citer l'adresse du directoire du département de la Somme, parce qu'elle joua un rôle tout particulier dans la longue polémique qui s'établit sur les événements de juin et sur leurs conséquences. Elle était ainsi conçue :

Extrait du registre des arrêtés du directoire du département de la Somme.

22 juin 1792, onze heures du matin.

« Ce jour, le directoire, extraordinairement assemblé, informé que, le 20 de ce mois, un nombre considérable d'individus armés de piques et conduisant du canon s'est porté au château des Tuileries, malgré la défense du conseil général de la commune et du département de Paris, et malgré la loi constitutionnelle qui défend aux citoyens et gardes nationaux de s'assembler en armes pour délibérer et présenter des pétitions ; que la garde nationale parisienne s'était opposée à cette démarche inconstitutionnelle jusque vers les quatre heures du soir du même jour, mais qu'alors environ trente mille hommes, armés de piques, menaçant d'employer la force si on n'ouvrait les grilles et portes du château des Tuileries, ladite garde nationale avait été obligée de céder ; qu'alors toute la troupe armée s'était précipitée dans le Château, avait occupé tous les appartements et les terrasses; que des portes du Château et des serrures avaient été forcées ; que le chef de la nation avait été insulté et menacé, que sa vie et celle de sa famille avaient couru les plus grands dangers ; que la majesté de la nation avait été outragée dans la personne de son chef ; que le roi, en résistant à des pétitions aussi inconstitutionnelles, avait conservé le courage calme qui sied à la vertu, mais qu'il était à craindre que des scènes aussi scandaleuses ne se renouvelassent et ne consommassent enfin tous les crimes, annoncés aujourd'hui hautement par une faction qui ne ménage plus rien, parce qu'elle croit être sûre du succès :

« Ouï le procureur-général-syndic, et considérant que le droit de sanction, déféré au roi par la Constitution, a été attaqué par l'attroupement qui a eu lieu le 20 juin dernier; que la personne du roi, déclarée par la Constitution sacrée et inviolable, a été insultée, injuriée et menacée ; que ces outrages et ces insultes retombent sur la nation même dont le roi est le chef; que les excès et les brigandages commis ledit jour sont l'exécution et l'accomplissement des menaces et projets annoncés depuis longtemps par une faction qui compte les crimes au nombre de ses moyens les plus familiers; qu'il est étonnant, qu'après l'arrêté du directoire de Paris contre les attroupements armés, les brigands soient parvenus, à force ouverte, jusque dans l'intérieur des appartements du roi; que cet événement, qui a failli plonger la France dans le plus grand deuil, semblerait prouver l'insuffisance de la force publique dans Paris; que c'est néanmoins à cette ville qu'est confié le précieux dépôt des représentants héréditaires et électifs des Français ; que, si cette force était insuffisante, la nation entière serait le jouet d'une poignée de scélérats, qui substitueraient leur volonté tyrannique à la volonté nationale légalement et librement exprimée ; considérant que la patrie étant en danger, la liberté publique menacée, la Constitution violée, le département doit, aux termes des lois dont il est le fidèle observateur, mettre les gardes nationaux de son ressort en état de réquisition permanente, pour défendre, autant qu'il est en lui, les pouvoirs constitutionnels dont la destruction paraît être le premier objet d'une faction dominante qui cherche à substituer à l'ancienne aristocratie abattue une aristocratie nouvelle et non moins tyrannique ; que l'Assemblée nationale ne manquera pas sans doute de prendre les mesures les plus vigoureuses pour réprimer ou punir des attentats qui, en anéantissant les pouvoirs constitués, plongeraient la nation dans la plus horrible anarchie ;

« Mais que, jusqu'au moment de la vengeance éclatante que la nation a droit d'attendre de ses représentants, il est du devoir de l'administration d'envoyer au roi une députation chargée de lui présenter l'hommage de son respect et de son dévouement, et de veiller à la sûreté de sa personne, en éclairant les manœuvres des factieux ;

« A arrêté et arrête ce qui suit :

« Le roi sera remercié de la fermeté qu'il a montrée lors de l'attroupement séditieux du 20 du présent mois, d'avoir soutenu la dignité de la nation, en refusant, au péril de sa vie, de céder aux menaces d'une foule de gens sans aveu, armés contre la loi, et d'avoir usé avec courage du droit que lui donne la Constitution, dont la garde lui est spécialement confiée ;

« A l'effet de quoi deux députés du directoire du département seront envoyés sur le champ à Paris pour présenter à Sa Majesté son hommage, son attachement et le témoignage de la reconnaissance publique; ces députés seront chargés de rendre compte journellement au directoire des manœuvres et des projets des factieux, de veiller à la conservation de la personne du roi et de sa famille, et de périr, s'il le faut, auprès de lui, pour sa défense et le salut de l'État ;

« Seront lesdits députés chargés d'offrir le secours des deux cents bataillons de ce département, dans le cas où la garde nationale de Paris se trouverait insuffisante pour assurer la vie du roi et la liberté du corps législatif; déclare que les citoyens gardes nationaux de ce département sont dès à présent déclarés en état de réquisition permanente, et que les commandants de bataillons désigneront, chaque semaine, le huitième de ces bataillons pour être de planton et prêt à marcher à la première réquisition des autorités constituées.

« Il sera donné avis de cette mesure à l'Assemblée nationale et au roi.

« Pour l'exécution des présentes, le directoire a nommé pour ses députés MM. Decaïeu et Berville, membres de l'administration de ce département.

« Et sera le présent arrêté imprimé et adressé, à la diligence du procureur-général-syndic, aux directoires de district du ressort, pour être envoyé aux municipalités, qui le feront lire, publier et afficher en la manière accoutumée.

« Délivré conforme au registre.

« *Signé :* Berville, secrétaire général ;
Desjobert, vice-président [1]. »

[1]. Le *Moniteur* du 27 juin 1792 donne seulement le dispositif de cet arrêté, commençant par ces mots : « Le roi sera remercié. » Nous avons eu le bonheur de retrouver non-seulement le texte officiel et complet de ce document, mais aussi celui de l'adresse qui fut envoyée en même temps au roi par le courageux directoire. Ces deux pièces méritent d'être conservées à l'histoire, parce qu'elles sont le spécimen le plus intéressant de la réaction provinciale qui se manifesta dans la grande majorité des départements à la nouvelle des événements du 20 juin. Elles sont les plus belles lettres de noblesse que puissent invoquer les descendants de ceux qui eurent l'honneur d'y apposer leur signature.

Adresse du directoire du département de la Somme au roi des Français.

« Sire,

« Nous venons de lire dans les papiers publics les événements désastreux du 20 de ce mois, et nous députons à l'instant vers Votre Majesté. Nous renouvelons dans vos mains le serment que nous avons fait tant de fois d'être libres par la Constitution, de respecter et de défendre le roi qu'elle nous a donné et qui a juré comme nous de la maintenir.

« Une foule égarée par quelques factieux a pris les armes malgré la loi ; elle a osé, malgré la loi, se porter vers vous en tumulte et s'introduire dans une enceinte qui devait être inviolable ; des magistrats, lâches ou perfides, lui en ont fait ouvrir l'entrée ; elle vous a parlé au nom du peuple, contre l'exercice légitime que vous avez fait du droit de sanctionner ou de suspendre les décrets et contre le renvoi également constitutionnel des ministres qu'une faction dangereuse vous avait donnés. Elle a osé... Non, sire, ce n'est point là le peuple de Paris, c'est encore moins le peuple français ; non, ce ne sont point les vœux du peuple qui vous ont été exprimés par la très-petite portion

Cet énergique arrêté fut dénoncé par Bazire à l'Assemblée législative, dans la séance du 26 juin au soir, comme attentatoire à la Constitution, et, malgré l'opposition de Mathieu Dumas, renvoyé à la commission des douze.

de ce peuple immense répandu dans toutes les contrées de l'empire ; le peuple français vous est fidèle, il a juré de maintenir la Constitution, il vous a reconnu, il vous reconnaît pour son représentant héréditaire, il ne prétend pas que son roi puisse être avili ou insulté par les habitants des faubourgs de Paris, ni qu'il soit gêné par les menaces des factieux ou par tout autre acte de quelque espèce que ce soit, dans l'exercice des droits que la Constitution lui garantit.

« Au milieu des armes qui vous pressaient, votre cœur, sire, n'a point palpité ; les nôtres se sont brisés au récit de cet attentat.

« Nous vous félicitons, sire, nous félicitons la nation entière du courage de son représentant ; la Constitution serait détruite si vous cessiez d'être libre.

« Continuez, sire, de maintenir la Constitution en la défendant par les armes contre les ennemis du dehors, en la conservant au dedans par l'exercice de tous les droits que la nation vous a confiés.

« L'Assemblée nationale prendra sans doute toutes les mesures nécessaires pour garantir Votre Majesté des dangers auxquels les factieux voudraient l'exposer encore, pour dissiper tous les complots, pour en faire punir les principaux auteurs ; nous la seconderons de tout notre pouvoir ; nous avons mis en état de réquisition permanente toutes les gardes nationales du département de la Somme ; la patrie est en danger, lorsque son roi ne peut pas même jouir de la sûreté individuelle que la loi garantit à tous les citoyens. Les Français de ce département sont prêts à verser leur sang pour défendre la patrie, le roi et la Constitution ; ces trois objets sont indivisibles et leur sont également chers.

« Agréez, sire, notre hommage respectueux et l'assurance de notre inviolable dévouement.

« *Signé* : Desjobert, vice-président ; Hecquet, Duhamel, Tondu, Trancart, Decaïeu, Tattegrain, procureur-général-syndic ; Berville, secrétaire général.

« Le 22 juin 1792. »

Cette commission aurait eu fort à faire si elle eût voulu examiner attentivement toutes les pétitions, toutes les adresses qui lui étaient renvoyées et qui exprimaien les opinions les plus contradictoires. En effet, chaque matin, les courriers apportaient à Paris de nouvelles adresses et pétitions, les unes antérieures au 20 juin, et remplies de regrets pour le renvoi des ministres patriotes, de réclamations contre le *veto ;* les autres, rédigées sur la première impression du récit des manifestations parisiennes, exprimant des sentiments de respect pour la Constitution, de haine contre les anarchistes qui avaient insulté le roi, la royauté et la nation. Chaque soir, la tribune de l'Assemblée législative était assiégée par des députés et de la gauche et de la droite, lisant ou essayant de lire, selon la bonne ou la mauvaise humeur de la majorité, des liasses de protestations, de réclamations qui se combattaient les unes les autres, dont chacun comptait, discutait, contestait ou vantait les signatures, comme nombre ou valeur, et qui, finalement, allaient s'accumuler par masses énormes sur le bureau du président.

La gauche fit décréter que désormais les adresses, quelles qu'elles fussent, seraient envoyées directement à la commission extraordinaire ; et que, sur son seul rapport, on voterait la mention au procès-verbal, l'impression et l'envoi des pétitions qui sembleraient mériter cet honneur.

Cette décision suspendit un moment les débats acharnés auxquels se livraient les deux côtés de l'Assemblée en se jetant pour ainsi dire à la tête les opinions contraires de

Paris et de la province, des communes et des départements. Malgré le silence qui leur fut ainsi imposé, les constitutionnels puisèrent une force nouvelle dans les encouragements qu'ils recevaient de toutes parts ; ils voulurent s'en servir pour prendre l'offensive, qu'ils avaient abandonnée à leurs adversaires depuis le commencement de la législature.

La masse du public est ainsi faite, qu'elle se laisse toujours entraîner par instinct à écouter ceux qui parlent le plus haut, comme à soutenir ceux qui ont l'air d'être les plus forts. La faveur de l'opinion se tourna donc presque tout entière vers les adversaires des Jacobins. Les amis de La Fayette purent croire un instant que les beaux jours de sa popularité allaient revenir, et qu'il n'aurait qu'à se présenter aux Parisiens pour ressaisir l'immense influence dont il avait joui deux ans auparavant.

XII

La Fayette était à son camp, sous Bavay, quand il reçut la première nouvelle de la journée du 20 juin. Les scènes dont les Tuileries avaient été le théâtre remplirent d'indignation le cœur libéral et fidèle du « général de la Constitution. » Aussitôt il envoya Bureaux de Pusy à Menin avertir Luckner qu'il croyait de son devoir de courir à Paris faire auprès de l'Assemblée nationale une démarche décisive. Le vieux maréchal essaya de l'en dissuader, « parce que, lui écrivit-il, les Jacobins lui couperaient la tête. » Ce fut en vain. La Fayette mit deux jours à assurer la position de son armée, puis partit avec un seul aide de camp[1].

A Soissons, l'administration du département de l'Aisne conjura le général de renoncer à son projet, persuadée, comme Luckner, qu'il succomberait dans sa lutte avec les Jacobins. La Fayette ne voulut rien entendre, il continua sa course rapide vers Paris, où il arriva le 28 juin. Il descendit chez son plus intime ami, le président du directoire du département, le duc de La Rochefoucauld, puis, sans même prendre le temps de se reposer, il se dirigea vers la salle du Manége.

L'Assemblée discutait la loi sur l'état civil, lorsque le président lui annonce qu'on vient de lui faire passer une lettre ainsi conçue :

« Monsieur le président,

« J'ai l'honneur de vous prier de demander à l'Assemblée nationale la permission de paraître à sa barre et de lui offrir l'hommage de mon respect.

« La Fayette. »

Plusieurs députés demandent que le général soit admis sur-le-champ ; la gauche elle-même partage ce désir. « Comme il n'y a, dit Isnard, que des raisons pressantes qui aient pu forcer le général à quitter son armée, je demande qu'on l'entende à l'instant. »

La Fayette paraît donc à la barre. Les députés de la droite et les galeries le saluent avec enthousiasme, mais les tribunes et la gauche gardent le plus morne silence[2].

---

1. *Mémoires* de La Fayette, t. III, p. 333 ; Toulongeon, t. Ier, p. 281.
2. *Journal des Débats et Décrets,* n° 275, p. 386.

« Président, s'écrie Lecointe-Puyraveau, rappelez le décret qui défend les applaudissements. — Mais, lui réplique-t-on, le même décret défend aussi les murmures. » Le silence se rétablit, et La Fayette a la parole.

Après avoir expliqué comment son absence ne compromet en rien la position des armées françaises, il expose les raisons qui l'amènent à la barre de l'Assemblée. On a dit que la lettre qu'il avait écrite le 16 n'était point de lui, on lui a reproché de l'avoir dictée au milieu d'un camp : il est venu seul, avouer sa lettre, hors de « l'honorable rempart de l'affection de ses troupes. » Mais ce n'est là qu'une de ses raisons, la principale c'est le 20 juin : « Les violences commises aux Tuileries, ajoute-t-il, ont excité l'indignation et les alarmes de tous les bons citoyens, et, particulièrement, de l'armée. Dans celle que je commande, les officiers, sous-officiers et soldats ne font qu'un. J'ai reçu des différents corps des adresses pleines de leur amour pour la Constitution, de leur respect pour les autorités qu'elle a établies et de leur patriotique haine contre les factieux... Ces adresses, je les ai arrêtées par un ordre dont je dépose copie sur ce bureau, mais vous y verrez que j'ai pris l'engagement de venir seul vous exprimer le sentiment de tous. Je ne puis qu'approuver les motifs qui les animent. Déjà on se demande, dans mon armée, si c'est vraiment la cause de la liberté et de la Constitution que nous défendons.

« Messieurs, c'est comme citoyen que j'ai l'honneur de vous parler... Il est temps de garantir la Constitution des atteintes que tous les partis s'efforcent de lui porter, d'assurer la liberté de l'Assemblée nationale, celle du roi, son indépendance, sa dignité... Je supplie l'Assemblée nationale d'ordonner que les instigateurs des délits et des violences commises, le 20 juin, aux Tuileries, seront poursuivis et punis comme criminels de lèse-nation, de détruire une secte qui envahit la souveraineté, tyrannise les citoyens, et dont les débats publics ne laissent aucun doute sur l'atrocité des projets de ceux qui la dirigent. J'ose enfin vous supplier, en mon nom et au nom de tous les honnêtes gens du royaume... » (A l'extrémité de la salle des murmures se font entendre [1].) « J'ose vous supplier de prendre les mesures efficaces pour faire respecter les autorités constituées, particulièrement la vôtre et celle du roi, et de donner à l'armée l'assurance que la Constitution ne recevra aucune atteinte dans l'intérieur, tandis que les braves Français prodiguent leur sang pour la défense des frontières. »

Une très-grande partie [2] des députés et des spectateurs des galeries manifestent une vive approbation.

« Monsieur, répond le président (Girardin), l'Assemblée nationale a juré de maintenir la Constitution ; fidèle à son serment, elle saura la garantir de toutes les atteintes. Elle examinera votre pétition et vous accorde les honneurs de la séance. »

La Fayette va s'asseoir sur les bancs voisins du bureau.

« Ce n'est pas là, s'écrie Kersaint, c'est à la place destinée aux pétitionnaires que M. La Fayette doit être. »

---

1. *Journal des Débats et Décrets,* p. 387. — 2. *Ibid.*

Les constitutionnels murmurent, mais leur ami les quitte et va prendre modestement la place qui lui est assignée.

Plusieurs députés demandent le renvoi de la pétition du général à la commission des douze. Mais Guadet réclame la parole, la droite veut la lui refuser, l'Assemblée est consultée, l'épreuve reste douteuse ; l'ardent méridional s'élance à la tribune et débute par ces mots pleins d'une amère et pénétrante ironie : « Au moment où la présence de M. de La Fayette m'a été annoncée, une idée bien consolante s'est venue offrir à moi. Ainsi, me suis-je dit, nous n'avons plus d'ennemis extérieurs à craindre, ainsi les Autrichiens sont vaincus !... Cette illusion n'a pas duré longtemps ; nos ennemis sont toujours les mêmes, notre situation extérieure n'a pas changé ; cependant le général d'une de nos armées est à Paris !... M. de La Fayette se constitue l'agent de son armée et des honnêtes gens ; ces honnêtes gens, où sont-ils ? Cette armée, comment a-t-elle pu délibérer ?... M. La Fayette viole lui-même la Constitution, lorsqu'il se rend l'organe des honnêtes gens qui ne lui ont pas donné de mission, il la viole lorsqu'il quitte son poste sans un congé du ministre. » — Cela dit, Guadet demande : 1° que le ministre de la guerre apprenne à l'Assemblée s'il a, oui ou non, accordé un congé à M. de La Fayette ; 2° que la commission extraordinaire des douze fasse un rapport sur la question de savoir si les généraux en fonction ont le droit de pétitionner.

Ramond, qui s'est chargé de répondre à l'attaque du député girondin, cherche, avec quelque embarras, une explication constitutionnelle de la conduite du général pétitionnaire. Mais bientôt les éclats de rire de l'extrême gauche lui font comprendre qu'il se fourvoie ; il sort brusquement de la région des vagues théories, et, renonçant à rester sur une défensive où il se sent mal à l'aise, il va droit à ses adversaires, et les attaque par le point le plus vulnérable. « Il y a huit jours, une multitude armée demandait à se présenter devant vous. Des lois positives s'y opposaient ; une promulgation, faite la veille par le département, rappelait cette loi et en demandait l'exécution... Vous n'avez eu égard à rien, et vous avez admis dans votre sein des hommes armés... Aujourd'hui, l'on invoque encore la constitution et les lois. Contre qui ? Contre M. de La Fayette, dont la vie est une suite de combats contre les despotismes de tout genre,... qui a donné pour gage à la nation sa fortune, sa vie tout entière... » — On interrompt violemment. — « Rendez, s'écrie l'orateur, rendez à la patrie les mêmes services, et vous parlerez ensuite ! » — Puis il poursuit son parallèle entre une multitude qui s'est donnée pour la représentation du peuple souverain, qui a parlé exclusivement en son nom, et M. de La Fayette « qui, pour l'Amérique comme pour l'Europe, est l'étendard de la révolution... le fils aîné de la liberté française. »

Un membre de la gauche lance à l'orateur cette interruption sardonique : « Je demande à M. Ramond s'il fait l'oraison funèbre de M. La Fayette. » — Mais le courageux député de la droite n'y fait aucune attention et continue en ces termes : « Je cherchais partout une voix qui eût le courage de dénoncer les grands périls de la liberté, mais partout j'ai trouvé le plus profond silence. Il fallait que cette voix fût celle qui s'est élevée à la première assemblée des notables contre le despotisme, cette voix à laquelle l'Europe et la France sont accoutumées; cette voix dans laquelle les amis de la patrie sont habitués à reconnaître les accents de la liberté... Je demande donc que la pétition de M. de La Fayette, où sont dénoncés les vrais ennemis publics, soit renvoyée à la commission extraordinaire, beaucoup moins pour juger la conduite du général que pour l'examiner en elle-même, et faire le plus tôt possible un rapport sur les objets qu'elle renferme [1]. »

Plusieurs députés réclament la parole; beaucoup d'autres, le vote immédiat; la majorité déclare la discussion fermée. Mais le tumulte recommence : il s'agit de savoir si la motion de Ramond sera mise aux voix avant ou après celle de Guadet. Lecointre s'empare de la tribune, un décret l'en fait descendre; la parole est également refusée à Carnot le jeune. Plusieurs membres de la Montagne quittent leurs bancs, s'avancent vers le bureau, menacent le président de la voix et du geste, et osent demander qu'il soit envoyé à l'Abbaye, pour n'avoir pas gardé une assez complète impartialité.

Après un tumulte violent et prolongé, Daverhoult parvient à se faire entendre et déclare qu'il n'est pas possible d'admettre que la question reste posée comme Guadet

---

[1]. Nous nous sommes aidé, pour rétablir la physionomie de ce discours et de celui de Guadet, des deux versions des *Débats* et du *Moniteur*, en les corrigeant l'une par l'autre.

en a fait la motion : « Le ministre de la guerre sera-t-il interrogé pour savoir s'il a accordé un congé à M. de La Fayette? — Il n'est, dit l'orateur de la droite, aucune loi militaire qui oblige un général à demander une permission pour venir conférer soit avec le ministre, soit avec le roi sur des objets concernant les fonctions qu'il exerce. Contraindre les généraux à se pourvoir régulièrement d'un congé, ce serait entraver la célérité des opérations militaires. Quant au droit de pétition que l'on prétendrait refuser aux officiers supérieurs, pourquoi ne l'exerceraient-ils pas quand tous les citoyens en jouissent indistinctement? »

Quelques députés réclament la lecture des deux ordres du jour que La Fayette a déposés sur le bureau. Cette lecture est décrétée. En vertu du premier, le général rappelait à ses troupes que la Constitution défendait les démarches collectives à une force essentiellement obéissante; mais il prenait acte de leurs « sentiments constitutionnels. » Par le second, daté de Maubeuge, 26 juin au soir, il annonçait qu'il allait dans une course rapide exprimer à l'Assemblée nationale et au roi les sentiments de tout bon Français, et demander en même temps qu'il fût pourvu aux différents besoins de son armée.

Cette lecture faite, la discussion est close. La motion de Guadet est soumise à l'épreuve d'un appel nominal, qui donne le résultat suivant :

Pour la question préalable. . . 339
Pour la motion Guadet. . . . 234

Les amis de La Fayette l'emportaient à une majorité

de plus de cent voix. C'était, il est vrai, sur une question incidente ; mais, par cela même, ce vote n'avait que plus d'importance, puisque les ennemis du général avaient été battus sur le terrain même qu'ils avaient choisi avec une incontestable habileté. Seulement, comme bien d'autres triomphateurs d'un jour, les constitutionnels ne surent pas profiter de leur victoire. Ils auraient dû ne pas laisser à leurs adversaires le temps de se remettre du trouble où les avaient jetés l'apparition du général et le vote qui venait de sanctionner la démarche audacieuse qu'il paraissait avoir voulu tenter ; ils auraient dû avoir tout de suite à soumettre à l'Assemblée plusieurs propositions préparées d'avance, et les arracher à son enthousiasme. Par malheur il n'en fut rien ; la lettre de La Fayette et ses deux ordres du jour furent renvoyés à la commission des douze, et la séance fut levée sans que la droite eût songé à recueillir les fruits de son triomphe.

XIII

La Fayette, en sortant de l'Assemblée, se rendit aux Tuileries. Dans la cour des Feuillants, il fut l'objet d'une ovation de la part d'un grand nombre de gardes nationaux qui s'offrirent à lui faire cortége. Quelques-uns, pour pouvoir arriver jusqu'à la portière, où ils espéraient lui serrer la main, se jetèrent presque sous les roues de sa voiture.

Triste effet de la faiblesse humaine ! l'enthousiasme qui se produisit aux portes du Château inspira plus de défiance que d'espoir à ceux auxquels le général était venu bravement offrir son appui. La réception qui lui fut faite fut assez froide : les remercîments de Louis XVI furent polis, mais sans abandon. Après quelques minutes de conversation à peu près banale, La Fayette crut devoir se retirer; on ne le retint pas. Au moment où la porte se refermait derrière lui, madame Élisabeth s'écria : « Il faut oublier le passé, et nous jeter avec confiance dans les bras du seul homme qui puisse sauver le roi et sa famille. » A quoi la reine répondit : « Mieux vaut périr que d'être sauvé par La Fayette et les constitutionnels[1]. »

Pendant qu'aux Tuileries on hésitait à accepter la dernière planche de salut qui se présentait, toutes les nuances de parti s'effaçaient aux Jacobins devant le péril commun. Aux craintes de Chabot, Brissot répondait résolûment : « Les lauriers ne ceignent pas encore la tête du nouveau Cromwell. L'Assemblée aura le courage de châtier l'insolence de M. de La Fayette, et, pour ma part, je prends l'engagement de prouver à la tribune de l'Assemblée nationale que ce héros des deux mondes est coupable de haute trahison. Ce n'est pas une pétition, mais un ordre qu'il a présenté à l'Assemblée; M. de La Fayette et ceux qui conspirent avec lui ne sont forts que de nos divisions. Rallions-nous donc ! »

Il fallait que le danger parût bien pressant, puisque ce fut l'adversaire le plus acharné de Brissot et des Girondins, Robespierre, qui releva cet appel à la conciliation

---

[1]. *Mémoires* de La Fayette, t. III, p. 336; et *Mémoires* de Mme Campan, t. II, p. 222.

en félicitant Guadet de sa harangue du matin, Brissot de celle qu'il venait de faire entendre au club. Mais si Robespierre abjurait ainsi pour un instant une de ses haines, il trouvait au moins l'occasion d'en satisfaire une autre qui lui tenait presque autant au cœur. Après avoir fait l'éloge de ses alliés du moment, il s'écrie : « Je viens maintenant à l'ordre du jour, à l'ennemi de la patrie, à La Fayette. L'Assemblée doit frapper ce général d'un décret d'accusation ; il faut que tous les vrais amis de la liberté s'unissent pour le demander, afin que ce traître soit jugé par l'opinion publique avant de l'être par la haute cour nationale. »

Toute l'Assemblée est unanime pour applaudir à la harangue de Robespierre, et pour vouer à l'exécration de la société mère et de toutes les sociétés affiliées le téméraire qui a osé leur déclarer la guerre et la leur déclarer itérativement[1].

XIV

L'arrivée de La Fayette avait pris à l'improviste ses amis et ses ennemis. Les constitutionnels, qui l'appe-

---

[1]. Pas plus que les Jacobins, le chef de la municipalité parisienne n'était tranquille sur les projets du général La Fayette et de ses amis ; Pétion, toujours si rassuré et si rassurant dans tous ses rapports des jours précédents, écrivait coup sur coup ces deux billets à Ramainvilliers :

« 28 juin.

« Je vous préviens, monsieur le commandant général, que l'arrivée de M. de La Fayette et le discours qu'il a lu à l'Assemblée agitent beau-

laient de leurs vœux, ne surent que lui proposer lorsqu'ils l'eurent à leur disposition ; rien n'était prêt, aucun plan n'avait été arrêté, aucun projet n'avait été mûri pour la circonstance qui se présentait. La démarche du général était chevaleresque dans l'intention, imprudente par le fait ; mais il fallait au moins qu'elle ne demeurât pas complétement stérile. On résolut donc de profiter de l'occasion offerte par la revue d'une des légions de la garde nationale, que Louis XVI devait passer le 29. Cette légion était justement celle que commandait Acloque, l'un des officiers les plus déterminés parmi les constitutionnels. Malheureusement, les intrigues qui s'agitaient autour du roi et de la reine se croisaient en si grand nombre, le cercle de police et de délation qui les entourait était tellement resserré que tout projet était éventé aussitôt que formé. Il avait été convenu qu'après que le roi aurait traversé les rangs des soldats-citoyens, il

coup les esprits ; il est possible que la fermentation augmente, je crois prudent de faire doubler les postes qui environnent l'Assemblée nationale, d'avoir des réserves à proximité du Château et de faire faire des patrouilles fréquentes, tant en cavalerie qu'en infanterie, et de surveiller les arsenaux, les prisons et les caisses.

« Le maire de Paris, Pétion. »

« 29 juin.

« On m'annonce, monsieur le commandant général, que des intentions malveillantes et des rassemblements se forment avec menaces contre la société des Amis de la Constitution, séante au bâtiment des Jacobins-Saint-Honoré. Je vous prie de veiller sans délai à la sûreté et à la liberté de ces citoyens rassemblés, par des patrouilles et par quelques détachements mis en réserve.

« Le maire de Paris, Pétion. »

se retirerait, et qu'alors le général haranguerait la légion et l'enlèverait. Mais ensuite que ferait-on ? Irait-on fermer le club des Jacobins? se porterait-on sur l'Assemblée ? Tout cela était resté dans le vague, subordonné aux dispositions que l'on trouverait dans la garde nationale et dans la population de Paris.

Cependant le parti de la cour ne craignait rien autant que de tomber sous la domination des constitutionnels. Du consentement de la reine, ou à son insu, Pétion fut averti, et, usant de son droit de chef de la municipalité, il décommanda la revue. Le projet improvisé ne put se reprendre sous une autre forme : un rendez-vous, donné par La Fayette à ses amis et à ses partisans pour se porter, dans la soirée du 29, au club des Jacobins et en faire fermer les portes, demeura sans résultat. Ainsi, ceux-là mêmes qui, dans un moment d'enthousiasme, se pressaient autour de la voiture du général le 28 juin, se tinrent à l'écart, le 29, lorsqu'il fut question, non plus de faire une démonstration banale, mais de marcher résolûment sur le chef-lieu du désordre, et d'en chasser la poignée de démagogues qui, de cette forteresse inexpugnable, dictaient des lois à la France entière.

La Fayette, désespéré de l'inutilité de ses efforts, quitta Paris le 30 juin, quarante-huit heures après son arrivée ; il retourna au milieu de son armée, espérant y retrouver l'appui qui lui avait manqué là où il avait naguère joui d'une si éclatante et si immense popularité. Son règne était passé, celui de Pétion commençait ; mais ce règne devait avoir une durée plus éphémère encore et se terminer par une plus épouvantable catastrophe : l'exil et les cachots de l'étranger attendaient l'un ; la mise hors la loi, les angoisses d'une proscription incessante, le suicide solitaire, étaient réservés à l'autre.

N'anticipons pas sur les événements; revenons à l'Assemblée nationale, au moment où elle reçut les adieux du « général de la Constitution. »

La Fayette, en se retirant sous sa tente, venait de lancer à ses adversaires une dernière, mais bien vaine menace, sous la forme d'une nouvelle lettre aux représentants du pays :

« Retournant, disait-il, au poste où de braves soldats se dévouent à mourir pour la Constitution, mais ne doivent et ne veulent prodiguer leur sang que pour elle, j'emporte un regret vif et profond de ne pouvoir apprendre à l'armée que l'Assemblée nationale a daigné statuer sur ma pétition.

« Le cri de tous les bons citoyens du royaume, que quelques clameurs factieuses s'efforcent en vain d'étouffer, avertit journellement les représentants élus du peuple et ses représentants héréditaires que, tant qu'il existera près d'eux une secte qui entrave toutes les autorités, menace leur indépendance, et qui, après avoir provoqué la guerre, s'efforce, en dénaturant notre cause, de lui ôter ses défenseurs ; tant qu'on aura à rougir de l'impunité d'un crime de lèse-nation, qui a excité les justes et pressantes alarmes de tous les Français, et l'indignation universelle, notre liberté, nos lois, notre honneur, sont en péril.

« Telles sont, messieurs, les vérités que les âmes libres ne cessent de répéter... Pénétrées des principes que je m'honore d'avoir le premier professés en France, que toute puissance illégitime est oppressive, et qu'alors la résistance est un devoir, elles ont besoin de déposer leurs craintes dans le sein du Corps législatif; elles espèrent que les soins des représentants du peuple vont les en délivrer.

« Quant à moi, messieurs, qui ne changerai jamais, ni de principes, ni de sentiments, ni de langage, j'ai pensé que l'Assemblée nationale, ayant égard à l'urgence et au danger des circonstances, permettrait que je joignisse la nouvelle expression de mes regrets et de mes vœux à l'hommage de mon profond respect.

« LA FAYETTE. »

La lecture de cette lettre est accueillie par les plus violents murmures [1]. Delaunay (d'Angers) déclare, aux applaudissements des tribunes, que, si le nouveau César veut passer le Rubicon, il trouvera des Brutus pour lui résister. « Je m'étonne, s'écrie Isnard, que l'Assemblée n'ait pas envoyé de sa barre à Orléans ce soldat factieux. »

Le soir on brûlait au Palais-Royal l'effigie du général, et les journaux jacobins ne tarissaient pas de plaisanteries sur son brusque départ [2].

---

1. *Journal des Débats et Décrets,* n° 277, p. 423.

2. Nos recherches nous ont fait retrouver un grand nombre de lettres inédites, écrites par le général La Fayette à un de ses amis intimes, membre de la droite modérée de l'Assemblée constituante, M. de Latour-Maubourg. Bien qu'elle se rapporte à une époque antérieure à celle qui fait l'objet spécial de nos études, nous avons cru devoir les publier à la fin de ce volume. Rien de ce qui touche au

L'imprudente démarche du général La Fayette, sans but et sans résultat, ne fit qu'avancer le moment du dénoûment fatal. Ce dénoûment, quel allait-il être? Serait-il favorable aux royalistes, ou aux constitutionnels, ou aux républicains?

Le parti constitutionnel comprend encore, il est vrai, dans les provinces, la masse de la nation ; mais à Paris il est affaibli et débordé, car depuis trois ans il a eu à subir les assauts réitérés que lui livrent les deux partis extrêmes qui brûlent du désir de l'abattre à leurs pieds, pour se trouver seul à seul en présence ; il voit à chaque attaque ses rangs s'éclaircir, il sent approcher l'heure où il n'aura plus qu'à s'envelopper la tête de son manteau et à se laisser égorger.

Les royalistes espèrent qu'au dernier moment les constitutionnels se réuniront à eux pour combattre l'ennemi commun, et, avec cet appui, ils comptent sur la victoire ; mais ils en sont encore à comprendre les défiances excessives qu'inspirent à la garde nationale de Paris les bravades ridicules de leurs amis de Coblentz et leur alliance de plus en plus intime avec l'étranger. C'est là ce qui fait la force des ultra-révolutionnaires. La seule apparence d'une intervention étrangère dans les affaires de la France

---

commencement de la Révolution française et aux principaux acteurs de ce grand drame ne peut nous être indifférent. On verra également par cette correspondance, écrite au courant de la plume, que La Fayette, loin de professer en 1789, comme on l'a répété si souvent, des principes républicains, cherchait à s'entendre avec le côté droit de l'Assemblée et combattait en faveur des opinions professées par la fraction la moins avancée du parti constitutionnel.

révolte et révoltera toujours cette nation à la fibre si délicate, aux idées si généreuses et si altières. L'empereur d'Autriche a désigné les Jacobins comme les ennemis qu'il vient combattre; La Fayette a tenu le même langage : dès lors on aura beau jeu pour réunir dans le même anathème le parti constitutionnel et le parti de l'étranger.

C'est pourquoi nous allons voir les Jacobins prétendre, à la face de la France, qu'eux seuls peuvent la sauver de l'invasion étrangère, parce qu'eux seuls ils ne s'entendent pas avec l'étranger. Les fers d'Olmütz vengeront La Fayette et ses amis de cette calomnie; mais qu'importe aux calomniateurs! ils auront atteint le but de tous leurs désirs, le rêve de toutes leurs ambitions : la chute de la monarchie.

FIN DU TOME PREMIER.

NOTES

ÉCLAIRCISSEMENTS

ET

PIÈCES INÉDITES

I

PROTESTATIONS DU PARLEMENT DE PARIS

PROCÈS ET MORT DES PARLEMENTAIRES.

(Voir page 11.)

Les protestations de plusieurs parlements, notamment de ceux de Rennes et de Toulouse, furent publiques. Celles du parlement de Paris demeurèrent secrètes.

Les parlements avaient pris leurs vacances comme à l'ordinaire, en septembre 1789. Mais l'Assemblée constituante, ne voulant pas qu'ils se rassemblassent de nouveau à la rentrée de la Saint-Martin, rendit, le 3 octobre, un décret qui les maintenait en état de Chambre des vacations. L'année suivante, un autre décret des 7-11 septembre supprima tous les parlements.

Ce fut contre l'enregistrement de ces deux décrets que la Chambre des vacations de Paris protesta. Ces protestations étaient écrites sur des feuilles volantes et devaient ne pas être inscrites sur les registres du parlement, mais se conserver seulement entre les mains du président de la Chambre des vacations, M. Le Peletier de Rosanbo.

Voici le texte de ces protestations et de la lettre au roi qui les accompagnait :

« La Chambre des vacations, profondément consternée de l'urgence et de l'empire des circonstances, ainsi que de l'état auquel elles ont réduit la compagnie, proteste contre la transcription de la déclaration de cejourd'hui, et contre tous actes émanés d'icelle Chambre, qui seraient contraires au bien public, à la justice et aux lois inviolables du royaume, comme extorqués, par la crainte de malheurs publics plus grands encore que ceux qui pourraient résulter desdits actes.

« Fait double en vacations, le 5 novembre 1789.

« *Signé* : Le Peletier, H. L. Fredy, Dupuis, Nouet, Pasquier, d'Outremont, Fagnier de Mardeuil, Amelot, Lambert, Lescalopier, Camus de La Guibourgère, Lenoir, Duport et Agard de Maupas. »

« Les soussignés, considérant qu'il importe à la stabilité du trône, à la gloire de la nation et au bonheur des citoyens de tous les ordres et de toutes les classes, qu'au milieu des ruines de la monarchie il subsiste un monument qui conserve les principes par lesquels elle a été gouvernée pendant tant de siècles ; que, dans les circonstances, cette obligation est d'autant plus rigoureusement prescrite aux magistrats de la Chambre des vacations que, faisant partie de la première cour du royaume, ils peuvent seuls suppléer le silence des princes et pairs et des magistrats, desquels ils se trouvent séparés, ont arrêté, en renouvelant leurs protestations du 5 novembre contre les premières atteintes portées aux lois et à la Constitution de l'État, qu'ils n'ont jamais entendu donner aucune approbation aux différents décrets qu'ils ont transcrits ; que cette transcription n'a été faite qu'à la charge d'être réitérée à la rentrée de la cour ; que, cette condition ne pouvant se réaliser, toute transcription devient par là nulle et sans effet ; qu'ils ne peuvent reconnaître comme l'effet du vœu général de la nation le résultat des délibérations d'une assemblée, qui devait être celle des trois ordres composant les États-généraux, et qui se trouve dénaturée et constituée, par son autorité seule, Assemblée nationale ; qu'enfin ils protestent et ne cesseront de protester contre tout ce qui a été fait ou pourrait être fait par les députés aux États-généraux qui, dans cette prétendue assemblée, ont, contre la teneur expresse de leurs mandats, non-seulement excédé leur pouvoir, qui consistait principalement à payer la dette de l'État, à subvenir aux dépenses nécessaires par une répartition égale, et enfin à établir une sage réforme dans les différentes parties de l'administration, mais même en ont abusé par la violation des propriétés de tout genre, par le dépouillement du clergé qui entraîne le mépris de la religion, par l'anéantissement de la noblesse qui a été toujours un des principaux soutiens, par la dégradation de la majesté royale, les atteintes portées à son autorité réduite à un vain fantôme, et enfin par la confusion des pouvoirs destructifs des vrais principes de la monarchie.

« *Signé* : Le Peletier de Rosanbo, Duport, H. L. Fredy, Dupuis, Nouet, Pasquier, Amelot, Lambert, Lescalopier, d'Outremont, Camus de La Guibourgère, Constance, Lenoir, Sahuguet d'Espagnac, Salomon, Agard de Maupas, Fagnier de Mardueil.

« Ce 14 octobre 1790. »

« Sire,

« Les magistrats de la Chambre des vacations de votre Parlement viennent de consommer leur dernier sacrifice; il leur était donc réservé de se voir contraints, après treize mois des fonctions les plus orageuses et les plus pénibles, d'insérer dans leurs registres des lettres patentes portant suppression de toutes les cours et de tous les tribunaux du royaume, des lettres patentes qui achèvent la destruction de la monarchie, en arrachant la dernière pierre sur laquelle était fondé l'édifice antique de nos lois.

« A la vue, Sire, de tant d'innovations, de tant de renversements, de tant de destructions qui seraient au moins imprudentes, quand elles ne seraient pas injustes et barbares, que de réflexions vos magistrats ne seraient-ils pas autorisés à présenter à Votre Majesté! Mais ils respecteront sa douleur, ils lui épargneront un tableau qui ne ferait que déchirer son cœur de plus en plus, bien convaincus que les motifs de leur silence n'échapperont pas aux bons citoyens ni aux fidèles sujets de

Votre Majesté, et qu'il est des circonstances où un silence morne et profond est plus expressif que les discours.

« Cependant, Sire, puisque vos magistrats ont encore l'avantage de se faire entendre de vous, ils doivent à votre personne sacrée, à la cour de Paris dont ils ont l'honneur d'être membres, à toute la magistrature du royaume, enfin à la France entière, de déposer entre vos mains leur protestation formelle contre tout ce qu'on pourrait induire de cette transcription et de toutes celles qu'ils ont pu faire depuis l'absence de votre Parlement, de déclarer qu'ils regardent comme nuls et non avenus tous les actes, auxquels ils n'ont coopéré que passivement, qu'ils n'avaient aucun pouvoir de transcrire définitivement, qu'ils n'ont même transcrits qu'à la charge d'une réitération à la Saint-Martin, qui, ne pouvant s'effectuer, les annule de plein droit; enfin à la transcription desquels ils n'ont procédé que dans la vue de ménager la tranquillité publique et d'éloigner de votre personne sacrée les dangers, dont elle et son auguste famille étaient menacées au milieu des troubles qui désolent le royaume et particulièrement la capitale.

« Tels sont, Sire, les sentiments qu'il tardait à vos magistrats de faire connaître à Votre Majesté. Ayant constamment rempli tout ce que la patrie pouvait exiger de leur zèle, déchargés maintenant du fardeau que vous leur aviez confié, quittes envers leur compagnie et envers la nation, nul regret personnel ne les suivrait dans leur retraite s'ils pouvaient croire à ce bonheur idéal, à cette prospérité chimérique dont on berce depuis si longtemps un grand peuple. Mais c'est en vain qu'ils chercheraient à se faire illusion. Jamais les fureurs de l'anarchie n'ont préparé le bonheur des empires; jamais les meurtres, les incendies, les pillages, les violations de toutes les propriétés n'ont été les avant-coureurs d'une législation sage et paisible. Cependant, quelles que soient les destinées futures de la France, à quelques infortunes qu'elle soit encore réservée, jamais l'espérance n'abandonnera le cœur de vos fidèles magistrats; ils les fondent sur cette raison éternelle, qui ramène malgré eux les empires vers le genre de gouvernement et de constitution qui leur est propre; ils les fondent sur cette Providence, qui veille constamment sur les rois, qui, pendant tant de siècles, a protégé le trône de vos pères d'une manière si éclatante et si spéciale, et qui, au milieu des orages et des tempêtes les plus furieuses, l'avait conduit à ce haut degré de prospérité, de puissance et de gloire où il était parvenu ; ils les fondent sur les vertus personnelles de Votre Majesté, qui ramèneront infailliblement vers elle une nation impétueuse, mais sensible, extrême dans ses écarts comme dans ses affections, et chez qui l'amour de ses rois a toujours triomphé de tous les efforts de la cabale et de l'intrigue.

« Ah! Sire, si jamais cet espoir venait à se réaliser, qu'il serait doux pour vos magistrats de recommencer pour Votre Majesté une nouvelle carrière de sacrifices, de dévouement et de travaux ; réduits aujourd'hui à ne vous offrir que des vœux, ils ne cesseront d'en adresser au Ciel pour le retour de la tranquillité et de la paix dans le royaume, pour la conservation des jours d'un monarque si justement chéri, pour ceux de son auguste épouse qui, au milieu des plus grands dangers, a déployé un courage supérieur à son sexe, et par une fermeté digne de son illustre origine est devenue l'objet de l'admiration de l'univers ; enfin pour les jours de ce précieux rejeton, cet héritier de tant de rois, destiné à faire un jour le bonheur de la France et à perpétuer dans son sein les vertus et le sang d'Henri IV. »

Plusieurs des membres du parlement qui n'avaient point coopéré à l'élaboration de ces protestations, en ayant eu connaissance, y adhérèrent, notamment M. le président Rolland, son gendre M. Ferrand, et MM. Oursin, de Barrême, Bouchard.

Au plus fort de la terreur, le hasard fit tomber entre les mains du comité de sûreté générale ces pièces oubliées depuis longtemps.

Sur une dénonciation faite au comité révolutionnaire de la section du faubourg Montmartre, des membres de ce comité, réunis à ceux de la section de Bondy, se transportèrent chez M. Le Peletier de Rosanbo et trouvèrent, à un endroit désigné, un buste de Louis XIV, par lui donné à un Le Peletier, ministre d'État sous son règne. Poussant plus loin les recherches, on trouva dans les lieux à l'anglaise un paquet cacheté et recouvert d'une toile cirée, et dessous une enveloppe renfermant huit pièces sur lesquelles était écrit de la main de Rosanbo : « En cas de mort, je prie madame de Rosanbo de vouloir bien remettre ce paquet, tel qu'il est, entre les mains de M. de Sarron ou de MM. de Gourgues, Gilbert, d'Ormesson, Champlâtreux, pour que celui de ces messieurs qui se trouvera à cette époque le plus ancien président du parlement en fasse l'ouverture et se charge des pièces. »

Tous les faits antérieurs à l'acceptation de la Constitution de 1791 avaient été couverts par une amnistie générale, dont avaient successivement profité les Suisses de Châteauvieux, les assassins de la glacière d'Avignon et bien d'autres encore. Mais les ultra-révolutionnaires, qui avaient invoqué cette amnistie lorsqu'ils pouvaient en faire profiter leurs amis, l'oublièrent complétement lorsqu'ils eurent le pouvoir de frapper leurs anciens adversaires.

Sur le vu des pièces saisies, le comité de sûreté générale ordonna, le 9 germinal an II, que les signataires des protestations fussent traduits immédiatement devant le tribunal révolutionnaire.

« Le comité de sûreté générale arrête que les nommés Le Peletier de Rosanbo, Fredy, Dupuis, Pasquier, d'Outremont, Fagnier de Mardeuil, Amelot, Lambert, Lescalopier, Camus de La Guibourgère, Lenoir, Duport, Agard de Maupas, Sahuguet d'Espagnac, Constance, Salomon, Rolland, Ferrand, Sallier, Barrême, Oursin, Rouhette et Bourrée de Corberon, ex-présidents ou conseillers du ci-devant parlement de Paris, seront traduits au tribunal révolutionnaire, comme prévenus d'avoir signé ou adhéré à des protestations tendant à méconnaître la liberté et la souveraineté du peuple, à calomnier la représentation nationale et à ramener le règne de la tyrannie; arrête en conséquence que lesdites protestations contre-révolutionnaires et autres pièces de conviction découvertes chez Rosanbo, l'un des conspirateurs, *qui en avait resté* dépositaire, seront adressées incessamment à l'accusateur public.

« Les membres du comité de sûreté générale :

« *Signé* : DUBARRAN, M. BAYLE, VADIER, VOULLAND, LOUIS (du Bas-Rhin), AMAR. »

Plusieurs des parlementaires ainsi mis en accusation étaient déjà arrêtés comme suspects et se trouvaient dans diverses prisons de Paris. Un mandat d'amener fut lancé contre M. Le Peletier de Rosanbo qui, avec toute sa famille, s'était retiré à Malesherbes, auprès de son beau-père, le vénérable défenseur de Louis XVI. On procéda à une arrestation en masse des habitants du château de Malesherbes, qui furent amenés à Paris. M. de Rosanbo fut séparé de sa famille et réuni aux autres membres du parlement qui déjà se trouvaient à la Conciergerie, attendant leur jugement. C'est à ce moment que M. de Malesherbes adressa la lettre et le mémoire suivants à Fouquier-Tinville, pour implorer sa pitié en faveur de son gendre. Il s'adressait bien !

« A Port-Libre, le 30 germinal an II de la République une et indivisible.

« Citoyen,

« Je ne suis pas connu de vous. Cependant je prends la liberté de vous envoyer un mémoire pour le citoyen Rosanbo, mon gendre et mon ami intime, à présent accusé et traduit au tribunal.

« Son affaire m'intéresse autant que ma vie ; je ne doute pas que vous n'ayez grande influence, et c'est en vous que je mets toute mon espérance.

« Je voudrais vous écrire de ma main ; mais mon écriture n'est pas lisible ; je ne vous demande que de lire ce mémoire avec attention. Si vous vous en donnez la peine, je suis certain que vous trouverez que l'accusation porte sur un malentendu.

« Si la visite des papiers du citoyen Rosanbo avait été faite en sa présence et qu'il eût pu donner les éclaircissements sur les pièces qu'on y a trouvées, on aurait reconnu que ce qu'on a pris pour une conspiration contre la république était, au contraire, des mesures prises par un citoyen ami de la paix, pour prévenir ce qui pourrait occasionner des troubles.

« Ma seule crainte est que le grand nombre des affaires que vous ferez juger en même temps ne permette pas de donner à celle-là une attention suffisante.

« Je sais que ce n'est pas vous qui jugez ; mais étant aussi éclairé que vous l'êtes, c'est à vous à mettre sous les yeux des jurés les explications qui sont à la décharge des accusés comme celles qui sont à leur charge.

« Je suis fraternellement, citoyen, votre concitoyen,

« Lamoignon Malesherbes. »

« Citoyen,

« Le citoyen Le Peletier Rosanbo vient d'être transféré à la Conciergerie, ainsi que plusieurs autres membres de la chambre des vacations du ci-devant parlement de Paris. Je crains que la cause de cette mesure ne soit la protestation faite par cette chambre en 1790, et crois devoir vous soumettre quelques observations propres à éclairer cette affaire.

« Il n'existait en 1790, époque de ladite protestation, ni république, ni liberté. Je le dirai même avec franchise, tel était le but, déjà trop connu, d'une faction dominante dans l'Assemblée constituante, qu'il ne s'agissait de rien moins alors, comme l'a dernièrement déclaré Saint-Just, dans un rapport fait au nom du comité de salut public, que d'ôter la couronne au ci-devant roi pour la mettre sur la tête de Dorléans. Dans cet état de choses, les membres de la chambre des vacations, placés en quelque sorte entre l'usurpateur et l'ancien monarque, se rangèrent du parti de ce dernier et crurent devoir protester en sa faveur. Les protestations étaient d'un usage constant et passaient même pour être très-populaires sous l'ancien régime, qui n'était pas encore détruit; d'ailleurs ce n'étaient point des arrêts qui pussent former obstacle à l'exécution des lois. J'ajouterai que les membres de la chambre des vacations ne pouvaient, en leur qualité de commissaires, de simples mandataires du parlement, enregistrer aucune loi qu'à la charge d'en déférer à ce corps, et que d'une pareille obligation résultait le devoir indispensable pour eux (quelles que fussent leurs opinions politiques) de protester contre son anéantissement qui pouvait être favorable alors à la réussite des projets liberticides dont je viens de parler.

« Le dépôt de cette protestation chez le citoyen Rosanbo, président de la chambre, où elle a dû être trouvée, n'a été qu'une suite naturelle du défaut d'un greffe où la mettre dans les circonstances où elle a été faite. De pareils dépôts particuliers eurent lieu, lors de la suppression des ci-devant cours souveraines, par le chancelier Maupeou ; et moi-même, citoyen, je gardais chez moi les protestations de la cour des aides, dont j'étais chef.

« Jusque-là le citoyen Rosanbo se trouve donc, ainsi que ses collègues, entièrement à l'abri de tous reproches. La seule faute qu'il aurait pu commettre, eût été de vouloir donner de la suite ou de la publicité à la protestation dont il s'agit, lorsqu'elle était devenue inutile par les progrès de l'esprit public, le déjouement d'une faction coupable et l'établissement du gouvernement républicain ; mais le fait est qu'elle est restée ensevelie dans le plus profond oubli, grâce aux soins qu'il a pris pour la dérober à tous les yeux ; qu'elle n'a jamais été imprimée ni communiquée par lui à personne, qu'il n'y a été donné à sa connaissance aucune suite ; qu'il n'a jamais tenté de la lier avec les actes illégaux que, s'il en faut croire des papiers publics, des magistrats fugitifs s'étaient permis en pays étrangers ; qu'il n'avait point de relations avec le ci-devant président Gilbert de Voisins, désigné par les mêmes papiers publics pour un des chefs de la magistrature émigrée ; qu'enfin, depuis la suppression du parlement, en 1790, il est rentré dans la vie privée et n'a plus été occupé que de remplir les devoirs d'un bon citoyen et d'un père de famille.

« Telles sont, citoyen, les observations importantes que j'ai cru devoir vous faire sur un acte trop simple en lui-même et trop indifférent par le défaut de suite où il est resté, pour fonder une accusation capitale. Je ne craindrai pas de faire valoir en outre devant un magistrat populaire les raisons particulières qui militent en faveur du citoyen Rosanbo. Personne, au dire de tous ceux qui l'ont connu, n'a été plus équitable, plus exact et plus désintéressé que lui dans l'administration de la justice, personne n'était plus doux dans ses mœurs ni plus honnête dans ses procédés. Dès avant la révolution, il pratiquait déjà ces vertus privées, cet amour de l'humanité, ces égards pour ses semblables, cette rare et précieuse fraternité avec ses concitoyens, qui sont un des premiers biens de notre régénération. Il a de plus continué de s'y livrer, comme le prouvent une multitude de secours accordés aux indigents et les dons patriotiques faits en faveur des citoyens partis pour la frontière, sous les yeux de la section, à Paris, et de la municipalité, à Malesherbes, qui, en conséquence, lui a accordé dernièrement un certificat de civisme.

« J'ose donc espérer, citoyen, qu'ayant égard aux raisons ci-dessus exposées, vous rendrez un double hommage à la justice et à l'humanité, en concourant par toute l'influence que peut vous donner votre ministère à l'acquittement d'un accusé dont la vie est sans reproche, et qui ne se trouve inculpé aujourd'hui qu'à l'occasion d'une pièce incapable par elle-même, comme je l'ai démontré, de fonder une accusation capitale.

« Lamoignon Malesherbes. »

La copie de ces deux pièces fut envoyée par M. de Malesherbes à son gendre, M. de Rosanbo. Cet envoi était accompagné de quatre billets écrits par la femme, les deux filles et le fils de celui-ci. Mais les misérables qui, dans ces temps d'anarchie, étaient censés rendre la justice, arrêtaient au passage les épanchements les plus doux et les plus intimes de la famille, et ravissaient aux malheureux qu'ils envoyaient à l'échafaud la triste et dernière consolation de recevoir, avant de mourir, des nouvelles de leurs proches. Les quatre billets furent interceptés, quoique bien innocents, et vinrent grossir le dossier de Fouquier-Tinville.

« Vous reconnaîtrez ici, mon cher papa, l'écriture de Guillemette. C'est ma sœur aînée, sachant mieux l'orthographe que moi, qui a écrit l'autre double, envoyé à l'accusateur public. Mon grand-père y a joint une lettre très-touchante, de l'écriture de Louise ; puisse notre temps n'être pas perdu, comme nous l'espérons ! jamais il n'aura été employé d'une manière plus utile et plus précieuse pour mon cœur. »

—

« Je ne vous parlerai point de moi, mon cher et tendre père ; vous devinez ma position par mon attachement pour vous ; je ne vous dirai rien non plus de mon mari, qui n'est rien moins qu'étranger à ce que nous faisons; il est un de ceux de la famille qui prend le plus d'intérêt au succès de votre affaire. »

———

Le 30 germinal.

« Je t'envoie, mon bon ami, copie d'un mémoire que mon père vient d'envoyer à l'accusateur public; j'espère que, s'il a le temps de le lire, cela le mettra très au fait de ton affaire et que l'on te rendra la justice que tu mérites et que j'espère. Je me flatte que cette affaire éclaircie te réunira à moi. C'est le doux objet de mon cœur, mon bon ami; tu sais que vivre près de toi, soigner ta santé, nous entourer de nos enfants et soigner la vieillesse de mon père, a toujours été notre seule occupation; puissions-nous y être bientôt rendus; oui, mon bon ami, je l'espère!

« Adieu, bon et tendre ami; pense à un être qui ne vit que pour toi, t'aimant de tout son cœur. Mon père, ma tante et mes enfants qui sont autour de moi partagent tous mes sentiments. »

———

« Toutes mes sœurs se sont occupées, mon tendre père, à écrire le mémoire que ma mère joint à sa lettre; un mal qui m'est survenu au doigt m'a empêché d'y coopérer. Ce travail eût été bien doux pour moi et mon regret a été bien grand; mais dussiez-vous ne pas me lire, je veux vous tracer quelques lignes et vous répéter ce que vous savez déjà si bien, l'assurance de tout mon amour pour vous. Adieu, mon bien tendre père; aimez votre fils, cette idée fait son bonheur.

« *Signé* : Louis Le Peletier Rosanbo. »

Pendant que sa famille s'occupait de lui d'une manière si touchante, M. de Rosanbo était interrogé, le 29 germinal, par un des juges du tribunal révolutionnaire, et son interrogatoire peut donner une idée de la procédure sommaire et expéditive en usage à cette époque.

« Ce jourd'hui, 29 germinal de l'an second de la République, neuf heures de relevée, nous, Étienne Masson, juge du tribunal révolutionnaire, etc., assisté de Charles-Adrien Legris, commis-greffier du tribunal, en l'une des salles de l'auditoire, au palais, en présence de l'accusateur public, avons fait amener de la maison de la Conciergerie . . . . auquel avons demandé ses noms, âge, profession, pays et demeure.

« A répondu se nommer Louis Le Peletier Rosanbo, âgé de quarante-six ans, né à Paris, demeurant à Malesherbes, département du Loiret, ci-devant président au parlement de Paris.

« D. S'il n'a pas signé et engagé à signer des protestations contre-révolutionnaires. .

« R. Qu'il a signé des protestations des mois de novembre 1789 et octobre 1790, telles que le ci-devant parlement était en usage d'en faire ; mais que ces protestations n'ont pas été souscrites par lui dans des intentions contre-révolutionnaires; que, loin d'avoir engagé personne à les signer, il ne les a signées lui-même que quand elles ont été arrêtées par la chambre.

« D. S'il a un défenseur?

« R. Qu'il choisit le citoyen Duchâteau, et a signé avec nous.

« *Signé :* Le Peletier Rosanbo, Fouquier, Masson, Legris, commis-greffier. »

Dès le surlendemain, 1er floréal, MM. de Rosanbo, Lenoir, Duport[1], Fredy, Camus de La Guibourgère, Dupuis de Marcé, Fagnier de Mardeuil, Pasquier, Bourrée de Couberon, Rolland, Oursin de Bure, Rouhette, de Gourgues, Bochard de Sarron, Molé de Champlâtreux, Sallier, Lefebvre d'Ormesson, tous présidents et conseillers au parlement de Paris, dont les uns avaient signé les protestations précitées, et dont les autres n'avaient même pas commis ce crime imaginaire, dont les uns étaient inscrits sur l'arrêté du comité de sûreté générale et les autres ne l'étaient pas, comparurent, avec sept conseillers au parlement de Toulouse, M. Hoquart, ancien président de la cour des aides, et un colonel d'infanterie, ami de ce dernier, devant le tribunal

---

1. Père du célèbre député à la Constituante.

révolutionnaire, siégeant salle de l'Égalité. Après des débats qui durèrent à peine une ou deux heures, les vingt-six accusés furent tous condamnés à mort.

Voici les questions qui furent posées au jury.

« 1° Est-il constant que depuis 1789 jusqu'à ce jour il a existé une conspiration contre la souveraineté et la sûreté du peuple français, par l'effet de laquelle on n'a cessé de provoquer, par des protestations et des arrêtés contraires à la liberté, l'avilissement et la dissolution de la représentation nationale, la rébellion envers les autorités constituées et les lois créées et faites par les représentants du peuple ; qu'enfin, pour faire réussir ladite conspiration et faire rétablir contre la volonté du peuple et par la force les ci-devant parlements et tribunaux, il a été entretenu des intelligences et correspondances avec les ennemis extérieurs de l'État, tendant à faciliter de tous les moyens possibles le succès de leurs armes, et que, pour parvenir au même but et faire réussir plus facilement la conspiration, il a été employé toute espèce de manœuvre pour exciter la guerre civile en armant les citoyens les uns contre les autres et contre l'autorité légitime ?

« 2° Le Peletier de Rosanbo est-il complice de cette conspiration ? »

Suivent vingt-cinq questions parfaitement identiques pour les vingt-cinq autres accusés. (Dans la liste, ci-dessus donnée, des membres du parlement de Paris, nous avons suivi l'ordre de l'acte d'accusation et de l'arrêt.)

A ces vingt-six questions il fut répondu par la même formule invariable :

« La déclaration du jury du jugement est affirmative sur les vingt-six questions.
« *Signé* : COFFINAL.

« Ce 1er floréal, l'an IIe de la République française une et indivisible. »

Ainsi, la déclaration n'était pas même signée par le président du jury. Le président du tribunal de sang se contentait d'apposer sa signature à la suite de la formule stéréotypée, aussitôt que la déclaration verbale et toujours certaine du jury avait été faite.

Les membres du parlement saluèrent en silence, leurs prétendus juges et marchèrent d'un pas ferme à la mort. Ils furent exécutés le jour même sur la place de la Révolution.

Deux jours après, Lamoignon de Malesherbes, que la liste des condamnés qualifie de « ministre de l'État et depuis défenseur officieux du tyran Louis XVI, » (n° 689 de la *Liste générale*); sa fille, madame de Rosanbo; sa petite-fille, madame de Chateaubriand, âgée de vingt-trois ans; son gendre, M. de Chateaubriand, âgé de vingt-quatre ans, suivaient à l'échafaud M. de Rosanbo.

II

LA CONSTITUTION CIVILE DU CLERGÉ

ET SES CONSÉQUENCES.

(Voir page 17.)

La constitution civile du clergé, après avoir été discutée pendant près de trois mois par l'Assemblée constituante, fut décrétée le 12 juillet 1790, et sanctionnée par Louis XVI le 24 août suivant.

Cette constitution bouleversait les circonscriptions ecclésiastiques dans leur hiérarchie, leur étendue et leur nombre, remettait à des électeurs laïques le choix exclusif des évêques et des curés[1], soumettait les autorités religieuses de tout ordre à la surveillance et à la censure des autorités civiles, administratives et judiciaires[2] ; interdisait aux évêques nouvellement élus de s'adresser au pape à l'effet d'obtenir la confirmation de leur

---

1. Le droit d'élire les curés était confié aux électeurs du second degré, réunis par district ; celui d'élire les évêques, aux électeurs du deuxième degré réunis par département. (V. note III.) Une seule condition était imposée aux électeurs : avoir assisté à la messe paroissiale dont l'élection du pasteur devait avoir été précédée. (Art. 6 et 30 du titre II.) Ainsi les citoyens qui ne pratiquaient aucun culte, les protestants et même les juifs pouvaient, en se soumettant à la formalité dérisoire de l'audition d'une messe catholique, coopérer à la nomination des pasteurs d'une Église à laquelle ils n'appartenaient pas !

2. Les évêques et curés ne pouvaient s'absenter de leurs diocèses ou de leurs paroisses durant plus de quinze jours consécutivement, sans l'autorisation du directoire du département ou du district ; et ce, sous peine d'être poursuivis et judiciairement privés de leur traitement pendant tout le temps de leur absence. (Art. 2, 3, 4 du titre IV.)

nomination[1]; imposait à tout ecclésiastique recevant un traitement de l'État, et par conséquent considéré comme fonctionnaire public, l'obligation de prêter, sous peine d'être déchu de ses fonctions, un serment qui, dans ses termes généraux, impliquait une adhésion absolue à des dispositions législatives dont on ne pouvait apprécier la portée, puisqu'elles n'existaient pas encore[2]. (La constitution française ne fut promulguée que le 3 septembre 1791, plus d'un an après la loi du 12 juillet-21 août 1790.)

Avant et pendant la discussion de la constitution civile du clergé, l'Assemblée nationale avait protesté solennellement, à plusieurs reprises, de son respect pour la religion catholique, apostolique et romaine[3].

Mais les faits sont plus puissants que les protestations les plus solennelles et les plus réitérées. Quelques députés, se constituant de leur pleine autorité docteurs en théologie et droit canon, eurent beau accumuler les textes et les citations pour prouver que l'on ne faisait qu'appliquer les doctrines de l'Église gallicane et que l'on ne touchait ni aux rites ni aux dogmes, le bon sens public ne se laissa pas prendre à ces déclarations. Les catholiques sincères sentirent instinctivement leur conscience

---

1. « Le nouvel évêque ne pourra s'adresser au pape pour en obtenir aucune confirmation, mais il lui écrira comme au chef visible de l'Église universelle, en témoignage de l'unité de foi et de la communion qu'il doit entretenir avec lui. » (Titre II, art. 19.)

2. « Avant que la cérémonie de la consécration commence, l'élu prêtera en présence des officiers municipaux, du peuple et du clergé le serment solennel de veiller avec soin sur les fidèles du diocèse qui lui est confié, d'être fidèle à la nation, à la loi et au roi, et de maintenir de tout son pouvoir la Constitution décrétée par l'Assemblée nationale et acceptée par le Roi. » (Art. 21 du titre II.) Un serment analogue était exigé des curés en vertu de l'art. 38 du même titre.

3. Le 13 avril 1790, l'Assemblée constituante avait déclaré, sur la proposition du duc de La Rochefoucauld-Liancourt, « qu'elle n'avait et ne pouvait avoir aucun pouvoir à exercer sur les consciences et sur les opinions religieuses, que la majesté de la religion et le respect profond qui lui était dû ne permettaient pas qu'elle devînt un sujet de délibération, qu'on ne pouvait d'ailleurs douter de l'attachement de l'Assemblée au culte catholique, apostolique et romain, puisque ce culte venait d'être mis par elle à la première place des dépenses publiques. »

s'alarmer. Ils comprirent que l'Assemblée constituante venait d'empiéter sur le gouvernement des âmes, et que, par sa prétendue réorganisation du clergé français, faite sans l'aveu ou plutôt, comme elle le reconnaissait elle-même, contre la volonté du souverain pontife, elle avait déchiré le pacte qui, depuis tant de siècles, unissait l'Église de France à la papauté.

Tout d'abord, les autorités ecclésiastiques opposèrent la force d'inertie aux empiétements de l'autorité civile, et se contentèrent de protester par un grand nombre d'écrits, de brochures, de lettres pastorales, contre cette constitution [1]; mais l'évêque de Quimper étant mort, et un membre de l'Assemblée nationale (Expilly) ayant été choisi à sa place par les électeurs du Finistère, il fallut prévoir le cas où le métropolitain refuserait de procéder à l'installation du nouvel élu.

Le 24 et le 27 novembre 1790, l'Assemblée rendit coup sur coup deux décrets destinés à vaincre, selon elle, toutes les résistances ouvertes ou tacites.

Aux termes du premier de ces décrets, l'évêque élu devait se présenter, assisté de deux notaires, devant le métropolitain et le requérir de lui accorder la confirmation canonique. Si le métropolitain s'y refusait, l'élu devait, en personne ou représenté par un fondé de pouvoir, visiter successivement tous les évêques de la circonscription archiépiscopale, leur exhiber, en présence des deux inévitables notaires, les procès-verbaux des refus éprouvés précédemment de la part du métropolitain ou de ses suffragants, et réclamer de l'un d'eux cette confirmation. Enfin, dans le cas d'insuccès de toutes ses démarches, le prélat repoussé pouvait appeler comme d'abus du refus successif des évêques, par-devant le tribunal du district où le siége de son

---

1. Il est impossible d'énumérer tous les écrits qui, en 1790 et 1791, parurent sur cette question, attaquant ou défendant cette malencontreuse constitution civile du clergé. Le catalogue de la Bibliothèque impériale contient la nomenclature de deux à trois cents ouvrages écrits sur cette matière, et il est très-loin d'être complet. Pour se faire une idée sommaire, mais exacte, de la doctrine soutenue par la presque unanimité des évêques de France, il faut consulter l'exposition des principes sur la constitution civile du clergé rédigée par M. de Boisgelin, archevêque d'Aix, signée par trente évêques, députés à l'Assemblée nationale, et publiée le 30 octobre 1790.

évêché était situé. Ainsi c'était un tribunal de district, dernier degré de la nouvelle organisation judiciaire, qui était appelé à connaître de ces appels comme d'abus, sur lesquels, autrefois, les cours souveraines de la monarchie avaient seules le droit de se prononcer. C'était, par voie de conséquence, le même tribunal qui se trouvait investi du droit de casser l'élection de l'évêque ou de désigner par quel autre évêque il serait consacré. Cette juridiction suprême, accordée à d'humbles tribunaux de district, sans consistance, sans précédents, sans autorité morale, ne pouvait être considérée par l'épiscopat français que comme une nouvelle insulte.

Une loi spéciale, rendue le 24 juillet 1790 et sanctionnée en même temps que la constitution civile (24 août 1790), avait déclaré qu'aucun traitement ne pourrait être touché par les évêques et curés conservés dans leurs siéges, s'ils n'avaient préalablement prêté le serment prescrit par cette constitution. Mais les évêques et curés qui n'avaient pas prêté serment n'avaient pas cru devoir abandonner leurs diocèses et paroisses pour une question d'argent, et avaient continué, comme par le passé, à exercer le saint ministère. Par le décret du 27 novembre, l'Assemblée déclara que les évêques et curés qui étaient restés en place seraient tenus de prêter dans la huitaine le serment constitutionnel; faute de quoi, passé ce délai, les récalcitrants seraient censés avoir donné leur démission, et, s'ils continuaient à s'immiscer dans leurs anciennes fonctions, poursuivis pardevant les tribunaux de district, réputés rebelles à la loi, perturbateurs du repos public, et, comme tels, privés de leurs traitements, déchus des droits de citoyens actifs, rendus incapables d'occuper tout emploi, et encore exposés à l'application de peines plus fortes, suivant l'exigence et la gravité des cas.

Louis XVI hésita à sanctionner ces deux décrets durant un mois entier; mais l'Assemblée insista très-vivement pour obtenir la double sanction et députa même son président auprès de lui pour lui arracher son consentement. De guerre lasse, le malheureux monarque finit, comme toujours, par se rendre aux vœux de l'Assemblée; car il avait dans ce moment pour politique de ne jamais s'opposer ouvertement à aucune des mesures décrétées par la Constituante, mais de les sanctionner comme contraint et forcé. La sanction royale fut donc donnée le 26 décembre 1790 à ces deux décrets.

Dès le lendemain, l'un des principaux promoteurs de la constitution civile du clergé et de tous les décrets qui en avaient été la conséquence logique et inévitable, l'abbé Grégoire se présenta à la tribune pour prêter le serment constitutionnel ; mais avant de le faire, il prononça, en son nom propre et au nom des ecclésiastiques qui avaient voté dans le même sens que lui, un discours dans lequel il faisait profession du plus profond respect, du plus sincère attachement pour la religion catholique, apostolique et romaine. « Ce serait, s'écria-t-il, calomnier l'Assemblée nationale que de lui supposer le projet de mettre la main sur l'encensoir... Jamais elle n'a voulu porter la moindre atteinte au dogme, à la hiérarchie, à l'autorité spirituelle du chef de l'Église ; elle reconnaît que ces objets sont hors de son domaine. » Vaines paroles, dont cependant on doit tenir compte à Grégoire, car elles témoignent de sa bonne foi, bonne foi dont il donna du reste, trois ans plus tard, une preuve éclatante en refusant, malgré les murmures de la Convention et les menaces des tribunes jacobines, de s'associer aux indignes saturnales de Gobel et des autres sectateurs du culte de la déesse Raison [1].

Dès que l'abbé Grégoire eut prêté serment, son exemple fut imité par une soixantaine de curés, par le chartreux dom Gerle et plusieurs moines ou prêtres séculiers qui, n'ayant point charge d'âmes, ne se trouvaient pas astreints à cette formalité.

Le 28 décembre, Talleyrand, évêque d'Autun, et, cinq jours après, Gobel, alors évêque de Lydda et suffragant de l'évêque de Bâle, prêtèrent serment et entraînèrent environ quarante autres ecclésiastiques, ce qui porta à une centaine le nombre des prêtres-jureurs de l'Assemblée (à peu près le tiers des députés envoyés par l'Ordre du clergé).

Cependant la huitaine de rigueur allait expirer, et ce nombre n'augmentait pas ; les évêques et les autres prêtres restaient sur leurs bancs, immobiles et silencieux. Le comité ecclésiastique, se demandait-on avec anxiété, aurait-il l'audace et la force

---

1. Séance de la Convention du 17 brumaire an II.

d'aller jusqu'au bout dans une voie qui, évidemment déjà, ne pouvait aboutir qu'à la persécution religieuse et à la guerre civile ?

Le 2 janvier, l'évêque de Clermont monte à la tribune, non pour prêter serment, mais pour protester une dernière fois contre le droit que, contrairement à la *déclaration des droits de l'homme*, l'Assemblée s'arrogeait d'exercer un empire sur les consciences. Mais Treilhard demande qu'il ne soit pas permis au prélat de poursuivre le développement de son opinion, et que cette question lui soit adressée : « Voulez-vous prêter un serment pur et simple ? » L'évêque essaye encore de s'expliquer, la parole lui est coupée par un ordre du jour, et l'Assemblée décide que le délai accordé par la loi du 26 décembre expirera le 4 janvier, à une heure après midi.

Ce jour-là et à cette heure, le président annonce qu'il va interpeller les ecclésiastiques revêtus de fonctions publiques et membres de l'Assemblée, afin qu'ils aient à déclarer s'ils veulent, oui ou non, prêter le serment exigé par la loi du 27 novembre. Il ajoute qu'il procédera par ordre de bailliages ou sénéchaussées à l'appel nominal de chacun des ecclésiastiques présents, en les invitant individuellement à jurer.

Le premier appelé est l'évêque d'Agen. « Je ne donne, dit-il, aucun regret à ma place, aucun regret à ma fortune. J'en donnerais à la perte de votre estime, que je veux mériter. Je vous prie donc d'agréer le témoignage de la peine que je ressens de ne pouvoir prêter serment. » — On appelle l'abbé Fournés, du même diocèse ; il répond : « Je dirai avec la simplicité des premiers chrétiens : Je me fais gloire et honneur de suivre mon évêque, comme Laurent suivit son pasteur... »

L'appel nominal continue durant quelques minutes ; mais bientôt il est interrompu sur la motion de ceux mêmes qui l'avaient réclamé un moment auparavant, car ils se sont aperçus de l'effet désastreux que peut avoir pour leur œuvre le refus digne et noble que chacun des opposants s'apprête à venir faire à la tribune.

Le président interpelle donc en masse les évêques, curés et prêtres qui n'ont pas encore prêté serment, afin qu'ils viennent le prêter. Un morne silence est la seule réponse qu'il reçoit.

L'évêque de Poitiers essaye encore, malgré les murmures de la gauche, de faire entendre une protestation contre la violence qui va l'arracher à son troupeau : « J'ai soixante-dix ans, j'en ai passé trente-cinq dans l'épiscopat, où j'ai fait tout le bien que je pouvais faire. Accablé d'années et d'études, je ne veux pas déshonorer ma vieillesse, je ne veux pas prêter un serment qui... » Il ne peut continuer, sa voix se perd au milieu d'un effroyable tumulte.

Enfin l'ordre se rétablit quelque peu, et le président renouvelle son interpellation collective. Le silence reste cette fois absolu. En conséquence, il est décrété que, hormis Talleyrand et Gobel, tous les évêques membres de la Constituante sont déchus de leurs siéges, et que le roi est invité à donner des ordres pour qu'il soit pourvu à leur remplacement dans les formes déterminées par la loi du 24 août précédent.

Par le vote de ce décret se termina la séance à jamais mémorable du 4 janvier 1791, dans laquelle l'épiscopat français maintint héroïquement sa liberté et sa foi, et où l'on vit, ce qui ne s'était pas encore vu dans notre pays, une assemblée laïque trancher définitivement, de son autorité privée, la plus épineuse des questions qui puissent être posées à la conscience humaine.

L'Assemblée constituante s'était laissée entraîner par degrés beaucoup plus loin qu'elle n'avait d'abord voulu aller. Et pourtant les avertissements ne lui avaient pas manqué.

En vain Siéyès, à l'occasion de l'abolition des dîmes, lui avait-il fait entendre cette parole mémorable, qui peut être appliquée à toutes les époques et à toutes les questions : *Vous voulez être libres, et vous ne savez pas être justes !*

En vain l'abbé de Montesquiou avait-il dit : *Les plus malheureux ne sont pas ceux qui souffrent l'injustice, mais ceux qui la font.*

En vain M. de Montlosier s'était-il écrié : « Si vous chassez les évêques de leurs maisons épiscopales, ils se retireront dans la chaumière du pauvre qu'ils ont nourri ; si vous leur enlevez leur croix d'or, ils en prendront une de bois... c'est une croix de bois qui a sauvé le monde... »

En vain Cazalès avait-il soulevé un coin du voile de l'avenir en prononçant ces prophétiques paroles : « Croyez-vous, en chassant ces évêques de leurs siéges, ces curés de leurs presbytères, vaincre la résistance que leur conscience vous oppose? Non, vous êtes au premier pas de la persécution qui s'ouvre devant vous. Doutez-vous qu'une partie des fidèles ne demeure attachée à ses anciens pasteurs et aux principes éternels de l'Église? Alors le schisme est introduit, les querelles de religion commencent, le royaume sera divisé. Vous verrez les catholiques, errant sur la surface de l'empire, suivre dans les cavernes, dans les déserts, leurs ministres persécutés, afin de recevoir d'eux des sacrements valides... Pourquoi craindriez-vous de revenir sur un décret, même d'en suspendre l'exécution? Vous êtes des législateurs sages et humains, vous ne sacrifierez pas tant de victimes à votre fol orgueil !... »

Par une incroyable aberration, la majorité de l'Assemblée avait pris pour évangile la profession de foi du Vicaire savoyard, pour guides spirituels Mirabeau, le fougueux débauché, Camus, le froid janséniste. Ce furent eux qui réussirent, l'un par son irrésistible talent, l'autre par ses convictions profondes, à faire adopter les résolutions, de plus en plus persécutrices, auxquelles la Constituante se trouva fatalement entraînée. Et cependant, au jour du triomphe complet des idées qu'ils avaient fait prévaloir, lorsqu'il ne s'agissait plus que de faire connaître par une adresse à la France entière les motifs qui avaient guidé l'Assemblée dans toutes ses innovations en matière religieuse, on vit apparaître l'immense dissentiment qui séparait ces deux hommes réunis pour détruire, impuissants à remplacer l'œuvre de tant de siècles.

Mirabeau lisait (14 janvier 1791) le projet d'adresse qu'il avait fait adopter au comité ecclésiastique ; tout à coup il est violemment interrompu par Camus, qui déclare que, dans ce projet, il y a des abominations que l'on ne peut entendre de sang-froid. Sur une pareille déclaration, le comité, qui avait été ébloui par la phraséologie sonore de l'ardent orateur, se ravise et demande lui-même qu'on renvoie de nouveau à son examen ce projet d'adresse, qu'il avait adopté sans l'examiner de trop près, et que, quelques jours après, il remplaça par un autre où l'on s'était efforcé de rester un peu plus orthodoxe.

Dans cette déclaration célèbre, l'Assemblée constituante proclamait son profond respect pour les dogmes de l'Église catholique, dont le pape, disait-elle elle-même, est le chef visible sur la terre ; elle reconnaissait qu'il n'était pas en son pouvoir de porter atteinte à ces dogmes, prétendait qu'elle n'avait ni fait, ni voulu, ni pu faire aucune entreprise sur l'autorité spirituelle de l'Église ; protestait de la pureté de ses vues et de la droiture de ses intentions, mais annonçait en même temps sa volonté inébranlable de persister dans les résolutions qu'elle avait prises [1].

Deux prélats, dans le sein de l'Assemblée, avaient prêté le serment, Talleyrand et Gobel ; trois autres, Loménie de Brienne, archevêque de Sens [2], Jarente, évêque d'Orléans, Savines, évêque de Viviers, qui ne faisaient pas partie de la Constituante, avaient suivi leur exemple. C'était plus qu'il n'en fallait pour consacrer tous les évêques qui allaient s'introniser dans les siéges que, de sa pleine autorité, l'Assemblée venait de déclarer vacants. Afin donc que les cinq évêques-jureurs eussent toutes facilités pour se donner de nouveaux collègues, l'Assemblée rendit un dernier décret (28 janvier 1791) par lequel elle autorisait « les évêques nouvellement élus à se pourvoir auprès
« du directoire du département, pour qu'il leur fût indiqué un
« évêque français quelconque, assermenté, qui recevrait canoniquement le nouvel évêque, malgré le refus du métropolitain
« et des prélats de son ressort. »

Du 24 février au 1er mai 1791, les quatre-vingts nouveaux évêques furent élus et sacrés. Gobel, pour prix de ses complai-

---

1. Cette adresse ou plutôt cette instruction devait être « lue le premier dimanche qui en suivrait la réception, dans toutes les communes du royaume, à l'issue de la messe paroissiale, par le curé ou son vicaire, et, à leur défaut, par le maire ou le premier officier municipal. »

2. Voici le portrait que M. Thiers trace de ce prélat, qui avait été ministre de Louis XVI en 1787 (*Histoire de la Révolution*, p. 25, 1er vol.) : « Loménie, en se retirant, laissa le trésor dans la détresse, le payement des rentes de l'Hôtel de ville suspendu, toutes les autorités en lutte, toutes les provinces en armes. Quant à lui, pourvu de 800,000 francs de bénéfices, de l'archevêché de Sens et du chapeau de cardinal, s'il ne fit la fortune publique, il fit du moins la sienne. Cet indigne prélat, après avoir déchaîné les tempêtes sur son pays, couronna sa vie en se faisant jacobin et apostat. »

sances, obtint l'évêché de Paris. Talleyrand, au contraire, renonça au siège d'Autun et y fit nommer à sa place l'abbé Gouttes, l'un des membres du comité ecclésiastique qui avaient le plus contribué à faire adopter la nouvelle constitution. D'autres membres de l'Assemblée constituante furent naturellement appelés à occuper plusieurs des sièges dont leur vote avait contribué à faire expulser les anciens titulaires[1].

Le clergé français se trouva dès lors divisé en deux catégories, les assermentés et les insermentés. Un grand nombre de prêtres, qui avaient d'abord prêté le serment exigé par la loi du 24 août 1790, sans en comprendre toute la portée, se rétractèrent. Des troubles commencèrent bientôt à éclater de toutes parts, dans les campagnes du Haut-Rhin, du Bas-Rhin, du Gard et de l'Hérault, ainsi que dans les villages de Normandie, de Bretagne, du Poitou et même à Paris, ici contre les prêtres *réfractaires*, là en leur faveur. Avant de se séparer, l'Assemblée constituante put donc mesurer d'un œil consterné l'étendue du mal que son imprudente immixtion dans les matières religieuses avait enfanté.

De février en septembre 1791, la Constituante n'avait plus rendu, pour tout ce qui concerne la constitution civile du clergé, que des décrets de peu d'importance ; elle n'avait eu qu'à tirer les conséquences logiques des principes posés. Ces décrets, comme les autres, Louis XVI les avait revêtus de sa sanction royale, *sans mot dire,* laissant, par une déplorable faiblesse, les choses arriver à un point où il devint impossible de faire cesser l'inextricable désordre dans lequel avait été plongée l'Église de France.

Les questions religieuses furent, pour ainsi dire, constamment à l'ordre du jour pendant tout le cours de la Législative. C'étaient, il faut le reconnaître, les plus graves du moment ; elles renaissaient sans cesse sous toutes les formes. Quoi qu'elle en eût, la Législative était forcée de suivre en cette matière les

---

1. Saurine dans les Landes, Marolles dans l'Aisne, Aubry dans la Meuse, Lecesve dans la Vienne, Thomas Lindet dans l'Eure, Massieu dans l'Oise, Thibault dans le Cantal, Grégoire dans le Loir-et-Cher.

errements de la Constituante ; la majorité, du reste, n'y était que trop bien disposée. Chaque jour, des orateurs, tout en proclamant leur respect pour la liberté de conscience, proposaient les mesures les plus intolérantes.

Ainsi, le 21 octobre, Lejosne demandait que les prêtres qui avaient refusé le serment civique fussent internés au chef-lieu du département, et, pour expliquer ce traitement *exceptionnel*, partant contraire à la constitution, il s'écriait : « Les prêtres ne sont pas des citoyens ordinaires ! »

Ainsi, le 26, Fauchet, évêque constitutionnel du Calvados, commençait son discours par ces mots : « Point de persécution ! le fanatisme en est avide, la philosophie l'abhorre, la vraie religion la repousse, et ce n'est point dans l'Assemblée nationale qu'on l'érigera en loi. » Puis, après un si bel exorde, il concluait à ce que l'on refusât le payement de leur pension aux prêtres non assermentés, les vieillards et invalides exceptés; à ce que ceux d'entre eux qui seraient convaincus d'avoir excité des troubles fussent condamnés à vingt ans de gêne!

Ainsi, le 6 novembre, Isnard lançait une dénonciation furibonde contre les prêtres insermentés, « ces pestiférés, disait-il, qu'il faudrait envoyer en masse dans les lazarets d'Italie. »

Une telle intolérance rencontra cependant quelques contradicteurs dans le sein de l'Assemblée, même parmi les prêtres qui s'étaient distingués par leur ardeur à prêter le serment et à adopter les idées nouvelles.

Torné, évêque constitutionnel de Bourges, répondait aux propositions de Fauchet et d'Isnard : « Condamner à la faim des hommes ci-devant fortunés, après les avoir déjà condamnés à l'indigence, ce serait une cruelle et basse parcimonie. Elle n'aurait que la dureté du corsaire, sans avoir l'iniquité du vol; mais en serait-elle moins pour cette législature une tache éternelle?... Grâce pour l'insermenté, auquel on ne peut reprocher que son grabat et son scrupule! »

Gensonné rappelait « que le respect pour la liberté individuelle est le plus sûr garant de la liberté publique, et qu'on ne doit jamais cesser d'être juste, même envers ses ennemis. »

Il proposait de séparer de la religion tout ce qui tient à l'ordre civil, de réduire les ministres du culte, salariés par

l'État, à des fonctions purement religieuses; d'enlever au clergé séculier et régulier les registres de l'état civil, l'enseignement national, l'administration de la bienfaisance et des hôpitaux.—
« Alors, les prêtres n'étant plus fonctionnaires publics, vous pouvez adoucir la rigueur des lois relatives au serment ecclésiastique; vous ne gênerez plus la liberté des opinions, vous ne tourmenterez plus les consciences, vous n'inviterez plus, par l'intérêt, les hommes au parjure [1]. »

L'Assemblée, au milieu de tant d'opinions contradictoires, déféra toutes les questions religieuses à un comité qu'elle institua exprès.

Le 29 novembre, sur le rapport de ce nouveau comité, dit de surveillance, il fut décrété :

Tous les ecclésiastiques prêteront le serment civique dans le délai de huit jours;

Les réfractaires seront privés de tout traitement, de toute pension;

Ils seront réputés suspects de révolte contre la loi et de mauvaises intentions contre la patrie, et soumis à la surveillance des autorités;

Ils pourront être éloignés provisoirement, en vertu d'un arrêté du directoire départemental, des communes où surviendraient des troubles;

Le refus d'obéir à cet arrêté sera puni d'un emprisonnement de deux années au plus;

La même peine sera appliquée au prêtre coupable d'avoir excité à la désobéissance aux lois;

S'il survient des troubles religieux, les frais de répression seront à la charge de la commune, sauf à elle à exercer son recours contre les instigateurs;

Les églises entretenues par l'État ne pourront servir à d'autre culte qu'à celui des prêtres assermentés;

La liste des prêtres réfractaires sera mise sous les yeux de l'Assemblée.

L'internement des prêtres non sermentés au chef-lieu de chaque département ne tarda pas à paraître une mesure trop

---

1. *Moniteur,* séances des 21, 26, 27 octobre et 3 novembre 1791.

peu efficace, le mot de *déportation* fut prononcé ; et peu de jours après, l'Assemblée, glissant rapidement sur la pente fatale où elle était lancée, décida en principe, sur la proposition de Vergniaud, que cette peine serait appliquée aux « prêtres perturbateurs. »

Lecointe-Puyraveau allait déjà beaucoup plus loin et proposait la déportation en masse de tous les prêtres insermentés sans distinction.

Ce fut à cette occasion que Vergniaud voulut établir une différence entre le serment civique et le serment constitutionnel, prétendant que le serment civique « étant simplement la promesse d'être fidèle aux lois de la société, celle-ci pouvait et devait y assujettir chacun de ses membres. »

C'était une erreur manifeste, car, par cela même que le serment civique comprenait, sous le nom générique de loi, toutes les mesures législatives adoptées par la Constituante et sanctionnées par le faible Louis XVI, il impliquait forcément la reconnaissance de la constitution civile du clergé, de toutes les autres mesures qui en avaient été la conséquence, et notamment de la séparation de la nouvelle Église et du Saint-Siége. Car celui-ci, après avoir autorisé la vente d'une certaine partie des biens du clergé, avait refusé de sanctionner les innovations introduites, sans sa participation, dans la discipline ecclésiastique.

Un des curés constitutionnels de Paris, député de cette ville à l'Assemblée législative, émit, lors de cette discussion, une idée qui depuis a été bien souvent reproduite. Elle a été avec raison toujours écartée dans les temps calmes et paisibles, mais son adoption à ce moment aurait pu prévenir bien des malheurs : c'était de ne plus salarier les ministres du culte sur le budget de l'État, et, par voie de conséquence, d'abolir la prétendue constitution civile du clergé.

L'abbé Moy formulait ainsi sa proposition :

« Les électeurs n'éliront plus à l'avenir les ministres du culte catholique ;

« Les citoyens choisiront eux-mêmes les ministres du culte qu'ils voudront suivre ;

« Le traitement des ministres du culte, qui seront élus à l'avenir, ne fera plus partie de la dépense publique;

« Aucun individu élu pour célébrer les cérémonies d'un culte ne pourra prétendre au titre de *constitutionnel;*

« Celui qui sera convaincu d'avoir, par ses prédications, excité à la désobéissance aux lois, sera banni à perpétuité;

« Aucun individu élu pour exercer les fonctions d'un culte ne prêtera en cette qualité de serment particulier. »

Contre cette proposition s'élevèrent les clameurs les plus vives du sein de la Montagne et notamment de la part de certains prêtres-jureurs qui avaient tout à perdre à ce nouveau système; Pontard, évêque constitutionnel de Périgueux; l'ex-capucin Chabot, devenu vicaire épiscopal de l'évêque de Blois; Ichon, ex-supérieur des prêtres de l'Oratoire à Condom, se distinguèrent parmi les adversaires les plus acharnés du décret proposé par le curé Moy.

Cette proposition fut renvoyée à la commission des Douze, qui n'y donna pas suite.

Enfin, de guerre lasse, après une discussion vingt fois abandonnée et vingt fois reprise, l'Assemblée législative adopta, le 27 mai 1792, le funeste décret qui vint mettre le comble à la persécution du clergé catholique[1].

Voici quelles en étaient les principales dispositions :

« L'Assemblée nationale, après avoir entendu le rapport de
« son comité des Douze..., considérant que les efforts auxquels
« se livrent constamment les ecclésiastiques non sermentés
« pour renverser la constitution ne permettent pas de supposer
« à ces ecclésiastiques la volonté de s'unir au pacte social; que
« ce serait compromettre le salut public que de regarder plus
« longtemps comme membres de la société des hommes qui
« cherchent évidemment à la dissoudre; considérant que les
« lois pénales sont sans force contre ces hommes qui, agissant

---

[1]. Quelques députés seulement eurent le courage de s'élever contre l'adoption de cette monstrueuse législation; nous citerons parmi eux Voysin, Larivière et Dalmas (d'Aubenas).

« sur les consciences pour les égarer, dérobent presque toujours
« leurs manœuvres criminelles aux regards de ceux qui pour-
« raient les faire réprimer et punir; après avoir décrété l'ur-
« gence, décrète ce qui suit :

« Art. 1er. — La déportation des ecclésiastiques insermentés
« aura lieu comme mesure de sûreté publique et de police géné-
« rale, dans les cas et suivant les formes énoncées ci-après :

« Art. 2. — Seront considérés comme ecclésiastiques inser-
« mentés tous ceux qui, assujettis au serment prescrit par la
« loi du 26 décembre 1790, ne l'auraient pas prêté ; ceux aussi
« qui, n'étant pas soumis à cette loi, n'ont pas prêté le serment
« civique postérieurement au 3 septembre dernier, jour où la
« constitution française fut déclarée achevée ; ceux enfin qui
« auront rétracté l'un ou l'autre serment.

« Art. 3. — Lorsque vingt citoyens actifs d'un même canton
« se réuniront pour demander la déportation d'un ecclésiastique
« non sermenté, le directoire du département sera tenu de
« prononcer la déportation, si l'avis du directoire du district est
« conforme à la pétition.

« Art. 4. — Lorsque l'avis du directoire du district ne sera
« pas conforme à la pétition, le directoire du département sera
« tenu de faire vérifier par des commissaires si la présence de
« l'ecclésiastique ou des ecclésiastiques dénoncés nuit à la tran-
« quillité publique ; et, sur l'avis de ces commissaires, s'il est
« conforme à la pétition, le directoire du département sera
« également tenu de prononcer la déportation.

« Art. 5. — Dans le cas où un ecclésiastique non sermenté
« aurait par des actes extérieurs excité des troubles, les faits
« pourront être dénoncés au directoire du département par un,
« ou plusieurs citoyens actifs, et, après vérification des faits, la
« déportation sera pareillement prononcée.

« Art. 14. — Dans le cas où l'ecclésiastique n'obéirait pas à
« l'arrêté du directoire, le procureur-syndic du district sera tenu
« de requérir la gendarmerie nationale pour le faire transférer
« de brigade en brigade au delà des frontières les plus voisines
« du lieu de son départ, et les frais de cette translation, dont il
« sera dressé procès-verbal, seront retenus sur sa pension ou ses
« revenus.

« Art. 16. — Ceux des ecclésiastiques contre lesquels la dé-
« portation aura été prononcée, qui resteraient dans le royaume
« après avoir déclaré leur retraite, ou qui rentreraient après
« leur sortie, seront condamnés à la peine de la détention pen-
« dant dix ans. »

Le dernier article ordonnait l'envoi du décret à la sanction dans la journée même. Mais Louis XVI ne la donna pas, et ce refus fut un des motifs mis en avant par les sections ultra-révolutionnaires de Paris pour demander sa déchéance et pour justifier les journées du 20 juin et du 10 août.

III

ORGANISATION MUNICIPALE

DÉPARTEMENTALE ET MILITAIRE DE PARIS.

(Voir pages 28 et 45.)

Dans le système adopté par l'Assemblée constituante pour l'organisation des administrations municipales et départementales, à Paris comme dans le reste de la France, la base du droit électoral reposait sur la distinction faite entre les citoyens actifs et ceux qui ne l'étaient pas.

Étaient citoyens actifs tous ceux qui, justifiant de la qualité de Français, avaient atteint la majorité de vingt-cinq ans et payaient une contribution directe de trois journées de travail. Les citoyens actifs se réunissaient en assemblées primaires.

A Paris, ces assemblées avaient pris le nom de *sections*, et étaient au nombre de quarante-huit [1].

[1]. Avant 1789, la ville de Paris était partagée en vingt et un quartiers. L'article 8 du règlement fait par le roi, le 23 avril 1789, pour la convocation des trois états de la ville de Paris, divisa cette ville en soixante-arrondissements ou districts. Cette division servit naturellement à la première organisation municipale qui s'établit d'elle-même après la prise de la Bastille et subsista jusqu'à la loi du 27 juin 1790. Mais plusieurs de ces districts, et notamment celui des Cordeliers, ayant été les promoteurs de désordres très-graves, on essaya, par la nouvelle division en quarante-huit sections, de rompre le concert qui s'était formé entre les turbulents d'une même circonscription. Mais on n'y réussit pas, et les sections furent bientôt sous l'influence des mêmes meneurs que l'on avait voulu dépayser en abolissant les districts.

La division en quarante-huit sections, toujours avec les mêmes circonscriptions, a subsisté depuis 1790 jusqu'à 1860; elle n'a été détruite que par l'annexion des communes suburbaines situées en deçà des nouvelles fortifications; seulement, le nom de *section*, qui rappelait de fâcheux souvenirs, avait été remplacé depuis longtemps par celui de *quartier*.

Les citoyens actifs élisaient directement les divers fonctionnaires de leur section. Ils élisaient aussi les électeurs du second degré dans la proportion d'un électeur à raison de cent citoyens présents ou absents, ayant droit de voter. Ces électeurs devaient non-seulement être pris parmi les citoyens actifs de la section, mais justifier du payement d'une contribution directe de la valeur de dix journées de travail. Ils étaient nommés pour exercer leurs fonctions jusqu'à la prochaine réunion des assemblées primaires. L'almanach de 1792 donne le nom, la profession et l'âge des huit cent douze électeurs de Paris et des cent trente-huit électeurs des seize cantons qui formaient les districts de Saint-Denis et de Sceaux.

On trouve dans cette liste, curieuse à plus d'un titre, les noms de plusieurs agitateurs qui préludaient, dans ces fonctions obscures, aux destinées plus hautes qui les attendaient pendant la période ultra-révolutionnaire.

Le nombre de huit cent douze électeurs suppose, à Paris, à peu près quatre-vingt-deux mille citoyens actifs inscrits sur les registres civiques. Les scrutins de cette époque montrent combien peu d'électeurs prenaient part aux opérations des assemblées primaires ; ils constatent le vote de dix à douze mille électeurs, quelquefois de beaucoup moins.

Les électeurs du second degré étaient appelés à nommer les députés à l'Assemblée nationale, les administrateurs de département, l'évêque, les juges de district, etc.

Aux termes du décret des 21 mai-27 juin 1790, spécial pour la capitale, la municipalité parisienne se composait d'un maire, de seize administrateurs, de trente-deux membres du conseil, de quatre-vingt seize notables, d'un procureur de la commune et de deux substituts. (Art. 5 du titre Ier.)

Il y avait, en outre, un secrétaire-greffier, deux greffiers adjoints, un trésorier, un garde des archives et un bibliothécaire nommés par le conseil municipal et dont les fonctions étaient déclarées incompatibles avec celles de membres de la municipalité[1]. (Art. 21 et 39 du titre Ier.)

---

1. C'est pour cela que l'on voit très-fréquemment le secrétaire-greffier et les greffiers adjoints, au moment de leur élection à ces fonctions, remplacés

Le maire, le procureur de la commune et ses deux substituts étaient nommés directement par un scrutin individuel, ouvert simultanément dans les quarante-huit sections. (Art. 15 du titre 1ᵉʳ, art. 5 du titre II.)

Le maire et le procureur de la commune devaient être élus à la majorité absolue des voix, aux deux premiers tour de scrutin; mais, au troisième tour, un ballottage s'établissait entre les deux citoyens qui avaient obtenu le plus de suffrages aux scrutins précédents, et la majorité relative suffisait. (Art. 11 et 13 des décrets généraux déclarés applicables à la municipalité parisienne.)

Les deux substituts étaient nommés à la pluralité relative, pourvu qu'ils eussent réuni le quart des voix des votants. Au troisième tour de scrutin, ce quart des voix n'était pas même exigé.

L'article 18 du titre Iᵉʳ déclarait que, pour la nomination des membres du corps municipal et des quatre-vingt-seize notables, la population de Paris exigeait une forme de scrutin particulière. Voici la forme compliquée que le législateur de 1790 avait imaginée :

Chacune des quarante-huit sections choisissait trois membres de la municipalité pris parmi les éligibles de la section. Ce choix se faisait au scrutin individuel et à la pluralité absolue des suffrages. (Art. 9 et 10 du titre II.)

La liste des cent quarante-quatre membres ainsi élus, avec leurs demeures et qualités, devait être imprimée, affichée et envoyée aux quarante-huit sections. (Art. 14 du titre II.)

Le lendemain de cet envoi, les sections étaient tenues de s'assembler et de procéder à la lecture de la liste imprimée. Chaque section avait le droit d'accepter ou de refuser la nomination des citoyens compris dans la liste et votait successivement sur chacun des cent quarante-quatre élus par assis et levé, sans discussion. (Art. 15 du titre II.) Les résultats de la présentation de la liste dans chaque section devaient être envoyés à

---

comme membres du conseil général dont ils faisaient auparavant partie. Ainsi arriva-t-il à Royer-Collard, sous la première municipalité, à Tallien, Coulombeau et autres, sous la seconde et la troisième municipalité.

l'Hôtel de ville, et les citoyens qui n'étaient pas acceptés par la moitié des sections plus une étaient retranchés de cette liste sans autre information. (Art. 16 du titre II.)

Les sections, dont un ou plusieurs élus avaient ainsi subi l'ostracisme de la majorité des autres sections, étaient tenus de remplacer dans les vingt-quatre heures les membres retranchés de la première liste. (Art. 17 du titre II.)

Ces nouveaux élus étaient soumis à la même présentation que ceux qu'ils avaient remplacés, et la municipalité n'était complète que lorsque chacun de ses cent quarante-quatre membres avait ainsi subi la censure et l'acceptation des quarante-sept sections autres que celle qui l'avait élu directement. (Art. 18 et 15 du titre II.)

La liste des membres du conseil général étant ainsi définitivement arrêtée, il s'agissait de choisir entre eux les quarante-huit membres du corps municipal. Pour cela on se livrait à une autre opération plus compliquée encore que la première.

Dans chacune des quarante-huit sections s'ouvrait un scrutin de liste; chaque électeur ne pouvait inscrire sur son bulletin que dix noms choisis parmi ceux de la liste des cent quarante-quatre. Le résultat du scrutin de chaque section était apporté à l'Hôtel de ville, et ceux des membres du conseil général, qui se trouvaient avoir réuni le quart des suffrages, ainsi recensés dans tout Paris, étaient déclarés membres du corps municipal. Cette liste, si elle ne sortait pas tout entière du premier, se complétait par un deuxième et un troisième scrutin. Pour ce dernier la pluralité relative des suffrages suffisait à la validité de l'élection. (Art. 19-27 du titre II.)

Ceux des cent quarante-quatre qui ne se trouvaient pas faire partie des quarante-huit membres du corps municipal restaient membres du conseil général en qualité de notables. (Art. 31 du titre II.)

Enfin, parmi les quarante-huit membres du corps municipal, il fallait encore choisir les seize administrateurs chargés de la direction des diverses parties du service municipal. Ces seize administrateurs étaient désignés par le conseil général au scrutin individuel et à la majorité absolue des suffrages.

Dans ce système d'élection très-compliqué, on avait cherché à combiner d'une manière plus ou moins satisfaisante l'élection individuelle et l'élection par scrutin de liste, l'élection directe pour le conseil et l'élection à deux degrés pour l'administration. On faisait même à l'*alea* une part assez considérable; en effet, chaque bulletin de liste pour l'élection des quarante-huit ne contenant que dix noms sur cent quarante-quatre, le scrutin pouvait produire des résultats en dehors de toute prévision et donner souvent à la minorité l'occasion de l'emporter sur la majorité elle-même.

Le maire, le procureur de la commune et les officiers municipaux devaient rester en fonction deux ans, et le renouvellement de la moitié du conseil se faire le dimanche après la Saint-Martin de 1791[1]. (Art. 42 du titre II.) Le corps municipal était tenu de s'assembler une fois au moins tous les quinze jours. (Art. 27 du titre Ier.)

Les seize administrateurs se réunissaient en bureau au moins trois fois par semaine (art. 20 du titre III), et se divisaient pour les besoins du service en cinq départements : subsistances, police, finances, établissements publics, travaux publics. (Art. 18 du titre III.)

Le maire était déclaré chef de la municipalité, président des divers bureaux, du corps municipal (les quarante-huit), du conseil général (les cent quarante-quatre). Il avait voix délibérative dans toutes les assemblées. (Art. 1 du titre III.) Il avait la haute surveillance de toutes les parties de l'administration confiées aux seize administrateurs, mais par cela même il n'avait pas le droit d'administrer; seulement, si les délibérations d'un bureau ou les ordres d'un administrateur lui paraissaient contraires au bien général, il pouvait en suspendre l'effet, mais à la charge par lui de le déclarer aussitôt et de convoquer, dans les vingt-quatre heures, selon la nature de l'affaire, le bureau, le corps municipal où le conseil général de la commune. (Art. 4 du titre IV.) Lorsqu'il présidait un des bureaux d'administration, il avait voix prépondérante en cas d'égalité de voix, mais ceux qui étaient d'un avis contraire au sien pouvaient porter l'affaire

---

[1]. Elle eut lieu, en fait, deux ou trois mois plus tard, au commencement de 1792.

au corps municipal. (Art. 5 du titre III.) Enfin, avant de rapporter une affaire au conseil général, on devait la communiquer sommairement au maire; s'il ne se présentait pas, on pouvait procéder à la délibération malgré son absence. (Art. 39 du titre III.)

La première place, dans les cérémonies publiques de la ville, appartenait au maire; il était à la tête de toutes les députations[1] (art. 16 du titre III); mais son pouvoir réel était tellement limité que le même article ajoutait qu'une délibération du corps municipal devait désigner les emplois dont il aurait la présentation.

Les quarante-huit sections avaient été chargées de déterminer, sur la proposition de la municipalité provisoire, le traitement du maire, les indemnités à accorder aux administrateurs, au procureur de la commune, à ses deux substituts, au secrétaire-greffier et à ses adjoints. Nous avons eu la curiosité de connaître le montant de ces traitements et indemnités, et les recherches que nous avons faites aux archives de la cour des comptes nous ont permis de fixer, pour 1792, la quotité de chacun d'eux.

Le maire avait un traitement annuel de 72,000 livres.
Le procureur de la commune   15,000
Chaque substitut   6,000
Le secrétaire-greffier   6,000
Chaque secrétaire-greffier adjoint   3,000
Chaque administrateur de police   3,000 [2]

Les membres du corps municipal et du conseil général, le

---

[1]. C'est ce qui explique comment, dans plusieurs circonstances, on vit arriver le maire de Paris à la tête de députations apportant à l'Assemblée nationale des pétitions qui n'avaient nullement son assentiment. Ainsi Bailly fut obligé d'accompagner Danton, lorsque celui-ci vint, le 10 novembre 1790, lire au nom des quarante-huit sections de Paris une adresse des plus violentes, où l'on demandait à l'Assemblée de déclarer que trois ministres, MM. de Saint-Priest, La Tour du Pin et Champion de Cicé étaient indignes de la confiance publique et devaient être traduits devant une haute cour nationale. — Quel rôle pitoyable la loi faisait jouer au premier magistrat de la capitale!

2. Les assignats ne perdaient pas encore beaucoup de leur valeur.

procureur de la commune et ses substituts ne pouvaient être révoqués, mais ils pouvaient être destitués pour cause de forfaiture jugée. (Art. 38 du titre Ier.)

L'article 57 du titre 1er disait bien que la municipalité parisienne devait être entièrement subordonnée à l'administration du département de Paris, pour ce qui concernait les fonctions qu'elle exerçait, par délégation de l'administration générale; seulement on avait omis d'indiquer comment cette subordination pourrait être rendue effective.

Dans une phrase incidente, reléguée à l'article 8 du titre III, la loi déclarait que toutes les séances du conseil général seraient publiques.

Enfin, l'article 60 du titre Ier réglait encore incidemment le droit de pétition, en déclarant que les citoyens actifs avaient le droit de se réunir, paisiblement et sans armes, en assemblées particulières, pour rédiger des adresses et des pétitions, soit au corps municipal, soit à l'administration du département de Paris, soit au corps législatif, soit au roi, sous la condition de donner aux officiers municipaux connaissance du temps et du lieu de ces assemblées, et de ne pouvoir députer que vingt citoyens actifs pour porter et présenter l'expression de leurs vœux.

Les dispositions relatives aux assemblées de section étaient contenues dans l'article 19 du titre Ier et dans l'article 1er du titre IV.

Selon l'article 19, après les élections, les citoyens actifs ne pouvaient ni rester assemblés, ni s'assembler de nouveau sans une convocation ordonnée par le corps municipal. Mais, en vertu de l'article 1er du titre IV, ce corps était tenu de convoquer l'assemblée des quarante-huit sections, lorsque huit d'entre elles l'auraient demandé. Il fallait seulement : 1° que ce vœu eût été émis dans une assemblée de la section composée de cinq cents citoyens actifs au moins, et 2° que cette assemblée eût été provoquée par cinquante citoyens actifs.

Pour donner aux citoyens la possibilité de mettre en jeu ces assemblées successives des sections, l'article 4 du titre IV avait institué dans chacune d'elles un comité permanent de seize commissaires, devant se réunir tous les huit jours au moins.

Sous l'autorité du corps municipal et du conseil général de la commune, ils étaient spécialement chargés de surveiller et de seconder les commissaires de police (art. 5), de veiller à l'exécution des ordonnances, arrêtés et délibérations, sans y apporter aucun obstacle ni retard (art. 6), et de donner aux divers membres de la municipalité tous les éclaircissements, instructions et avis qui leur seraient demandés.

La nomination de ces seize commissaires avait encore lieu d'une manière bizarre et qui permettait souvent à la minorité d'imposer ses choix à la majorité. Chaque électeur ne devait inscrire que six noms sur son bulletin ; on était élu dès le premier tour de scrutin si l'on réunissait le tiers des suffrages exprimés. (Art. 27 du titre IV.) Il en était de même au deuxième tour ; le tiers n'était même plus nécessaire au troisième. La liste était formée ou complétée, suivant les cas, à la simple majorité relative. Aussi vit-on des commissaires être nommés par un nombre de voix très-minime.

Les comités n'avaient pas de fonctions bien déterminées ; mais peu à peu leur importance s'accrut à raison des fréquentes convocations des sections, car on trouvait toujours facilement cinquante citoyens actifs disposés à signer les demandes nécessaires pour les valider.

A une époque où tout était à l'élection, les commissaires de police étaient eux-mêmes élus pour deux ans par leurs sections respectives. (Art. 12 du titre IV.) Il en était de même des juges de paix institués par la loi des 16-27 août 1790, dans chacune des quarante-huit sections, et qui, outre leurs fonctions civiles, avaient en main la police de sûreté, le droit de lancer des mandats d'amener et d'exercer toutes les fonctions aujourd'hui attribuées par notre code criminel aux juges d'instruction.

En 1789, la garde nationale, à Paris, s'était formée spontanément. Elle avait été naturellement divisée en soixante bataillons, correspondant aux soixante districts alors existants et portant le même nom que chacun de ces districts. Elle fut réorganisée par un décret du 23 septembre 1791, qui conserva la division en soixante bataillons et en forma six légions chacune de dix bataillons. Cette division ne correspondait plus à celle des sections qui n'étaient, comme on l'a vu plus haut, qu'au nombre de quarante-huit[1]. Aussi les sections, lorsqu'elles prirent de l'importance, se plaignirent-elles de n'avoir pas chacune un bataillon à leur disposition, et elles employèrent les huit premiers mois de l'année 1792 à demander sans relâche que l'organisation de la garde nationale rentrât dans le même cadre que celui des sections; elles n'y réussirent qu'après le 10 août. Dès lors la garde nationale perdit le nom glorieux sous lequel elle avait fait ses premières armes, pour prendre celui de sections armées.

L'article 10 du décret du 23 septembre 1791 portait qu'il n'y aurait plus de commandant général de la garde nationale parisienne et que chacun des six chefs de légion en ferait les fonctions et exercerait le commandement pendant un mois à tour de rôle[2].

Tous les citoyens actifs étaient tenus de se faire inscrire sur les contrôles de la garde nationale, sous peine de voir suspendre l'exercice de leur droit civique. Tous les fils des citoyens actifs étaient également tenus d'y entrer dès l'âge de dix-huit ans accomplis. (Loi du 29 septembre, spéciale à Paris, loi générale du 14 octobre 1791, qui réglait l'organisation de la garde nationale pour le reste de la France.)

Dans les premiers mois de 1792, la garde nationale parisienne

---

1. Les bataillons de garde nationale avaient conservé le nom qu'ils portaient du temps des soixante districts; les quarante-huit sections avaient pris des noms nouveaux. Cette différence, qui exista de 1780 à 1792, dans la désignation des bataillons et des sections, a été, pour les historiens nos devanciers, une cause permanente d'erreur. S'ils avaient fait la distinction que nous venons d'établir, ils n'auraient pas pris pour des noms de sections des noms qui reviennent à chaque instant dans l'histoire et qui n'appartenaient qu'à des bataillons, ceux, par exemple, des Filles-Saint-Thomas, de la Butte des Moulins, du Val-de-Grâce, des Enfants-Trouvés, etc.

2. Les six chefs de légion étaient, en 1792, Bouillard de Belair, Acloque, Ramainvilliers, Mandat, Pinon, Baudin de La Chesnaye.

Sur ces six officiers généraux, trois périrent, durant la même année, de mort violente :

Mandat, le 10 août au matin, sur les mêmes marches de l'Hôtel de ville;

Ramainvilliers et La Chesnaye, le 2 septembre dans les massacres des prisons.

formait un effectif de 32,600 hommes. (Voir l'*Almanach Royal* de 1792.) A chacun des soixante bataillons, les lois du 29 septembre 1791 et du 18 mars 1792 avaient permis d'attacher deux pièces d'artillerie. Tous les bataillons usèrent avec empressement de cette faculté et eurent une section de canonniers [1].

Aux termes de l'article 18 de la loi du 23 septembre, chaque compagnie nommait ses officiers au scrutin individuel et à la pluralité absolue des suffrages, et ses sous-officiers à la pluralité relative.

Les officiers et sergents d'un bataillon élisaient les chefs de bataillon.

Les chefs de bataillon, les capitaines et lieutenants d'une légion nommaient le chef de légion et son état-major.

Ces dernières nominations se faisaient toutes au scrutin individuel et à la *majorité absolue* des suffrages.

Le droit de requérir la force armée avait été confié aux officiers municipaux par la loi des 21 octobre-21 novembre 1789.

En cas de troubles intérieurs, ils étaient tenus de déclarer que la force militaire devait être déployée à l'instant pour rétablir l'ordre public. (Art. 1er.)

Cette déclaration devait se faire en exposant à la principale fenêtre de la maison de ville et en portant dans les rues et carrefours un drapeau rouge. (Art. 2.) Les gardes nationales, les troupes réglées et la maréchaussée, requises par les officiers municipaux, étaient tenues de marcher sur-le-champ, précédées d'un drapeau rouge et accompagnées d'un officier municipal au moins. (Art. 4.)

Après trois sommations faites à haute voix par cet officier municipal, la force des armes devait être employée sans que personne fût responsable des événements qui pouvaient résulter. (Art. 6 et 7.)

Il devait être dressé par les officiers municipaux procès-verbal de tous les faits. (Art. 11.)

Quand les troubles étaient apaisés, les officiers municipaux

---

[1] La plupart de ces canonniers sortaient des anciens régiments de gardes françaises. Ils jouèrent un très-grand rôle dans tous les événements de 1792 et 1793, et toujours se montrèrent ultra-révolutionnaires.

rendaient un décret qui faisait cesser la loi martiale, et le drapeau rouge était retiré. (Art. 2.)

La loi des 27 juillet-3 août 1791, rendue après les événements du Champ de Mars, déclarait (art. 26) que si les progrès d'un attroupement ou émeute populaire rendaient nécessaire l'usage rigoureux de la force, un officier civil, soit juge de paix, soit officier municipal, procureur de la commune ou commissaire de police, soit administrateur de district ou de département, soit procureur syndic ou procureur-général-syndic, devait se présenter sur le lieu de l'attroupement et prononcer à haute voix trois sommations, chacune précédée d'un roulement de tambour.

Les paroles sacramentelles de ces trois sommations étaient celles-ci : *Obéissance à la loi; — on va faire usage de la force; — que les bons citoyens se retirent!*

Après les trois sommations et même dans le cas où, après la première ou la seconde, il devenait impossible de faire les autres, la force devait être déployée à l'instant contre les séditieux.

Aux termes de l'article 28, l'obligation de se présenter devant l'attroupement incombait d'abord au procureur de la commune et au commissaire de police, et à leur défaut successivement à tous les officiers municipaux, au juge de paix, au procureur-général-syndic et, faute de ce dernier, à tous les membres du directoire du département. Les officiers municipaux avaient toujours, sous leur responsabilité, le droit de suspendre les réquisitions ou d'arrêter l'action de la force publique faite ou provoquée par les procureurs des communes. Les directoires de district et les directoires de département avaient le même droit à l'égard des officiers municipaux et départementaux qui pouvaient requérir la force publique. (Art. 35.) Ainsi, la résistance d'un corps délibérant pouvait entraver les réquisitions faites par les magistrats chargés spécialement de veiller à la sûreté des personnes et à la tranquillité publique.

Quant au pouvoir central, il ne paraissait nulle part; dans la constitution de l'administration municipale comme dans celle de l'administration départementale, il n'avait aucun moyen d'action par lui-même; il ne possédait qu'un seul droit, celui de suspendre de leurs fonctions les administrateurs qui compromettaient par leurs actes la tranquillité publique. (*Constitution* de 1791, chap. IV, sect. II, art. 5.)

L'article 1er de la section III de la loi du 22 décembre 1799 attribuait aux administrations de département l'assiette des contributions. L'article 2 les chargeait : « sous l'autorité et l'inspection du roi, comme chef suprême de la nation et de l'administration générale du royaume, de toutes les parties de cette administration, notamment de celles qui sont relatives : 1° au soulagement des pauvres et à la police des mendiants et vagabonds ; 2° à l'inspection et à l'amélioration du régime des hôpitaux, hôtels-Dieu, établissements et ateliers de charité, prisons, maisons d'arrêt et de correction ; 3° à la surveillance de l'éducation publique et de l'enseignement politique et moral ; 4° à la manutention et à l'emploi des fonds destinés en chaque département à l'encouragement de l'agriculture et de l'industrie ; à toute espèce de bienfaisance publique ; à la garde et à l'entretien des propriétés publiques ; 6° à la conservation des forêts, rivières, chemins et autres choses communes ; 7° à la direction et confection des travaux concernant les routes, canaux et autres ouvrages publics autorisés dans le département ; 8° à l'entretien, réparation et reconstruction des églises, presbytères et autres objets nécessaires au service du culte religieux ; 9° au maintien de la salubrité, de la sûreté et de la tranquillité publiques ; 10° enfin au service et à l'emploi des milices ou gardes nationales, tels qu'ils étaient réglés par les décrets particuliers dont nous avons parlé précédemment. — Les délibérations des conseils de département sur tous les objets qui intéressaient l'administration générale du royaume ne pouvaient être exécutés qu'après avoir reçu l'approbation du souverain. (Art. 5.)

Le département de Paris, pourvu de toutes ces attributions, était organisé exactement de la même manière que ceux du reste de la France.

Le conseil général se composait de trente-six membres nommés par les électeurs du deuxième degré. Il élisait dans son sein un directoire de huit membres, présidé par le président même du conseil général. Près de ce directoire et de ce conseil était placé un procureur-général-syndic, élu au scrutin individuel et à la majorité absolue des suffrages par les mêmes électeurs qui venaient de nommer le conseil général.

Ce procureur-général-syndic n'avait pas voix délibérative, mais il recevait communication de tous les rapports faits au directoire et au conseil, et il devait être entendu avant toute délibération.

Le conseil général n'avait qu'une session d'un mois par an, et toutes les affaires étaient administrées, toutes les décisions étaient prises dans l'intervalle des sessions par le directoire[1].

---

[1]. Le directoire du département de Paris, au commencement de 1792, se composait du duc de La Rochefoucauld, président; Anson, vice-président, Germain-Garnier, Davous, Talleyrand, Brousse-Desfaucherets, Thion de La Chaume, Démeunier et Beaumez.

IV

PREMIER PROGRAMME

DE LA FÊTE DU 15 AVRIL 1792.

(Voir page 65.)

Ordre et marche de l'entrée triomphante des martyrs de la liberté du régiment de Châteauvieux dans la ville de Paris.

« Le matin du jour destiné pour la fête, un char de forme antique sortira d'un emplacement choisi à cet effet dans le faubourg Saint-Antoine.

« La ville de Paris, représentée par une femme et les attributs qui la caractérisent, sera sur ce char.

« Les officiers municipaux suivront le char, qui sera d'ailleurs accompagné des divers corps et associations qui doivent composer le cortége ; les faces du char porteront des bas-reliefs *analogues* à l'affaire de Nancy et aux crimes de Bouillé.

« Les événements principaux dont cette ville a été le théâtre seront d'ailleurs représentés par des tableaux en forme de bannières.

« On y *verra encore* le Champ de Mars où le régiment de Châteauvieux fut placé en 1789 et où il refusa de se déclarer contre les citoyens.

« Le cortége se rendra à la porte du Trône, en dehors de laquelle se trouveront les quarante soldats de Châteauvieux, ayant à leur tête une femme représentant la ville de Brest, les deux députés de cette ville et Collot d'Herbois au milieu d'eux.

« Les soldats du régiment de Châteauvieux seront vêtus de l'uniforme de leur régiment; quarante hommes les accompagneront, portant les chaînes et la dépouille de galérien de chacun de ces martyrs de la liberté.

« D'autres hommes porteront un modèle de galère.

« D'autres encore porteront des rames de grandeur naturelle.

« La ville de Paris, descendant du char, embrassera sa sœur, la ville de Brest; elle paraîtra la féliciter et l'invitera à monter sur le char ainsi que les soldats de Châteauvieux, les deux députés de Brest et Collot d'Herbois.

« Le cortége, chargé de leurs chaînes, de leurs rames et de la galère, prendra l'avant du char, lequel sera immédiatement précédé d'un plateau roulant, garni d'un grand nombre de musiciens.

« Dans cet ordre, le cortége entrera dans le faubourg Saint-Antoine et se rendra sur la place, vis-à-vis le terrain de la Bastille.

« Les gardes françaises, revêtus de leur uniforme, et les vainqueurs de la Bastille se trouveront à l'entrée de cet emplacement. Ils s'avanceront vers le char et marqueront leur joie à leurs frères de Châteauvieux.

« La ville de Paris paraîtra inviter sa sœur, la ville de Brest, à venir visiter les ruines de la Bastille. Elles descendront l'une et l'autre, les soldats de Châteauvieux les suivront, et, embrassés par les gardes françaises, ils se rendront sur l'emplacement de la Bastille, où une décoration simple aura été préparée pour les recevoir.

« Pendant ce temps, la musique célébrera par des stances la première victoire du peuple.

« La ville de Paris, la ville de Brest et les soldats de Châteauvieux reviendront sur le char.

« Un cortége particulier, conduit par Palloi, sortira avec eux de la Bastille; il portera quatre pierres tirées des débris, sur lesquelles seront gravées des inscriptions relatives aux quatre événements principaux de Nancy, Vincennes, La Chapelle et le Champ de Mars, dans lesquels le sang des patriotes a coulé.

« Le cortége prendra le boulevard qu'il suivra jusqu'à la rue des Capucines, par laquelle il se rendra sur la place de l'Assemblée nationale où il s'arrêtera [1].

« La statue du despote sera voilée.

« Collot d'Herbois, les deux députés de Brest et les quarante soldats de Châteauvieux descendront du char. Ils se rendront à l'Assemblée nationale et rendront leurs hommages au Corps législatif.

« Pendant cet intervalle, la musique exécutera différents morceaux; au retour des soldats de Châteauvieux, le cortége reprendra sa marche ; il suivra la rue Saint-Honoré et arrivera à la place dite de Louis XV. — La statue sera également voilée.

« Il y aura une pause pendant laquelle la musique exécutera des morceaux où sera rappelé le premier attentat contre la liberté dont la place Louis XV a été le théâtre.

« On prendra le quai des Tuileries, le pont Royal, la rue du Bac, la rue Saint-Dominique, l'esplanade des Invalides et on arrivera au Champ de la fédération.

« L'autel de la patrie sera entouré de citoyens, déplorant encore le dernier événement qui a souillé le Champ de la liberté. Le drapeau national, entièrement couvert d'un crêpe noir, flottera au-dessus.

« Au moment où le cortége arrivera dans l'enceinte du Champ de Mars, la ville de Paris, la ville de Brest et les soldats de Châteauvieux descendront du char et s'arrêteront au pied de l'autel de la patrie.

« Les citoyens entourant l'autel de la patrie se retireront à l'écart.

« La ville de Paris et les officiers municipaux monteront seuls à l'autel ; Palloi les y accompagnera et leur présentera les quatre pierres provenant des cachots de la Bastille.

« Ces pierres étant déposées sur l'autel, des parfums seront brûlés en abondance dans des vases disposés autour de l'autel et répandront une fumée épaisse.

« Après cette cérémonie, destinée à purifier le Champ de la

---

1. C'est la place Vendôme qui est ainsi désignée. La statue qui ornait alors cette place était celle de Louis XIV.

fédération, la ville de Paris reprendra sa sœur, la ville de Brest; elle la conduira à l'autel, ainsi que les soldats de Châteauvieux, qui, pour lors, arrachant le crêpe, mettront à découvert l'étendard national.

« Alors les soldats de Châteauvieux se mêleront avec leurs frères dans des festins civiques, pour lesquels les citoyens s'empresseront de réunir leur repas de famille aux vivres que le commerce y apportera abondamment ; des danses signaleront l'allégresse publique, et la fête durera autant que le jour, trop prompt à fuir, le permettra.

« Arrêté le 23 mars 1792.

« *Signé :* Tallien, président. »

V

LE RETOUR DE VARENNES

RACONTÉ PAR PÉTION[1].

(Voir page 84.)

« Je fus nommé avec Maubourg et Barnave, pour aller au-devant du roi et des personnes qui l'accompagnaient.

« Cette nomination avait été faite sur la présentation des comités de constitution et militaire réunis.

« Je ne fis d'abord aucune attention à la manière dont cette ambassade était composée; depuis longtemps je n'avais aucune liaison avec Barnave, je n'avais jamais fréquenté Maubourg.

« Maubourg connaissait beaucoup madame de Tourzel, et on ne peut se dissimuler que Barnave avait déjà conçu des projets. Ils crurent très-politique de se mettre sous l'abri d'un homme qui était connu pour l'ennemi de toute intrigue et l'ami des bonnes mœurs et de la vertu.

« Deux heures après ma nomination, je me rendis chez M. Maubourg, lieu du rendez-vous.

« A peine y fus-je entré que Duport arriva, que La Fayette arriva; je ne fus pas peu surpris de voir Duport et La Fayette causer ensemble familièrement, amicalement. Je savais qu'ils se détestaient et leur coalition n'était pas encore publique. Arriva aussi un homme que j'ai toujours estimé, M. Tracy.

---

1. L'authenticité de ce récit ne saurait être révoquée en doute. La pièce originale a été saisie dans les papiers mêmes de Pétion, au moment de sa fuite après le 31 mai 1793 : elle est entièrement écrite de sa main ; nous en avons respecté jusqu'aux fautes d'orthographe.

« On s'entretint beaucoup des partis qu'on prendrait envers le roi ; chacun disait que « ce gros cochon-là était fort embar-« rassant. L'enfermera-t-on ? disait l'un ; règnera-t-il ? disait « l'autre ; lui donnera-t-on un conseil ? »

« La Fayette faisait des plaisanteries, ricanait ; Duport s'expliquait peu ; au milieu d'une espèce d'abandon, j'apercevais clairement beaucoup de contrainte. Je ne me laissai point aller avec des gens qui visiblement jouaient *serré* et qui déjà sans doute s'étaient fait un plan de conduite.

« Barnave se fit attendre très-longtemps. Nous ne partîmes qu'à quatre heures du matin.

« Nous éprouvâmes à la barrière un petit retard, parce qu'on ne laissait passer personne, et je vis le moment où nous serions obligés de rétrograder.

« M. Dumas était avec nous. Nous fûmes le prendre chez lui.

« L'Assemblée, également sur la présentation des comités, lui avait confié le commandement général de toutes les forces que nous jugerions utile et nécessaire de requérir.

« Cette nomination n'est pas indifférente. M. Dumas était la créature des Lameth.

« Nous voilà donc partis par un très-bon temps. Les postillons, qui savaient l'objet de notre voyage, nous conduisaient avec la plus grande rapidité.

« Dans les villages, dans les bourgs, dans les villes, partout sur notre passage, on nous donnait des témoignages de joie, d'amitié et de respect.

« Dans tout le cours de la route, nous n'arrêtâmes que le temps nécessaire pour manger promptement un morceau. A La Ferté-sous-Jouarre, une procession ralentit un instant notre marche : nous mîmes pied à terre, nous gagnâmes une auberge pour déjeuner. Les officiers municipaux vinrent nous y joindre ; un grand nombre de citoyens nous entourèrent ; nous ne couchâmes point.

« Arrivés à Dormans où nous nous disposions à dîner, des courriers vinrent nous dire que le roi était parti le matin de Châlons et qu'il devait être près d'Épernay ; d'autres assurèrent qu'il avait été suivi dans sa marche par les troupes de Bouillé et qu'il allait d'un instant à l'autre être enlevé. Plusieurs, pour confirmer ce fait, soutinrent avoir vu de la cavalerie *traverser dans les bois.*

« Rien ne nous paraissait plus naturel que cette nouvelle tentative de M. de Bouillé ; avec son caractère connu, « il voudra, « disions-nous, plutôt périr que de l'abandonner. »

« Cependant le roi avançait dans l'intérieur ; il laissait déjà derrière lui Châlons, et il nous paraissait difficile de tenter un coup de main et surtout de réussir ; de sorte qu'en combinant toutes les circonstances nous penchions davantage à croire que M. de Bouillé *n'hasarderait pas une housarderie* semblable, qui pouvait d'ailleurs compromettre la personne du roi.

« Nous ne nous donnâmes que le temps de manger debout un morceau, de boire un coup, et nous nous mîmes en marche.

« Mes compagnons de voyage avaient usé avec moi dans tout le cours du voyage de beaucoup de discrétion et de réserve ; nous avions parlé de choses indifférentes. Il n'y avait eu qu'un seul instant qui avait éveillé en moi quelques soupçons. On avait remis sur le tapis la question de savoir ce qu'on ferait du roi. Maubourg avait dit : « Il est bien difficile de prononcer ; c'est « une bête qui s'est laissé entraîner ; il est bien malheureux, en « vérité, il fait pitié. » Barnave observait qu'en effet on pouvait le regarder comme un imbécile : « Qu'en pensez-vous, me dit-il, « Pétion ? » Et dans le même moment il fit un signe à Maubourg, mais de ces signes d'intelligence pour celui à qui on le fait et de défiance pour celui de qui on ne veut pas être vu ; cependant, il était possible que, connaissant l'austérité et l'inflexibilité de mes principes, il ne voulait dire autre chose sinon : Pétion va condamner avec toute la rigueur de la loi et comme si c'était un simple citoyen.

« Je répondis néanmoins que je ne m'écartais pas de l'idée de le traiter comme un imbécile, incapable d'occuper le trône, qui avait besoin d'un tuteur, que ce tuteur pouvait être un conseil national. Là-dessus des objections, des réponses, des répliques ; nous parlâmes de la régence, de la difficulté du choix d'un régent.

« M. Dumas n'était pas dans la même voiture que nous. Sortant de Dormans, M. Dumas examinait tous les endroits comme un général d'armée. « Si M. de Bouillé arrive, disait-il, il ne peut

« prendre que par là ; on peut l'arrêter à cette hauteur et ce
« défilé ; sa cavalerie ne peut plus manœuver. » Il fit même
une disposition militaire. Il donna ordre à la garde nationale
d'un bourg de prendre tel et tel poste.

« Ces précautions paraissaient non-seulement inutiles, mais
ridicules. Nous nous en divertîmes, et je dois dire que M. Dumas
lui-même s'en amusait. Il n'en paraissait pas moins sérieux avec
les habitants des campagnes qui s'attendaient sérieusement à
combattre.

« Le zèle qui animait ces bonnes gens était vraiment admirable ; ils accouraient de toutes parts, vieillards, femmes et enfants : les uns avec des broches, avec des faux, les autres avec des bâtons, des sabres, des mauvais fusils, ils allaient comme à la noce ; des maris embrassaient leurs femmes leur disant :
« Eh bien ! s'il le faut, nous irons à la frontière tuer ces gueux,
« ces j... f.....-là ; ah ! nous l'aurons, ils ont beau faire. » —
Ils couraient aussi vite que la voiture ; ils applaudissaient, ils
criaient : Vive la nation ! j'étais émerveillé, attendri de ce
sublime spectacle.

« Les courriers se multipliaient, se pressaient, nous disaient :
Le roi approche. A une lieue, une lieue et demie d'Épernay,
sur une très-belle route, nous apercevons de loin un nuage de
poussière, nous entendons un grand bruit ; plusieurs personnes
approchent de notre voiture et nous crient : Voilà le roi ! Nous
faisons ralentir le pas des chevaux ; nous avançons ; nous apercevons un groupe immense ; nous mettons pied à terre. La
voiture du roi s'arrête, nous allons au-devant ; l'huissier nous
précède et le cérémonial s'observe d'une manière imposante.
Aussitôt qu'on nous aperçoit, on s'écrie : *Voilà les députés de
l'Assemblée nationale!* On s'empresse de nous faire place partout ;
on donne des *signals* d'ordre et de silence. Le cortège était superbe : des gardes nationales à cheval, à pied, avec uniforme,
sans uniforme, des armes de toute espèce ; le soleil sur son déclin réfléchissait sa lumière sur ce bel ensemble, au milieu
d'une paisible campagne ; la grande circonstance, je ne sais,
tout cela était imposant et faisait naître des idées qui ne se calculent pas ; *mais que le sentiment était diversifié et exagéré !* Je
ne puis peindre le respect dont nous fûmes environnés. Quel

ascendant puissant, me disais-je, a cette Assemblée! quel mouvement elle a imprimé! que ne peut-elle pas faire! Comme elle serait coupable de ne pas répondre à cette confiance sans bornes, à cet amour si touchant!

« Au milieu des chevaux, du cliquetis des armes, des applaudissements de la foule que l'empressement attirait, que la crainte de nous presser éloignait, nous arrivâmes à la portière de la voiture. Elle s'ouvrit sur-le-champ. Des bruits confus en sortaient. La reine, Madame Élisabeth paraissaient vivement émues, éplorées : « Messieurs, dirent-elles avec précipitation,
« avec oppression, les larmes aux yeux ; messieurs! Ah! mon-
« sieur Maubourg! en lui prenant la main en grâce ; ah! mon-
« sieur, prenant aussi la main à Barnave ; ah! monsieur, Ma-
« dame Élisabeth appuyant seulement la main sur la mienne,
« qu'aucun malheur n'arrive, que les gens qui nous ont accom-
« pagnés ne soient pas victimes, qu'on n'attente pas à leurs
« jours! Le roi n'a point voulu sortir de France! — Non, mes-
« sieurs, dit le roi, en parlant avec volubilité, je ne sortais pas,
« je l'ai déclaré, cela est vrai. » Cette scène fut vive, ne dura qu'une minute ; mais comme cette minute me frappe! Maubourg répondit ; je répondis par des : *Ah!* par des mots insignifiants et quelques signes de dignité sans dureté, de douceur sans afféterie, et, brisant ce colloque, prenant le caractère de notre mission, je l'annonçai au roi en peu de mots et je lui lus le décret dont j'étais porteur. Le plus grand silence régnait dans cet instant.

« Passant de l'autre côté de la voiture, je demandai du silence, je l'obtins et je donnai aux citoyens lecture de ce décret ; il fut applaudi. M. Dumas prit à l'instant le commandement de toutes les gardes qui jusqu'à ce moment avaient accompagné le roi. Il y eut de la part de ces gardes une soumission admirable. C'était avec joie qu'elles reconnaissaient le chef militaire qui se plaçait à leur tête ; l'Assemblée l'avait désigné ; il semblait que c'était pour eux un objet sacré.

« Nous dîmes au roi qu'il était dans les convenances que nous prissions place dans sa voiture. Barnave et moi nous y entrâmes. A peine *y eurent nous mis* le premier pied que nous dîmes au roi : « Mais, Sire, nous allons vous gêner, vous in-
« commoder ; il est impossible que nous trouvions place ici. »

Le roi nous répondit : « Je désire qu'aucune des personnes qui
« m'ont accompagné ne sorte, je vous prie de vous asseoir,
« nous allons nous presser, vous trouverez place. »

« Le roi, la reine, le prince royal étaient sur le derrière,
Madame Élisabeth, madame de Tourzel et Madame étaient sur
le devant. La reine prit le prince sur ses genoux, Barnave se
plaça entre le roi et la reine, madame de Tourzel mit Madame
entre ses jambes, et je me plaçai entre Madame Élisabeth et
madame de Tourzel.

« Nous n'avions pas fait dix pas qu'on nous renouvelle les
protestations que le roi ne voulait pas sortir du royaume et
qu'on nous témoigne les plus vives inquiétudes sur le sort des
trois gardes du corps qui étaient sur le siége de la voiture. Les
paroles se pressaient, se croisaient ; chacun disait la même
chose ; il semblait que c'était le mot du *gué* ; mais il n'y avait
aucune mesure, aucune dignité dans cette conversation, et je
n'aperçus surtout sur aucune des figures cette grandeur souvent
très-imprimante que donne le malheur à des âmes élevées.

Le premier caquetage passé, j'aperçus un air de simplicité et
de famille qui me plut ; il n'y avait plus là de représentation
royale, il existait une aisance et *une bonne hommie domestique:*
la reine appelait Madame Élisabeth ma petite sœur, Madame
Élisabeth lui répondait de même. Madame Élisabeth appelait le
roi mon frère, la reine faisait danser le prince sur ses genoux.
Madame, quoique plus réservée, jouait avec son frère ; le roi
regardait tout cela avec un air assez satisfait, quoique peu ému
et peu sensible.

« J'aperçus, en levant les yeux au ciel de la voiture, un chapeau galonné dans le filet ; c'était, je n'en doute pas, celui que
le roi avait dans son déguisement, et j'avoue que je fus révolté
qu'on eût laissé subsister cette trace qui rappelait une action
dont on devait être empressé et jaloux d'anéantir jusqu'au plus
léger souvenir. Involontairement, je portais de temps à autre
mes regards sur le chapeau ; j'ignore si on s'en aperçut.

« J'examinai aussi le costume des voyageurs. Il était impossible qu'il fût plus mesquin. Le roi avait un habit brun peluché,
du linge fort sale ; les femmes avaient de petites robes très-
communes et du matin.

« Le roi parla d'un accident qui venait d'arriver à un seigneur qui venait d'être égorgé, et il en paraissait très-affecté. La reine répétait que c'était abominable, qu'il faisait beaucoup de bien dans sa paroisse et que c'étaient ses propres habitants qui l'avaient assassiné.

« Un autre fait l'affectait beaucoup : elle se plaignait amèrement des soupçons qu'on avait manifestés dans la route contre elle. « Pourriez-vous le croire? nous disait-elle; je vais pour don-
« ner une cuisse de volaille à un garde national qui paraissait
« nous suivre avec quelque attachement; eh bien, on crie au
« garde national : « Ne mangez pas, défiez-vous! » en faisant en-
« tendre que cette volaille pouvait être empoisonnée. Oh! j'avoue
« que j'ai été indignée de ce soupçon, et à l'instant j'ai distribué
« de cette volaille à mes enfants, j'en ai mangé moi-même. »

« Cette histoire à peine finie : « Messieurs, nous dit-elle,
« nous avons été ce matin à la messe à Châlons, mais une messe
« constitutionnelle. » Madame Élisabeth appuya, le roi ne dit un mot. Je ne pus pas m'empêcher de répondre que cela était bien, que ces messes étaient les seules que le roi dût entendre; mais j'avoue que je fus très-mécontent de ce genre de persiflage et dans les circonstances où le roi se trouvait.

« La reine et Madame Élisabeth revenaient sans cesse aux gardes du corps qui étaient sur le siége de la voiture, et témoignaient les plus vives inquiétudes.

« Quant à moi, dit madame de Tourzel, qui avait gardé jus-
« qu'alors le silence, mais avec un ton résolu et très-sec, j'ai
« fait mon devoir en accompagnant le roi et en ne quittant pas
« les enfants qui m'ont été confiés. On fera de moi tout ce qu'on
« voudra, mais je ne me reproche rien. Si c'était à recommen-
« cer, je recommencerais encore. »

« Le roi parlait très-peu, et la conversation devint plus particulière; la reine *parlat* à Barnave et Madame Élisabeth me *parla,* mais comme si on se fût distribué les rôles en se disant : Chargez-vous de votre voisin, je vais me charger du mien.

« Madame Élisabeth me fixait avec des yeux attendris, avec cet air de langueur que le malheur donne et qui inspire un assez vif intérêt. Nos yeux se rencontraient quelquefois avec une espèce d'intelligence et d'attraction, la nuit se *fermait,* la lune commençait à répandre *cette* clarté douce. Madame Élisabeth prit Madame sur ses genoux, elle la plaça ensuite moitié sur son genou, moitié sur le mien; sa tête fut soutenue par ma main, puis par la sienne. Madame s'endormit, j'allongeai mon bras, Madame Élisabeth allongea le sien sur le mien. Nos bras étaient enlacés, le mien touchait sous son *esele*. Je sentais des mouvements qui se précipitaient, une chaleur qui traversait les vêtements; les regards de Madame Élisabeth me semblaient plus touchants. J'apercevais un certain abandon dans son maintien, ses yeux étaient humides, la mélancolie se mêlait à une espèce de volupté. Je puis me tromper, on peut facilement confondre la sensibilité du malheur avec la sensibilité du plaisir; mais je pense que si nous eussions été seuls, que si, comme par enchantement, tout le monde eût disparu, elle se serait laissé aller dans mes bras et se serait abandonnée aux mouvements de la nature.

« Je fus tellement frappé de cet état que je me disais : Quoi! serait-ce un artifice pour m'acheter à ce prix? Madame Élisabeth serait-elle convenue de sacrifier son honneur pour me faire perdre le mien? Oui, à la cour rien ne coûte, on est capable de tout; la reine a pu arranger le plan. Et puis, considérant cet air de naturel, l'amour-propre aussi m'insinuant que je pouvais lui plaire, qu'elle était dans cet âge où les passions se font sentir, je me persuadais, et j'y trouvais du plaisir, que des émotions vives la tourmentaient, qu'elle désirait elle-même que nous fussions sans témoins, que je lui *fis* ces douces instances, ces caresses délicates qui vainquent la pudeur sans l'offenser et qui amènent la défaite sans que la délicatesse s'en alarme, où le trouble et la nature sont seuls complices.

« Nous allions lentement ; un peuple nombreux nous accompagnait. Madame Élisabeth m'entretenait des gardes du corps qui les avaient accompagnés; elle m'en parlait avec un intérêt tendre; sa voix avait je ne sais quoi de flatteur. Elle entrecoupait quelquefois *ces* mots de manière à me troubler. Je lui répondais avec une égale douceur, mais cependant sans faiblesse, avec un genre d'austérité qui n'avait rien de farouche; je me gardais bien de compromettre mon caractère ; je donnais tout ce qu'il fallait à la position dans laquelle je croyais la voir, mais sans néanmoins donner assez pour qu'elle pût penser, même soupçonner, que *rien altérât* jamais mon opinion, et je pense qu'elle le sentit à merveille, qu'elle vit que les tentations les plus séduisantes seraient inutiles, car je remarquais un certain refroidissement, une certaine sévérité qui tient souvent chez les femmes à l'amour-propre irrité.

« Nous arrivions insensiblement à Dormans. J'observai plusieurs fois Barnave, et quoique la *demie clarté* qui régnait ne me permît pas de distinguer avec une grande précision, son maintien avec la reine me paraissait honnête, réservé, et la conversation ne me semblait pas mystérieuse.

« Nous entrâmes à Dormans entre minuit et une heure; nous descendîmes dans l'auberge où nous avions mangé un morceau, et cette auberge, quoique très-passable pour un petit endroit, n'était guère propre à recevoir la famille royale.

« J'avoue cependant que je n'étais pas fâché que la cour connût ce que c'était qu'une auberge ordinaire.

« Le roi descendit de voiture, et nous descendîmes successivement; il n'y eut aucun cri de : Vive le roi! et on criait toujours : Vive la Nation! vive l'Assemblée nationale! quelquefois : Vive Barnave! vive Pétion! Cela eut lieu pendant toute la route.

« Nous montâmes dans les chambres hautes; des sentinelles furent posées à l'instant à toutes les portes. Le roi, la reine, Madame Élisabeth, le prince, Madame, madame de Tourzel soupèrent ensemble; MM. Maubourg, Barnave, Dumas et moi nous soupâmes dans un autre appartement; nous fîmes nos dépêches pour l'Assemblée nationale; je me mis dans un lit à trois heures du matin; Barnave vint coucher dans le même lit. Déjà j'étais endormi. Nous nous levâmes à cinq heures.

« Le roi était seul dans une chambre où il y avait un mauvais lit d'auberge. Il passa la nuit dans un fauteuil.

« Il était difficile de dormir dans l'auberge, car les gardes nationales et tous les habitants des environs étaient autour à chanter, à boire et danser des rondes.

« Avant de partir, MM. Dumas, Barnave, Maubourg et moi, nous passâmes en revue les gardes nationales; nous fûmes très-bien accueillis.

« Nous montâmes en voiture entre cinq et six heures, et je

me plaçai cette fois entre le roi et la reine. Nous étions fort mal à l'aise. Le jeune prince venait sur mes genoux, jouait avec moi ; il était fort gai et surtout fort remuant.

« Le roi cherchait à causer. Il me fit d'abord de ces questions oiseuses pour entrer ensuite en matière. Il me demanda si j'étais marié, je lui dis que oui ; il me demanda si j'avais des enfants, je lui dis que j'en avais un qui était plus âgé que son fils. Je lui disais de temps en temps : « Regardez ces paysages, « comme ils sont beaux ! » Nous étions en effet sur des coteaux admirables où la vue était variée, étendue ; la Marne coulait à nos pieds. « Quel beau pays, m'écriai-je, que la France ! il n'est « pas dans le monde de royaume qui puisse lui être comparé. » Je lâchais ces idées à dessein ; j'examinais quelle impression elles faisaient sur la physionomie du roi ; mais sa figure est toujours froide, inanimée d'une manière vraiment désolante, et, à vrai dire, cette masse de chair est insensible.

« Il voulut me parler des Anglais, de leur industrie, du génie commercial de cette nation. Il articula une ou deux phrases, ensuite il s'embarrassa, s'en aperçut et rougit. Cette difficulté à s'exprimer lui donne une timidité dont je m'aperçus plusieurs fois. Ceux qui ne le connaissent pas seraient tentés de prendre cette timidité pour de la stupidité ; mais on se tromperait : il est très-rare qu'il lui échappe une chose déplacée, et je ne lui ai pas entendu dire une sottise.

« Il s'appliquait beaucoup à parcourir des cartes géographiques qu'il avait, et il disait : « Nous sommes dans tel dépar-« tement, dans tel district, dans tel endroit. »

« La reine causa aussi avec moi d'une manière *unie* et familière ; elle me parla aussi de l'éducation de ses enfants. Elle en parla en mère de famille et en femme assez instruite. Elle exposa des principes très-justes en éducation. Elle dit qu'il fallait éloigner de l'oreille des princes toute flatterie, qu'il ne fallait jamais leur dire que la vérité. Mais j'ai su depuis que c'était le jargon de mode dans toutes les cours de l'Europe. Une femme très-éclairée me rapportait qu'elle avait vu et assez familièrement cinq ou six princesses qui toutes lui avaient tenu le même langage, sans pour cela s'occuper une minute de l'éducation de leurs enfants.

« Au surplus, je ne fus pas longtemps à m'apercevoir que tout ce qu'elle me disait était extrêmement superficiel, et il ne lui échappait aucune idée forte ni de caractère; elle n'avait, dans aucun sens, ni l'air, ni l'attitude de sa position.

« Je vis bien cependant qu'elle désirait qu'on lui crût du caractère; elle répétait assez souvent qu'il fallait en avoir, et il se présenta une circonstance où elle me fit voir qu'elle le faisait consister en si peu de chose que je demeurai convaincu qu'elle n'en avait pas.

« Les glaces étaient toujours baissées; nous étions cuits par le soleil et étouffés par la poussière; mais le peuple des campagnes, les gardes nationales nous suivant processionnellement, il était impossible de faire autrement, parce qu'on voulait voir le roi.

« Cependant la reine saisit un moment pour baisser le *sthort*. Elle mangeait alors une cuisse de pigeon. Le peuple murmure; Madame Élisabeth *fut pour le lever,* la reine s'y oppose en disant : « Non, il faut du caractère. » Elle saisit l'instant *mathématique* où le peuple ne se plaignait plus pour lever elle-même le *sthort* et pour faire croire qu'elle ne le levait pas parce qu'on l'avait demandé; elle jeta par la portière l'os de la cuisse de pigeon et elle répéta ces propres expressions : « Il faut avoir « du caractère jusqu'au bout. » »

« Cette circonstance est minutieuse, mais je ne puis pas dire combien elle m'a frappé.

« A l'entrée de La Ferté-sous-Jouarre, nous trouvâmes un grand concours de citoyens qui criaient : « Vive la Nation! vive « l'Assemblée nationale! vive Barnave! vive Pétion! » J'apercevais que ces cris faisaient une impression désagréable à la reine, surtout à Madame Élisabeth. Le roi y paraissait insensible, et l'embarras qui régnait sur leurs figures m'embarrassait moi-même.

« Le maire de La Ferté-sous-Jouarre nous avait fait prévenir qu'il recevrait le roi, et le roi avait accepté cette offre. La maison du maire est extrêmement jolie, la Marne en baigne les murs. Le jardin qui accompagne cette maison est bien distribué, bien soigné, et la terrasse qui est sur le bord de la rivière est agréable.

« Je me promenai avec Madame Élisabeth sur cette terrasse avant le dîner, et là je lui parlai avec toute la franchise et la véracité de mon caractère; je lui représentai combien le roi était mal entouré, mal conseillé; je lui parlai de tous les intrigants, de toutes les manœuvres de la cour avec la dignité d'un homme libre et le dédain d'un homme sage. Je mis de la force, de la persuasion dans l'expression de mes sentiments, et l'indignation de la vertu lui rendit sensible et attachant le langage de la raison; elle parut attentive à ce que je lui disais; elle en parut touchée; elle se plaisait à mon entretien, et je me plaisais à l'entretenir. Je serais bien surpris si elle n'avait pas une belle et bonne âme, quoique très-imbue des préjugés de naissance et gâtée par les vices d'une éducation de cour.

« Barnave causa un instant avec la reine, mais, à ce qu'il me parut, d'une manière assez indifférente.

« Le roi vint lui-même sur la terrasse nous engager à dîner avec lui. Nous conférâmes, MM. Maubourg, Barnave et moi, pour savoir si nous accepterions. « Cette familiarité, dit l'un, « pourrait paraître suspecte. — Comme ce n'est pas l'étiquette, « dit l'autre, on pourrait croire que c'est à l'occasion de la si-« tuation malheureuse qu'il nous a invités. » Nous convînmes de refuser, et nous fûmes lui dire que nous avions besoin de nous retirer pour notre correspondance, ce qui nous empêchait de répondre à l'honneur qu'il nous faisait.

« On servit le roi ainsi que sa famille dans une salle séparée; on nous servit dans une autre. Les repas furent splendides. Nous nous mîmes à cinq heures en marche. En sortant de La Ferté, il y eut du mouvement et du bruit autour de la voiture. Les citoyens forçaient la garde nationale, la garde nationale voulait empêcher d'approcher. Je vis un de nos députés, Kervelegan, qui perçait la foule, qui s'échauffait avec les gardes nationaux qui cherchaient à l'écarter et qui approcha de la portière en jurant, en disant : « Pour une brute comme celle-là, voilà « bien du train. » J'avançai ma tête hors de la portière pour lui parler; il était très-échauffé; il me dit : « Sont-ils tous là? Pre-« nez garde, car on parle encore de les enlever; vous êtes là « environnés de gens bien insolents! » Il se retira et la reine me dit d'un air très-piqué et un peu effrayé : « Voilà un homme

« bien malhonnête! » Je lui répondis qu'il se fâchait contre la garde qui avait agi brusquement à son égard. Elle me parut craindre, et le jeune prince jeta deux ou trois cris de frayeur.

« Cependant nous cheminions tranquillement. La reine, à côté de qui j'étais, m'adressa fréquemment la parole, et j'eus occasion de lui dire avec toute franchise ce que l'on pensait de la cour, ce que l'on disait de tous les intrigants qui fréquentaient le château.

« Nous parlâmes de l'Assemblée nationale, du côté droit, du côté gauche, de Malouet, de Maury, de Cazalès, mais avec cette aisance que l'on met avec ses amis. Je ne me gênai en aucune manière; je lui rapportai plusieurs propos qu'on ne cessait de tenir à la cour, qui devenaient publics et qui indisposaient beaucoup le peuple; je lui citai les journaux que lisait le roi. Le roi, qui entendait très-bien toute cette conversation, me dit : « Je « vous assure que je ne lis pas plus l'*Ami du roi* que Marat. »

« La reine paraissait prendre le plus vif intérêt à cette discussion; elle l'excitait, elle l'animait, elle faisait des réflexions assez fines, assez méchantes.

« Tout cela est fort bon, me dit-elle; on blâme beaucoup le « roi, mais on ne sait pas assez dans quelle position il se trouve; « on lui fait à chaque instant des récits qui se contredisent, il « ne sait que croire; on lui donne successivement des conseils « qui se croisent et se détruisent, il ne sait que faire : comme « on le rend malheureux, sa position n'est pas tenable; on ne « l'entretient en même temps que de malheurs particuliers, que « de meurtres; c'est tout cela qui l'a déterminé à quitter la « capitale. La couronne, m'ajouta-t-elle, est en suspens sur sa « tête. Vous n'ignorez pas qu'il y a un parti qui ne veut pas de « roi, que ce parti grossit de jour en jour. »

« Je crus très-distinctement apercevoir l'intention de la reine en laissant échapper ces derniers mots; pour mieux dire, je ne pus pas me méprendre sur l'application qu'elle voulait en faire.

« Eh bien! lui dis-je, Madame, je vais vous parler avec toute « franchise, et je pense que je ne vous serai pas suspect. Je suis « un de ceux que l'on désigne sous le titre de républicains et, « si vous le voulez, un des chefs de ce parti. Par principe, par « sentiment, je préfère le gouvernement républicain à tout

« autre. Il serait trop long de développer ici mon idée, car il
« est telle ou telle république que j'aimerais moins que le des-
« potisme d'un seul. Mais il n'est que trop vrai, je ne demande
« pas que vous en conveniez, mais il n'est que trop vrai que
« presque partout les rois ont fait le malheur des hommes;
« qu'ils ont regardé leurs semblables comme leur propriété;
« qu'entourés de courtisans, de flatteurs, ils échappent rare-
« ment aux vices de leur éducation première. Mais, madame,
« est-il exact de dire qu'il existe maintenant un parti républi-
« cain qui veuille renverser la Constitution actuelle pour en
« élever une autre sur ses ruines? On se plaît à le répandre pour
« avoir le prétexte de former également un autre parti hors la
« Constitution, un parti royaliste non constitutionnel, pour exci-
« ter des troubles intérieurs. Le piége est trop grossier. On ne
« peut pas, de bonne foi, se persuader que le parti appelé répu-
« blicain soit redoutable ; il est composé d'hommes sages,
« d'hommes à principes d'honneur, qui savent calculer et qui
« ne hasarderaient pas un bouleversement général qui pourrait
« conduire plus facilement au despotisme qu'à la liberté.

« Ah! Madame, que le roi eût été bien conduit, s'il eût favo-
« risé sincèrement la révolution ! Les troubles qui nous agitent
« n'existeraient pas, et déjà la Constitution marcherait, les
« ennemis du dehors nous respecteraient ; le peuple n'est que
« trop porté à chérir et idolâtrer ses rois. »

« Je ne puis dire avec quelle énergie, avec quelle abondance
d'âme je lui parlai ; j'étais animé par les circonstances et surtout
par l'idée que les germes de la vérité que je jetais pourraient
fructifier, que la reine se souviendrait de ce moment d'entretien.

« Je m'expliquai enfin très-clairement sur l'évasion du roi.
La reine, Madame Élisabeth répétaient souvent que le roi avait
été libre de voyager dans le royaume, que son intention n'avait
jamais été d'en sortir.

« Permettez-moi, disais-je à la reine, de ne pas pénétrer dans
« cette intention. Je suppose que le roi se fût arrêté d'abord sur
« la frontière ; il se serait mis dans une position à passer d'un
« instant à l'autre chez l'étranger ; il se serait peut-être trouvé
« forcé de le faire, et puis, d'ailleurs, le roi n'a pas pu se dissi-

« muler que son absence pouvait occasionner les plus grands
« désordres. Le moindre inconvénient de son éloignement de
« l'Assemblée nationale était d'arrêter *tout court* la marche des
« affaires. »

« Je ne me permis pas néanmoins une seule fois de laisser
entrevoir mon avis sur le genre de peine que je croirais applicable à un délit de cette nature.

« A mon tour je mis quelque affectation à rappeler le beau
calme qui avait existé dans Paris à la nouvelle du départ du roi.
Ni la reine, ni Madame Élisabeth ne répondirent jamais un mot
sur cela. Elles ne dirent pas que rien n'était plus heureux ; je
crus même apercevoir qu'elles en étaient très-piquées ; elles
eurent au moins la bonne foi de ne pas paraître contentes.

« Nous arrivâmes à Meaux de bonne heure. Le roi, sa famille
et nous, nous descendîmes à l'évêché. L'évêque était constitutionnel, ce qui ne dut pas beaucoup plaire au roi ; mais il ne
donna aucun signe de mécontentement. Des sentinelles furent
posées à toutes les issues.

« Le roi soupa très-peu, se retira de bonne heure dans son
appartement. Comme il n'avait pas de linge, il emprunta une
chemise à l'huissier qui nous accompagnait.

« Nous nous fîmes servir dans nos chambres ; nous mangeâmes à la hâte un morceau et nous fîmes nos dépêches. Nous
partîmes de Meaux à six heures du matin.

« Je repris ma place première, entre Madame Élisabeth et
madame de Tourzel, et Barnave se plaça entre le roi et la reine.
Jamais journée ne fut plus longue et plus fatigante. La chaleur
fut extrême et des tourbillons de poussière nous enveloppaient.
Le roi m'offrit et me versa à boire plusieurs fois. Nous restâmes
douze heures entières en voiture sans descendre un moment.
Ce qui me surprit beaucoup, c'est que la reine, Mademoiselle,
Madame Élisabeth et madame de Tourzel ne manifestèrent
aucun besoin.

« Le jeune prince lâcha deux ou trois fois de l'eau. C'était le
roi lui-même qui lui déboutonna sa culotte et qui le faisait
pisser dans une espèce de grande tasse d'argent. Barnave tint
cette tasse une fois.

« On a prétendu que la voiture renfermait des espèces de

commodités à l'anglaise. Cela peut être, mais je ne m'en suis pas aperçu. Une chose que je remarquai, c'est que Mademoiselle se mit constamment sur mes genoux sans en sortir, tandis qu'auparavant elle s'était placée tantôt sur madame de Tourzel, tantôt sur Madame Élisabeth.

« Je pensai que cet arrangement était concerté ; qu'étant sur moi on la regardait comme dans un asile sûr et sacré que le peuple, en cas de mouvement, respecterait.

« Nous marchâmes tranquillement jusqu'à Pantin. La cavalerie qui nous avait accompagnés depuis Meaux et un détachement de celle de Paris nous servaient d'escorte et environnaient la voiture.

« Lorsque la garde nationale à pied nous eut joints, un peu au-dessus de Pantin, il y eut un mouvement qui menaçait d'avoir des suites.

« Les grenadiers faisaient reculer les chevaux, les cavaliers résistaient ; les chasseurs se réunissaient aux grenadiers pour éloigner la cavalerie. La mêlée devint vive ; on lâcha de gros mots, on allait en venir aux mains ; les baïonnettes roulaient autour de la voiture, dont les glaces étaient baissées. Il était très-possible qu'au milieu de ce tumulte des gens malintentionnés portassent quelques coups à la reine. J'apercevais des soldats qui paraissaient très-irrités, qui la regardaient de fort mauvais œil. Bientôt elle fut apostrophée : « La b..... de g...., « la p....., criaient des hommes échauffés, elle a beau nous « montrer son enfant, on sait bien qu'il n'est pas de lui. » Le roi entendit très-distinctement ces propos. Le jeune prince, effrayé du bruit, du cliquetis des armes, jeta quelques cris d'effroi ; la reine le retint, les larmes lui roulaient dans les yeux.

« Barnave et moi, voyant que la chose pouvait devenir sérieuse, nous mîmes la tête aux portières ; nous harangâmes, on nous témoigna de la confiance. Les grenadiers nous dirent : « Ne craignez rien, il n'arrivera aucun mal, nous en répondons, « mais le poste d'honneur nous appartient. » C'était en effet une querelle de prééminence, mais qui pouvait s'envenimer et qui aurait pu conduire à des excès.

« Lorsque ces postes furent une fois remplis par les grenadiers, il n'y eut plus de dispute ; nous marchions sans obstacles, à la vérité très-lentement. Au lieu d'entrer dans Paris par la porte Saint-Denis nous fîmes le tour des murs et nous passâmes par la porte de la Conférence.

« Le concours du peuple était immense, et il semblait que tout Paris et ses environs étaient réunis dans les Champs-Élysées. Jamais un spectacle plus imposant ne s'est présenté aux regards des hommes. Les toits des maisons étaient couverts d'hommes, de femmes et d'enfants; les barrières en étaient hérissées, les arbres en étaient remplis; tout le monde avait le chapeau sur la tête, le silence le plus majestueux régnait; la garde nationale portait le fusil la crosse en haut. Ce calme énergique était quelquefois interrompu par les cris : Vive la Nation! Le nom de Barnave et le mien étaient quelquefois mêlés à ces cris, ce qui faisait l'impression la plus douloureuse à Madame Élisabeth surtout. Ce qu'il y a de remarquable, c'est que nulle part je n'entendis proférer une parole désobligeante contre le roi; on se contentait de crier : Vive la Nation!

« Nous passâmes sur le pont tournant, qui fut fermé aussitôt, ce qui coupa le passage; il y avait néanmoins beaucoup de monde dans les Tuileries, des gardes nationaux surtout. Une partie des députés sortit de la salle pour être témoin du spectacle. On remarqua M. d'Orléans, ce qui parut au moins inconsidéré. Arrivés en face de la grille d'entrée du château et au pied de la première terrasse, je crus qu'il allait se passer une scène sanglante. Les gardes nationaux se pressaient autour de la voiture sans ordre et sans vouloir rien entendre. Les gardes du corps qui étaient sur le siége excitaient l'indignation, la rage des spectateurs. On leur présentait des baïonnettes avec les menaces et les imprécations les plus terribles. Je vis le moment où ils allaient être immolés sous nos yeux. Je m'élance de tout mon corps hors de la portière; j'invoque la loi; je m'élève contre l'attentat affreux qui va déshonorer les citoyens; je leur dis qu'ils peuvent descendre; je le leur commande avec un empire qui en impose; on s'en empare assez brusquement, mais on les protége et il ne leur est fait aucun mal.

« Des députés fendent la foule, arrivent, nous secondent, exhortent, parlent au nom de la loi.

« M. de La Fayette, dans le même moment, paraît à cheval

au milieu des baïonnettes, s'exprime avec chaleur ; le calme ne se rétablit pas, mais il est facile de voir qu'il n'existe aucune intention malfaisante.

« On ouvre les portières ; le roi sort, on garde le silence ; la reine sort, on murmure avec assez de violence ; les enfants sont reçus avec bonté, même avec attendrissement ; je laisse passer tout le monde, les députés accompagnaient, je clos la marche. Déjà la grille était fermée ; je suis très-froissé avant de pouvoir entrer. Un garde me prend au collet et allait me donner une bourrade, ne me connaissant pas, lorsqu'il est arrêté tout à coup, on décline mon nom, il me fait mille excuses. Je monte dans les appartements. Le roi et sa famille étaient là dans la pièce qui précède la chambre à coucher du roi, comme de simples voyageurs fatigués, assez mal en ordre, appuyés sur des meubles.

« Une scène très-originale et très-piquante, c'est que *Corollaire*[1], s'approchant du roi et prenant le ton doctoral, mitigé cependant par un peu de bonté, le réprimandait comme un écolier. « N'avez-vous pas fait là, lui disait-il, une belle équipée ? « Ce que c'est que d'être mal environné ! Vous êtes bon, vous « êtes aimé ; voyez quelle affaire vous avez là ! » Et puis il s'attendrissait ; on ne peut se faire une idée de cette bizarre mercuriale ; il faut *l'avoir vue pour la croire*.

« Quelques minutes écoulées, nous passâmes, Maubourg, Barnave et moi, dans l'appartement du roi ; la reine, Madame Élisabeth y passèrent également. Déjà tous les valets y étaient rendus dans leur costume d'usage. Il semblait que le roi revenait d'une partie de chasse ; on lui fit la toilette. En voyant le roi, en le contemplant, jamais on n'aurait pu deviner tout ce qui venait de se passer : il était tout aussi *flegme,* tout aussi tranquille que *si rien eût été.* Il se mit sur-le-champ en représentation ; tous ceux qui l'entouraient ne paraissaient pas seulement penser qu'il fût survenu des événements qui avaient éloigné le roi pendant plusieurs jours et qui le ramenaient. J'étais confondu de ce que je voyais.

---

1. Note en marge, d'une autre écriture : C'est sans doute Coroller du Moustoir, député de la province de Bretagne.

« Nous dîmes au roi qu'il était nécessaire qu'il nous donnât les noms des trois gardes du corps ; ce qu'il fit.

« Comme j'étais excédé de fatigue et que je *haltais* de soif, je priai Madame Élisabeth de vouloir bien me faire donner des rafraîchissements, ce qui fut fait à l'instant. Nous n'eûmes que le temps de boire deux ou trois verres de bière. Nous nous rendîmes ensuite auprès des gardes du corps, que nous mîmes dans un état d'arrestation. Nous donnâmes ordre à M. de La Fayette de faire garder à vue madame de Tourzel ; nous confiâmes à sa garde la personne du roi. Il nous dit qu'il ne pouvait répondre de rien s'il ne pouvait mettre des sentinelles jusque dans sa chambre. Il nous fit sentir la nécessité que l'Assemblée s'expliquât clairement, positivement à ce sujet. Nous le quittâmes en lui disant que c'était juste, et nous fûmes sur-le-champ à l'Assemblée pour lui rendre un compte succinct de notre mission. »

VI

JOURDAN COUPE-TÊTE,

SON PROCÈS, SA MORT.

(Voir page 95.)

Nous ne ferons pas le récit circonstancié des massacres dont la Glacière d'Avignon fut le théâtre, en octobre 1791, et dont le principal acteur fut Jourdan Coupe-Tête. Ces massacres ont été racontés plus d'une fois, mais jamais avec autant de détails que par M. Louis Blanc (t. VI, p. 131 de son *Histoire de la Révolution*). Nous ne pouvons que renvoyer à son récit et nous associer à l'horreur que ce crime lui inspire. Car, il faut le reconnaître, cet historien, que nous sommes si souvent obligé de réfuter, a mis dans le tableau des scènes qui ont rendu la Glacière d'Avignon si déplorablement célèbre une vigueur de pinceau, une énergie d'indignation, que peut-être on peut lui reprocher de n'avoir pas apportées dans d'autres parties de son ouvrage, où il parle de scènes aussi lamentables. S'il nous était permis de scruter la pensée qui a guidé la plume de l'historien, nous pourrions nous demander si M. Louis Blanc n'a pas voulu saisir cette occasion pour accuser les Girondins, objet de ses attaques incessantes, non d'avoir participé au crime (ils n'étaient pas encore au pouvoir, pas même à l'Assemblée), mais d'en avoir fait l'apologie. Le thème de M. Louis Blanc a été adopté avec empressement par M. Granier de Cassagnac, puisqu'il lui servait à grossir la série des faits mis à la charge du parti de la Gironde. Hâtons-nous de l'affirmer, cette accusation, dont ces deux écrivains, partis des deux pôles opposés du monde politique, se sont efforcés de charger la mémoire de ceux auxquels il est aujourd'hui de mode d'imputer tous les méfaits de la révolution, cette accusation est la suite d'une erreur manifeste que la lecture attentive du *Moniteur* eût dû rendre impossible. Non, les Girondins n'ont pas fait l'apologie des massacres de la Glacière d'Avignon.

Certes, nous ne croyons pas que l'on puisse nous reprocher d'avoir cherché à pallier les fautes nombreuses et considérables dont on peut, dont on doit rendre responsables les Girondins qui siégaient à la Législative. Nous avons, à plusieurs reprises, manifesté toute notre douleur de voir des hommes d'un talent incontestable se fourvoyer aussi étrangement et devenir, sans bien s'en rendre compte, les complices des plus mauvaises passions. Mais par cela même nous avons acquis le droit de prendre leur défense, lorsqu'ils sont accusés injustement.

Or, voici comment, en mars 1792, fut posé le débat dans lequel intervinrent les Girondins. Une amnistie générale avait été promulguée en septembre 1791, à l'occasion de l'acceptation de la Constitution, pour tous les faits révolutionnaires antérieurs à cette époque. La question était de savoir si cette amnistie était applicable aux crimes et délits commis dans le Comtat Venaissin jusqu'au 8 octobre, jour de la réunion de cette province à la France. La question, on le voit, était presque une question de droit pur ; mais elle se compliquait de cette circonstance bizarre que, si on s'arrêtait strictement au jour où l'amnistie avait été proclamée en France, une partie des faits révolutionnaires qui avaient ensanglanté le Comtat auraient été amnistiés, et que pour d'autres, au contraire, l'autorité judiciaire aurait été obligée de poursuivre. Aussi, après une discussion approfondie, l'Assemblée législative déclara-t-elle à une grande majorité que l'amnistie couvrait les uns et les autres de ces crimes.

Voici le langage que tinrent, le 15 mars, Lasource et Vergniaud, les deux seuls orateurs de la Gironde qui furent entendus dans ce débat.

La question étant posée comme nous venons de le faire, « je me garderai bien, dit Lasource, de présenter les prisonniers comme des patriotes proscrits, ce serait déshonorer la plus belle des vertus que de la faire servir de manteau au plus abominable des crimes. J'ai été l'un des premiers à provoquer la vengeance de la loi contre ces crimes... »

Vergniaud, qui, dès le 10 mars, avait évoqué *les souvenirs de l'épouvantable* Glacière d'Avignon, commence, huit jours après, son discours par ces paroles qui auraient dû faire tomber la plume des mains des accusateurs : « De grands crimes ont été commis à Avignon, et l'on peut dire qu'ils sont si atroces qu'ils suffiraient pour déshonorer plusieurs siècles. »

Est-ce là, nous le demandons, une apologie des exploits de Jourdan?

Cette calomnie étant mise à néant, revenons au principal auteur des massacres. Amnistié et sorti de prison, Jourdan attendit un an, dans une complète obscurité, le triomphe des idées démagogiques. Mais alors ses amis et ses imitateurs étaient parvenus au pouvoir et dominaient dans les bureaux du ministère de la guerre. Aussi fut-il nommé, le 9 février 1793, capitaine de gendarmerie dans le département des Bouches-du-Rhône, et, le 2 septembre de la même année, chef d'escadron. On avançait vite à cette époque lorsqu'on avait des états de service tels que ceux que pouvait présenter cet infâme assassin. Pendant un an, Jourdan régna en tyran à Avignon. C'était lui qui délivrait les certificats de civisme, ceux de non-émigration, qui arrêtait, emprisonnait, relâchait, amnistiait tous ceux qui, de loin ou de près, pouvaient être englobés dans l'une de ces vagues et immenses catégories de suspects établies par les lois révolutionnaires. Il comprit bientôt le parti qu'il était possible de tirer de la terreur qu'inspirait son nom, il se mit à rançonner à merci tous les malheureux qui lui tombaient sous la main, et à se faire adjuger des biens nationaux sous de faux noms et à vil prix. Tout cela n'était que peccadilles, car bien d'autres en faisaient autant. Mais il osa braver le proconsul du Comtat Venaissin et de la Provence, le terrible Maignet, qui le dénonça au Comité de sûreté générale comme un fauteur d'aristocratie et le protecteur des contre-révolutionnaires.

Sur le vu du rapport de Maignet, le Comité de sûreté générale lança contre Jourdan l'arrêté suivant :

« *Comité de sûreté générale et de surveillance de la Convention nationale.*

« Le Comité de sûreté générale, vu l'adresse du citoyen Maignet, représentant du peuple dans le département de Vaucluse, et de laquelle il résulte que le nommé Jourdan, chef d'escadron de la 12ᵉ division de gendarmerie, est prévenu d'une infinité de manœuvres très-criminelles et contre-révolutionnaires ; que ledit Jourdan est complice des conspirateurs qui ont déjà perdu la tête sur l'échafaud ; qu'il était même dans le département de Vaucluse le plus dangereux de leurs agents ; que, dans la Société populaire d'Avignon, dans un asile sacré du peuple, il a exercé les plus grandes violences ; qu'un lieutenant de gendarmerie est entré par ses ordres, avec quinze ou seize gendarmes, dans cette Société, le sabre nu à la main ; qu'il y a saisi les membres du tribunal criminel du département de Vaucluse dont le patriotisme pur et sincère paraissait être un obstacle aux audacieux projets dudit Jourdan ; enfin, que le même Jourdan est prévenu par dix-neuf pièces énoncées dans l'adresse que le citoyen Maignet écrit au Comité de sûreté générale, arrête que ledit Jourdan sera traduit à l'instant dans les prisons de la Conciergerie, et que tant l'adresse du citoyen Maignet que les copies des pièces à charge, et dont les originaux sont au Comité de salut public, seront envoyées à l'accusateur public du tribunal révolutionnaire, à la diligence duquel ledit Jourdan sera poursuivi.

« Les représentants du peuple membres du Comité de sûreté générale,

« *Signé :* Élie Lacoste, Vadier, Laviconterie, Jagot, Louis (du Bas-Rhin).

« Du 11 floréal l'an second de la République française une et indivisible. »

Jourdan, sur le bruit de la dénonciation de Maignet, était

accouru à Paris. Il fut arrêté en arrivant. Il s'adressa aux Jacobins pour qu'ils vinssent lui prêter aide et assistance.

« *A la Société des amis de la liberté et de l'égalité, séante aux ci-devant Jacobins-Saint-Honoré, à Paris.*

« Arrivé à Paris d'hier, 11 floréal, je crois de mon devoir d'informer mes frères de mon arrestation.

« Étant chef d'escadron de la 12ᵉ division de gendarmerie, des particuliers sont venus chez moi à Avignon me faire une dénonciation contre le citoyen Pelissier, représentant du peuple.

« N'étant pas de ma compétence et voulant toujours me consulter avec les autorités constituées, j'écrivis de suite au citoyen Maignet, représentant du peuple dans le département de Vaucluse, qu'il me trace la conduite que j'avais à tenir envers le citoyen Pelissier, son collègue. D'ailleurs, je crois que mes frères connaissent le contenu de la lettre que j'ai écrite à ce sujet : l'on me traite de despote, je ne crois pas que j'aie jamais commis aucun acte de despotisme envers mes concitoyens.

« Je suis accusé, en outre, d'avoir emprisonné des patriotes d'Éragues et le tribunal révolutionnaire d'Avignon illégalement. Je demande à mes frères de députer au Comité de salut public : on y trouvera toutes les pièces qui constatent les forfaitures et les prévarications du tribunal.

« Je sais que j'ai beaucoup d'ennemis, je me les suis attirés en faisant mon devoir : 1° j'ai fait partir quinze cents déserteurs, dont deux cents de force ; 2° toute la première réquisition ; j'ai pris tous les chevaux pour la réquisition, fait partir tous les gens de dessus l'eau, arrêter les hommes suspects et les prévaricateurs en biens nationaux, le tout conformément à la loi.

« Vous n'ignorez pas non plus que les aristocrates m'ont tenu cinq mois dans les fers à Marseille, quatre mois et demi à Avignon[1], et que j'ai été forcé de fuir dans les montagnes,

---

1. Ici, Jourdan fait une allusion détournée aux poursuites qui furent dirigées contre lui, à raison des massacres de la Glacière, jusqu'à ce que l'amnistie lui eût ouvert les portes de sa prison.

coucher sur les rochers pendant quatre mois, et rien n'a été et n'est capable de retenir mon zèle pour faire mon devoir, celui d'un vrai républicain jusqu'à la mort.

« A ce titre, je me crois digne de mériter l'estime et la protection de mes frères, et je demande qu'il me soit accordé un défenseur.

« *Signé :* JOURDAN. »

Mais dès qu'on sut Jourdan arrêté, les dénonciations commencèrent à pleuvoir contre lui, comme toujours il arrive en temps de révolution aux innocents et aux coupables. Quant à Jourdan, il n'était pas difficile de citer à sa charge les faits les plus effroyables. Voici, tracée de la main d'un compatriote, la vie de cet homme, qui, l'on doit le répéter à la honte du pouvoir qui signa sa nomination, fut pendant plus d'une année chef de la force armée, chargée de maintenir l'ordre dans tout un département. Ne croirait-on pas lire une page détachée de la vie de Mandrin? Mais qui aurait jamais songé à faire de Mandrin un commandant de la maréchaussée?

« *Note sur Jourdan d'Avignon.*

« Jourdan n'est connu sous ce nom que depuis la Révolution ; il s'appelait auparavant Jouve dit Lamothe, et tant lui que sa famille n'étaient connus que sous ce dernier nom *de la Mothe*. Il est originaire de Saint-Jean-de-Bonnas, à une lieue et demie d'Issengeaux, département de la Haute-Loire. Ce Jouve a toujours été regardé dans sa jeunesse comme vicieux ; il y a environ vingt-six ans qu'il courait le pays à la tête d'une douzaine de brigands armés et montés ; cette bande prenait le nom de contrebandiers et, sous ce nom, ils volaient et pillaient à force ouverte. Ces brigands arrivèrent une nuit au petit ci-devant château de Paulin ; ils y entrèrent, placèrent leurs sentinelles, et se rendirent à la chambre du maître qu'ils enfoncèrent à coups de fusils et carabines chargés à balle, volèrent de vingt à vingt-quatre mille livres (j'ai vu moi-même les trous faits par les balles). Ils se retirèrent, allèrent partager dans un bois, furent ensuite attaqués par des gardes de la ci-devant Ferme. Jouve fut blessé et fut forcé de se retirer à Mont-Faucon, où il fut saisi et de là traduit à Valence, où son procès a été instruit ; il s'évada des prisons la veille de son supplice ; il vint ensuite à Paris et entra, comme palefrenier ou garçon maréchal, chez le ci-devant cardinal de Rohan ; on prétend qu'il a été ensuite marchand de vin à l'une des barrières de Paris et qu'il fit banqueroute ; arriva ensuite la Révolution, il parut sur l'horizon avec le nom de Jourdan. J'ignore sa conduite dans la Révolution ainsi que dans le cours de son absence depuis son évasion des prisons ; reste le fait du vol commis à Paulin, près Monistrol, à force ouverte et à la tête d'une douzaine de brigands dont il était le chef. Ce fait est certain et serait attesté par l'entier district ; d'ailleurs la procédure existe au greffe de la commission de Valence.

« Le bruit courait au pays que ce même Jouve, avant le vol dont il s'agit, avait assassiné une fille ; mais je ne connais ce fait que par bruit vague. Enfin, ce Jouve avait la réputation au pays d'un scélérat hardi et dangereux, et, lorsqu'il s'évada d'Avignon, on craignait qu'il vînt au pays, et on était résolu à lui tirer dessus comme sur une bête féroce.

« Il est à observer qu'environ dix ans après son absence, il vint au pays muni d'un sauf-conduit d'un des ci-devant princes, y resta environ un mois ; il repartit et n'y a plus reparu.

« Voilà ce que je sais ; Lemoine, mon collègue, peut en dire à peu près autant.

« Le ci-devant noble de Paulin, volé, vit encore ; il s'appelle Jean-Gabriel du Fornel, habitant au lieu de Paulin, commune de Monistrol, département de la Haute-Loire. Je le crois en arrestation, sa sœur habite la ville du Puy, chef-lieu.

« FAURE, *député de la Haute-Loire.* »

Le signataire de cette lettre ne peut être suspect d'avoir aggravé les faits à la charge de Jourdan pour venger les mânes des malheureuses victimes de la Glacière, car Faure lui-même était un révolutionnaire fougueux, qui vota la mort du roi et son exécution dans les vingt-quatre heures.

Jourdan fut traduit au tribunal révolutionnaire, où Fouquier-Tinville, tout en ayant grand soin de passer sous silence les massacres de la Glacière, l'accusa d'avoir persécuté les patriotes les plus déterminés et protégé tous les contre-révolutionnaires; d'avoir acheté de superbes maisons de campagne, entassé dans ses écuries les chevaux du plus haut prix, et insulté à la misère publique par le luxe le plus scandaleux. Il fut condamné le 8 prairial an II, et exécuté le même jour sur la place de la Révolution; il occupe le n° 1073 sur la liste officielle des condamnés.

VII

LES ASSASSINS DE SIMONEAU,

MAIRE D'ÉTAMPES.

(Voir page 111.)

A la suite de la procédure dirigée contre les assassins de Simoneau, vingt et un accusés furent renvoyés par le jury d'accusation devant le tribunal criminel de Seine-et-Oise. Les débats durèrent cinq jours ; cent soixante et onze témoins furent entendus. Le jury de jugement déclara qu'il était constant :

1º Que le maire d'Étampes, Simoneau, avait prononcé la formule d'obéissance et de force à la loi ;

2º Qu'il y avait eu homicide dans la personne de Simoneau, maire d'Étampes ;

3º Que cet homicide avait été accompagné et suivi de sédition ;

4º Que cet homicide avait été préparé et facilité par des coups de bâton qui avaient été portés à Simoneau pendant qu'il était en fonction.

Sur cette déclaration, un jugement rendu par Alquier, président, Lemaire, Auvry et Delaistre, juges, condamna, le 22 juillet 1792 :

1º Huit accusés à un an et deux ans d'emprisonnement ;

2º Deux à la peine de mort.

Ces deux derniers se nommaient Gérard (Henri), âgé de 45 ans, ancien garde-chasse, domicilié à Étampes, condamné plusieurs fois pour braconnage, et Baudet (Gabriel), âgé de 40 ans, demeurant à Étampes, charretier, ancien carabinier, renvoyé du service militaire avec de mauvaises notes.

Le jugement portait que ces deux individus seraient exécutés à Étampes, sur la place Saint-Gilles, et seraient conduits à l'échafaud vêtus d'une chemise rouge.

Aussitôt après le jugement, les Jacobins, qui avaient pris en main la cause des assassins de Simoneau et qui voulaient à toute force sauver la tête des coupables, se répandirent en plaintes amères contre la sévérité du jugement du tribunal criminel de Seine-et-Oise; ils allèrent jusqu'à faire courir le bruit que la veuve de Simoneau avait été à la barre de la commune de Paris solliciter la grâce des assassins de son malheureux époux.

Quoique les événements eussent marché, et que depuis le prononcé du jugement du 22 juillet la révolution du 10 août eût renversé le trône de Louis XVI et assuré le triomphe des démagogues, la veuve de Simoneau, bravant les poignards qu'elle savait dirigés contre elle, eut le courage d'adresser, le 21 août, la lettre suivante au président de l'Assemblée législative :

« Monsieur le président,

« On a répandu dans les journaux que j'avais été à Paris, à la barre de la commune de Paris, solliciter la grâce des assassins de mon malheureux époux. Si j'avais cru pouvoir hasarder une démarche aussi contraire à mes devoirs et au principe de l'ordre social, je l'aurais faite directement auprès de l'Assemblée nationale ; les auteurs des menaces, par lesquelles on a voulu m'y contraindre, avaient eu soin de m'en prévenir.

« J'ai lieu de craindre qu'on ait employé mon nom dans cette occasion et qu'une supposition de personne n'ait pas été négligée pour tromper la générosité de la commune de Paris ; je déclare que je n'ai pas été à Paris depuis longtemps, et, dans le cas où l'Assemblée nationale se persuaderait que l'impunité d'un grand crime peut concourir au maintien de l'ordre et à la sécurité des magistrats du peuple, au moins l'ombre de mon époux ne me reprochera pas la faiblesse d'avoir arrêté une procédure que je n'avais pas sollicitée et que l'Assemblée nationale seule avait ordonnée.

« Je suis avec un profond respect, etc.

« *Signé* : Veuve Simoneau.

« Étampes, 21 août 1792. »

Les événements continuaient à se précipiter avec une effrayante rapidité. Les massacres de septembre avaient ensanglanté les pavés de la capitale et une bande de scélérats, comme on le verra dans l'un des volumes suivants, avait été chercher à Orléans, sous la conduite de Fournier, dit l'Américain, les prisonniers de la haute cour. A son retour, la bande de Fournier séjourna deux jours à Étampes et en profita pour délivrer les individus condamnés à la suite du meurtre de Simoneau et qui se trouvaient encore dans les prisons de cette ville. Le fait est constaté par le rapport des commissaires de la commune de Paris, que nous aurons occasion de donner *in extenso* lors du récit des massacres de Versailles. Nous y lisons :

« Ils (les soldats de Fournier) ont élargi les prisonniers d'ici, qui étaient détenus à l'occasion de l'affaire de Simoneau, maire d'Étampes, excepté un seul, lequel avait l'épaule marquée. Il paraît qu'ils veulent mettre en liberté ceux qui sont dans les prisons de Versailles pour la même affaire.

« Étampes, le 8 septembre, à 11 heures du matin. »

Les prisonniers délivrés ne perdirent pas de temps pour se rendre à Paris, car nous les voyons, accompagnés d'une députation d'habitants d'Étampes, se présenter dès le surlendemain, 9 septembre, successivement à la commune de Paris, à l'Assemblée législative et à la salle des Jacobins où siégeaient dans ce moment, sous la présidence de Robespierre et de Collot d'Herbois, les électeurs parisiens, occupés à choisir les députés pour la prochaine Convention nationale. Leur visite à ces trois autorités, les seules qui existassent alors dans la capitale, fut une espèce de triomphe ; il n'y manqua que la pompe solennelle dont on avait entouré le retour des galériens de Châteauvieux. Discours, harangues, félicitations, tout fut prodigué à ces complices de l'assassinat de Simoneau.

Leur première visite avait été pour la commune ; rien de plus juste, puisque c'était elle qui avait envoyé la bande de misérables par laquelle ils avaient été délivrés. Nous avons retrouvé le procès-verbal de la réception qui leur fut faite. On verra la faveur avec laquelle ils furent accueillis par les soi-disant représentants de la population parisienne, et l'on remarquera la qualification que l'on donne à ceux qui avaient voulu, à Étampes, faire respecter la loi.

« MUNICIPALITÉ DE PARIS.

« *Extrait des registres des délibérations du conseil général des commissaires des quarante-huit sections.*

« Du 9 septembre 1792, 4ᵉ année de la liberté.

« Le conseil général, après avoir entendu la députation de la ville d'Étampes, qui est venue présenter les malheureuses victimes de la cabale des importants et des accapareurs de leur ville, vivement touchés des malheurs de leurs concitoyens, arrête : que MM. Mathieu et Thomas-Guide sont nommés commissaires à l'effet de se transporter à l'Assemblée nationale et solliciter de sa justice des secours pour des malheureux qui sont dans le plus pressant besoin.

« *Signé* : BOULA, président ; COULOMBEAU,
secrétaire-greffier adjoint. »

Les commissaires de la commune, aussitôt nommés, se mirent à l'œuvre et rédigèrent la pétition suivante, qu'ils allèrent, avec leurs clients, porter à l'Assemblée législative :

« COMMUNE DE PARIS.

« Législateurs,

« Les communes des environs d'Étampes étaient frappées de terreur ; un silence contre-révolutionnaire régnait dans les campagnes, depuis le décret de rigueur surpris à l'Assemblée nationale contre les prétendus auteurs des troubles dans lesquels avait péri le maire d'Étampes.

« Quelques citoyens paisibles, justement alarmés sur leur subsistance, peut-être aussi et en même temps égarés par des hommes perfides, après avoir été dupes sous la maligne influence d'hommes coupables, étaient sur le point de devenir victimes.

« Ils craignaient de mourir de faim ; on avait décidé qu'ils périraient par la loi ; quelques-uns étaient aussi condamnés à diverses peines afflictives.

« Libres aujourd'hui par une suite du sage décret que vous avez rendu sur toutes les affaires des grains[1], ils viennent vous remercier de la liberté que vous leur avez rendue et vous prier d'ajouter à cet acte de justice un acte de bienfaisance qui en diffère peu.

« Nous venons, au nom du conseil général de la commune, recommander à votre sensibilité des citoyens infortunés qui n'ont occasionné aucune perte, aucun dégât, mais qui en ont éprouvé, pendant une longue captivité qui a privé leurs nombreuses familles de tout moyen de subsistance ; un secours momentané peut mettre le comble à la consolation, ainsi qu'à votre bienfait.

« Par là vous aurez non-seulement fait cesser leur captivité pour le présent et l'avenir, vous l'aurez, autant qu'il était en vous, effacée pour le passé, et les campagnes dans lesquelles ils vont, de leurs mains libres, remuer la terre et la féconder, retentiront des louanges dues à votre bienfaisante sagesse.

« Les citoyens des environs d'Étampes, accompagnés des commissaires municipaux de la ville de Paris,

« *Signé* : Thomas, Pontier, Mathieu, conseillers municipaux ; Coreaux, Guigne jeune.

Le lendemain (10 septembre) les mêmes individus se rendirent à l'assemblée électorale. Nous avons également retrouvé

---

[1]. Une loi, rendue le 3 septembre 1792, avait déclaré éteints et abolis tous les procès criminels, et tous les jugements rendus depuis le 14 juillet 1789,

le procès-verbal de leur réception, car nous tenions à suivre pas à pas les émeutiers dans leur pérégrination triomphale. Le voici :

« Une pétition des malheureuses victimes de l'insurrection d'Étampes demande et obtient l'admission et la parole. L'orateur peint avec sensibilité la position horrible de ces infortunés et, en invoquant les principes de fraternité de l'assemblée électorale, termine en rendant hommage à l'Assemblée nationale qui a brisé leurs chaînes, en ajoutant qu'il était réservé à l'assemblée électorale de tarir la source de leurs larmes. Le président répond à la députation et l'assemblée applaudit. »

Ainsi Robespierre était parvenu à faire consacrer le triomphe des assassins dont il avait pris la défense comme journaliste. Il est vrai qu'en trois mois sa position avait bien changé. En septembre 1792, il trônait à l'Hôtel de ville comme membre de la commune insurrectionnelle du 10 août. Il gouvernait l'assemblée des électeurs de Paris, qu'il avait fait siéger, pour plus de sûreté, dans la salle même des Jacobins, et qu'il faisait voter sur un signe de sa main, sur un mot sorti de sa bouche. Enfin, par son influence secrète mais toute-puissante, il forçait l'Assemblée nationale, qui avait décrété la fameuse fête de la loi et ordonné les poursuites les plus sévères contre les assassins de Simoneau, à recevoir à sa barre ces mêmes assassins, devenus des espèces de héros auxquels on était bien près de tresser des couronnes.

Nous n'avons pas borné là nos recherches, nous avons voulu savoir ce qu'était devenu le pourvoi qu'avaient formé les deux

---

sous prétexte de violation des lois relatives a la libre circulation et vente des grains.

Mais les prisonniers délivrés à Étampes, et encore moins les deux assassins qui se trouvaient dans les prisons de Versailles, ne pouvaient être appelés à jouir du bénéfice de cette loi, car ils n'avaient pas été condamnés pour s'être opposés à la libre circulation des grains, mais bien comme complices et auteurs principaux du meurtre du malheureux Simoneau. C'est pourquoi, comme nous allons le voir, la cour de cassation avait ordonné que l'arrêt du 22 juillet reçût son exécution.

condamnés à mort contre l'arrêt du tribunal criminel de Seine-et-Oise. La cour de cassation en fut saisie le 29 août 1792. Elle mit quatre mois à l'examiner, et lorsque l'ordre matériel fut quelque peu rétabli, elle le rejeta, le 5 janvier 1793

Nous avons retrouvé l'expédition de cet arrêt, qui se termine par la formule ordinaire : « la cour ordonne que le jugement sera exécuté selon sa forme et teneur. » Mais dans cette expédition, transmise le 23 janvier 1793 par le ministre de la justice à l'accusateur public de Seine-et-Oise, cette formule est effacée. La cour de cassation n'avait prononcé que pour la forme, car les deux condamnés avaient été mis en liberté le 9 septembre 1792 par la troupe de Fournier, ainsi qu'elle en avait annoncé depuis plusieurs jours l'intention.

Pendant que l'on égorgeait à quelques pas d'eux Delessart, Brissac, Larivière et les malheureux officiers du régiment de Cambrésis, les assassins du maire d'Étampes étaient portés en triomphe dans les bras tout sanglants de leurs amis, de leurs émules. A partir de ce jour, l'histoire perd leurs traces. Très-probablement ils jouirent de l'impunité qu'était venu leur apporter le renversement de toutes les lois divines et humaines.

VIII

RÉCOMPENSES NATIONALES

ACCORDÉES AUX PROMOTEURS DE LA JOURNÉE
DU 20 JUIN 1792.

(Voir page 134.)

Nous publions presque sans commentaires les pièces officielles que nous avons recueillies sur Santerre et Alexandre, qui jouèrent un rôle si important dans la journée du 20 juin 1792. Ces pièces suffisent pour édifier le lecteur sur le désintéressement de ces deux personnages.

*Extrait des registres du conseil exécutif provisoire,
séance du 6 avril 1793.*

« Le ministre des contributions a exposé au conseil les réclamations du citoyen Santerre, maréchal de camp et commandant général de la garde nationale parisienne.

« Le citoyen Santerre est débiteur à la nation du droit sur les bières fabriquées dans ses brasseries pendant les années 1789 et 1790 et les trois premiers mois de 1791, époque à laquelle le droit a été supprimé. . . . .

« Le débet du citoyen Santerre s'élève à 49,603 liv. 16 s. 6 d. Il ne le conteste pas ; mais il prétend qu'il doit en être déchargé parce que le peuple a consommé la plus grande partie de ces bières à l'occasion des mouvements auxquels la révolution a donné lieu ; qu'il n'en a retiré aucun argent et qu'il n'est pas juste qu'il paye des droits sur une boisson qu'il n'a pas vendue.

« En effet, les pièces justificatives que le citoyen Santerre produit, les enquêtes qui ont été faites à sa réquisition et le témoignage rendu par la voix publique, ne permettent pas de douter de la verité des motifs qu'il allègue pour obtenir sa libération. . . . .

« Le ministre des contributions publiques propose donc au conseil d'arrêter que, sur la demande du citoyen Santerre, aux fins d'être déchargé des droits répétés contre lui par les commissaires liquidateurs de la ferme générale, pour raison des quantités de bières fabriquées par le citoyen Santerre, dans les années 1789 et 1790 et les trois premiers mois de l'année 1791, et, vu la consommation des dites bières faite par le peuple et dans les corps de garde, sans que le citoyen Santerre en ait retiré aucun payement, il demeure bien et valablement déchargé desdits droits; laquelle décharge tiendra lieu audit citoyen Santerre de toutes les répétitions qu'il a faites ou pourrait faire pour raison des autres dépenses que son dévouement pour la révolution lui a occasionnées pendant les susdites années.

« Le conseil a adopté les propositions faites par le ministre des contributions et l'a autorisé à prendre les mesures nécessaires pour en assurer l'exécution.

« *Signé* : Clavière, Lebrun, Garat, Gohier, Grouvelle, secrétaire. »

Nous avons été obligé de ne donner que les points les plus saillants du rapport de Clavière, trop long pour être reproduit en entier. Nous nous bornerons à dire que certains passages de ce rapport constatent que Santerre avait su intéresser à sa réclamation, en 1790 et 1792, les ministres Necker et Delessart.

Santerre, comme on le voit par le début du rapport de Clavière, avait obtenu du gouvernement révolutionnaire le titre de maréchal de camp; il obtint bientôt celui de général de division employé dans l'armée.

Voici ses états de service, tels qu'ils sont déposés au ministère de la guerre. Ils ont été évidemment rédigés par Santerre lui-même ou sous son inspiration :

« Santerre (Antoine-Joseph), né le 16 mars 1752.

« 14 juillet 1789. — Commandant de la garde nationale du district des Enfants-Trouvés.

« 10 août 1792. — Commandant général provisoire de la force armée de Paris.

« 11 octobre 1792. — Maréchal de camp, employé.

« 30 juillet 1793. — Général de division, employé aux côtes de La Rochelle.

« Sa démission a été acceptée par arrêté du 13 thermidor an II.

« A commandé, le 14 juillet 1789, le siége de la Bastille.

« Est parvenu, par ses soins pénibles et multipliés, à apaiser et empêcher les troubles qu'on a tant de fois cherché à exciter.

« A couru les plus grands dangers en faisant arrêter des séditieux et des brigands contre lesquels il a soutenu un combat de deux heures au pistolet.

« A sauvé, en protégeant les convois de farine, la ville de Paris de la disette dont elle était menacée, et de malheurs incalculables en la préservant, à la prise de la Bastille, de l'explosion de vingt milliers de poudre, auxquels on était sur le point de mettre le feu.

« Il a de plus sauvé la vie, en diverses circonstances, à plusieurs citoyens, entre autres au citoyen Bailly, et a empêché le pillage de la mairie.

« A apaisé deux émeutes à Versailles et a garanti le château et les archives du pillage.

« Est parvenu à empêcher tous les malheurs qui pouvaient être la suite de l'affaire de Vincennes.

« A maintenu l'ordre, le 20 juin 1792, parmi plus de 80,000 hommes qui s'étaient rendus à l'Assemblée nationale et aux Tuileries.

« A enfin contribué à sauver la patrie dans la journée du 10 août suivant. »

Santerre fut employé pendant quelques mois dans la guerre de Vendée; mais tous les récits du temps s'accordent à dire qu'il y joua un rôle très-peu brillant. Durant les derniers mois de la Terreur, Santerre ne se trouvait plus à la hauteur des principes; il fut arrêté quelque temps avant le 9 thermidor. Relâché après la mort de Robespierre, mais dégoûté des honneurs militaires qui avaient failli lui coûter la vie, il donna sa démission le 13 thermidor an II, à sa sortie de prison.

Rentré dans la vie privée, il reprit son commerce; mais les jours de sa gloire et de sa popularité étaient passés : il vit péricliter ses affaires, et de nouveau sollicita les faveurs de l'État. La *Revue rétrospective* (2e série, t. I, p. 158) a publié une lettre dans laquelle Santerre, s'adressant au ministre de l'intérieur pour obtenir un prêt de 25,000 francs, lui expose « qu'ayant été l'agent de la loi dans les temps orageux, cela lui a retiré toutes ses connaissances riches et ôté toute ressource. »

Plus tard il adressa au premier consul la lettre suivante, où l'on voit que l'ex-commandant général de la force armée, au 21 janvier 1793, savait, comme bien d'autres de ses pareils, se plier aux circonstances, et parler, quand il le jugeait utile, le langage de la flatterie. (Nous avons religieusement respecté l'orthographe du brasseur devenu général.)

« *Santerre, général divisionnaire, au général Bonaparte, premier consul de la République.*

« J'ai eu l'honneur de vous demander d'*aler* à l'armée de réserve partager vos dangers; vous avez eu la bonté de renvoyer ma demande au général Berthier, alors ministre; son départ précipité m'a privé de cet avantage.

« J'ai demandé au ministre actuel à être employé; sans votre ordre il n'a *put* probablement le faire, il s'est cependant trouvé des places dans les directoires près les hôpitaux militaires et dans les villes fortes.

« Je vous ai offert, en vendémiaire an IV, mes services; vous ne les dédaignâtes pas.

« J'ai presque tout perdu au service de la république, je ne puis maintenant me passer de vous demander une place. L'on m'a offert le traitement de réforme. J'avais alors de la fortune, je n'ai pas cru devoir être payé sans servir. Depuis l'on m'a interdit politiquement mon habitation au *faubourg Antoine*, ce qui m'a ôté mes *resources* commerciales. Conséquemment, si le gouvernement ne m'emploie pas, malgré mon désir de servir, ayant déjà servi avec succès au 14 juillet, au 10 août et dans plusieurs batailles que j'ai commandées en la Vendée, je vous demande le traitement de réforme, sans pour cela cesser d'être au service de notre patrie.

« Salut, respect et admiration,

« Santerre.

« Enclos du Temple, à Paris, ce 16 messidor an VIII.

« *P. S.* Je ne joins à cette lettre aucun compliment ni éloge, je ne pourrais rien ajouter à celui de dire : Bonaparte était à Marengo [1] ! »

On conçoit sans peine que le général Bonaparte se soucia peu d'employer activement le général Santerre. Il avait mieux que lui sous la main. Mais il eut pitié de sa misère; peut-être aussi se souvint-il d'avoir reçu de l'ancien héros du faubourg Saint-Antoine quelques indications utiles lors de la journée du 13 vendémiaire an IV; c'est à quoi paraît faire allusion certain passage de la lettre que nous venons de donner.

L'arrêté qui réintégra Santerre dans son grade et l'admit au traitement de réforme était ainsi conçu :

RÉPUBLIQUE FRANÇAISE.

Liberté.   *Égalité.*

DÉPARTEMENT DE LA GUERRE.

« Au nom du peuple français.

« Du 9 thermidor, l'an VIIIe de la République une et indivisible.

« Bonaparte, premier consul de la République, sur la proposition du ministre de la guerre, arrête :

« La démission offerte par le général de division Santerre des fonctions de son grade, et acceptée le 11 thermidor an II par

---

1. Cette lettre fait partie de la précieuse collection d'autographes que possède M. Chambry, ancien maire du 4e arrondissement de Paris, et qu'il a bien voulu mettre à notre disposition.

le comité de salut public, est annulée ; ce général est réintégré et admis à jouir du traitement de réforme affecté à son grade.

« Le ministre de la guerre est chargé de l'exécution du présent arrêté, qui ne sera pas imprimé.

« *Signé* : BONAPARTE.

« Par le premier consul, le secrétaire d'État,

« *Signé* : Hugues MARET. »

Santerre mourut le 6 février 1806, laissant après lui un nom entouré d'une effrayante renommée, que très-probablement au fond il ne méritait pas. Il avait peut-être rêvé le sort d'Arteveld, et il ne fut qu'un instrument docile entre les mains de Danton et de quelques autres meneurs habiles.

Voici maintenant la pièce qui concerne l'ami et l'acolyte de Santerre, le citoyen Alexandre :

Extrait des registres du conseil exécutif provisoire, séance du 22 septembre 1792.

« Il a été fait rapport au conseil que le citoyen Alexandre, ci-devant commandant de la section des Gobelins, aujourd'hui chef provisoire de la sixième division de la garde nationale parisienne, avait rendu des services essentiels avant et depuis la révolution du 10 août ; que les soins qu'il a donnés à la chose publique dans les circonstances difficiles l'ont mis dans le cas de négliger ceux de son état [1] ; qu'il en est résulté pour lui des pertes réelles, et que les postes qu'il a occupés et les missions dont il a été chargé l'ont entraîné à des dépenses qu'il est hors d'état de supporter ; que récemment, dans la commission qui lui a été donnée pour aller à Chantilly rassembler tous les effets actuellement sous le séquestre qui pouvaient être utiles à la défense de la capitale et aux armements ordinaires ordonnés

---

1. Alexandre était courtier de change.

pour le salut de la république, le citoyen Alexandre a procuré par son intelligence et son zèle des ressources d'une grande valeur. D'après ces faits, le conseil, considérant qu'il est juste d'indemniser le citoyen Alexandre de ses sacrifices et de ses dépenses et le mettre en état de pourvoir aux services qu'on pourra lui demander, arrête qu'il sera accordé au sieur Alexandre une indemnité de douze mille francs, à prendre sur les fonds décrétés pour les dépenses extraordinaires. »

Les six ministres qui signèrent cet arrêté étaient Roland, Clavières, Servan, Danton, Monge et Lebrun.

Après le 20 juin 1792, le nom d'Alexandre ne reparut plus qu'une seule fois et pour un instant sur la scène révolutionnaire.

L'anecdote qui le concerne peut faire le pendant de celle qu'a si plaisamment racontée le comte Miot de Melito, dans le premier volume de ses *Mémoires,* à propos d'un nommé Buchot que Robespierre, sur la recommandation de Dumas, le président du tribunal révolutionnaire, fit venir d'un village du Jura, où il était instituteur primaire, pour en faire un ministre des affaires étrangères. Buchot fut ministre pendant trois ou quatre mois. Ayant perdu sa place à la chute de son protecteur Robespierre, il vint demander à son successeur une place d'expéditionnaire ou de garçon de bureau, ce qu'il ne put pas même obtenir.

Alexandre fut ministre pendant cinq minutes et n'eut même pas le temps de s'installer dans ses fonctions. C'était le 22 juin 1793, trois semaines après le triomphe définitif de la Montagne sur la Gironde. Il s'agissait de donner un remplaçant au ministre de la guerre, Bouchotte, qui, par son incapacité notoire, compromettait le succès de nos armées et qui avait donné sa démission depuis trois semaines.

Le comité de salut public, par l'organe de Barrère, vint proposer Alexandre. La Convention, qui s'habituait déjà à adopter en silence les propositions du terrible comité, vota le décret. Le *Moniteur* le constate d'une manière expresse. Mais l'idée de faire un ministre de la guerre d'un ancien courtier de change était si ridicule, qu'à peine le président eut-il proclamé l'adoption de la proposition du comité, que quelques voix s'élevèrent contre une pareille nomination ainsi surprise à l'Assemblée. Fabre d'Églantine eut beau vanter les mérites d'Alexandre et rappeler que Louvois et d'autres ministres de la guerre sous l'ancienne monarchie n'avaient jamais été officiers, cette comparaison entre Louvois et Alexandre toucha peu l'Assemblée qui, revenant sur son vote, décida qu'une liste de candidats lui serait présentée le lendemain et qu'elle procéderait à une nouvelle nomination.

Le lendemain on se décida à garder Bouchotte. Grâce à la protection spéciale d'Hébert (voir le *Vieux Cordelier* de Camille Desmoulins), et à celle de Robespierre (voir la séance du 22 juillet 1793, *Moniteur,* page 892), Bouchotte resta encore un an ministre de la guerre.

Alexandre, ne se contentant pas de l'indemnité de douze mille livres, qu'il avait sollicitée et obtenue le 22 septembre 1792, s'était fait nommer le même jour commissaire des guerres. Il ne joua plus de rôle politique pendant toute la révolution et resta aux armées, où il parvint au grade d'ordonnateur en chef. Après le 18 brumaire, il se rallia au nouvel ordre de choses et fut pendant quelque temps membre du tribunat.

IX

DOCUMENTS

SUR LA JOURNÉE DU 20 JUIN 1792.

(Voir livre II.)

En majeure partie, les pièces officielles relatives à la journée du 20 juin 1792 ont été imprimées soit à la suite de l'arrêté du directoire de département, en date du 6 juillet 1792, qui suspendit Pétion de ses fonctions de maire, soit par ordre du conseil général de la commune. Ces deux recueils sont très-rares.

En 1835 la *Revue rétrospective* (2e série, tome I, page 161 et suivantes) a publié un très-grand nombre des pièces qui se trouvent aux archives de l'Hôtel de ville, et qui évidemment proviennent des papiers du département de Paris. Elles y furent probablement apportées aussitôt après le 10 août 1792. L'auteur de ce recueil a cru que toutes les pièces qu'il donnait étaient inédites. Il se trompait : la plupart avaient été imprimées dans les deux recueils de 1792 que nous venons de mentionner.

MM. Buchez et Roux, dans leur *Histoire parlementaire*, (tome XV), ont reproduit une grande partie des pièces données par la *Revue rétrospective*.

Enfin, à peu près à la même époque, M. Rœderer, l'un des acteurs principaux du grand drame qui se déroula en juin et août 1792, publiait un récit détaillé de ces événements sous le nom de *Chronique des cinquante jours,* et donnait à la fin de cet ouvrage un certain nombre de pièces justificatives.

Le recueil de tous les documents imprimés formerait au

moins un volume. Nous donnons plus bas la nomenclature aussi exacte que possible des pièces officielles relatives au 20 juin, afin que nos lecteurs aient une idée du travail auquel nous nous sommes livré, et aussi afin de fournir à ceux d'entre eux qui voudraient contrôler nos assertions les moyens de recourir aux sources auxquelles nous avons nous-même puisé.

Les pièces officielles sur la journée du 20 juin 1792 peuvent se diviser en quatre catégories :

1° Rapports et procès-verbaux dressés par les officiers municipaux qui ont joué un rôle dans les diverses phases de cette journée;

2° Rapports des officiers de la garde nationale, de la gendarmerie et de l'armée;

3° Déclarations des gardes nationaux, gendarmes et autres témoins qui constatent certains faits épisodiques;

4° Rapports et arrêtés émanés des autorités officielles, relatifs à l'instruction entamée par le directoire du département de Paris sur la conduite de Pétion et des divers officiers municipaux.

I

RAPPORTS ET PROCÈS-VERBAUX DRESSÉS PAR LES OFFICIERS MUNICIPAUX.

1° *Procès-verbal dressé par Perron, administrateur de police, sur les événements qui se sont passés au faubourg Saint-Marcel, le 20 juin 1792, sur les dix heures du matin.* Il se trouve dans les pièces imprimées en 1792, par ordre du conseil général de commune. Il a été réimprimé dans la *Revue rétrospective* (pièce n° 12, page 160), et dans l'*Histoire parlementaire* (page 122). Par une erreur sans doute typographique, ce rapport est signé Pétion et non *Perron*, dans la *Revue rétrospective*. Cette erreur est corrigée dans l'*Histoire parlementaire*.

2° *Procès-verbal dressé par Sergent, administrateur de police,* divisé en trois parties relatant : A. Sa conversation avec Rœderer et les membres de directoire du département, le 20 juin à cinq heures du matin; B. Sa visite au faubourg Saint-Antoine dans la matinée ; C. Ce qui s'est passé en sa présence aux Tuileries, de six à neuf heures du soir. — Ce procès-verbal se trouve parmi les *pièces imprimées par ordre du conseil général;* mais il n'a pas été réimprimé depuis.

3° *Procès-verbal dressé à midi, le* 20 *juin, par Mouchet, Guiard et Thomas,* tous trois officiers municipaux, relatant les faits qui se sont passés en leur présence au faubourg Saint-Marcel. Imprimé en 1792 par ordre du conseil général de la commune, réimprimé dans la Revue rétrospective (p. 172) et dans l'*Histoire parlementaire* (tome XV, p. 124).

4° *Procès-verbal dressé le* 20 *juin* 1792, *par Mouchet et Boucher Saint-Sauveur,* officiers municipaux, sur les faits qui se sont passés en leur présence au château des Tuileries. Imprimé en 1792 par ordre du conseil de la commune, n'a pas été réimprimé depuis.

5° *Rapport de Patris.*
6° *Rapport de Boucher-René.*
7° *Rapport de Hu.*

Ces trois rapports ont été publiés par ordre du conseil général de la commune.

8° *Déclaration de Jallier.*
9° *Déclaration de Champion.*
10° *Déclaration de Borie.*
11° *Déclaration de J.-J. Leroux.*

Ces quatre déclarations ont été publiées également par ordre du conseil de la commune.

12° *Déclaration de Desmousseaux,* substitut du procureur-syndic.

Elle a été publiée en 1792 dans le recueil des pièces imprimées par ordre du conseil général du département.

Les pièces signées Mouchet, Guiard, Thomas, Boucher-Saint-Sauveur, Hu, Patris, Boucher-René, sont intitulées *rapports,* parce que ces sept officiers municipaux avaient été officiellement délégués par le maire et le corps municipal pour se rendre dans les faubourgs et ensuite aux Tuileries. Les pièces signées Jallier, Champion, Borie, J.-J. Leroux, Desmousseaux, sont intitulées *déclarations,* parce que ces cinq officiers municipaux n'avaient pas ce jour-là de caractère officiel et qu'ils ne furent que spectateurs bénévoles des scènes qui se passèrent aux Tuileries. Chose digne de remarque, c'est que ces cinq derniers officiers municipaux, qui par leur conduite au 20 juin montrèrent un attachement inviolable aux principes constitutionnels, faisaient tous partie de la première formation du conseil général. Jallier était architecte; Champion, avocat à la cour de cassation ; Desmousseaux, homme de loi; J.-J. Leroux et Borie, régents de la Faculté de médecine. Au contraire, les cinq officiers municipaux qui, à raison de leurs opinions avancées, furent choisis par Pétion pour exercer des fonctions officielles aux Tuileries et aux abords du château (Guiard et Thomas n'allèrent qu'au faubourg Saint-Marcel et ne furent plus en scène pendant tout le reste de la journée du 20 juin), appartenaient tous à la seconde moitié du conseil général, laquelle fut élue au commencement de 1792. Mouchet était entrepreneur de bâtiments; Hu, marchand épicier; Boucher-René, homme de loi; Boucher Saint-Sauveur est qualifié de citoyen, et Patris, de commissaire de section, par l'*Almanach royal* de 1792.

II

RAPPORTS DES OFFICIERS SUPÉRIEURS DE LA GARDE NATIONALE ET DE LA GENDARMERIE.

1° *Rapport du commandant général de la garde nationale, Ramainvilliers, et éclaircissements à la suite,* imprimé dans les pièces publiées par ordre du département en 1792, sous les n°s xv et xxxi; reproduit dans la *Revue rétrospective* (pièce n° 52, p. 214) et dans l'*Histoire parlementaire* (p. 147).

2° *Rapport de Saint-Prix,* commandant du bataillon du Val-de Grâce, avec *pièces à l'appui;* imprimé sous le n° xxxv dans les pièces du département.

3° *Rapport d'Alexandre,* commandant du bataillon de Saint-Marcel. Il est, nous le croyons, complétement inédit. Nous le donnons plus loin.

4° *Rapport de Santerre,* commandant du bataillon des Enfants-

Trouvés. Nous n'avons pu, malgré toutes nos recherches, en découvrir qu'un extrait, envoyé par l'administrateur de police Sergent au comité de surveillance de l'Assemblée nationale; nous le donnons plus loin.

Toutes les pièces qui suivent ont été imprimées en 1792 dans le recueil publié par ordre du département :

5° *Rapport de Pinon*, chef de la 5ᵉ légion (sous le n° XXXVI);

6° *Rapport de Mandat*, chef de la 4ᵉ légion (sous le n° XXXIV);

7° *Rapport d'Acloque*, chef de la 2ᵉ légion (sous le n° XVI);

8° *Rapport de La Chesnaye*, chef de la 6ᵉ légion (sous le n° XXIX);

9° *Rapport de Leclercq*, adjudant général de la 1ʳᵉ légion (sous le n° XXX);

10° *Rapport de Rulhière*, colonel de la 29ᵉ division de gendarmerie (sous le n° XXIV);

11° *Rapport de Carle*, lieutenant-colonel de la 30ᵉ division de gendarmerie (sous le n° XX);

12° *Rapport de Lassus*, premier capitaine de la 29ᵉ division de gendarmerie (sous le n° XXVI).

III

DÉCLARATIONS DE GARDES NATIONAUX, GENDARMES ET AUTRES TÉMOINS.

1° *Déclarations des sieurs Lecrosnier, Gossé, Guibout et Bidaut*, tous quatre grenadiers du bataillon Sainte-Opportune, qui se trouvaient aux côtés du roi, au moment de l'envahissement du Château. — Elles ont été imprimées en 1792 dans le recueil publié par les ordres du conseil général du département, sous les n°ˢ XI, XII, XIII et XIV; réimprimées dans la *Revue rétrospective* et dans l'*Histoire parlementaire*.

2° *Déclaration de Fontaine*, garde national du bataillon de Sainte-Geneviève, qui se trouvait également à côté du roi; imprimée dans le recueil publié par le département (sous le n° XXXVII).

3° *Déclaration de Jaladon*, garde national et citoyen actif de la section du Roi-de-Sicile, qui se trouvait dans les appartements de la reine (recueil de 1792, n° xvii).

4° *Déclaration de Lareynie*, garde national du bataillon de l'île Saint-Louis, imprimée dans le recueil de 1792, sous le n° xxxvii *bis*; réimprimée dans les pièces justificatives du tome II de la *Révolution française* de M. Thiers, et dans l'*Histoire parlementaire* de MM. Buchez et Roux (page 116).

5° *Déclaration de Perré*, commandant du bataillon des Petits-Pères, et de plusieurs grenadiers du même bataillon (recueil de 1792, n° x).

6° *Déclarations de Marotte*, adjudant de la 29ᵉ division de gendarmerie; *de Pierre Moiteaux et de Jean Foret*, gendarmes de la 29ᵉ division. (C'étaient les deux gendarmes qui se trouvaient en vedettes devant la porte de la cour royale.) Recueil de 1792 (sous les n°ˢ xxvii, xxv et xxviii).

7° *Déclaration de Joseph Brou*, suisse de la porte royale (n° xxxii du recueil de 1792).

8° *Lettre de Laporte*, intendant de la liste civile, adressée à M. Terrier de Montciel, ministre de l'intérieur, à la date du 27 juin, relativement à l'ouverture des portes des Tuileries. Cette lettre ne paraît pas avoir été jamais publiée. Nous la donnons plus loin.

9° *Lettre de Terrier de Montciel*, ministre de l'intérieur, au directoire du département, en date du 26 juin, et relative à la conversation que Louis XVI eut, le 20 juin, vers trois heures, avec les municipaux Mouchet, Boucher-Saint-Sauveur et Boucher-René; imprimée dans le recueil de 1792 et reproduite dans la *Revue rétrospective*.

10° *Déclaration de Muserey*, employé au bureau de liquidation, et relative à la présence de Manuel dans le jardin des Tuileries au moment de l'envahissement du Château (recueil de 1792, n° xxiii).

11° *Déclarations reçues par le juge de paix de la section du Roi-de-Sicile*, comprenant, outre la déclaration de Lareynie, citée déjà plus haut, celle de Mussey, commandant en deuxième du bataillon du petit Saint-Antoine, des gardes nationaux Turot, Cuvillier, Balin, Guffroy et Legrand, appartenant au même bataillon. Elles ont été imprimées (sous le n° xxxvii), dans le recueil de 1792.

12° *Extrait du procès-verbal des déclarations reçues par le juge de paix de la section des Tuileries.* Cette pièce ne paraît pas avoir été imprimée. Nous la donnons plus loin.

IV

RAPPORTS ET ARRÊTÉS.

1° *Arrêté du directoire du département*, en date du 19 juin 1792, défendant tout rassemblement ; imprimé dans le *Moniteur* et dans le *Journal des Débats et Décrets*, dans la *Revue rétrospective* (p. 164) et dans l'*Histoire parlementaire* (p. 114).

2° *Extrait des procès-verbaux du comité de la section de la rue de Montreuil*, imprimé dans la *Revue rétrospective* (p. 175).

3° *Conduite tenue par le maire de Paris, à l'occasion des événements du* 20 *juin* 1792 ; imprimé en 1792, reproduit par la *Revue rétrospective* et l'*Histoire parlementaire*.

4° *Rapport du procureur-général-syndic Rœderer*, sur la conduite de Pétion et de Manuel, lu à l'assemblée, presque en entier, par Brissot, à la séance du 13 juillet ; donné *in extenso* par le *Moniteur* du 16 juillet 1792, reproduit en très-grande partie dans l'*Histoire parlementaire*.

5° *Rapport fait au conseil du département par MM. Garnier, Leveillard et Demautort*, commissaires nommés par le conseil ; imprimé dans la *Revue rétrospective* (p. 255).

6° *Arrêté du conseil général du département qui suspend Pétion*, imprimé en tête du recueil de 1792.

PIÈCES INÉDITES.

Extrait du procès-verbal des déclarations reçues par le juge de paix de la section des Tuileries sur la journée du 20 juin, daté, au commencement, du 25 juin 1792.

I. — M. Witinghoff, lieutenant général, commandant en chef de la 17ᵉ division, demeurant aux Tuileries, a déclaré que le commandant général de la garde nationale n'ayant pas donné d'ordre aux troupes de l'intérieur ni de l'extérieur du Château de défendre l'entrée à la troupe du sieur Santerre, évaluée à sept ou huit mille hommes, n'ayant pas même fait connaître la loi de repousser la force par la force, deux officiers municipaux, qu'il a appris depuis être les sieurs Patris et Hu, à la tête de sept à huit mille hommes, ont demandé l'ouverture de la porte royale.

II. — M. Genty, premier valet de garde-robe du roi, demeurant rue du Chantre, a déclaré qu'étant de service le mercredi 20 juin, il vit arriver dans le cabinet du roi, sur une heure après midi, trois officiers municipaux qui dirent au roi que la porte de la terrasse des Feuillants était fermée, et que les citoyens ne pouvaient défiler par cette porte ; qu'ils avaient été surpris d'y voir un canon, et que des citoyens qui marchaient légalement ne pouvaient qu'être offensés de se voir soupçonnés de mauvaises intentions ; que l'un d'eux, qu'il a su depuis être le sieur Mouchet, ajouta que le rassemblement n'était autre chose que des citoyens qui s'étaient réunis pour faire une pétition à l'Assemblée nationale, et ensuite célébrer une fête civique à l'occasion de l'anniversaire du serment du Jeu de Paume ; qu'à la vérité, ces citoyens étaient revêtus des mêmes habits et avaient les mêmes armes qu'au 14 juillet 1789 ; — que le roi leur répondit : « Vous devez faire exécuter la loi. Concertez-vous avec le commandant général de la garde nationale, si vous le jugez nécessaire. Messieurs, faites ouvrir la porte des Feuillants ; qu'ils défilent le long de la terrasse ; faites en sorte que la tranquillité publique ne soit pas troublée : votre devoir est d'y veiller. »

III. — M. Montmorin, maire de Fontainebleau, demeurant rue de la Pépinière, faubourg Saint-Honoré, a déclaré que M. Vergniaud, ni les autres députés de l'Assemblée nationale, ni les huissiers, ni les officiers de paix ne purent calmer l'effervescence, ni ramener le silence ; que M. Pétion étant arrivé, il se fit un grand silence, et qu'il tint à peu près le discours suivant, après avoir rappelé la confiance qu'on avait en lui : « Citoyens, vous vous êtes présentés ici avec dignité et avec la majesté d'un peuple libre. Vous avez représenté ce que vous désirez ; vous l'avez fait avec sagesse ; le roi ne peut pas s'expliquer dans ce moment ; il faudrait lui laisser le temps de délibérer. Il serait peut-être même dangereux qu'il levât son *veto*, parce qu'on pourrait dire qu'il n'était pas libre. Maintenant, il faut vous retirer avec sagesse, de peur qu'on ne calomnie les intentions du peuple. »

IV. — Le sieur Hémery, négociant, grenadier volontaire du bataillon Saint-Jacques-l'Hôpital, demeurant rue Saint-Denis, a déclaré que M. Pétion, étant arrivé entre cinq et six heures au Château, assisté d'officiers municipaux, parla au roi, puis, se retournant vers le peuple, le harangua, en disant : « Vous êtes entrés en hommes libres, vous avez fait votre motion ; en restant plus longtemps, vous donneriez lieu à la calomnie. Citoyens, défilez devant le roi, et retirez-vous avec la même dignité avec laquelle vous êtes entrés. »

V. — Les sieurs Dorival et Dossonville, officiers de paix, demeurant tous deux rue de Bourbon, ont déclaré que M. Pétion a dit au peuple qu'après être entré avec dignité il ne devait pas donner lieu à calomnier sa démarche, qu'il ne devait pas souiller cette journée. L'un d'eux a observé qu'un officier municipal, en habit gris, revêtu de son écharpe, qui n'est pas M. Sergent, sollicitait le peuple de demander le rappel des ministres patriotes et la sanction du décret du camp de vingt mille hommes; mais il n'a pu dire le nom de cet officier.

VI. — Le sieur Guinguerlot, lieutenant-colonel de la 30ᵉ division de la gendarmerie nationale, a déclaré qu'au moment où l'on forçait les portes du Château, il a entendu dire à plusieurs volontaires de la garde nationale : « Nous périrons plutôt que de les laisser entrer; » et à d'autres : « Nous n'avons pas d'ordres, ni d'officiers pour nous commander. »

VII. — M. Lesieur, député du département de l'Orne, a déclaré que, vers six heures du soir, on entendit annoncer l'arrivée de M. Pétion; qu'il entra au milieu des applaudissements, M. Sergent avec lui; qu'il pénétra jusqu'au roi, et lui dit qu'il n'avait rien à craindre au milieu du peuple; que le roi répondit qu'il ne craignait rien et qu'on pouvait remarquer sa tranquillité; que M. Pétion obtint le silence, et dit au peuple qu'après s'être conduit avec dignité et avoir exprimé sa volonté au roi il devait se retirer, crainte de donner occasion de calomnier les citoyens et les magistrats en qui ils avaient confiance, et exhorta le peuple à continuer de se conduire en hommes libres.

VIII. — M. Becquey, député du département de la Haute-Marne, a déclaré que le mercredi 20 juin, s'étant rendu au château des Tuileries avec quelques-uns de ses collègues, sur ce qu'il apprit des dangers du roi et de sa famille, il vit arriver, deux heures après les députés, M. Pétion, qui parla au roi et ensuite à la multitude, et commença par la féliciter sur ce qu'elle avait exprimé son vœu avec dignité, et l'engagea à ne commettre aucune violence envers le roi, observant que si le roi levait sur-le-champ son *veto*, comme on l'exigeait, les ennemis de la Constitution diraient qu'il n'était pas libre, et qu'on ne manquerait pas de calomnier encore le peuple.

IX. — M. Vinfray, capitaine de la 1ʳᵉ division de la gendarmerie nationale, demeurant à Villejuif, a déclaré qu'il a remarqué dans la foule et dans la salle de l'Œil-de-Bœuf un jeune homme d'une très-jolie figure qui, ayant pénétré assez près du roi, lui dit avec une véhémence qui était plutôt de l'audace : « Sire, vous n'êtes pas accoutumé à entendre la vérité. Je vais vous la dire au nom du peuple, et le peuple en ce moment parle par ma voix. Si vous ne sanctionnez pas les décrets de l'Assemblée, si vous ne rappelez pas les ministres patriotes, si vous ne marchez pas la Constitution à la main, nous vous ferons descendre du trône : le règne des tyrans est passé ! » que M. Pétion, qui était près de ce jeune homme, écoutait ce discours et n'a pas dit un mot pour lui en imposer.

Signé : MENJAUD, juge de paix.

RAPPORT D'ALEXANDRE.

« Monsieur le maire,

« J'ai l'honneur de vous faire passer, comme j'en suis convenu avec vous de vive voix, l'exposé de ma conduite dans l'affaire du 20 juin dernier.

« Je vous laisse le maître d'y faire les changements, augmentations ou retranchements que vous croirez convenables. Si vous croyez qu'il soit nécessaire que j'aie à cet égard une conférence particulière avec vous, je suis et je serai toujours à vos ordres. Mais, en tout état de choses, je vous prie de m'honorer d'une prompte réponse.

« Le quartier continue d'être dans la plus parfaite tranquillité ; et M. le commissaire de police et moi contribuons de tous les moyens à le maintenir dans cet état, et à nous conformer aux sages intentions que vous nous avez manifestées à cet égard.

« Je suis avec respect, etc.

« *Signé :* ALEXANDRE. »

« *Exposé de la conduite du commandant en chef du bataillon de Saint-Marcel dans la journée du 20 juin 1792.*

« Je n'ai jamais eu la sotte vanité d'être un personnage, ni même la pensée de jouer un rôle dans les affaires actuelles ;

appelé à la place de commandant sans l'avoir briguée, sans même l'avoir désirée un moment, j'ai toujours cru que le bataillon ne devait point adopter d'opinion particulière; qu'il ne devait point être influencé et dirigé selon les vues particulières d'un homme, d'un parti ou d'une faction, et je me suis constamment efforcé de le faire marcher droit dans la ligne de devoir qui lui est tracée par les décrets de l'Assemblée nationale.

« Cette conduite, qui aurait dû me mettre à jamais à l'abri de tous reproches, de tous soupçons, de toutes inquiétudes, a produit un effet précisément contraire; quelques hommes sans mérite réel, sans considération méritée, mais bouffis de cet orgueil qu'inspirent la sottise, un peu de fortune, des places sans doute plus à craindre qu'à désirer, ayant peut-être par la position où ils se trouvent des vues particulières et rien moins que civiques, se sont depuis deux à trois mois acharnés contre moi, et ont constamment empoisonné les démarches les plus simples et les plus innocentes. Ils ont cherché à me faire passer pour un *brûlot*, un factieux, lorsqu'en vérité je n'ai rien de ce qu'il faut pour mériter ces titres sublimes. Enfin, ils ont saisi avec une sagacité rare la circonstance du 20 juin dernier, pour me porter, selon eux, le dernier coup. Un exposé simple de ma conduite dans cette journée suffira, j'espère, pour détruire les impressions fâcheuses que la calomnie maladroite de mes détracteurs aurait pu produire chez ce qu'on peut appeler à juste titre les *honnêtes gens*. Quant aux autres, comme ce n'est pas pour eux que j'écris, je m'inquiète peu de l'opinion qu'ils auront de moi.

« Je savais, comme tout le public, que les faubourgs Saint-Antoine et Saint-Marcel devaient se réunir pour aller ensemble, en armes, planter l'arbre de la liberté sur la terrasse des Feuillants, présenter une pétition à l'Assemblée nationale et une adresse au roi. Mais quand et par quels moyens devait s'opérer cette réunion, ce que devaient contenir et la pétition et l'adresse, c'est ce dont on ne m'instruisit pas, malgré la confiance que m'ont toujours témoignée les citoyens, et il est de fait que j'ignore encore ce que contenaient l'adresse et la pétition, dont les motifs et les expressions ne sont jamais parvenus jusqu'à moi.

« Le 19 dans la journée, je reçus une lettre, sans date, du président de la section des Gobelins, par laquelle il me prévenait

de ce qui devait se passer et me priait d'examiner si, dans une circonstance aussi délicate qu'extraordinaire, il ne convenait pas que je parusse au milieu de mes frères, et il finissait par ces mots : « La présence d'un commandant comme vous, qui réunit
« l'estime et la confiance générales, est seule capable de main-
« tenir l'ordre nécessaire à un grand rassemblement d'hommes
« armés. »

« Il y avait assemblée de section le soir. Je m'y rendis et j'eus lieu de me convaincre que le parti était tellement pris qu'on le ferait difficilement changer. Là, on m'apporta une lettre par laquelle MM. les administrateurs au département de police me priaient de me trouver sans faute à neuf heures du soir chez M. le maire, pour causer avec eux et lui d'un objet important.

« Cette lettre me paraissant avoir une liaison intime avec les événements qui se préparaient, j'en donnai connaissance à l'assemblée, en la priant de trouver bon que je me rendisse à cette invitation, de ne se dissoudre qu'à mon retour, lors duquel je lui rendrais compte de ce qui aurait été arrêté au comité qui allait se tenir chez M. le maire. Je me rendis sur-le-champ à la mairie et j'y vis arriver successivement M. Santerre, que je connais très-peu, et d'autres commandants que je ne connais pas du tout.

« M. le maire et MM. les administrateurs de police nous demandèrent quelles étaient les dispositions de nos concitoyens; je répondis, pour ce qui me concernait, que leur opinion me paraissait bien prononcée, que l'on tenterait vainement de la faire changer; qu'il y aurait peut-être un grand danger à vouloir opposer la force pour en empêcher le résultat; qu'au surplus, je n'avais remarqué dans le peuple aucune disposition à insulter les personnes ou les propriétés de qui que ce soit, encore moins les autorités constituées, et qu'un moyen aussi sage que simple serait non pas d'empêcher la démarche projetée, mais de la diriger, de la suivre, de la légaliser en quelque sorte, et qu'alors j'oserais répondre de l'événement.

« M. le maire me parla alors de l'arrêté que venait de prendre le département, et je pensai, en en faisant l'observation, que cette mesure, très-bonne en elle-même, arrivait trop tard pour obtenir quelque succès.

« Il me demanda ensuite quelles étaient mes dispositions particulières et ce que je comptais faire, et je lui répondis sans balancer que, si les citoyens de mon arrondissement ne changeaient pas d'idée, j'étais résolu de marcher avec eux, et j'expliquai mes motifs que voici :

« Il ne fallait pas une grande force de raisonnement pour sentir que, dans les circonstances aussi neuves que délicates où je me trouvais, il n'y avait que deux partis à prendre : celui de rester ou celui de marcher.

« Mais en restant j'aigrissais mes concitoyens et je perdais par là, et dans un moment, toute la confiance qu'ils avaient en moi, j'exposais tout à la fois ma personne et ma maison à être forcées, et je n'empêchais point du tout l'effet de la marche projetée. D'ailleurs, j'étais fort aise qu'en cas d'un événement fâcheux ma maison, qui sans doute aurait été respectée, pût servir d'asile à mon père et à quelques amis qui me sont infiniment chers. Or, à quoi bon une résistance qui ne peut être d'aucune utilité pour la chose publique, qui même peut la compromettre davantage. Certes, s'il m'eût été démontré qu'elle eût pu empêcher la démarche sur laquelle quelques personnes affectent de gémir aujourd'hui, j'aurais eu sans doute assez de fermeté et de courage pour m'y opposer. L'un et l'autre ne m'ont jamais manqué au besoin, et je crois l'avoir prouvé dans l'affaire des sucres.

« En marchant, au contraire, je conservais cette même confiance, et tel était l'heureux effet que j'en attendais, que j'empêcherais mes camarades de se porter à aucuns excès fâcheux, et à modérer leur courage et leur impatience si on venait à les provoquer et à les insulter, comme il n'y avait que trop lieu de le croire d'après les rapports aussi fréquents que fâcheux que l'on venait faire à la mairie.

« M. le maire questionna les autres commandants convoqués, et ils firent les réponses qu'ils crurent convenables.

« Alors, espérant faire changer quelque chose à l'arrêté du département, M. le maire et les administrateurs passèrent dans une autre pièce pour se concerter et écrire au directoire ; bientôt après ils rentrèrent et nous invitèrent à nous retirer, en nous disant que nous serions instruits de la réponse qui leur serait

faite, et, à tout événement, M. le maire m'engagea d'écrire à
M. le commandant général pour le prévenir de ce qui se préparait et le prier de me donner à cet égard les instructions qu'il
croirait convenables : il était alors une heure du matin. Je retournai à l'assemblée de la section où je rendis compte de ce qui
venait de se passer. On me dit que, pendant mon absence, on
avait pris une délibération pour marcher, et en même temps le
président me remit une lettre, pour me prier de me trouver au
lieu du rassemblement qui devait s'opérer sur le boulevard de
l'Hôpital, d'où l'on partirait à huit heures du matin. Avant de
rentrer chez moi, j'entrai au corps de garde, où je fis la lettre
que M. le maire m'avait recommandé d'écrire à M. le commandant général, et je donnai l'ordre à un soldat de garde de la
porter vers les quatre heures du matin. J'étais à peine chez
moi, dans mon lit, que je reçus, par une ordonnance de M. (*le
nom est omis*), capitaine, faisant les fonctions de chef de la
seconde légion, une lettre conçue en ces termes : « En vertu de
« l'ordre de M. le commandant général, je vous prie de vous
« tenir à votre poste prêt à marcher avec votre bataillon *qui
« peut être très-prochain.* » On voit que ces derniers mots ne
sont ni français ni intelligibles. A six heures on m'apporta la
réponse de M. le commandant général. On avait eu beaucoup de
peine à l'obtenir, et il ne la fit qu'après avoir déploré pendant
une demi-heure ce qu'avait de triste sa position, et combien il
était dur d'être éveillé à cinq heures du matin quand il n'avait
pu se coucher qu'à dix heures du soir.

« Elle contenait des principes très-bons et très-vrais en eux-
mêmes, mais qui n'avaient aucune application à la circonstance
dont je lui avais rendu compte et méritait (c'était bien le cas
de le dire avec le fou de Scarron) :

> Cette réponse est bonne et belle,
> Mais en enfer de quoi sert-elle?

D'ailleurs elle impliquait en quelque sorte contradiction avec
l'ordre que je viens de copier littéralement, puisqu'ici il invoquait la loi qui défend de marcher sans réquisition, et que là
je recevais l'ordre de me tenir prêt à marcher avec mon bataillon, ce qui nécessitait un rassemblement préliminaire.

« A sept heures je reçus, par une ordonnance de gendarmerie, copie de la lettre répondue à M. le maire par le directoire, avec prière de m'y conformer et d'éclairer mes concitoyens.

« Peu de moments après arriva chez moi M. Perron, administrateur de police, qui venait au nom de la commune engager les citoyens à se désister de leur projet.

« Je le conduisis au comité de la section où il remplit sa mission, et de là nous fûmes, lui, le président du district, le commissaire de police en chaperon et moi, au lieu du rassemblement.

« Je fis faire un roulement ; les citoyens s'étant rangés en cercle, je donnai à haute voix lecture : 1° de la lettre du chef de légion ; 2° de la réponse du commandant général ; et 3° de la lettre du directoire du département. Je demandai ensuite qu'on fît un grand silence pour écouter M. l'administrateur. A peine avait-il commencé à parler pour rappeler le peuple à son devoir et à l'obéissance due aux lois, qu'il s'éleva de violents murmures ; inutilement le commissaire de police et moi fîmes-nous les plus grands efforts pour rétablir le calme, nous ne fûmes pas écoutés, et un volontaire s'étant approché de moi me dit publiquement : *Monsieur le commandant, vous marcherez forcé.*

« Voyant qu'il était impossible d'être entendu, je priai M. Perron de constater ce qui venait de se passer, pour sa décharge et la mienne ; il me le promit et se retira.

« On s'ébranlait pour partir, quand il arriva trois officiers municipaux, en écharpe et les larmes aux yeux, pour nous conjurer de rester ; on les écouta, non sans les interrompre fréquemment, et ils ne purent rien changer à la résolution déjà prise.

« Au moment où l'on se mettait en marche, je reçus l'arrêté du corps municipal qui, sur la réquisition du procureur-syndic, permettait de marcher aux citoyens de tous uniformes et de toutes armes sous le commandement des officiers du bataillon, et j'avoue que cet arrêté me soulagea d'un poids énorme et que, dans la circonstance, je le regardai comme un grand bienfait.

« Nous marchâmes donc et nous joignîmes les habitants du faubourg Saint-Antoine dans leur quartier.

« La jonction s'étant opérée sans accident, nous dirigeâmes ensemble nos pas vers l'Assemblée nationale.

« La route était longue ; tout se passa en ordre, personne ne fut insulté, et presque partout le peuple témoigna sa joie et sa satisfaction par des applaudissements et des acclamations multipliées.

« Arrivés au bout de la rue Saint-Honoré, près des Feuillants, on fit halte. Les pétitionnaires entrèrent sans armes, et peu de temps après on vint nous dire que l'Assemblée nous permettait de défiler devant elle.

« Alors je donnai l'ordre aux canonniers et à un fort piquet qui escortait les pièces de canon d'aller nous attendre dans la place du Carrousel et de se ranger le long des murs de l'hôtel de Longueville, et ils exécutèrent cet ordre avec exactitude et précision.

« Nous défilâmes donc devant l'Assemblée nationale, et aux applaudissements que nous prodigua la grande majorité il parut que notre démarche ne lui déplaisait pas.

« Le défilé fut long, mais enfin, après avoir rassemblé le gros de mes camarades, nous fûmes rejoindre en ordre les canons et les piquets qui nous attendaient à l'hôtel Longueville.

« Il y avait déjà longtemps que nous y étions dans le meilleur ordre possible, sans que personne se fût écarté de son poste, et déjà nous délibérions si nous ne reprendrions pas le chemin de notre quartier, lorsque plusieurs camarades, voyant le Château ouvert et le peuple défiler en armes dans les appartements, crurent que le roi avait accordé la même grâce que l'Assemblée nationale, et me prièrent de me mettre à leur tête pour traverser les appartements comme les autres.

« Nous pénétrâmes donc dans la cour des Tuileries ; mais, quand ils virent la confusion et le désordre qui y régnaient, quand ils surent que c'était contre le gré du roi qu'on s'était introduit dans ses appartements, pas un n'insista pour y monter, et je puis assurer, affirmer que pas un de ceux que je commande, avec lesquels je vis habituellement, en un mot, pas un de ceux qui composent le bataillon proprement dit, ne fit un pas, une démarche tendant à augmenter le trouble ; bien plus, voyant que pas un des officiers supérieurs de la garde nationale ne se présentait pour donner des ordres tendant à faire évacuer les appartements et à rétablir le calme, mes camarades se rangèrent en haie de chaque côté, à partir de la grille du vestibule, pour tâcher de former un passage, et moi-même je me portai à cette grille avec quelques grenadiers, sur la force et l'intelligence desquels je comptais, pour empêcher, d'une part, qu'on ne montât plus dans les appartements, et, de l'autre, tâcher de faire écouler ceux qui s'y étaient introduits ; et, à cet égard, j'invoque le témoignage de M. le maire qui, quand il arriva, me trouva à ce poste ; mais n'étant pas secondés, après une heure et demie de peine, de fatigue, de résistance et d'injures, nous fûmes enfoncés, dispersés par l'affluence de ceux qui se précipitaient pour entrer.

« Après nous être cherchés mutuellement dans la foule, nous parvînmes à nous rallier ; nous rejoignîmes nos canons qui n'avaient pas changé de place, et nous partîmes tous ensemble pour rejoindre nos foyers.

« Tel est le récit exact des faits dont j'ai eu connaissance et auxquels j'ai pris part. Je laisse à ceux qui se sont fait le système de calomnier toutes mes actions le soin d'empoisonner ma conduite par tous les moyens possibles, car je ne leur ferai pas l'honneur de leur répondre. Tout ce que je puis dire avec une grande vérité c'est que, dans toutes mes actions, dans toutes mes démarches depuis, je n'ai eu qu'un but unique : celui du bien et de l'intérêt de ma patrie. Si je me suis trompé, c'est faute de talents et de connaissance, mais mon intention était pure. Encore un mot : sans avoir la présomption de me mettre sur la même ligne que M. le maire, auquel je voudrais bien ressembler, je finirai comme lui en disant que personne n'a reçu une blessure, et que c'est le plus bel éloge de ce peuple que l'on calomnie d'une manière si indigne et si peu méritée. Comme lui, je conclus par rendre du fond de mon cœur des actions de grâces à l'Être suprême. »

EXTRAIT DU RAPPORT FAIT PAR SANTERRE AU MAIRE.

M. Santerre adresse un rapport à M. le maire contenant la conduite qu'il a tenue dans la journée du 20. Il le prévient en même temps que leurs deux têtes sont à prix ; que les ennemis de la révolution sont actuellement en gardes nationaux, qu'ils sont mêlés dans les bataillons et soulèvent les gens de bonne foi. Il engage M. le maire à prendre des mesures, soit en convoquant les sections, soit en convoquant une députation de chaque bataillon pour se concerter avec le magistrat sur les mesures à prendre pour empêcher la guerre civile. M. Santerre dit dans son rapport qu'ayant pénétré avec beaucoup de peine dans la chambre du conseil où était la reine, il lui adressa, en présence de M. Lajard et de plusieurs personnes de la cour, ces paroles : « Madame, vous êtes trompée ; le peuple ne vous veut pas de mal ; si vous vouliez, il n'y aurait pas un d'eux qui ne vous aimât autant que cet enfant (en montrant le prince royal) ; sauvez la France, vos amis vous trompent, il n'y a pas à craindre pour vous. Je vais vous le prouver en vous servant de plastron. » Cet officier observe que toutes les personnes de la cour ont été témoins que, sans ses forces physiques et ses soins envers le peuple, on ne serait pas venu à bout de faire évacuer les appartements malgré la garde immense ; à quoi il n'avait cependant réussi complétement que lorsque le roi eut promis justice au peuple et s'était retiré.

OUVERTURE DE LA PORTE DE LA COUR ROYALE.

« Paris, le 27 juin 1792.

« A la réception, monsieur, de la lettre que vous m'avez fait l'honneur de m'écrire hier, j'ai envoyé chercher les suisses des portes des cours du château des Tuileries qui y étaient de service le 20 de ce mois. Comme, d'après la lettre de M. le procureur-général-syndic dont copie était jointe à la vôtre, monsieur, il n'y a rien de judiciaire dans les informations du département, je n'ai pas cru devoir faire signer les suisses. Je me suis contenté de prendre par écrit leur déclaration, mais ils sont prêts à la signer dans telle forme, même judiciaire, qu'on jugerait à propos de leur prescrire.

« L'intendant de la liste civile,

« *Signé* : LAPORTE. »

De la main de Laporte, la note qui suit :

« Je n'ai, monsieur, pu encore joindre que le suisse de la porte royale dont j'ai l'honneur de vous adresser la déposition. Je vais voir ceux des cours des Princes et des Suisses, mais il paraît qu'il n'y a eu de forcé que la porte royale.

« *M. Terrier de Montciel, ministre de l'intérieur.* »

X

DOCUMENTS

SUR LES SUITES DE LA JOURNÉE DU 20 JUIN 1792.

(Voir livre III.)

Nous avons réuni dans cette note plusieurs pièces inédites, qui peuvent faire connaître l'état des esprits dans Paris durant les jours qui suivirent la journée du 21 juin.

Ces pièces sont : 1° un rapport d'Alexandre, le commandant du bataillon Saint-Marcel, en date du 21 juin ;

2° Deux rapports de Pétion au ministre de l'intérieur, en date des 25 et 26 juin ;

3° L'arrêté du conseil général du département, qui ordonne des poursuites judiciaires contre le garde national qui avait insulté Sergent dans la cour des Tuileries ;

4° Des notes envoyées par les administrateurs de police, Panis et Sergent, au Comité de surveillance de l'Assemblée législative sur diverses lettres et dénonciations qui leur ont été transmises.

Nous appelons spécialement l'attention de nos lecteurs sur les élucubrations de Chaumette, alors obscur étudiant en médecine, et qui cherchait à attirer par ses éloges hyperboliques l'attention de Pétion, dont il devait demander la tête dix mois plus tard.

« Paris, le 21 juin 1792, etc.

« Monsieur le maire,

« M. Sergent vient de m'écrire du château des Tuileries pour me demander l'état de mon quartier, dans la persuasion où il paraissait être, d'après quelque rapport (absolument faux), qu'il y régnait de la fermentation ; je lui ai répondu ce que je vous marque à vous-même : que le quartier est dans la plus profonde tranquillité et que l'on n'y remarque aucun symptôme d'agitation, et au surplus, s'il arrivait quelque chose de neuf, je me ferais un devoir de le lui annoncer sur-le-champ ainsi qu'à vous.

« J'ajoute encore un mot qui tend à détruire les affreuses calomnies qu'on a vomies hier sur notre compte. C'est que : 1º il s'en faut beaucoup que tout le quartier ait marché ; 2º qu'il ait véritablement eu l'intention d'attenter à la propriété et à la personne de qui que ce soit ; 3º qu'il ne s'est lâché aucun mot indécent contre les autorités constituées ni contre le roi ; 4º que, sur ma demande, mes soldats se sont prêtés à tâcher de mettre l'ordre dans le Château et à le faire *dégorger* de tous ceux qui l'obsédaient, comme vous avez pu en juger vous-même quand vous nous avez rencontrés à la grille ; 5º et qu'enfin aucun d'eux ne s'est porté dans les appartements du roi que les quatre grenadiers qui s'étaient mis en avant pour tenter de nous ouvrir le passage.

« Je suis avec respect, etc.

« *Signé* : ALEXANDRE, commandant en chef du bataillon Saint-Marcel. »

« Paris, ce 25 juin 1792.

« Vous demandez, monsieur, que je vous instruise de la situation de Paris. — Paris est tranquille.

« Hier tout annonçait le calme ; les officiers municipaux se sont rendus dans les lieux où l'on supposait de la fermentation, je m'y suis rendu moi-même ; ces lieux n'étaient point agités. Les citoyens paraissaient avoir les dispositions les plus pacifiques. Les rapports qui m'avaient été faits s'accordaient sur ce point.

« Dans la soirée on a affecté de répandre de nouveau les bruits les plus alarmants ; on disait que l'Arsenal allait être forcé ; on disait que les canons allaient être pris ; on disait que les faubourgs étaient rassemblés en armes ; il était onze heures du soir.

On a jeté les citoyens dans les inquiétudes les plus vives et dans l'attente des événements les plus sinistres. J'ai écrit une seconde fois à des officiers civils dans les deux faubourgs; ils m'ont répondu par les lettres les plus tranquillisantes.

« Ce matin, rien ne présage un jour orageux; les citoyens cependant n'en sont pas moins troublés dans leur repos; on ne cesse de prendre de ces précautions qui annoncent un danger pressant et qui sont le tocsin d'alarme. Je pense qu'il serait plus prudent de ne pas donner de ces alertes continuelles et de ne point faire croire à un état de péril sans cesse renaissant. Annoncer ainsi le désordre, c'est souvent le faire naître. C'est agiter tous les esprits; c'est les mettre dans une contraction douloureuse; c'est fatiguer la garde nationale; c'est dire à la France entière que Paris est dans l'état de crise le plus violent, et qu'on ne peut plus ni l'habiter ni l'aborder sans crainte.

« Le maire de Paris,

« *Signé* : Pétion. »

« Paris, 26 juin 1792.

« La journée d'hier, monsieur, n'a pas été moins tranquille que la veille. Les citoyens ont vaqué à leurs travaux et l'espoir des malveillants a encore été trompé.

« Je craignais bien que les mesures extrêmes qui avaient été prises, le rappel dès *trois heures* du matin, le rassemblement de tous les bataillons, celui des troupes de ligne et de la cavalerie, l'attirail des canons et les roulements des tambours dans le reste de la journée, n'occasionnassent une fermentation dangereuse et ne fissent former beaucoup de groupes. La moindre étincelle jetée par des mains perfides pouvait mettre en feu les éléments combustibles.

« Heureusement le peuple a été assez clairvoyant et assez sage pour éviter le piége qu'on voulait lui tendre.

« Sans doute, il était bon de tenir *en réserve* des forces capables d'en imposer, moi-même j'en avais parlé à M. le commandant général; mais était-il nécessaire de les réunir avec tant d'appareil et d'une manière aussi inquiétante pour tous les citoyens? Je lui avais observé aussi que, s'il pouvait n'y avoir aucun inconvénient à fermer les portes des cours et les grilles du Château, il n'était pas prudent d'interdire de même les portes du jardin, attendu que les citoyens sont habitués à s'en servir, les uns comme d'un passage très-utile pour leurs affaires, les autres comme d'un lieu de promenade; que naturellement on se rendait à ces portes, qu'on s'y groupait et que l'on murmurait de ne pas les trouver ouvertes.

« J'avais prié M. le commandant général de faire part de ces *réflexions au roi*, et je vous prie, monsieur, de vouloir bien ne pas les lui laisser ignorer.

« Soyez bien convaincu que le roi ne se conciliera jamais plus l'esprit des citoyens qu'en leur témoignant de la confiance; les soupçons indisposent et irritent les hommes qui ont pour eux le sentiment de leur droiture.

« Il est, je le sais, dans Paris un assez grand nombre d'hommes dangereux; mais la masse du peuple est excellente et elle l'a prouvé dans toutes les occasions; elle ne se laissera point vicier par ces êtres malfaisants. Elle saura, au contraire, les réprimer toujours, lorsque les circonstances s'en présenteront. L'instruction et l'honneur pour un peuple valent mieux que toutes les baïonnettes.

« Le maire de Paris,

« *Signé* : PÉTION. »

« DÉPARTEMENT DE PARIS.

« *Extrait des registres du conseil.*

« Du 22 juin 1792, etc.

« Sur le compte rendu au conseil du département par les commissaires et procureur-général-syndic du département, des voies de fait, exercées hier par un garde national dans la cour des Tuileries, sur un officier municipal revêtu de son écharpe et dans l'exercice de ses fonctions;

« Le conseil, considérant que la loi charge les administrateurs du département de veiller à la conservation de l'autorité et de la dignité municipales ; que les circonstances présentes rendent plus nécessaire que jamais le respect dû à l'exercice des fonctions attachées à cette autorité ; que la garde nationale, de service hier au château des Tuileries, et témoin de la violence exercée contre ledit officier municipal, en a à l'instant marqué son juste mécontentement et chargé un chef de légion d'inviter le magistrat offensé de faire connaître le coupable ;

« Le procureur-général-syndic entendu ;

« Le conseil ordonne que le procureur-général-syndic dénoncera dans le jour, au juge de paix de la section des Tuileries, l'attentat commis dans la journée d'hier sur un officier municipal aux Tuileries, et en poursuivra la punition, même par la voie criminelle, aux termes de l'article 4 de la section IV du Code pénal ;

« Arrête que le présent arrêté sera adressé à l'accusateur public et envoyé à la municipalité, publié et affiché dans les lieux accoutumés.

« *Signé* : LA ROCHEFOUCAULD, président ;
BLONDEL, secrétaire. »

« Paris, 29 juin 1792.

« Nous avons l'honneur, messieurs, de vous adresser l'extrait de plusieurs lettres ou notes qui ont été envoyées tant à M. le maire qu'à nous, et dont nous avons pensé qu'il était convenable que vous eussiez connaissance.

« Les administrateurs au département de police,

« SERGENT, PERRON. »

« Du 22 juin.

« Le sieur Cosson, commis du sieur Santerre, répond à la lettre de M. Pétion, en l'absence dudit sieur Santerre, que le peuple est en ce moment très-tranquille, mais que les ennemis de M. le maire, qui sont aussi ceux de cet officier, cherchent à l'échauffer en lui assurant qu'on veut faire forger des décrets semblables à celui exécuté au Champ-de-Mars, ce qui lui fait dire que, si cela arrivait, il battrait la générale et s'armerait pour en empêcher l'exécution, de pareils décrets ne pouvant émaner que des ennemis du peuple et de la loi. »

« Du 24 juin 1792.

« Le sieur Lecreps, demeurant rue de Grenelle-Saint-Germain, donne avis à M. le maire qu'il a refusé ce matin de signer une pétition qu'on lui a présentée, et qu'on colportait de maison en maison pour demander à l'Assemblée nationale la suppression de l'état-major de la garde nationale, de la municipalité de Paris, et un décret d'accusation contre M. le maire et les meilleurs patriotes; qu'un de ses camarades, prévoyant le piége qu'on avait tendu à sa bonne foi, venait d'écrire à l'Assemblée nationale pour rétracter la signature qu'il avait donnée chez le sieur Denis, notaire. Il observe que la liste civile soudoie, sans doute, les notaires qui se prêtent à cette coupable manœuvre.

« Le commissaire de police de la section de Montmorency a envoyé au département de police copie de la déclaration qui lui a été faite le 23 juin 1792 par le sieur Raffeneau de Lille, notaire à Paris, rue Montmartre, n° 174, de ce qu'on venait de lui remettre dans son cabinet deux imprimés d'une pétition à l'Assemblée nationale, dont copie est insérée dans le *Journal de Paris* dudit jour, avec annonce d'icelle, à tous les notaires de Paris, pour recevoir les signatures de tous les citoyens qui voudraient y concourir, mais qu'ayant pensé que les fonctions de notaire n'avaient aucune analogie avec l'ordre politique, il avait cru devoir refuser son ministère à ce sujet, afin de ne point se compromettre et s'exposer peut-être aux plus grands dangers ; pourquoi il a remis ces deux imprimés, qui ont été joints l'un à la minute, l'autre à l'expédition du procès-verbal de cette déclaration adressée à l'administration de police.

« Le sieur Chaumette, demeurant rue Serpente, n° 3, rend grâce à M. Pétion d'avoir empêché l'effusion du sang en respectant la vie des citoyens. Il observe que si la tyrannie dénonce M. le maire à l'Assemblée nationale, la nation le vengera et la patrie le couvrira de son inviolabilité; que cette journée (le

20 juin), qui devait sauver la chose publique, doit inspirer des inquiétudes ; que l'audace des traîtres augmente ; que le despotisme s'entoure d'une force menaçante; que le citoyen est insulté sans pudeur ; que de nouveaux complots se forment ; que le peuple est provoqué et qu'il n'y a pas à douter qu'on ne veuille la guerre civile, qu'on la rend même inévitable. Il demande que le tocsin de la liberté sonne, que le canon de l'alarme tonne, et que les amis de la liberté et de la patrie couvrent le Capitole et le mont Aventin pour combattre l'ennemi qui est ici, ainsi que les lâches et vils agents des traîtres. Il dit que le danger est pressant, et que, sans un coup de foudre, la liberté est anéantie ; que déjà les victimes sont marquées et qu'il ne faut plus qu'un Cromwell ou un tyran pour faire rouler sur l'échafaud la tête d'un Sidney dont il cite l'invocation en anglais : *O rois, ô prêtres, double fléau de ma patrie, votre règne est à sa fin!* Quant aux cris qu'il entend répéter contre l'infraction des lois dans la journée du 20, il trouve ses réponses dans Mably, qui dit que les hommes étant toujours portés par leurs passions à la tyrannie ou à la servitude, s'ils sont assez méchants ou assez sots pour faire de mauvaises lois, il n'est d'autre remède à ce mal que la désobéissance ; qu'il en naîtra quelques troubles, mais qu'il ne faut s'en effrayer, ce trouble étant une preuve qu'on aime l'ordre ; que l'obéissance aveugle est, au contraire, une preuve que le citoyen hébété est indifférent pour le bien et pour le mal ; que celui qui pense travaille à affermir l'empire de la raison, et que celui qui obéit sans penser se précipite au-devant de la servitude.

« Le sieur Chaumette observe enfin que son bataillon de Saint-André-des-Arts est pourri par le contact de ses chefs ; qu'il travaille dans le sens de la justice, et l'a amené mardi dernier à planter l'arbre chéri de l'Assemblée nationale ; que son discours a été le prélude du mercredi ; qu'il a fait dire à ce bataillon ce qu'il n'avait jamais pensé, et qu'il en a été applaudi ; qu'il le tient maintenant par les engagements qu'il a contractés avec lui et qu'il saura l'y rappeler. »

XI

LETTRES INÉDITES

DU GÉNÉRAL LA FAYETTE (1789-1790).

« *Les administrateurs du district de Romans aux représentants du peuple composant le Comité de salut public.*

« Romans, le 13 brumaire an III de la République française.

« Citoyens représentants,

« Les citoyens que nous avions nommés pour procéder à l'inventaire du mobilier de Latour-Maubourg, émigré, ont découvert dans les papiers qui se sont trouvés dans son ci-devant château de Lamotte de Galaure, situé dans le ressort de ce district, une correspondance qu'il avait eue avec l'intrigant La Fayette, consistant en vingt-neuf lettres ou petits billets anonymes[1] écrits de la main dudit La Fayette, ainsi que nous avons cru le reconnaître par une seule et ancienne lettre qui se trouve signée, sous la date du 12 mai 1782, qui prouve leur ancienne liaison.

« Nous avons pensé qu'il était de notre devoir de vous rendre dépositaires de cette correspondance, présumant que dans le nombre de ces pièces il y en aura quelqu'une qui pourra figurer dans l'histoire de notre heureuse Révolution, ne fût-ce unique-

---

1. Un certain nombre de ces lettres et billets n'ont trait qu'à des affaires particulières. Nous avons cru ne pas devoir les donner. Dans les lettres que nous livrons à la publicité, nous avons eu soin également de supprimer les passages qui, ne contenant que des détails de familiarité intime, n'auraient aucun intérêt pour le lecteur ; les lacunes sont indiquées par des points.

ment que pour prouver à la postérité que les efforts des traîtres et des suppôts du despotisme deviennent toujours nuls et infructueux auprès d'un peuple qui a reconnu la légitimité de ses droits et qui sait apprécier d'avance sa liberté.

« Salut et fraternité.

« *Signé :* Delolle, Voal, Blain, Martignat, Payan. »

« Chavaniac, le 11 mars.

« Après vous avoir vainement attendu, mon cher Maubourg[1], je suis forcé de partir pour l'assemblée de Riom, qui s'ouvre après-demain à huit heures. J'ai encore dîné ici dans l'espérance de vous voir, et je m'embarque avec la double inquiétude des dispositions de mes compatriotes en faveur des priviléges et de la désunion des ordres, et de l'intrigue qu'on forme contre vous dans votre petite province. Je vous donnerai de nos nouvelles, et si vous croyez qu'un ami de plus puisse, dans aucun moment, vous être utile, il n'y aura que l'impossibilité physique qui m'empêche d'aller vous joindre. Je pars, mon ami, et vous embrasse de tout mon cœur.

« L. F. »

« Chavanne, 1er avril.

« Me voici revenu, mon cher Maubourg, élu, mais peu content, et, quelque difficile qu'ait été ce que nous avons fait, cela se réduit à bien peu de chose.

« Le sacrifice pécuniaire a été comme enlevé. M. de Laqueuille a été cause qu'on a fait une réserve de maison, cour et jardin,

---

1. Ces lettres inédites doivent être rapprochées de celles qui ont été publiées dans les *Mémoires du général La Fayette*. Elles se complètent et s'expliquent les unes par les autres. Cette première lettre et les cinq qui la suivent sont toutes relatives aux élections de la province d'Auvergne. Les *Mémoires* publiés en 1837 par la famille du général ne contiennent qu'une lettre de cette époque qui ait trait aux mêmes événements : c'est celle que l'on trouve à la page 250 du deuxième volume, et qui, datée du 8 mars 1789, est de trois jours antérieure à cette première lettre.

qui ne signifie rien, mais a mauvaise grâce. On est revenu de temps en temps sur ce sacrifice. Nous avons eu autant de peine à le maintenir qu'à l'obtenir, et M. de Langeac, M. de Laqueuille et moi, nous avons une fois donné notre démission de députés, pour faire rayer ce qu'on y avait ajouté.

« Nous avons traité fort légèrement le clergé, mais bien vécu avec le tiers, sans cependant faire de cahier commun. L'envie de nous rapprocher du tiers, déjà imprimée lorsque nous arrivâmes, a gâté le nôtre. C'est un composé de grands principes et de petites minuties, d'idées populaires et d'idées féodales. Nous y disons que la nature a fait les hommes égaux et nous interdisons le port d'armes aux roturiers. Nous voulons taxer l'industrie et nous demandons qu'on abolisse tout droit de fisc qui la gêne ; nous faisons des conditions impératives et nous disons à nos députés d'agir d'après leur conscience. Il y a deux cents ans d'un article à l'autre.

« Quant à l'opinion par ordre, j'étais presque seul. Il a fallu choisir entre l'ordre de se retirer, de protester ou de demander acte du vœu de la noblesse. J'ai cru que de trois maux il fallait subir le moindre. Voici ce que dit à peu près l'article :

« L'ordre de la noblesse considérant que notre Constitution est essentiellement monarchique, que dans toute monarchie les distinctions sont nécessaires, et que tous les États bien constitués ont évité de confondre dans une déclaration par tête les différentes branches du pouvoir législatif, ordonne expressément à ses députés de ne jamais perdre de vue les grands et antiques principes. En conséquence, les députés déclareront que les vœux de la noblesse de la sénéchaussée sont de voter par ordre et, dans le cas où la pluralité des voix *de la noblesse* les obligerait à voter par tête, ils n'y consentiraient même momentanément qu'après avoir fait connaître le vœu de leurs commettants et en avoir demandé acte. Il est vrai que cet article est dans les *instructions,* dont il nous est ordonné de ne nous occuper qu'après avoir fait sanctionner les *principes*. Il est vrai que notre mandat porte : *Agissez d'après votre conscience ;* il est vrai enfin que le préambule nous mène à la constitution en deux chambres dont j'ai envie. Cependant cet article me paraît dur à digérer, surtout depuis qu'au moment de signer on a fait ajouter le mot : *de la noblesse.* J'ai eu envie de profiter des offres journalières du tiers état ; j'ai cédé à votre conseil, à celui de quelques autres amis, de préférer, dans tous les cas, l'élection *de la noblesse.* La persécution infâme qui m'est arrivée de Paris, les cabales dont j'étais environné m'ont fait une espèce de devoir d'en triompher. D'ailleurs, le peuple aura assez d'amis dans sa propre chambre. Mandez-moi ce que vous pensez de ma conduite. Depuis que je suis rendu à la solitude, ce cahier m'oppresse.

« Mandez-moi, mon cher Maubourg, où vous en êtes, ce que vous faites, quel jour est l'élection, etc. Je partirai samedi pour Paris, afin d'y servir mes amis et d'y voir les arrivants ; mais je voudrais savoir si vous êtes sûr de votre affaire.

« La haute Auvergne a été tout de travers. Elle était cependant plus facile à persuader. On s'est pressé de finir, de peur que je ne les fisse changer d'avis. Vous me grondez d'avoir commencé par la basse ; mais les trois quarts et demi de mes biens d'Auvergne y sont ; d'ailleurs on m'y avait jeté le gant. Nos députés sont Langeac, moi, Laqueuille, La Roncière, homme de beaucoup de talent, et Mascon ; en haute Auvergne, MM. de Caylus, de Rochebrune et *Conro.* . . . .

« Bonjour, mon cher Maubourg. Je voudrais bien avoir droit d'aller vous nommer. »

« Ce vendredi, 11 heures du soir.

« Je vous envoie une copie assez informe de notre salmigondis de cahier. J'ai souligné quelques phrases de moi. Je croyais me tirer d'affaire sur la délibération par ordre en posant quelques grands principes anglais et américains. Ils ont ajouté une phrase qui gâte tout, surtout depuis qu'au moment de signer ils ont fait mettre la pluralité *des voix de la noblesse.* Mais déjà j'avais donné ma démission une fois pour faire ôter certaines conditions mises à l'abandon des priviléges. Si j'avais agité de nouveau la question *par ordre,* on aurait repris le projet de se retirer ou de protester. J'ai mieux aimé me sacrifier, d'autant mieux que tout le monde sachant que le tiers état m'offrait journellement sa députation, je ne puis être soupçonné de complaisance intéressée. D'ailleurs, mon mandat, que je n'ai pas ici, dit : *Agissez d'après votre conscience.* La haute Auvergne a fait donner aux députés leur parole d'honneur de n'abandonner aucun privilége. Ils m'accusent d'avoir séduit l'assemblée de Riom. Celle de Clermont demande une réserve de cinquante septiers, mesure de Paris, qui met le privilége à huit charrues, au lieu de quatre. Quand je vois tout cela, je me trouve heureux que nous nous en soyons si bien tirés.

« J'attendrai mon exprès demain au soir à Brioude pour savoir si vous êtes nommé. . . . . Renvoyez-moi cette copie qui n'est pas à moi; il y a des fautes, sans compter celles du cahier; vous verrez que plusieurs mauvais articles sont annulés par les suivants et particulièrement par le mandat qui donne liberté d'agir suivant notre conscience.

« Bonsoir, mon cher ami. Quand partez-vous? »

« Ce dimanche.

« Je suis dans la joie la plus vive, mon cher Maubourg, de savoir avec certitude que vous êtes élu et vous attends impatiemment à Paris où nous aurons beaucoup à faire et à dire, car les hommes sont bien lâches et bien méchants.

« Votre mandat est excellent. Je parie qu'il n'y en a pas un dans le royaume qui le vaille. Vous auriez plutôt fait renoncer notre assemblée aux états généraux que d'obtenir la renonciation à tous les articles qui pourraient choquer l'intérêt général de tous les Français ; mais on nous a dit : *Agissez d'après votre conscience*, et c'est beaucoup.

La méchanceté abominable qu'on m'a faite n'a de fondement que ma lettre au comte Antoine d'Agoust. L'assemblée qu'il a faite, et que je ne lui demandais pas, pour signer une attestation d'union, a été le prétexte de cette calomnie. Je lui mandais : « Nous sommes sûrs du Velay et du Vivarais ; » c'est de l'union que je parlais, et on a prétendu que je parlais révolte ; il est cependant possible que je lui aie mandé qu'en dernière analyse il vaudrait mieux se battre que d'être esclave, car je le pense ainsi. Mais je ne m'en souviens aucunement, et j'en doute même beaucoup.

« Du temps de l'archevêque de Sens, j'aurais eu beau jeu, si j'avais été assez criminel pour souhaiter les horreurs d'une guerre civile. Je vous donnerai sur cela des détails qui vous en convaincront. Il faut être fou pour imaginer et bien abominable pour dire qu'à la veille des états généraux, celui qui le premier les a demandés, celui qui n'a pas fait un pas qui ne tendît à la conciliation entre la noblesse et le tiers, a l'infâme projet de soulever le royaume et d'y mettre le feu, tandis que nous avons devant nous une chance d'être libres et heureux le plus tranquillement possible.

« M. le prince de Condé et vraisemblablement la reine avaient pris soin d'envoyer toutes ces horreurs à Riom, en annonçant que le prochain courrier en apporterait bien d'autres. C'est pour cela que je fis renvoyer la nomination, que mes amis poussaient, jusqu'après l'arrivée de cette poste attendue par mes ennemis, et j'insinuai même dans mon opinion que c'était pour laisser du temps à la cabale et lui faire beau jeu. . . . .

« Adieu, mon ami, arrivez vite à Paris; je vous aime et vous embrasse de tout mon cœur. »

« Chavaniac, le vendredi soir.

« Je reçois votre lettre fort tard, mon cher Maubourg, et serais parti pour le Puy si je n'étais attendu demain à Brioude par une grande partie de mes électeurs qui spéculeraient sur le changement de marche; j'ai aussi des rendez-vous pour dimanche à Clermont, et à Riom pour lundi, et je dois me trouver de bonne heure à Paris pour servir ceux de nos amis que l'intrigue a fait échouer dans la province. . . . .

« A présent que vous êtes nommé, nous devons commencer par voir quel parti on peut tirer de ces douze cents députés. »

« Paris, le 18.[1]

« Je suis hors d'état de vous répondre positivement, mon cher Maubourg; mais je désire bien que vous veniez le plus tôt possible. Le gouvernement a fait un règlement pour la ville de Paris, qui fâche tout le monde : la commune, parce qu'on la divise ; la noblesse, parce qu'on la réduit. Il résulte de ce règlement que les députés des trois ordres n'auront que deux jours pour faire leur cahier. Nos assemblées de noblesse dans chaque quartier sont après-demain. Il y a eu des assemblées d'amateurs chez le duc d'Aumont pour savoir ce qu'on ferait dans les vingt quartiers. Beaucoup de gens voulaient faire du train ; j'ai été pour la partie la plus tranquille, parce qu'il ne faut pas jouer avec une population aussi nombreuse que celle de Paris, où le moindre trouble peut aller plus loin qu'on ne pense. Nous nous bornerons, j'espère, à protester comme nobles et comme bourgeois et à user de nos droits en faisant un petit cahier contenant les principes constitutionnels. C'est le 21 que les soixante assemblées du tiers se tiennent. On dit qu'il y a des gens disposés à les rendre tumultueuses et que les idées de soulèvement n'effrayent pas tout le monde. C'est vraiment le comble de la folie ou de la malice que de risquer le moindre tapage sans motif, sans projet suivi, à la veille des états généraux. Pendant que j'écris ceci, on me mande que le Parlement s'assemble ce soir. Peut-être M. Despréménil veut-il proposer quelque chose sur le règlement. Mon avis a toujours été et sera toujours d'y obéir, sauf une protestation aux bases du cahier et de ne songer à la réunion des trois ordres que lorsque les assemblées d'électeurs, formées d'après le règlement, seront à portée de l'effectuer ; encore crois-je que cette réunion sera fort difficile. J'entre dans tous ces détails, mon cher Maubourg, pour vous prouver que les états ne peuvent guère s'ouvrir sérieusement que le 27, dans l'espoir que la vérification des pouvoirs durera huit à dix jours.

1. Cette lettre est du 18 avril 1789. Dans la correspondance publiée en 1827, il n'existe aucune lettre du général à une date rapprochée de celle-ci. Elle a été écrite au moment où les électeurs des trois ordres à Paris se préparaient à procéder au choix de leurs mandataires, ce qui avait déjà eu lieu pour tout le reste de la France.

Si je sais quelque chose de plus certain, je vous le manderai ; mais je vous invite, mon cher Maubourg, à ne pas tarder votre arrivée. Bonjour. »

« Je suis bien fâché, mon cher Maubourg[1], que les amis de la liberté, divisés en deux partis, aiment mieux discuter leurs plans avec aigreur à l'Assemblée nationale et échauffer les têtes sur des questions, dont peut-être ils s'augmentent l'importance, que de régler, dans le calme d'un cabinet, un plan qui aurait réuni la totalité de l'Assemblée et des provinces et enfoncé dans la boue toutes les factions. Ce projet m'était d'autant plus précieux qu'il me rendait inutile le plus possible, et c'était ainsi que je comptais finir ma carrière dictatoriale. Mais, quoique mon espoir soit trompé, mon devoir reste, et ce devoir est d'empêcher que l'Assemblée nationale soit troublée dans ses délibérations. J'ai donc pris des mesures vigoureuses pour calmer le Palais-Royal. Les patrouilles ont arrêté tous les faiseurs de motions, au nombre de six, et M. de Saint-Huruge l'a été hier, au milieu du café de Valois. On interroge tous ces messieurs, et tout ce qu'on pourra apprendre sera dévoilé. A neuf heures, j'ai fait fermer presque

---

1. Il existe une lacune de quatre mois dans cette correspondance. Les deux amis siégeaient à l'Assemblée constituante. Les trois ordres étaient réunis, et l'on discutait simultanément les questions constitutionnelles les plus ardues, la permanence des assemblées, les deux chambres et le *veto* royal. Des troubles éclataient à chaque instant à Paris, et surtout au Palais-Royal. La Fayette, élu le 14 juillet, par acclamation, chef de la garde nationale parisienne, était tantôt à Paris pour remplir ses fonctions militaires et agir auprès de la population et des électeurs assemblés à l'Hôtel-de-Ville en conseil municipal provisoire; tantôt à Versailles, pour chercher à concilier les diverses nuances du parti constitutionnel. Cette lettre et les suivantes sont toutes écrites pendant la discussion des questions que nous venons de rappeler, discussion qui commença le 28 août 1789 et finit le 8 septembre par l'adoption du principe de la permanence de l'Assemblée, le rejet des deux chambres et l'institution du *veto* simplement suspensif. Dans la correspondance publiée en 1837, il n'existe que quatre lettres qui aient trait aux mêmes circonstances, et que l'on trouve aux pages 323 et suivantes du deuxième volume des *Mémoires*. Elles expriment les mêmes sentiments et les mêmes opinions. Les unes et les autres sont une preuve éclatante de la sincérité du général La Fayette.

toute la grille et vider les cafés au coup de sifflet de onze heures. Tout cela s'est passé avec politesse et respect pour la liberté des honnêtes citoyens ; mais nous en avons imposé par une réunion de forces considérables.

« Je ne puis jamais répondre du premier éclat d'un complot; mais, dès qu'il est connu, je réponds à l'Assemblée et à mes amis de le supprimer. Si vous avez l'occasion de dire dans l'Assemblée que les faiseurs de motions sont arrêtés, et que j'ai mis plus d'ordre dans le Palais-Royal qu'il n'y en a eu depuis un an, je vous serai bien obligé. Je serais honteux que l'Assemblée se crût menacée plus longtemps qu'il ne faut pour connaître les complots qu'on peut former contre la tranquillité.

« On dit que Mounier est mécontent de moi. J'en serais bien fâché, car je l'aime et je le vénère ; mais il m'a impatienté, je l'avoue, parce que je crains tout ce qui peut empêcher les réunions et amener des troubles. Je le respecte trop pour supporter l'idée qu'il a eu à se plaindre de moi.

« Engagez, au nom de la patrie, nos amis dans les deux partis à discuter avec modération et à terminer l'ancrage de la Constitution.

« Nous sommes toujours entourés de conspirations trop longues à vous détailler. C'est une mine toujours prête à sauter. Si je trouve des preuves contre un chef quel qu'il soit, je vous en déférerai vite. Bonjour. »

« Ma santé va bien, mon cher Maubourg, et tu dois être content de la journée. Je le suis d'autant plus en pensant à une crainte de tout genre qu'on nous avait donnée, et j'ai d'autant plus joui des sentiments qu'on m'a témoignés, qu'il est essentiel, pour bien finir, qu'ils portent sur un ami de la Constitution. Je ne sais si c'est le sentiment de notre force dans le moment, ou l'amour de la Révolution, ou cette amitié que l'on se plaint de retrouver au fond de mon cœur ; mais la division du parti populaire me devient depuis hier plus insupportable que jamais. J'étais tourmenté au milieu de mes succès en pensant que Duport n'en jouissait pas; que peut-être, dans cette société, on était aveuglé par la haine, au point de croire ma popularité dangereuse; enfin, j'ai éprouvé ce que Duport a sûrement remarqué quand je lisais l'adresse, ce qu'Alexandre[1] lui-même n'a pu s'empêcher d'observer quand il a passé devant moi. Je sens bien que nous ne pouvons pas renoncer à une liaison aussi tendre qu'elle était, pendant deux ans que j'ai cru que Duport m'aimait. J'ai été trop cruellement trompé dans les jouissances de l'amitié, mais je veux causer avec toi sur les moyens d'arrêter leurs ennemis et de finir cette rage de partis qui m'afflige depuis le jour où elle a commencé. Viens me voir à trois heures avec L (*mot effacé*) pour lequel ils sont si injustes. Je t'embrasse, mon ami, de tout mon cœur. »

« Paris, le mardi au soir.

« Je vous écris, mon cher Maubourg, sur la table de l'assemblée de la commune où j'entends, avec douleur, des débats sur nos subsistances, qui me prouvent que nous sommes dans les mains de gens qui n'y entendent rien et qu'après avoir tant fait, tant risqué et tant souffert pour établir l'ordre à Paris, nous allons peut-être périr par l'impéritie de tous ces comités.

« J'ai proposé à l'assemblée de vous déclarer que la tranquillité est rétablie, de vous annoncer son respect pour les décrets de l'Assemblée nationale, enfin de détruire toute idée que Paris influait sur les délibérations par les émeutes ou par les pétitions et de donner aux provinces l'exemple de la soumission à l'Assemblée nationale. Je dois vous confier que si je n'avais pas été l'auteur de la proposition, et si je ne restais pas ici pour la faire passer, elle pourrait bien être accrochée. Mais je crois essentiel d'y réussir, et je ne sortirai d'ici que lorsqu'on aura délibéré, quitte à déplaire aux districts et aux frondeurs.

1. C'est d'Alexandre de Lameth qu'il est question. Il avait été extrêmement lié avec le général La Fayette; mais des nuances de parti empêchaient, pour lui comme pour Duport, tout rapprochement avec le général et surtout avec Mounier. Ces déchirements, ces antagonismes amenèrent les malentendus qui détournèrent de ses voies véritables le mouvement admirable de 1789.

« Le vicomte de Noailles vous proposera un plan de milice qu'il croit utile à M. le duc d'Orléans, dont je tirerai tout le profit, car Paris et les provinces me feraient bien nommer par l'Assemblée, mais qui est mauvais en lui-même, parce qu'il réunit une grande force armée en d'autres mains que celles du roi, et me ferait plus roi que lui; aussi dois-je (soit dit entre nous deux) aller le combattre dans ce temps à l'Assemblée nationale.

« Engagez le plus de monde que vous pourrez à voter pour les opinions qui l'emportent, afin d'avoir une grande majorité pour les avis qui *passionnent*; le mien est, sans contredit, que le *veto* itératif peut, sans aucun inconvénient, épuiser deux législatures de deux ans chacune, et s'il est moins fort que cela, vous dégradez trop le pouvoir exécutif.

« Il est bien intéressant que vous ayez un sénat composé par les assemblées provinciales pour six ans, et que ce sénat ait un *veto* suspensif.

« Faites les assemblées provinciales très-peu nombreuses et très-dépendantes du pouvoir exécutif, et multipliez les provinces jusqu'au nombre de soixante et même quatre-vingts pour leur ôter l'idée de former des États fédératifs [1].

« Quant à mes idées de Convention [2], demandez, pour en avoir une, le vœu de trois quarts des assemblés de district, rendez la chose très-difficile, mais cependant possible.

« Voilà, dans l'état actuel de plusieurs assemblées, ce qu'on peut en tirer de mieux. Mais il est bien important que l'on ne se querelle pas trop à cause du contre-coup des provinces.

« J'ai écrit un mot à Mounier qui ne m'a pas répondu. Je l'aime et le respecte de toute la tendresse de mon cœur; j'espère qu'il me connaît et vous conjure de l'engager à ne pas se dégoûter, s'il n'obtient pas le *veto* absolu qu'il aurait emporté

---

1. On trouve ici en germe la pensée de diviser la France en quatre-vingt-trois départements, ce qui eut lieu un peu plus tard sur la proposition de Sieyès.

2. Il s'agissait de déterminer le mode d'après lequel la Constitution, une fois adoptée, pouvait être révisée. Personne ne se doutait, en 1789, de ce que ce mot *Convention* renfermait : 1793 nous l'a appris.

dans une coalition, et continuer ses soins, ses talents et sa vertu à la chose publique.

« Une lettre de Metz m'avertit que les deux municipalités envoient à l'Assemblée nationale. Il y en a une très-mauvaise, et je vous ferai connaître ce qu'on m'en mande ; en un mot, il ne faut pas que cette affaire se décide avant les renseignements que je vous donnerai.

« Bonsoir, mon cher ami. »

———

« L'affaire des appointements est suspendue, naturellement parce qu'on n'a pas réglé ceux de M. Bailly.

« Ne souffrez pas qu'il n'y ait qu'une Chambre, ni que le sénat soit de la même composition que la Chambre des représentants; il lui faut plus de permanence, de gravité, de distinctions ; cette nuance d'intérêts divers est nécessaire pour une balance dont on a tort de se moquer. L'Amérique, après dix ans d'expérience, a été obligée de reconnaître cette vérité.

« Ne souffrez pas que la prérogative royale soit diminuée au-dessous de ce qui nous est nécessaire, particulièrement dans ce qui a rapport à l'armée et à la politique étrangère.

« En réfléchissant, mon cher Maubourg, sur votre question de sanction royale, voici comme je l'arrangerais.

« La Chambre des représentants aura seule l'initiative de toutes les lois. Le projet de loi sera imprimé huit jours avant d'être débattu. Il y aura des débats, trois séances dans quinze jours, au bout desquels on prendra les voix à deux reprises et à des jours différents. Lorsque la loi aura passé, elle sera envoyée au sénat (car il faut deux Chambres), et le sénat, choisi pour six ans ou à vie, aura du moins un *veto* suspensif d'un an.

« La sanction royale sera nécessaire pour que la loi soit exécutée. Le roi pourra refuser cette sanction pendant deux législatures, mais à la troisième, si les deux tiers des voix de la Chambre des représentants reportent la même loi sans aucun changement, le roi ne peut plus refuser sa sanction, à moins, si l'on veut y ajouter plus de force, qu'il ne déclare que la Constitution est attaquée et convoque une convention extraordinaire de députés autres que ceux qui siègent à l'Assemblée des représentants, lesquels vérifieront l'assertion, verront s'il leur plaît de changer la Constitution et se retireront ensuite.

« Vous voyez que, sans attaquer le principe de la volonté du peuple, on peut donner au roi quelque chose de bien plus fort que le *veto* absolu dont il ne se sert jamais.

« Je vous prie de me mander les dispositions sur les assemblées provinciales. Elles doivent être multipliées, nombreuses, subordonnées au pouvoir exécutif. Paris ne doit pas être confondu avec les municipalités ordinaires, mais élevé au rang d'assemblée provinciale. On répand et les ministres laissent écrire que j'ai exigé d'eux le vote suspensif; je n'ai rien exigé, je n'ai rien demandé, j'ai écrit qu'il était dur de voir les querelles des représentants de la nation amener l'anarchie et la guerre civile, et qu'au lieu de s'entêter chacun dans son système sur des combinaisons qui ne sont rien moins que géométriques, il faudrait convenir paisiblement d'un plan qui réunît une grande majorité et nous donnât bien vite une constitution. Il n'est pas étonnant sur ce point que la nuit où je vois se développer un complot dont je ne me doutais pas, je me permette une réflexion sur nos dangers et sur l'inconvénient des disputes. Au reste, vous savez que je ne mets pas le plus léger prix à cette affaire de *veto*, dont on s'exagère l'importance ; je ne pouvais mieux faire que d'obtenir l'arrêté d'hier, pour manifester notre impartialité.

« Je voudrais que l'on arrangeât le *veto* comme je viens de vous l'expliquer. Il me paraîtrait extrêmement fort pour l'autorité royale, sans compromettre ceux qui ne veulent pas d'absolu *veto*.

« Je vous envoie, mon cher ami, l'extrait d'une lettre de Metz que je vous prie de montrer à ceux qui peuvent s'opposer à la municipalité ennemie. Il est utile que Mounier la connaisse. Il ne m'écrit pas, mais je ne suis pas susceptible.

« Adieu, mon cher Maubourg, je vous embrasse de tout mon cœur.

« *Signé* : L. F. »

« P. S. Nos députés sont revenus hier, mon cher Maubourg; on n'a pas pu les entendre ce matin à cause du train affreux que vous faisiez ; ils ont obtenu la promesse du comité des rapports de rendre compte à l'Assemblée ; ce qui n'a pas eu lieu. Il me semble cependant assez important pour tous les partis, ceux qu'on accuse comme ceux qu'on effraye, d'apprendre que nous souhaitons une procédure publique où l'on connaisse tous les détails des *comités* et factions, que la tranquillité est rétablie et que Paris en répond ; que tandis que les provinces menacent de guerre et de séparation, si leur avis ne passe pas, la capitale attend avec respect et soumission et avec entière confiance vos décrets.

« Je tiens beaucoup pour mon compte à cet arrêté. Je crois que vous devez en demander la lecture, l'impression, et l'envoyer dans la province. La légèreté qu'on y met me fait presque regretter d'avoir passé jusqu'à une heure du matin à l'assemblée de la commune hier, pour obtenir cet arrêté. Tâchez de le produire ce matin, car plus il tarde, plus il manque son effet ; priez toutes vos connaissances de ne pas faire la folie d'une seule Chambre. — Moünier m'a répondu enfin. Vous devriez venir dîner avec lui demain ou aujourd'hui [1]. »

« Je te l'avais bien dit, mon cher Maubourg, qu'il fallait retirer notre société de la faction qui l'entraîne aujourd'hui ; vous connaissez mes efforts, mes prédictions ; j'ai déplu aux deux partis, et il m'est resté des regrets inutiles et des tracasseries qui me tourmentent. Si le pouvoir exécutif est avili, si la folie d'une Convention nationale permanente n'est pas rétractée, si les provinces ne sont pas divisées en petites administrations, la France est perdue, la révolution est manquée, et ceux qui ont préféré leur amour-propre à la chose publique sont les plus criminels des hommes. Il est encore un moyen de réparer le mal : que les honnêtes gens, liés à la faction, déclarent demain leur indignation ; qu'aujourd'hui vous fassiez des sacrifices à Mou-

---

1. Cette lettre doit être du 1er ou du 2 septembre. Mounier fit, le 4 septembre, à l'Assemblée, un rapport où l'on retrouve le même fonds d'idées que celles exprimées dans cette lettre et les trois autres qui précèdent.

nier ; j'irai, si vous voulez à Versailles. J'aime mieux trente *veto* absolus que l'extravagance d'hier, et l'on pouvait le rendre suspensif pour trois ou quatre législatures avec un sénat bien composé, enfin tout ce qu'on voudra, pourvu qu'il n'y ait ni guerre civile, ni dissolution. La société se couvre de gloire en prenant un parti vigoureux dans cette occasion, et en résistant à ce torrent de folies coupables qui veut tout perdre. Les amis de la liberté, dans les deux partis, sont naturellement aigris ; il faut adoucir par des complaisances, il faut que notre société ouvre son âme tout entière à Mounier, convienne des torts mutuels qu'on a pu avoir. Enfin il faut sauver la patrie, et ce ne peut être qu'en se séparant avec indignation du parti des factieux. J'aime cent fois mieux un pouvoir exécutif un peu trop fort que le projet de provinces fédératives qui sépare la France en morceaux.

« Au reste, le peu que je puis est tout entier à la chose publique. Je ne crains pas même de me dépopulariser. Qu'on m'ouvre une route droite, et je la suivrai avec toutes les forces dont je dispose ; mais je me perds dans tous les détours et tous les partis du moment. Que penser, par exemple, de l'impossibilité de faire entendre dans l'Assemblée un arrêté de la commune de Paris qui prêche le calme et la soumission, tandis qu'on perd une matinée à lire la motion de Rennes. Il y a la-dessous des complots indignes. Les bons citoyens doivent se rallier à un étendard commun, et notre société doit immédiatement se séparer de la faction qui veut tout bouleverser. Parlez-leur en mon nom, au vôtre, mais que les femmes n'y soient pour rien, elles achèveraient de tout gâter. »

« J'apprends, mon cher ami, et c'est par Desmeunier et Lacoste, que Duport a été hier plus méchant et plus injurieux pour moi que je ne l'avais encore ouï dire. Cela est si criminel et si fou, d'après ce qui s'est passé ces jours-ci, que malgré ma résignation à tout ce qui peut opérer le bien public, je crois inutile et même dangereux d'aller chez toi, à moins que tu ne fusses parfaitement content de la conversation. Si tu pensais que mon apparition produisit un bon effet, et je le désire de tout mon cœur, il faudrait m'écrire un petit billet, parce que je serais prêt à passer chez toi. Je pense, en mon âme et conscience, que sans une coalition du parti populaire, la chose publique est dans le plus imminent danger. Je voudrais au moins que nous convinssions de quelque points, que nous sussions, par exemple, que faire sur l'administration. Mais si cette tentative manque, je n'aurai rien à me reprocher, et le parti que nous avons pris hier, de voir Duport entre nous, est le seul moyen possible ; mais d'après ce qu'on m'a dit hier, je crois Duport ou extravagant ou bien méchant. »

TABLE DES MATIÈRES

DU TOME PREMIER.

Pages.

NOTE PRÉLIMINAIRE.   V

INTRODUCTION.

I.	Les deux despotismes	1
II.	Caractère général de la Terreur.	4
III.	A quelle date doit commencer cette histoire	8
IV.	État de la France en 1792. — Les colonnes de l'ancienne monarchie brisées : les Parlements	9
V.	La noblesse.	12
VI.	Le clergé	14
VII.	Le roi, la reine et leurs conseillers	17
VIII.	Les fautes de la Constituante : anarchie administrative	22
IX.	La presse, les clubs	28
X.	Le parti constitutionnel	31
XI.	Le parti révolutionnaire	36
XII.	La Législative précipite la crise.	38
XIII.	Les autorités de Paris en 1792; le ministère girondin	42

LIVRE I.

LA FÊTE DE LA LIBERTÉ ET LA FÊTE DE LA LOI.

I.	Les antécédents des Suisses de Châteauvieux	53
II.	Polémique à l'occasion de la fête à eux offerte; article de Marat .	60
III.	La fête est résolue et dédiée à la liberté	69
IV.	Les Suisses de Châteauvieux à l'Assemblée.	76
V.	Derniers préparatifs; article du *Père Duchêne*.	84
VI.	Description de la fête (15 avril 1792).	89
VII.	Sa signification. — Les Iambes d'André Chénier.	94
VIII.	La mort de Simoneau, maire d'Étampes.	97
IX.	Projet de fête en l'honneur du martyr de la loi	102
X.	La fête de la loi (3 juin); article de Robespierre	106

LIVRE II.

LE 20 JUIN 1792.

I.	Le camp des vingt mille	115
II.	Chute du ministère girondin. — Démission de Dumouriez	120
III.	La lettre de La Fayette (16 juin). — Le *veto* royal (19)	128
IV.	Les conciliabules de la brasserie Santerre (16 juin)	132
V.	Les incertitudes du maire de Paris	138
VI.	Arrêté départemental contre les rassemblements armés (19 juin).	140
VII.	La nuit du 19 au 20 juin	144
VIII.	La matinée du 20 juin	150
IX.	Les faubourgs s'ébranlent	154
X.	Arrêté municipal qui *légalise* les rassemblements *illégaux*	159
XI.	L'Assemblée recevra-t-elle les pétitionnaires armés ?	167
XII.	L'arbre de la liberté planté dans le potager des Capucins. — La terrasse des Feuillants envahie.	173
XIII.	La pétition de l'émeute	177
XIV.	La pétition de l'ordre	180
XV.	Les faubourgs défilent à travers l'Assemblée	184
XVI.	Invasion de la place du Carrousel	186
XVII.	La porte de la cour royale est forcée	191
XVIII.	Irruption de la foule dans les Tuileries	195
XIX.	La royauté en face de l'émeute	199
XX.	L'Assemblée envoie une députation pour protéger le roi	204
XXI.	Intervention tardive du maire de Paris	207
XXII.	Le roi peut rentrer dans ses appartements	214
XXIII.	Réunion du roi et de la reine	216
XXIV.	Le Château évacué. — Séance du 20 juin au soir	220

LIVRE III.

LA FAYETTE A PARIS.

I.	Séance du 21 juin. — Protestations constitutionnelles	227
II.	Lettre royale. — Décret contre les pétitionnaires armés	230
III.	Crainte d'une nouvelle levée des faubourgs. — Pétion et Sergent hués et maltraités aux Tuileries.	235
IV.	Dialogue entre le roi et le maire de Paris	237
V.	L'agitation continue dans les faubourgs	240
VI.	Adresse du roi aux Français. — Placard dénoncé par le ministre de l'intérieur. — Acte du Corps législatif.	247
VII.	Le maire sacrifie le commandant général	251
VIII.	Il est lui-même directement attaqué par le département	255
IX.	Comptes réclamés aux ministres. — La gauche reprend en sous-œuvre les pétitions populaires contre le *veto* royal.	262

x.	Lettre de Santerre. — Discours de Gonchon. — Dénonciation de Delfau contre les Jacobins	268
xi.	Réaction contre le 20 juin. — Motion de Cahier au conseil général. Adresse du directoire du département de la Somme.	275
xii.	La Fayette à la barre	286
xiii.	La Fayette abandonné de la cour	294
xiv.	Résultats négatifs de la démarche du général	296

NOTES

ÉCLAIRCISSEMENTS ET PIÈCES INÉDITES.

i.	*Protestation du parlement de Paris. — Procès et mort des parlementaires.*	305
	Protestations et lettre au roi (5 novembre 1789, 14 octobre 1790).	306-309
	Arrêté du comité de sûreté générale (9 germinal an ii).	310
	Lettres de Malesherbes à Fouquier-Tinville (30 germinal an ii).	311
	Billets adressés à M. de Rosanbo par sa famille (30 germinal an ii).	314
	Interrogatoire de M. de Rosanbo (29 germinal an ii).	315
	Questions posées au jury (1er floréal an ii).	317
ii.	*La constitution civile du clergé et ses conséquences*	319
	Décrets des 24 et 27 septembre 1790.	321
	Discours de l'abbé Grégoire.	323
	Refus de serment des évêques (2 et 4 janvier 1791)	324
	Adresse proposée par Mirabeau (14 janvier 1791).	326
	Quatre-vingts évêchés déclarés vacants.	327
	Actes de l'Assemblée législative	328
	Décret du 29 septembre 1791	330
	Proposition de l'abbé Moy.	331
	Décret non sanctionné du 27 mai 1792.	332
iii.	*Organisation municipale, départementale et militaire de Paris.*	335
	Loi des 21 mai-27 juin 179 , qui organise la municipalité de Paris.	336
	Loi du 29 septembre 1791, qui organise la garde nationale de Paris.	342
	Lois des 21 octobre-21 novembre 1789 et des 27 juillet-3 août 1791, qui règlent le droit de réquisition de la force armée	344
	Loi du 22 décembre 1789, qui organise le département de Paris.	346
iv.	*Premier programme de la fête du 15 avril 1792.*	349
v.	*Le retour de Varennes*, raconté par Pétion	353

TABLE.

- VI. *Jourdan Coupe-Tête, son procès, sa mort.* 373
  - Arrêté du comité de sûreté générale (11 floréal an II) 376
  - Lettre de Jourdan aux Jacobins 377
  - Note de Faure (de la Haute-Loire) sur Jourdan. 378
- VII. *Les assassins de Simoneau, maire d'Étampes.* 381
  - Déclaration du jury de Seine-et-Oise (22 juillet 1792). 381
  - Lettre de la veuve Simoneau (21 août 1792) 382
  - Adresse de la commune de Paris (9 septembre 1792). 384
  - Arrêt de la Cour de cassation (5 janvier 1793). 387
- VIII. *Récompenses nationales accordées aux promoteurs de la journée du 20 juin 1792.* 389
  - Rapport de Clavières (6 avril 1792) 389
  - États de service de Santerre. 391
  - Lettre de Santerre à Bonaparte (16 messidor an VIII) 392
  - Arrêté du premier consul (9 thermidor an VIII). 393
  - Rapport de Clavières (22 septembre 1792). 394
  - Alexandre proposé pour être ministre de la guerre 395
- IX. *Documents sur la journée du 20 juin 1792.* 397
  - Bibliographie des documents imprimés. 398
  - Déclarations reçues par le juge de paix de la section des Tuileries. 404
  - Rapport d'Alexandre. 407
  - Extrait du rapport de Santerre 415
  - Lettre de Laporte 415
- X. *Documents sur les suites de la journée du 20 juin 1792* 417
  - Lettre d'Alexandre, 21 juin. 417
  - Rapports de Pétion (25 et 26 juin). 418
  - Arrêté du département (22 juin) 420
  - Rapports des administrateurs de police (29 juin). 421
- XI. *Lettres inédites du général La Fayette.* 425
  - Lettre d'envoi de ces lettres au comité de salut public (13 brumaire an III) 425
  - Six lettres relatives aux élections de 1789 (mars et avril) ... 426
  - Six lettres relatives aux discussions de l'Assemblée constituante (août et septembre 1789). 431

www.ingramcontent.com/pod-product-compliance
Lightning Source LLC
Chambersburg PA
CBHW051826230426
43671CB00008B/848